Einleitung

I.

Die Literaturkonzeption der Autoren, die man heute dem bürgerlichen Realismus zuordnet, ist innerhalb der etwa von 1848 bis 1890 währenden Epoche nirgends als zusammenhängende Theorie formuliert worden. Sie wird vielmehr in einer Vielzahl unterschiedlicher, zumeist in Zeitschriften publizierter Artikel, Rezensionen und kritischer Essays greifbar. Diese überwiegend programmatischen Texte bieten – ungeachtet aller Differenzen der Wertung und Akzentsetzung – ein überraschend einheitliches theoretisches Bild, das in dem Anspruch manifest wird, Literatur solle – und könne – die zeitgenössische Wirklichkeit in ihren wesentlichen Eigenschaften und Entwicklungszügen darstellen. Dieser Anspruch war um die Mitte des vergangenen Jahrhunderts keineswegs mehr selbstverständlich. Hegel hatte bereits in seiner *Ästhetik*, die in den Jahren 1835–38 von H. G. Hotho erstmals herausgegeben wurde, der Literatur, wie der Kunst generell, die Fähigkeit abgesprochen, die moderne Welt noch angemessen erfassen zu können. Hinter dieser pessimistischen Beurteilung der Erkenntnischancen von Literatur stand die Erfahrung einer veränderten Lebenswirklichkeit, von der die Spezifik literarischer Welterschließung prinzipiell überfordert schien. Denn Literatur, so war es für Hegel und seine Zeit selbstverständlich, gründet in der Möglichkeit, die soziale Lebenswelt im Modus individuellen, autonom motivierten Handelns darzustellen; diese Möglichkeit verschloß sich aber in einer Zeit, die in zunehmendem Maße von Arbeitsteilung und funktionaler Differenzierung charakterisiert wurde, die das einzelne Individuum nur mehr als Bündel oft disparater Rollenzumutungen in Erscheinung treten ließ und insofern die Idee einer sozialen Wirklichkeit, die sich aus intentionalen Akten ›autonomer Subjekte‹ konstituiert, als Illusion zurückwies. »In unserem gegenwärtigen Weltzustande«, schrieb Hegel, kann »das Subjekt allerdings nach dieser oder jener Seite hin aus sich selber handeln, aber jeder Einzelne gehört doch, wie er sich wenden und drehen möge, einer bestehenden Ordnung der Gesellschaft an und erscheint nicht als die selbständige, totale und zugleich individuell lebendige Gestalt dieser Gesellschaft selber, sondern nur als ein beschränktes Glied derselben.«[1] Die Erfassung der komplexen Struktur dieses ›prosaischen Weltzustands‹ sei nicht länger Sache der Literatur, sondern Aufgabe philosophischer Reflexion und wissenschaftlicher Erkenntnis. So mündete Hegels Erfahrung der Moderne in die These vom »Ende der Kunst«[2], genauer: in die These von der Unmöglichkeit ›realistischer‹ Kunst und Literatur, insoweit der Begriff des Realismus die Erkenntnisfunktion literarischer Welterfassung impliziert. Die literarischen Diskussionen der Vormärz-Zeit haben der Einsicht Hegels Rechnung getragen; sie postulierten einen Funktionswandel der Literatur und erkannten ihr – über den Weg der Integration journalistischer und politischer Diskurselemente – vorrangig operativen Wert zu; soweit sie am klassischen Literaturbegriff noch festhielten, bestritten sie die Möglichkeit von Literatur in der Gegenwart und sahen allenfalls in einer revolutionär veränderten Zukunft die Voraussetzung zu neuer Literatur – eine Position, die Georg Gottfried Gervinus am entschiedensten vertreten hat.[3]

Der Verlauf der Revolution von 1848 potenzierte für das liberale Bürgertum, das seine politischen Ziele an den Realitäten der Machtverhältnisse in Preußen und anderswo scheitern sah, die Erfahrung einer ›abstrakten‹, am Maßstab individuellen Handelns nicht mehr meßbaren modernen Lebenswirk-

1 G. W. F. Hegel: Vorlesungen über die Ästhetik. Bd. 1. Frankfurt a. M. 1970. (Hegel-Werke Bd. 13.) S. 254 f.

2 Ebd. S. 141.

3 G. G. Gervinus: Politische Konsequenzen der literarischen Entwicklung in Deutschland. In: G. G. G.: Schriften zur Literatur. Berlin 1962. S. 307 ff.

lichkeit. Die mißglückte Revolution mußte als Debakel hochmotivierter, aber realitätsferner und utopischer Absichten erscheinen. Als Ergebnis dieser Ernüchterung kann die zeittypische Wende zu einer ›realistischen‹ Politik verstanden werden, der Ludwig August von Rochau 1853 das Schlagwort lieferte. Seine *Realpolitik* polemisierte gegen die »Luftschlösser« und »Phantasiebilder«[4] einer »Studentenpolitik«[5], gegen den politischen Idealismus des vormärzlichen Liberalismus, der die moralphilosophische Reflexion seiner Motive an die Stelle eines nüchternen Kalküls gegebener Machtstrukturen, das Ideal künftiger Freiheiten und Bürgerrechte an die Stelle wägender Abschätzung des Machbaren setzte. Der moderne umgangssprachliche Gebrauch des Wortes ›realistisch‹ hat hier seinen Ursprung.

Der Grundzug des ›politischen Realismus‹ im Nachmärz und in der Reichsgründungszeit lag in der Etablierung eines entmoralisierten, funktionalen Politikkonzepts.[6] Als gleichsam naturwissenschaftliche Einsicht hat Rochau das Prinzip der Selbsterhaltung als ›Naturgesetz‹ des Staats postuliert. Diesem obersten Grundsatz gegenüber, dem alles politische Handeln funktional zugeordnet sein soll, existiere kein sittliches Kriterium der Kritik. Angesichts der Faktizität staatlicher Machterhaltung und Machterweiterung bleibe jeder moralisch-politische Einspruch bedeutungslos. Nicht durch die Überzeugungskraft der sie tragenden normativen Grundlagen legitimiere sich staatliche Macht, sondern allein durch den Beweis ihrer Funktionstüchtigkeit. »Selbst da, wo das heiligste Recht und das höchste Interesse mit der unzweifelhaften Mehrzahl zusammenfallen, selbst da bleiben sie an und für sich ohne alle Bedeutung für die Repräsentativpolitik, die

4 L. A. v. Rochau: Grundsätze der Realpolitik angewendet auf die staatlichen Zustände Deutschlands. Hrsg. von H.-U. Wehler. Frankfurt a. M. / Berlin / Wien 1972. S. 27.

5 Ebd. S. 254.

6 Vgl. Th. S. Hamerow: Moralinfreies Handeln. Zur Entstehung des Begriffs ›Realpolitik‹. In: R. Grimm / J. Hermand (Hrsg.): Realismustheorien. Stuttgart / Berlin / Köln / Mainz 1975. S. 31 ff.

ausschließlich mit Kräften zu rechnen hat. Ein amerikanischer Sklavenstaat zum Beispiel, welcher der unfreien Bevölkerung eine Vertretung einräumen wollte, würde damit [...] sich selbst zur Ohnmacht verurteilen.«[7] Politische Ideale wie Frieden, Brüderlichkeit, Gleichheit der Geschlechter und der Rassen hat Rochau mit fast hämischen Bemerkungen abgefertigt.[8] An die Stelle idealer Postulate tritt die zweckrationale Analyse sozialer Kräfte, deren politische Integration Voraussetzung der Selbsterhaltung des Staats sei.[9]
Die historische Funktion dieser ›realpolitischen‹ Konzeption muß in der Abkopplung einer funktional begriffenen, entsprechend auf ›Sachprobleme‹ reduzierten und von Experten zu handhabenden Sphäre politischen und wirtschaftlichen Handelns von der normativen Instanz einer politischen Öffentlichkeit gesehen werden, die Grundlagen und Zielvorstellungen des Staats diskutiert und legitimiert.[10] Darin entsprach die »Realpolitik« den ökonomischen und politischen Interessen des Bürgertums im Nachmärz, das seinen raschen wirtschaftlichen Aufschwung – man spricht von einer ersten Gründerzeit in den fünfziger Jahren – unter den Bedingungen feudaler Restauration einem Klassenkompromiß mit dem Adel verdankte, der seine Vorrangstellung in Militär, Politik und Administration ungebrochen behaupten konnte. Dieser Kompromiß war mit dem Zweckrationalismus der Realpolitik, nicht aber mit den liberalen Idealen des Vormärz machbar; Vergleichbares galt für die Haltung des Bürgertums gegenüber den politischen Ansprüchen des Proletariats, das sich nach einer Phase rigoroser Unterdrückung in den sechziger Jahren des 19. Jahrhunderts wieder neu artikulierte und organisierte.

7 L. A. v. Rochau (Anm. 4) S. 39.
8 Ebd. S. 208 f.
9 Ebd. S. 29 f.
10 Vgl. den einschlägigen Aufsatz von Julian Schmidt: Graf Bismarck. In: J. S.: Bilder aus dem geistigen Leben unserer Zeit. Bd. 2. Leipzig 1871. S. 371–392. Bes. S. 374 ff. (In vorl. Ausg. S. 58 f.)

Dieses folgenreiche Auseinanderfallen von Moral und Politik verengte den Anspruch ethischer Handlungsmotivation beträchtlich: Öffentlicher Machiavellismus und privater Kantianismus haben die Haltung des Bürgertums nach 1848 bestimmt. »Man hat sich zwar bei uns gewöhnt«, schrieb Hermann Baumgarten 1866 in seiner Kritik des deutschen Liberalismus, »die sogenannte Konsequenz als die höchste aller politischen Tugenden zu preisen, aber es bedarf doch nur eines etwas ernsten Nachdenkens, um zu erkennen, daß auch darin wieder eine jener unglücklichen Verwechslungen der Politik mit anderen rein innerlichen Geistestätigkeiten zutage tritt, an denen wir so reich sind.«[11]
Die funktionale Betrachtungsweise des Staats und der ihn tragenden Kräfte wurde in der Konzeption des politischen Realismus allerdings von der Schwundstufe eines geschichtsphilosophischen Denkens begleitet, das die Kontingenz der reinen Faktizität von Macht und Staat in die Bahn einer verkappten Teleologie zurücklenkte. Dieser »Realismus höherer Art«[12] sah unter der Oberfläche politischen und wirtschaftlichen Handelns eine Art hegelscher Vernunft in der staatlichen Entwicklung, die allmählichen Fortschritt garantierte.[13] Damit gewann der Funktionalismus politischer Machterhaltung und Machterweiterung doch noch eine ›höhere‹ Rechtfertigung. Bezeichnenderweise bezog sich das geschichtsphilosophische Legitimationskonzept in den fünfziger und frühen sechziger Jahren auf überindividuelle Strukturen und Prozesse; das Handeln des Einzelnen hielt man demgegenüber eher für zweitrangig. »Auch der mächtigste Staatsmann«, schrieb der liberale Politiker Carl Twesten 1859, kann »die Gesellschaft nur in sehr beschränkten Grenzen

11 H. Baumgarten: Der deutsche Liberalismus. Eine Selbstkritik. In: Preußische Jahrbücher 18 (1866) S. 455–515, 575–628. Hier S. 606. (In vorl. Ausg. S. 53.)

12 Der Realismus in der Politik. In: Blätter für literarische Unterhaltung (1856) S. 837–847. Hier S. 837. (In vorl. Ausg. S. 45.)

13 Vgl. K.-G. Faber: Realpolitik als Ideologie. In: Historische Zeitschrift 203 (1966) S. 1 ff.

modifizieren.«[14] Bismarcks Erscheinen auf der politischen Bühne schien diese Position ganz offensichtlich zu widerlegen. Die Mißachtung der demokratischen Rechte des Parlaments im preußischen Verfassungskonflikt, die Verletzung des politischen Selbstbestimmungsrechts der Schleswig-Holsteiner nach dem gewonnenen Krieg gegen Österreich, schließlich das wohlkalkulierte Herbeiführen des Deutsch-Französischen Kriegs veranlaßte die Realpolitiker des Liberalismus zu einer ›Personalisierung‹ des Fortschritts. Bismarcks ›geniale‹ Machtpolitik, die das große Ziel nationaler Einheit durch »Eisen und Blut«[15] und auf Kosten der Bürgerrechte verwirklichen konnte, wurde als weltgeschichtliches Ereignis gewürdigt und auf diese Weise von moralisch motivierter Kritik freigehalten. »Ob [. . .] die Anwendung der Gewalt moralisch war«, fragte Julian Schmidt nach dem Krieg gegen Österreich, »diese Frage kann nicht nach dem Kodex des bürgerlichen Rechts entschieden werden. [. . .] Alles was in der Geschichte Großes geschah, war der Bruch eines bestehenden Rechts zugunsten eines höhern Rechts. Das Urteil über den, der diesen Bruch veranlaßt, fällt nicht der Kreisrichter, sondern die Weltgeschichte.«[16] Die liberalen Kommentatoren Bismarcks haben sich diese Einsicht in die ›höhere‹ Notwendigkeit seiner Politik als Erfahrungsgewinn zugute gehalten. »Bismarck, der große Realist«, so Theobald Ziegler am Ende des Jahrhunderts, »hat uns zu Realisten gemacht.«[17]

14 [C. Twesten:] Woran uns gelegen ist. Ein Wort ohne Umschweife. Kiel 1859. S. 21. (In vorl. Ausg. S. 48.)

15 O. v. Bismarck: Gedanken und Erinnerungen. Bd. 1. Stuttgart 1919. S. 312.

16 J. Schmidt (Anm. 10) S. 375 f. (In vorl. Ausg. S. 59 f.)

17 Th. Ziegler: Die geistigen und sozialen Strömungen des 19. Jahrhunderts. Berlin 1899. S. 395, 398.

II.

Es ist bemerkenswert, daß sich das Schlagwort ›Realismus‹ in politischer Theorie und literarischer Programmatik gleichzeitig durchgesetzt hat. Theodor Fontane wies beispielsweise zu Beginn seiner berühmt gewordenen Charakteristik des literarischen Realismus von 1852/53 auf die gewandelte Haltung der Politiker hin, die ihre »Vortrefflichkeitsschablonen« zugunsten der »wirklichen Bedürfnisse« preisgegeben hätten.[18] Unter dem Stichwort ›Realismus‹ findet man in zeitgenössischen Konversationslexika ebenfalls Hinweise auf die politischen und ästhetischen Bedeutungsvarianten des Begriffs. So ist es nicht verwunderlich, daß die Literaturgeschichtsschreibung einen Zusammenhang zwischen literarischem und politischem Realismus hergestellt und gelegentlich die Literaturprogrammatik nach 1848 sogar unmittelbar auf die veränderte politische Haltung des Bürgertums im Nachmärz zurückgeführt hat.[19] Für die Annahme eines Politik und Literatur übergreifenden ›realistischen Zeitgeists‹ der Jahre zwischen 1850 und 1870 spricht sicherlich die vergleichbare Opposition der Realpolitiker und der Wortführer des literarischen Realismus gegen die »Phrasen« und »weltfremden Ideale« vormärzlicher Politik und Literatur ebenso wie das programmatische Eintreten für Wirklichkeitssinn und Weltzugewandtheit. Eine tiefgreifende Differenz bleibt dennoch unübersehbar und historisch entscheidend: Der politische Realismus radikalisierte gerade jene Erfahrung einer modernen gesellschaftlichen Wirklichkeit, die Hegel als kunstfeindlich, weil künstlerischer und literarischer Darstellung unzugänglich, beschrieben hatte. Die Literaturtheorie des bürgerlichen Realismus kann demgegenüber als der pre-

18 Th. Fontane: Unsere lyrische und epische Poesie seit 1848. In: Th. F.: Literarische Essays und Studien. Tl. 1. München 1963. (Nymphenburger Ausgabe. Bd. 21,1.) S. 7–33. Hier S. 7. (In vorl. Ausg. S. 141.)

19 Vgl. etwa H. Widhammer: Die Literaturtheorie des deutschen Realismus (1848–1860). Stuttgart 1977.

käre Versuch gekennzeichnet werden, vor dem Hintergrund dieser Erfahrung der Moderne die Geltung des klassischen Literaturbegriffs in letztlich affirmativer Absicht zu retten. Überspitzt formuliert: Der literarische Realismus war die Kompensation des politischen Realismus; denn der Literatur wurde die Aufgabe zugemutet, gerade angesichts einer als »undurchsichtig«, »abstrakt« oder »diffus« erfahrenen Lebenswirklichkeit[20] die Möglichkeit einer harmonischen und in der Realität wiedererkennbaren Ordnung zu vergegenwärtigen. Dieses Postulat gründete auf der ungebrochenen Vorherrschaft idealistischer Ästhetik, die ihrer vielberedeten Grablegung zum Trotz die Debatten um Status und Funktion realistischer Literatur bestimmt und kontrolliert hat. Auch wenn sich die Zeit nach 1848 antispekulativ gab und die Bedeutung einer philosophisch-systematischen Ästhetik in Frage stellte, blieb der Grundbestand idealistischer Kunsttheorien in der Nachfolge Schellings und Hegels gültig, freilich ohne des letzteren Historisierung der Geltung von Kunst und Literatur nachzuvollziehen. »Schönheit [...] ist ihrem Wesen nach das Hindurchscheinen der Idee durch den Stoff« – definierte Meyers Konversationslexikon 1865[21], und diese Definition wäre sicherlich kaum in Zweifel gezogen worden. Literatur sollte das Ideale darstellen, das im ›Weltstoff‹ verborgen liege. Gemäß der identitätsphilosophischen Konzeption des deutschen Idealismus sowie genietheoretischer Konventionen wurde dem Künstler die Fähigkeit zugesprochen, in der Gestalt des gelungenen Werks das Wesen des repräsentierten Weltausschnitts in anschaulicher Weise zur Geltung zu bringen.[22] Diese Grundauffassung teilten die

20 Vgl. F. Martini: Deutsche Literatur im bürgerlichen Realismus 1848–1898. 3. Aufl. Stuttgart 1974. S. 4.

21 Neues Konversationslexikon. Ein Wörterbuch des allgemeinen Wissens. Hrsg. von H. Meyer. 2., gänzlich umgearb. Aufl. Bd. 10. Hildburghausen 1865. S. 413.

22 Vgl. hierzu die grundlegende Untersuchung von U. Eisele: Realismus und Ideologie. Zur Kritik der literarischen Theorie nach 1848 am Beispiel des ›Deutschen Museums‹. Stuttgart 1976.

Programmatiker des bürgerlichen Realismus ungeachtet aller Differenzen über die besonderen thematischen und funktionalen Aufgaben der Literatur.

Der im ästhetischen Diskurs präsent und wirksam gehaltene »realidealistische«[23] Literaturbegriff, der zwischen den Extremen eines ›verstiegenen‹ Idealismus und eines ›platten‹ Naturalismus mittleren Kurs hielt, bestimmte auch die kritische Auseinandersetzung mit dem alteuropäischen Nachahmungsgrundsatz, den man in unhistorischer Perspektive auf den ersten Blick nur für eine andere Bezeichnung des realistischen Programms halten könnte. Man verstand unter ›Nachahmung der Natur‹ im 19. Jahrhundert die einfache Kopie, die exakte Reproduktion der Wirklichkeit in der Dimension ihrer Oberflächenerscheinung. Es kann an dieser Stelle nur en passant vermerkt werden, daß dieses Verständnis des Nachahmungsgrundsatzes eine erhebliche Verformung und Reduzierung seines ursprünglichen Gehalts bedeutete. Nach Aristoteles hatte der Dichter ja nicht die Aufgabe, das nachzuahmen, was ist – das war Aufgabe des Wissenschaftlers –, sondern das, was sein könnte, im Sinne des aristotelischen Wirklichkeitsbegriffs.[24] Der auf die Reproduktion der phänomenalen Wirklichkeit zurückgenommene Mimesisbegriff ist in der Ästhetik des 19. Jahrhunderts, ungeachtet des jeweiligen philosophischen Standorts, scharf kritisiert worden. So sah Hegel in dem Versuch einer realitätsgetreuen Kopie »eine

23 Dieser von Fichte und Schelling geprägte Begriff ist in der Zeit des bürgerlichen Realismus von den Ästhetikern Moriz Carriere und Max Schasler verwandt worden. Vgl. M. Bucher: Voraussetzungen der realistischen Literaturkritik. In: M. Bucher [u. a.] (Hrsg.): Realismus und Gründerzeit. Manifeste und Dokumente zur deutschen Literatur 1848–1880. Bd. 1. Stuttgart 1976. S. 32 ff.

24 Vgl. zur Geschichte des Nachahmungsgrundsatzes: S.-A. Joergensen: Nachahmung der Natur – Verfall und Untergang eines ästhetischen Begriffs. In: Kopenhagener germanistische Studien 1 (1969) S. 198 ff. Vgl. auch M. Fontius: Das Ende einer Denkform. Zur Ablösung des Nachahmungsprinzips im 18. Jahrhundert. In: Literarische Widerspiegelung. Geschichtliche und theoretische Dimensionen eines Problems. Berlin/Weimar 1981. S. 189 ff.

überflüssige Bemühung«, die statt »wirklicher Lebendigkeit [...] nur die Heuchelei des Lebens« zustande bringe;[25] Friedrich Theodor Vischer hielt das Mimesispostulat für aporetisch, da schon die physiologische Beschaffenheit der menschlichen Wahrnehmung »idealisiere«, die Welt anders zeige, als sie sich etwa dem Mikroskop erschließe;[26] und Julius Hermann von Kirchmann, der 1868 eine *Ästhetik auf realistischer Grundlage* verfaßte, hielt dem Nachahmungsgrundsatz entgegen, daß er zwischen Wesentlichem und Unwesentlichem der Welt nicht zu unterscheiden wisse.[27] Die Erfindung und der rasche Siegeszug der Photographie (das 1839 von Louis Jacques Mandé Daguerre veröffentlichte Verfahren wurde ständig weiterentwickelt) haben die ästhetische Abwertung der Naturnachahmung noch potenziert. Die zeitgenössischen Betrachter der ersten Photographien staunten über deren Exaktheit und Detailtreue. So schrieb etwa der dänische Dichter Hans Christian Andersen 1839 über seine erste Begegnung mit dem neuen Medium: »Alle Gegenstände werden wie in einem Spiegelbilde aufgefangen und festgehalten; sieht man sie durchs Mikroskop, so entwickelt der feinste Punkt sich zu einem detaillierten Gegenstand.«[28] Diese außerordentliche, alle bisherigen Verfahren wie Stahlstich oder Lithographie übertreffende Genauigkeit wirkte zwar auf Heinrich Heine so anregend, daß er seine unter dem Titel *Lutetia* bekanntgewordenen Frankreich-Artikel 1854 als »daguerreotypisches Geschichtsbuch«[29] bezeichnete, – in der Ästhetik wurde sie der Photographie zum Verhängnis. Ihre

25 G. W. F. Hegel (Anm. 1) S. 65.

26 F. Th. Vischer: Ästhetik oder Wissenschaft des Schönen. Tl. 2. 2. Aufl. Hrsg. v. R. Vischer. München 1922/23. S. 363.

27 J. H. v. Kirchmann: Der Begriff der Idealisierung. In: J. H. v. K.: Ästhetik auf realistischer Grundlage. Bd. 1. Berlin 1868. S. 266–272. Hier S. 269. (In vorl. Ausg. S. 75.)

28 Brief von H. Ch. Andersen an Henriette Hanck vom 24. Februar 1839. Zit. nach: E. v. Hollander (Hrsg.): Der Dichter und die Welt. Briefe von H. Ch. Andersen. Weimar 1917. S. 167/168. Hier S. 168.

29 H. Heine: Lutetia. Berichte über Politik, Kunst und Volksleben. In: H. H.: Sämtliche Schriften. Hrsg. von K. Briegleb. Bd. 5. München 1974. S. 239.

Abfertigung als mechanische Kopie ohne künstlerische Bedeutung konturierte indirekt das idealistische Profil eines ästhetisch zulässigen Realismus. Da es in der Kunst darauf ankomme, die Realität zu »idealisieren«, sie von zufälligen, störenden oder marginalen Erscheinungen zu »reinigen«, um in ihrer Phänomenalität das Wesentliche sichtbar werden zu lassen, müsse einem Medium der Kunstanspruch versagt bleiben, das wie die Photographie »das Nebensächliche mit derselben Genauigkeit [bietet] wie das Wichtigere«, so argumentierte der ›realistische‹ Ästhetiker Kirchmann.[30] »Die Photographie gibt die feinen Härchen, die kleinen Flecken, die zufälligen Verletzungen der Haut, wie sie das Original im Moment der Aufnahme hat, obgleich sie ein Seelenloses [...] sind [...]. Dies alles tut der Maler nicht; er reinigt sein Bild von diesen zufälligen [...] Elementen.«[31]

Diese Eliminierung der Kontingenz zugunsten einer Kenntlichmachung der Essenz charakterisierte den Kunst- und Literaturbegriff der philosophischen Ästhetik weit über die Mitte des 19. Jahrhunderts hinaus. Er spielte noch in den Diskussionen der naturalistischen Generation eine wichtige Rolle.[32] Um die besondere Problemlage der Literaturprogrammatik des Realismus genau zu fassen, muß auf die geschichtsphilosophischen Implikationen dieses Literaturbegriffs verwiesen werden. Wenn die Bedeutung der Literatur darin gesehen wird, die essentielle Struktur – die Idee – ihrer Zeit zu artikulieren, so kann die historische Erfahrung einer wenig idealen, vielmehr chaotischen Gegenwart entweder zu einer zeitweiligen Suspendierung der Literatur führen oder in der literarischen Darstellung die Antizipation eines künftig real einzulösenden Ideals sehen. Beide Lösungen haben zumindest latent ›revolutionäre‹ Konsequenzen, da sie auf eine Veränderung der manifesten Wirklichkeit hinauslaufen,

30 J. H. v. Kirchmann (Anm. 27) S. 270. (In vorl. Ausg. S. 76.)
31 Ebd.
32 Vgl. J. Kolkenbrock-Netz: Fabrikation – Experiment – Schöpfung. Strategien ästhetischer Legitimation im Naturalismus. Heidelberg 1981.

sei es, damit diese wieder ›literaturfähig‹ wird, sei es, daß sie das antizipierte Ideal lebenspraktisch verwirklicht.[33] Diese Konzepte waren nach 1848 jedoch obsolet geworden. Wollte man an dem identitätsphilosophisch begründeten Literaturbegriff seiner beträchtlichen legitimatorischen Funktion wegen festhalten, ohne diese Konsequenzen zu ziehen, dann blieb allein übrig, der Zeiterfahrung zum Trotz auf der objektiven Möglichkeit ihrer Idealisierung zu bestehen.

III.

Der Realismusbegriff war durch die ästhetische Tradition zu belastet, als daß er in unproblematischer Weise das Selbstverständnis einer Literaturbewegung hätte kennzeichnen können, die an Grundpositionen der klassischen Kunst- und Literaturkonzeption wie selbstverständlich festhielt. Seit seinem Auftauchen im Kontext literarischer Diskussionen bei Goethe und Schiller haftete dem Begriff das Odium des Platten, Banalen, eigentlich Kunstfremden an. Schiller meinte beispielsweise 1798 in einem Brief an Goethe, daß die Franzosen gegenüber den Deutschen die »besseren Realisten« seien, ihr Realismus jedoch »keine Poeten machen« könne.[34] Und Goethe bezweifelte ebenfalls den künstlerischen Rang wirklichkeitsgetreuer Reproduktionen, denen das Ideale fehle, wie aus einem Gespräch mit Eckermann deutlich wird: »Was soll das Reale an sich? Wir haben Freude daran, wenn es mit Wahrheit dargestellt ist [...]; aber der eigentliche Gewinn für unsere höhere Natur liegt doch allein im Idealen, das aus dem Herzen des Dichters hervorging.«[35] So faßte der

33 Vgl. H. Kinder: Poesie als Synthese. Ausbreitung eines deutschen Realismus-Verständnisses in der Mitte des 19. Jahrhunderts. Frankfurt a. M. 1973.

34 F. Schiller: Brief an Goethe vom 27. 4. 1798. In: E. Staiger (Hrsg.): Briefwechsel Goethe – Schiller. Bd. 2. Frankfurt a. M. 1977. S. 613.

35 J. P. Eckermann: Gespräche mit Goethe in den letzten Jahren seines Lebens 1823–1832. Tl. 1. Leipzig 1837. S. 302.

Philosoph Wilhelm Traugott Krug einen bereits gängigen Sprachgebrauch nur zusammen, als er 1832 den »ästhetischen Realismus« als diejenige Kunsttheorie bestimmte, die »sich bloß an die Dinge oder Sachen halten will, die in der wahrnehmbaren Natur [...] gegeben sind. Sie fodert daher vom Künstler, daß er bloß die Natur nachahme, mithin die reine, von aller Idealität gleichsam entkleidete Natürlichkeit zum höchsten Zielpunkte seines Strebens mache«.[36] Ebenso abwegig wie sein Widerpart, der »ästhetische Idealismus«, der die »Gesetze des Natürlichen« mißachte, müsse die Position des Realismus wie die des Idealismus in eine vermittelnde Konzeption überführt werden, die Krug in Anlehnung an den erkenntnistheoretischen Sprachgebrauch seiner Zeit als »ästhetischen Synthetismus« bezeichnet hat. Dieser zeichne sich einerseits durch ein Streben nach dem »Idealischen« aus, habe also »ein höheres Ziel vor Augen [...] als der bloße Naturkopist«, beachte aber andererseits die »Gesetzmäßigkeit der Natur« und vermeide auf diese Weise die »Unnatur« idealistischer Spekulation.[37]

Die Position des »ästhetischen Synthetismus« kennzeichnet das literaturtheoretische Selbstverständnis des bürgerlichen Realismus, auch wenn dieser akademische Begriff so nicht mehr verwandt wurde. Der Realismusbegriff selbst wurde zur Charakterisierung des eigenen Programms nur zögernd und unter Verwendung relativierender Attribute wie ›gesund‹, ›poetisch‹, ›wahr‹ oder ›echt‹ gebraucht. Auch Theodor Fontane, der sich in gewisser Hinsicht am eindeutigsten zum Realismus bekannte und so weit ging, ihn mit wirklicher Kunst gleichzusetzen,[38] kam nicht umhin, darauf hinzuweisen, daß Realismus keineswegs mit der »nackten Wiedergabe alltäglichen Lebens« zusammenfalle, sondern

36 W. T. Krug: Allgemeines Handwörterbuch der philosophischen Wissenschaften. Bd. 1. 2., verb. und verm. Aufl. Leipzig 1832. S. 67. (In vorl. Ausg. S. 69.)

37 Ebd.

38 Th. Fontane (Anm. 18) S. 9. (In vorl. Ausg. S. 142.)

dessen »Läuterung« anstrebe.[39] Otto Ludwig, der den Begriff des ›poetischen Realismus‹ bekannt gemacht hat – auch andere wie der Junghegelianer Arnold Ruge verwandten ihn in der zeitgenössischen Diskussion –, grenzte seine Auffassung realistischer Kunst von jedem »Naturalismus« ab, der die Welt nur als verworren und zusammenhanglos erfassen könne, während der »poetische Realismus« ein »erhöhtes Spiegelbild« der Welt biete, das Harmonie und Geschlossenheit auszeichne.[40] Selbst die sogenannten programmatischen Realisten der Leipziger Kulturzeitschrift *Die Grenzboten*, in erster Linie Julian Schmidt und Gustav Freytag, haben den Realismusbegriff nur mit großen Einschränkungen positiv verwandt. Die Auslieferung an die Kontingenz der erfahrenen Wirklichkeit kennzeichnete für Julian Schmidt die Haltung des Naturalismus oder des »falschen« Realismus; der »wahre« Realismus treffe demgegenüber das Wesen der Realität, und insofern zögerte Schmidt nicht, ihn auch als »Idealismus« zu bezeichnen, da die »Idee der Dinge [. . .] auch ihre Realität« sei.[41] Man kann Robert Prutz, dem Herausgeber des *Deutschen Museums*, der selbst ebenfalls eine gemäßigt realistische Position vertrat, nur zustimmen, wenn er 1859 den »ganzen Streit zwischen Realismus und Idealismus« für müßig erklärte, da – wie er meinte – wahre Kunst realistische und idealistische Elemente vereinen müsse, um ihre Funktion »die ideale Verklärung des Realen« erfüllen zu können.[42]

Diese Abgrenzung eines »wahren« von einem »falschen« oder naturalistischen Realismus hatte nicht nur kunsttheoretische Bedeutung. Sie diente auch der kulturpolitischen Legi-

39 Ebd. S. 12.

40 O. Ludwig: Shakespeare-Studien. Aus dem Nachlasse des Dichters hrsg. von M. Heydrich. Leipzig 1872, S. 264 ff. (In vorl. Ausg. S. 150.)

41 J. Schmidt: Schiller und der Idealismus. In: Die Grenzboten 17 (1858) 2. Sem. Bd. 4. S. 401–410. Hier S. 405. (In vorl. Ausg. S. 121.)

42 R. Prutz: Das Jahr 1848 und die deutsche Literatur. In: R. P.: Die deutsche Literatur der Gegenwart. 1848–1858. Bd. 1. Leipzig 1859. S. 39–65. Hier S. 58. (In vorl. Ausg. S. 130.)

timierung spezifisch deutscher Kunst und Literatur gegenüber der Literatur Frankreichs, deren Realismus, insbesondere im Blick auf die Romane Gustave Flauberts, als »oberflächlich«, nur auf Effekte bedacht, »unmoralisch«, als eher wissenschaftlich denn künstlerisch abgewertet wurde.
Die Diskussion um Möglichkeit und Grenzen realistischer Literatur in den fünfziger und sechziger Jahren des vergangenen Jahrhunderts kennzeichnet in der Ebene der theoretischen und programmatischen Selbstvergewisserung ein hohes Maß an geradezu monotoner Einstimmigkeit. Der trotz aller Varianten im Grunde gemeinsame Literaturbegriff ebenso wie die übereinstimmende Kritik der ›Extreme‹ Naturalismus und Idealismus läßt deutlich werden, daß der bürgerliche Realismus gegenüber der ›kulturrevolutionären‹ Diskursintegration der Vormärzzeit, der operativen und funktionalen Integration journalistischer, politischer, philosophischer und literarischer Artikulationsformen, nun wieder entschieden die Autonomie der Literatur und eine entsprechende Beachtung ihrer Systemgrenzen gegenüber politischen, journalistischen oder wissenschaftlichen Diskursen hervorhob.[43] In dieser Hinsicht erneuerte der bürgerliche Realismus die historische Ausdifferenzierung der Literatur als weithin autonomes soziales Subsystem, das seine Umwelt nur nach Maßgabe systemspezifischer Kriterien repräsentieren kann. Dem entspricht, daß Theodor Fontane Realismus als »Widerspiegelung alles wirklichen Lebens [...] im Elemente der Kunst« definiert hat.[44] Wenn die Maßstäbe einer autonom gesetzten Literatur die Art und Weise ihrer Realitätserfassung orientieren, bleibt für wissenschaftliche Erkenntnismethoden, politische Aufklärung oder philosophische Spekulation im Bereich der Literatur kein Raum. Grenzüberschreitungen in diese Richtung hat Julian Schmidt für die von ihm kritisierte ›Tendenzliteratur‹ des Vormärz verantwortlich gemacht. »Die deutsche Poesie ist darum vornehmlich in der

43 Vgl. F. Sengle: Biedermeierzeit. Bd. 3. Stuttgart 1980. S. 1060.
44 Th. Fontane (Anm. 18) S. 13. (In vorl. Ausg. S. 147.)

Tendenz steckengeblieben, weil sie ihre Grenze überschritten hat. Sie glaubte ihr Gebiet zu erweitern, wenn sie vom Schönen abging, und die Momente des Werdens und Vergehens, die der Wissenschaft angehören, mit ihrem Licht zu verklären suchte. Es hat sich aber gezeigt, daß diese Vermischung eine unheilvolle war. Die Wissenschaft, soweit sie sich ihrerseits frei davon gehalten, ist mit Riesenschritten weitergedrungen; die Poesie ist aus einer Krankheit in die andere gefallen.«[45] Diese programmatische Restitution des Autonomieprinzips in der Theorie des bürgerlichen Realismus führte jedoch – noch – nicht zu ästhetizistischen Konsequenzen, sondern blieb unter dem kontinuierlichen Einfluß identitätsphilosophischer Kunst- und Literaturkonzeptionen weltbezogen. Gerade in der Besinnung auf die Besonderheit ihres Diskurses – so sah es die Theorie des Realismus – könne sich Literatur der »Essenz« ihrer Zeit versichern, da sie »das Gesetz in der Form des Zufälligen, die Wahrheit im Kleide der Wirklichkeit« gestalte und so der erfahrenen Kontingenz der modernen Welt eine anschaulich gesicherte und zugleich realitätshaltige Sinnstruktur entgegenstellen könne. »Das Ideal bringt Ordnung in die Wirrnis der Erscheinungen, macht das Große zum Großen, das Kleine zum Kleinen, verbindet das Zusammenhanglose und setzt dem Schrankenlosen Schranken. [...] Durch das Ideal wird der Dichter frei von Unklarheit und Unordnung, frei von blindem Zufall und gesetzloser Willkür« – so formulierte Emil Homberger 1870 den Anspruch des realistischen Literaturprogramms.[46]

In der Applikation dieses Programms auf Thematik und Funktion der Literatur zeigten sich freilich erhebliche Unterschiede. Umstritten war vor allem die Frage, welche Bereiche der sozialen und historischen Wirklichkeit wesentlich und

45 J. Schmidt: Die Reaktion in der deutschen Poesie. In: Die Grenzboten 10 (1851) 1. Sem. Bd. 1. S. 17–25. Hier S. 25. (In vorl. Ausg. S. 99.)

46 E. Homberger: Der realistische Roman. In: Allgemeine Zeitung. 18., 19., 20. März 1870 (Beilagen) S. 1189 f., 1206 f., 1222 f. (In vorl. Ausg. S. 155.)

dementsprechend der literarischen Darstellung ›würdig‹ seien. Die Herausgeber der *Grenzboten*, Julian Schmidt und Gustav Freytag, vertraten den Standpunkt, daß sich die Literatur der zeitgenössischen Realität in der Vielfalt ihrer Erscheinungen und Tendenzen widmen müsse, um sie insgesamt als vernünftig und sinnhaft erlebbar zu machen. Diese forcierte Gegenwarts-Zugewandtheit ging mit schroffer Ablehnung aller »weltfremd-romantischen«, aller »spekulativ-utopischen«, aller »kritisch-zersetzenden« Literatur einher, die die gegebene Wirklichkeit des Lebens mißachte, überbiete oder in Frage stelle. Gegen diese »Verirrungen« mobilisierte insbesondere Julian Schmidt immer wieder den »gesunden Menschenverstand«. »Die Romantiker«, schrieb er 1860, »waren in wirklichem Gegensatz gegen das Zeitalter; sie hatten [. . .] so lange an ihren eignen Gedanken und Empfindungen herumgearbeitet, daß sie zuletzt wirklich anders dachten und empfanden, nicht bloß als ihre Zeitgenossen, sondern als je zu irgendeiner Zeit ein Mensch, der bei gesunden Sinnen war, gedacht und empfunden hat.«[47] Auch Goethe und Schiller unterlagen mindestens in Teilen ihres Werks vergleichbarer Kritik. Dieses »Pharisäertum des gesunden Menschenverstandes«, wie es ein Kritiker nannte,[48] bestimmte die Kritik der *Grenzboten* an jeder Literatur, die durch ihre thematische Ausrichtung das Projekt einer harmonisierenden »Verklärung« der erlebten Wirklichkeit in Frage stellte. Gegen Georg Büchners *Lenz* wandte Schmidt etwa ein: »Die Darstellung des Wahnsinns ist eine unkünstlerische Aufgabe, denn der Wahnsinn, als die Negativität des Geistes, folgt keinem geistigen Gesetz. [. . .] Der Wahnsinn [. . .] gehört in das Gebiet der Pathologie, und hat ebensowenig das Recht, poetisch behandelt zu werden, als das Lazarett und die Folter. [. . .] Am schlimmsten ist es, wenn

47 J. Schmidt: Neue Romane. In: Die Grenzboten 19 (1860) 2. Sem. Bd. 4. S. 481–492. Hier S. 483. (In vorl. Ausg. S. 107.)

48 E. Schmidt-Weißenfels: Julian Schmidt. In: E. S.-W.: Charaktere der deutschen Literatur. Bd. 2. Prag 1859. S. 141–250. Hier S. 186.

sich der Dichter so in die zerrissene Seele seines Gegenstandes versetzt, daß sich ihm selber die Welt im Fiebertraum dreht.«[49]

Als positive Gegenbewegung gegen die Literatur der Romantik und des Vormärz führten die *Grenzboten* neben dem englischen Roman Scotts und Dickens' die sogenannte Dorfgeschichte ins Feld, die, von Immermann und Gotthelf angeregt, in Berthold Auerbach ihren profiliertesten Vertreter gefunden hatte. Ihre Volkstümlichkeit, Wirklichkeitsnähe, lebensbejahende Grundhaltung galt als erstes Paradigma realistischer Literatur, auch wenn Julian Schmidt neben diesen Vorzügen die thematische Einseitigkeit und Konstruiertheit des Genres nicht übersehen konnte.[50]

Gustav Freytags Erfolgsroman *Soll und Haben* (1855) darf als literarische Umsetzung des Realismuskonzepts der *Grenzboten* gelten. Schon sein Motto, das Freytag von Julian Schmidt übernahm, dokumentiert den programmatischen Anspruch des Romans, gegenwartsbezogen und »verklärend« zugleich zu sein: »Der Roman soll das deutsche Volk da suchen, wo es in seiner Tüchtigkeit zu finden ist, nämlich bei seiner Arbeit.« An Freytags Roman läßt sich indirekt ablesen, daß das realistische Projekt einer in affirmativer Absicht unternommenen Darstellung moderner, zumal ökonomischer Lebenswirklichkeiten mit den Mitteln identifikationsermöglichender, soziale Strukturen auf Individuen und ihre Geschicke abbildender literarischer Verfahren aussichtslos war. Denn der Roman entzieht sich der Problemlage einer modern ausdifferenzierten ökonomischen Realität und weicht auf die im Grunde vormoderne Arbeitswirklichkeit eines patriarchalisch geführten Handelshauses aus, dessen sachliche und personelle Komplexität als leicht durchschaubar gelten durfte. Die legitimatorische Funktion dieses Romans wie des ihn tragenden Literaturkonzepts des programmatischen Realis-

49 J. Schmidt: Georg Büchner. In: Die Grenzboten 10 (1851) 1. Sem. Bd. 1. S. 121–128. Hier S. 122.

50 J. Schmidt (Anm. 47) S. 484 f. (In vorl. Ausg. S. 108 f.)

mus der *Grenzboten* lag vor allem darin, die Erfahrung einer moralisch indifferenten, funktionalen und überindividuell verfaßten ökonomischen und politischen Realität durch die Suggestion einer moralisch intakten, an Individuen und ihr intentionales Handeln gebundenen Wirklichkeit zu kompensieren.[51] Was Gustav Freytag 1874 in einem Nachruf auf Fritz Reuter an dem niederdeutschen Dichter rühmte, kann als Beschreibung seiner eigenen Wirkungsabsichten verstanden werden: »Er hat [...] durch seine Poesie [...] das Leben verschönert. Auch den kleineren Kreisen des Volkslebens, wo die Tage mit harter und ernster Arbeit erfüllt sind [...], hat dieser Dichter die Familie, das Hauswesen, die Arbeit verklärt wie kein anderer. Hunderttausende haben durch ihn das Bewußtsein erhalten, wie tüchtig und brav ihre Existenz ist, wieviel Wärme, Liebe und Poesie auch in ihrem mühevollen Leben zutage kommt.«[52]

Die Literaturkonzeption des programmatischen Realismus – und Gustav Freytags Roman als ihr Aushängeschild – sind in der zeitgenössischen Kritik gerade ihres mangelnden Realismus bezichtigt worden. Robert Prutz und Karl Gutzkow, der Herausgeber der *Unterhaltungen am häuslichen Herd*, bemängelten übereinstimmend das eingeengte Realitätsverständnis der *Grenzboten*, das Vielfalt und Widersprüchlichkeit der modernen Lebenswirklichkeit idyllisierend überspiele. Die Apologie des Besitzbürgertums, die verharmlosende Charakteristik seiner konfliktgeladenen Beziehung zum Adel und die Ausblendung der Lebensbedingungen des Proletariats warf Prutz Freytag vor.[53] Gutzkow versuchte

51 Vgl. L. Stockinger: Realpolitik, Realismus und das Ende des bürgerlichen Wahrheitsanspruchs. Überlegungen zur Funktion des programmatischen Realismus am Beispiel von G. Freytags »Soll und Haben«. In: K.-D. Müller (Hrsg.): Bürgerlicher Realismus. Grundlagen und Interpretationen. Königstein i. Ts. 1981, S. 174 ff.

52 G. Freytag: Ein Nachruf für Fritz Reuter. In: Im neuen Reich 4 (1874) Bd. 2. S. 158–160. Hier S. 160. (In vorl. Ausg. S. 158.)

53 R. Prutz: Gustav Freytag. Eine literarhistorische Skizze. In: Deutsches Museum 8 (1858) Hbd. 2. S. 441–458. Bes. S. 453–457.

in seinem Zeitroman *Die Ritter vom Geiste* (1850) ein realitätshaltigeres Panorama der zeitgenössischen Wirklichkeit zu entfalten, das »Könige und Bettler«, »Thron und Hütte«, »Markt und Wald« in ihren Gegensätzen und Konflikten darzustellen beanspruchte. Freilich hatte auch dieser zeitkritische und zukunftsorientierte Gegenentwurf an der Versöhnungsidee des klassischen Literaturbegriffs Anteil und traf sich auf dieser Metaebene mit den attackierten Positionen Freytags und Schmidts. Denn die manifesten sozialen Gegensätze wurden in Gutzkows Roman durch die Überzeugung entschärft und versöhnt, daß sie im Grunde nur verschiedene und kontingente Manifestationen einer einheitlichen Idee des Menschen seien. Diese ›humanistische‹ Tendenz des Romans gebe, so konnte Gutzkow es ausdrücken, der Menschheit den »Glauben« zurück, »daß die Erde von einem und demselben Geiste regiert« werde.[54]
Unter einem anderen Gesichtspunkt hat Rudolf Gottschall die Konzeption Schmidts und Freytags zurückgewiesen. Ihm gab die erfahrene Komplexität der Moderne Anlaß, eine detailrealistische Erfassung zeitgenössischer Arbeits- und Lebenswirklichkeiten abzulehnen und auf übergreifende, letzthin ahistorische Themen zu setzen. »Wie tief [darf] sich«, fragte Gottschall 1856, »die Poesie, die sich in letzter Instanz an das Allgemeine im Menschen wendet, in diese Fülle des Details versenken [...], ohne die Schönheit mit dem interesselosen Material zu vergraben.«[55] In den nur noch Experten zugänglichen Sektoren einer ausdifferenzierten Gesellschaft sah Gottschall kein sinnvolles Thema. Sein neoklassizistischer Literaturbegriff, der Realismus und Idealismus zu integrieren beanspruchte, zielte demgegenüber auf die »höchsten Fragen der Menschheit«, die »bedeutendsten

54 K. Gutzkow: Vorwort zur ersten Auflage [1850]. In: K. G.: Die Ritter vom Geiste. Hrsg. von R. Gensel. Tl. 1. Berlin [1910]. S. 39–43. Hier S. 42. (In vorl. Ausg. S. 212.)

55 R. Gottschall: Novellenliteratur. In: Blätter für literarische Unterhaltung (1856) S. 727–735. Hier S. 730. (In vorl. Ausg. S. 125.)

Kämpfe des Geistes« und die »tiefsten Empfindungen des Herzens« als »Quell aller großen Dichtung«.[56]
Trotz erheblicher Differenzen in der jeweiligen literaturpolitischen Akzentsetzung lag die Gemeinsamkeit der realistischen Programmatik in der Kompensation einer desorientierenden Erfahrung der Moderne durch die literarische Präsentation einer harmonischen, überschaubaren, in sich kohärenten Lebensweltfiktion, die, noch diesseits ästhetizistischer Selbstgenügsamkeit, gleichzeitig als Wesenserkenntnis der Welt und des Menschen offeriert wurde. Es gehe um die poetische Darstellung einer Welt, schrieb Otto Ludwig, in der man die Wirklichkeit wiedererkenne, obwohl sie von allem Zufall und aller Disharmonie befreit sei. »Eine Welt, in der die Mannigfaltigkeit der Dinge nicht verschwindet, aber durch Harmonie und Kontrast für unseren Geist in Einheit gebracht ist [...]; in welcher Notwendigkeit, Einheit, nicht allein vorhanden, sondern sichtbar gemacht sind.«[57]

IV.

Der Vorrang der narrativen Genres im Gattungsspektrum des bürgerlichen Realismus ist so auffallend und unbestritten, daß man gelegentlich dazu geneigt hat, Realismus und Erzählliteratur mehr oder weniger gleichzusetzen.[58] Drama und Lyrik – wenngleich nach wie vor ästhetisch höher bewertete Gattungen – spielten sowohl in der literarischen Produktion wie in den theoretischen Debatten eine weniger bedeutende Rolle.

56 R. Gottschall: Die deutsche Nationalliteratur des 19. Jahrhunderts. Bd. 1. 2., verm. und verb. Aufl. Breslau 1861. Vorrede. S. XVII–XXXII. Hier S. XXVIII. (In vorl. Ausg. S. 129.)
57 O. Ludwig (Anm. 40) S. 265. (In vorl. Ausg. S. 149.)
58 Zuletzt H. A. Glaser: Vom Nachmärz zur Gründerzeit: Realismus 1848–1880. Reinbek bei Hamburg 1982. (Deutsche Literatur. Eine Sozialgeschichte Bd. 7.) S. 8.

Die Dissonanz zwischen postuliertem ästhetischen Rang und faktischem Niedergang des Dramas wurde in der Gattungsdiskussion des bürgerlichen Realismus letztlich geschichtsphilosophisch aus der mangelnden Eignung der modernen Welt für die Profilierung dramatischer Charaktere und dramatischer Handlungen erklärt. Der »riesenschnelle Verfall der alten Welt«, wie Keller formulierte,[59] entzog dem Drama wie keinem anderen literarischen Genre die objektiven Voraussetzungen. »Wie wäre es denn möglich«, schrieb Robert Prutz 1851, »daß eine in sich so zerfahrene, zerflatternde, um ihren eigenen Inhalt noch so ringende Zeit wie die unsrige, sich zu dieser äußersten Plastik des dramatischen Kunstwerks zusammenfassen könnte? Wir selbst verschwinden uns zu Schemen, ein tatloses grübelndes Geschlecht [...]: woher denn sollten wir die Kraft, woher den Mut nehmen zu einer Dichtungsart, deren ganzes Wesen die Handlung ist, die Handlung, die sich durch leibhafte, lebendige Gestalten verkörpert und vollzieht?«[60] So konnte allein von einer künftigen sozialen und politischen Entwicklung die Möglichkeit zu einer Renaissance des Dramas erwartet werden. Mit dem ihm eigenen Optimismus äußerte sich Gustav Freytag schon 1849 in diesem Sinne: »Die gründliche Heilung liegt in der Zukunft. [...] An der staatlichen Entwicklung der Deutschen hängt fortan ihre gesamte künstlerische. Das Leben des Forums schaffe Charaktere, so wird der Dichter und Schauspieler sie darstellen können.«[61]

Grundzüge des realistischen Literaturprogramms finden sich vor allem in der kritischen Auseinandersetzung mit der Vormärz-Dramatik. Die Zurückweisung der politischen Ten-

59 G. Keller: Brief an H. Hettner vom 4. März 1851. In: Der Briefwechsel zwischen G. Keller und H. Hettner. Berlin/Weimar 1964. S. 44–50. Hier S. 46. (In vorl. Ausg. S. 272.)

60 R. Prutz: Das Drama der Gegenwart. In: Deutsches Museum 1 (1851) Hbd. 2. S. 697–705. Hier S. 701. (In vorl. Ausg. S. 276 f.)

61 G. Freytag: Vergangenheit und Zukunft unsrer dramatischen Kunst. In: Die Grenzboten 8 (1849) 1. Sem. Bd. 1. S. 128–134. Hier S. 133. (In vorl. Ausg. S. 270 f.)

denz und jeder Rhetorik im Drama dokumentiert den Rückzug des bürgerlichen Realismus auf den Standpunkt der Kunstautonomie und der Wiederherstellung der Diskursdifferenzierung. Rudolf Gottschall, der die eigentliche Aufgabe des Dramatikers in der Vergegenwärtigung der »Idealität des Lebens« sah, polemisierte 1853 gegen die »bittere Rhetorik der Tagespoeten, die ihre dramatischen Helden nur wie Köder an eine politische Angel stecken, um einen sogenannten Tendenzapplaus einzufangen«. Gegen den »löschpapierenen Zeitungsstil«, die »deklamatorischen Posaunen«, die »enthusiastischen Phrasen« der politischen Dramatik des Vormärz forderte er »Naturwahrheit« als Korrektiv, das selbst den Ton des Pathos in der Tragödie begrenzen müsse.[62] Auch Robert Prutz sah in der Politisierung des Theaters eine illegitime Praktik, im Grunde ein bedenkliches »Surrogat« wirklicher Politik. »Die prächtig klingende Rhetorik« der vierziger Jahre sei durch »echte, wirkliche Parlamentsreden« in ihrer Nichtigkeit enthüllt worden. Demgegenüber müsse die dramatische Literatur sich wieder auf ihre Autonomie zurückbesinnen. »Die Kunst soll sich nicht vom Leben zurückziehen [...]. Aber sie darf, sie soll wieder Selbstzweck sein, [...] der Dramatiker soll nicht mehr sein ästhetisches Gewissen mit politischen Gründen beruhigen, er soll uns nicht mehr statt dramatischer Personen politische Masken, nicht mehr Rhetorik statt Dialog, nicht mehr das subjektive Pathos des Publizisten statt der Objektivität des Dramatikers geben.«[63] Diese Objektivität des Dramas hat Otto Ludwig als »Verschwinden des dramatischen Dichters hinter seinem Werke«[64] bezeichnet, das derart – ein gleichsam natürliches Objekt – als zugleich absichtslose wie ›vernünftige‹ Wirklichkeit erscheine, als jene »Vernunft« in der Realität, die »wir

62 R. Gottschall: »Über die dramatische Diktion«. In: Deutsches Museum 3 (1853). Hbd. 1. S. 409–421. Hier S. 414 ff. (In vorl. Ausg. S. 284 f.)
63 R. Prutz (Anm. 60) S. 703.
64 O. Ludwig (Anm. 40) S. 518.

nur nicht übersehen können«.[65] Auch an dieser Funktionsbestimmung des Dramas wird das literaturpolitische Projekt des bürgerlichen Realismus deutlich: in der poetischen Fiktion soll der Welt jene Kontingenz und Intransparenz genommen werden, die die unmittelbare Realitätserfahrung unabweisbar und desorientierend geprägt haben.

Die Diskussion um Eigenart und Aufgaben der lyrischen Dichtung zeigt ein vergleichbares Bild. Auch hier wurde das Ausbleiben einer repräsentativen Lyrik aus der Zerrissenheit der Zeit hergeleitet, die keine allgemeinen, verbindlichen und konsensfähigen Themen mehr offerieren könne, wie dies noch in der Klassik der Fall gewesen sei.[66] An der politischen Lyrik des Vormärz, aber auch an der romantischen Dichtung wurde die Dominanz der Phrase, der Reflexion und der Rhetorik kritisiert. Demgegenüber postulierte die realistische Theorie das Ideal einer objektiven, unmittelbaren und wirklichkeitsnahen Dichtung. Der romantischen Lyrik und ihren Epigonen warf Julian Schmidt die Verletzung des ästhetischen Grundprinzips der Objektivität vor: »Fast in keinem Zweige der Kunst wird [. . .] die Abweichung von diesem Gesetz so ins Große getrieben, als in der Lyrik. Man gebraucht den Gegenstand fast lediglich dazu, eine Reihe brillanter Bilder, Reflexionen, Gefühle daran anzuknüpfen, ohne sich im geringsten darum zu kümmern, ob sie in irgendeinem Verhältnis zum Gegenstand stehen.« »Vollständige Stillosigkeit«, »kokettes Verweilen bei Nebensachen«, »leichtfertige Hast bei der Darstellung der Hauptsache« seien die Folgen.[67] »Spiritualismus« und »sentimentale Transzendenz« hielt Johann Georg Fischer der romantischen Lyrik vor,[68] und Friedrich Hebbel forderte 1853 gegen die »gleisne-

65 Ebd. S. 519.

66 J. G. Fischer: Ein Wort über die heutige Lyrik in Deutschland. In: Allgemeine Zeitung. 2. Juli 1867 (Beilage) S. 2985 f.

67 J. Schmidt: Rudolf Gottschall und die deutsche Lyrik. In: Die Grenzboten 11 (1852) 2. Sem. Bd. 4. S. 121–132. Hier S. 121. (In vorl. Ausg. S. 291 f.)

68 J. G. Fischer (Anm. 66) S. 2985. (In vorl. Ausg. S. 314.)

rische Frömmelei« und die »läppische Minnesängerei« der epigonalen Romantik einen Ton der »Wahrheit und Männlichkeit« für die lyrische Produktion.[69] Theodor Storm, der in seiner Konzeption des ›Erlebnisses‹ die reflexionsferne, tendenzfreie Unmittelbarkeit der lyrischen Dichtung wirkungsvoll formuliert hat,[70] ist dem Anspruch der politischen Lyrik, zu der er selbst anläßlich der Erhebung Schleswig-Holsteins gegen Dänemark einiges beitrug, mit dem Argument der Kunstautonomie entgegengetreten. Dieser »poesis militans« gelinge es nur in den seltensten Fällen, ihren Anlaß zu transzendieren und den »Stoff vom Boden der bloßen Wirklichkeit abzulösen«; gewöhnlich begnüge sie sich mit »Bildermacherei« und »rhetorischer Phrase«.[71] Rhetorik und Dichtung, insbesondere aber Rhetorik und Lyrik waren in der Literaturtheorie des bürgerlichen Realismus sich wechselseitig ausschließende Artikulationsmodi.[72]

Die programmatische Weltzugewandtheit des bürgerlichen Realismus mußte in der Erzählliteratur ihr eigentliches Medium finden. Salopp formulierte Max Waldau diesen Zusammenhang bereits 1854: »Man betrat [nach 1848 nämlich] den Boden der Tatsachen, und damit gab es wieder etwas zu erzählen.«[73] Insbesondere der Roman schien geeignet, die Vielfältigkeit und Heterogenität der modernen Lebenswirklichkeit zu repräsentieren, da seine Formprinzipien elastischer und variierbarer als die strengere Architektonik des

69 F. Hebbel: Moderne Lyrik. In: F. H.: Werke. Hrsg. von G. Fricke [u. a.]. Bd. 3. München 1965. S. 677–680. Hier S. 679–680. (In vorl. Ausg. S. 297.)

70 Th. Storm: Lieder der Liebe von M. Ant. Niendorf. In: Th. S.: Sämtliche Werke. Hrsg. von P. Goldammer. Bd. 4. 4. Aufl. Berlin/Weimar 1978. S. 563–568. Hier S. 565. (In vorl. Ausg. S. 299.)

71 Th. Storm: Vorrede zum Hausbuch aus deutschen Dichtern seit Claudius. In: Th. S.: Sämtliche Werke. Hrsg. von P. Goldammer. Bd. 4. 4. Aufl. Berlin/Weimar 1978. S. 612–617. Hier S. 616. (In vorl. Ausg. S. 300.)

72 Vgl. F. Sengle (Anm. 43) S. 1062 ff.

73 M. Waldau (d. i. R.G. Spiller von Hauenschild): Neuere epische Dichtung und Rudolf Gottschall. In: Blätter für literarische Unterhaltung (1854) 2. Hbd. S. 721–738. Zit. nach: M. Bucher [u. a.] (Hrsg.): Realismus und Gründerzeit. Bd. 2. Stuttgart 1975. S. 407–411. Hier S. 407.

Dramas und seine Verarbeitungskapazität höher als die der lyrischen Dichtung erschienen. »Wir werden vor allem in der episodischen Form des Romans ein bequemes Gefäß finden für den so vielfach auseinandergehenden, sich so vielfach durchkreuzenden Inhalt unserer Zeit, aber auf das Drama müssen wir verzichten«, schrieb Robert Prutz,[74] und Fischer meinte in bezug auf das Verhältnis des Romans zur Lyrik: »Der breitere epische Stil des Romans [kann] den Wegen und Irrwegen, den Krümmen und Windungen der Strebungs- und Wendungsversuche einer gespannten, einer gespaltenen, einer pathologischen Zeit viel eher nachgehen als die Lyrik, welche in [...] dem Aufklingen gereifter Empfindung den Ton des Augenblicks zu geben hat.«[75]

In dieser Reproduktion der erfahrenen Chaotik zeitgenössischer Lebenswirklichkeit hätte der Roman freilich wenig idealisierend und verklärend gewirkt. So verwundert es nicht, daß die Romandiskussion zunehmend Fragen der Struktur in den Mittelpunkt rückte und insbesondere Axiome des Dramas auf die formale Gestalt des Romans übertrug. Das Postulat eines durchstrukturierten, organischen Romans wird erst vor dem Hintergrund der realistischen Literaturkonzeption und ihrer identitätsphilosophischen Prämissen verstehbar: Die Ordnung des wohlkomponierten Romans sollte die Ordnung der Wirklichkeit, auch gegen die Erfahrung, repräsentieren. »Die Bewegung eines Romans«, schrieb Karl Frenzel 1866, »gleicht der Kreislinie, der Anfang soll notwendig zum Schluß stimmen. Von dem Mittelpunkt, der Idee, strahlt gleichmäßig das Licht auf alle Punkte der Dichtung aus, nicht soll eine endlose Episode oder ein Vorfall, der mit der Entwickelung der Handlung in keiner Verbindung steht, [...] den gleichmäßigen Fortschritt unterbrechen.«[76]

Theodor Fontanes Rezension von Gustav Freytags Roman

74 R. Prutz (Anm. 60) S. 701. (In vorl. Ausg. S. 277.)
75 J. G. Fischer (Anm. 66) S. 2985. (In vorl. Ausg. S. 314.)
76 K. Frenzel: Der historische Roman. In: Deutsches Museum 16 (1866) Hbd. 1. S. 3–12. Hier S. 10. (In vorl. Ausg. S. 247.)

Soll und Haben hat die hohe Relevanz der stimmigen Form für die Konzeption des realistischen Romans besonders deutlich herausgestellt. Die gleichsam dramatische Komposition des komplexen Geschehens verzichte bewußt auf die »naive [...] Herzählung der buntesten Ereignisse«, auf »Episoden und Abschweifungen«; sie füge vielmehr alles organisch ineinander. »Überblicken wir den Gesamtinhalt, so gewahren wir, daß derselbe die innige Verschmelzung dreier Dramen ist. Wir haben zwei Tragödien und ein Schauspiel.«[77] Diese Nobilitierung des Romans, die mit einer Verengung seiner Themen und Gestaltungsmöglichkeiten einherging,[78] hatte eine Parallele in der hohen Bewertung der Novelle. Noch entschiedener als im Falle des Romans wurde die dramatische, ja tragische Eigenart dieser Erzählform hervorgehoben, die sich aus ihrer konzentrierten, nur das Wesentliche des erzählten Geschehens akzentuierenden Struktur ergebe. »Die Novelle«, so Friedrich Theodor Vischer, »bewegt sich auch im tragischen Gebiet, und zwar mehr als der Roman. Es liegt dies in ihrer strafferen Natur; wer Interessantes kurz erzählen will, muß das Retardierende schneller niederwerfen und auf die Katastrophe zueilen [...].«[79] Die zeitgenössische Poetik hat die hohe ästhetische Qualität der Novelle übereinstimmend hervorgehoben. Theodor Storm faßte die Diskussion gleichsam zusammen, als er 1881 gegen Georg Ebers, der die Novelle als »Feierabendbeschäftigung« abqualifiziert hatte – und damit sicherlich den überwiegenden Teil der massenhaft produzierten Novellenliteratur gerecht beurteilte – den Rang der Gattung verteidigte. »Die heutige Novelle ist die Schwester des Dramas und die strengste Form der Prosadichtung. Gleich dem Drama behandelt sie die tiefsten Pro-

77 Th. Fontane: G. Freytag: »Soll und Haben«. In: Literarische Essays und Studien. Tl. 1. München 1963. (Nymphenburger Ausgabe. Bd. 21,1.) S. 214–230. Hier S. 217 f. (In vorl. Ausg. S. 228.)

78 Vgl. H. Steinecke: Romantheorie und Romankritik in Deutschland. Stuttgart 1975. S. 201 ff.

79 F. Th. Vischer: Ästhetik oder Wissenschaft des Schönen. Tl. 3. Abschn. 2. H. 5. Stuttgart 1857. S. 1318. (In vorl. Ausg. S. 258.)

bleme des Menschenlebens; gleich diesem verlangt sie zu ihrer Vollendung einen im Mittelpunkte stehenden Konflikt, von welchem aus das Ganze sich organisiert, und demzufolge die geschlossenste Form und die Ausscheidung alles Unwesentlichen; sie duldet nicht nur, sie stellt auch die höchsten Forderungen der Kunst.«[80]

Gegenüber dem Totalitätsanspruch des Romans lag der Vorzug der Novelle für die realistische Literaturkonzeption paradoxerweise in der bewußten Ausschnitthaftigkeit des von ihr erzählten Geschehens. Der Anspruch des Romans auf Universalität blieb prekär und umstritten; als das »große Ganze des Weltlebens nur [...] andeutende Abbreviatur«, wie Paul Heyse es formulierte,[81] verlor der novellistisch erzählte Weltausschnitt dagegen seine Zufälligkeit und Beliebigkeit und konnte als Repräsentant einer übergreifenden, gesamthaften Wirklichkeit verstanden werden.

Die Betonung der strikten Formgesetze des Romans und der Novelle galt zum einen als Garant der Möglichkeit, mit den Mitteln der Literatur die Kontingenzanfälligkeit der modernen Welt in sinnhaft nachvollziehbare Ordnung und Notwendigkeit zu transformieren. Zum anderen markierte sie die Autonomie der Literatur und ihre Abschottung gegen konkurrierende Modi der Realitätserfassung. Gegenüber der »furchtbaren Konkurrenz der Wissenschaften«[82] schien die Selbstbehauptung der Literatur allein als Besinnung auf ihre spezifischen Artikulationsformen möglich zu sein. Diese lagen – gemäß des klassischen Literaturbegriffs – vor allem in der Individualisierung historischer Prozesse und sozialer

80 Th. Storm: Eine zurückgezogene Vorrede aus dem Jahre 1881. In: Th. S.: Sämtliche Werke. Hrsg. von P. Goldammer. Bd. 4. 4. Aufl. Berlin/Weimar 1978. S. 618 f. (In vorl. Ausg. S. 268.)

81 P. Heyse: Einleitung. In: P. Heyse/H. Kurz (Hrsg.): Deutscher Novellenschatz. Bd. 1. München 1871. S. V–XIV. Hier S. XVIII. (In vorl. Ausg. S. 263.)

82 F. Spielhagen: Das Gebiet des Romans. In: F. S.: Beiträge zur Theorie und Technik des Romans. Leipzig 1883, S. 35–63. Hier S. 41. (In vorl. Ausg. S. 252.)

Strukturzusammenhänge. So sah Karl Frenzel den prinzipiellen Unterschied zwischen historischem Roman und wissenschaftlicher Historiographie in der Differenz einer Charakteristik individueller Handlungsmotive und kausaler Erklärung. »Den Verlauf seiner Erzählung als notwendig durch das Walten natürlicher und gesellschaftlicher Kräfte hinzustellen, strebt der Historiker, er erfindet keine Ereignisse, sondern weist in dem, was geschehen, das Gesetz von Ursache und Wirkung nach; der Romantiker [!] vermittelt seine Erfindungen mit den geschichtlichen Tatsachen und macht die Charaktere und Leidenschaften der Handelnden zu den allein das Ganze bewegenden Kräften.«[83] Auch Spielhagen, der die Herausforderung des Romans durch die modernen Wissenschaften wie kein anderer betont hat, sah den Gegensatz zwischen »wissenschaftlicher Analyse« und »künstlerischer Darstellung« in der Differenz von abstrakter Gesetzmäßigkeit und individuellem Sonderfall.[84]

Diese Übersetzung historischer und sozialer Strukturen in intentional motivierte Handlungsketten und individuelle Konflikte setzte dem Realitätsbezug des Romans Grenzen, da sich die erfahrene Lebenswirklichkeit dieser ›Übersetzung‹ weithin unzugänglich erwies. Die Einsicht in die Unzulänglichkeit dieser Konzeption veranlaßte Karl Gutzkow zu einem zukunftsweisenden Neuansatz innerhalb der romantheoretischen Diskussion. Sein neues Prinzip, der »Roman des Nebeneinander«, verzichtete weitgehend auf die Diachronie individueller Schicksale und setzte die Synchronie einer historischen Konstellation in der Vielfalt ihrer sozialen Bezüge und Gegensätze dagegen. Die handelnden Personen interessierten in diesem neuen Konzept weniger als Individuen im emphatischen Sinn denn als Repräsentanten der sie tragenden sozialen Schichten und Tendenzen.[85] Dieser Bruch mit der Tradition des Romans blieb im 19. Jahrhundert so gut

83 K. Frenzel (Anm. 76) S. 11. (In vorl. Ausg. S. 248.)
84 F. Spielhagen (Anm. 82) S. 55. (In vorl. Ausg. S. 252.)
85 Vgl. H. Steinecke (Anm. 78) S. 220 ff.

wie unbeachtet und ist erst im 20. Jahrhundert wieder aufgegriffen worden.
Die Aporien des Individualisierungskonzepts hat Friedrich Theodor Vischer im Anschluß an Hegel nüchtern herausgestellt: »Die Grundlage [...] des Romans ist die erfahrungsmäßig erkannte Wirklichkeit, also die schlechthin nicht mehr mythische, die wunderlose Welt. Gleichzeitig mit dem Wachstum dieser Anschauung hat die Menschheit auch die prosaische Einrichtung der Dinge in die Welt eingeführt: die Lösung der Staatstätigkeiten von der unmittelbaren Individualität, die Amtsnormen, denen der Einzelne pflichtgemäß dient, die Teilung der Arbeit [...], die Erkältung der Umgangsformen, den allgemeinen Zug zur Mechanisierung [...].«[86] Die überindividuelle Konstituierung der gesellschaftlichen Wirklichkeit, die Ablösung moralischer Handlungsmotivationen von der funktionalen ›Rationalität‹ sozialer Institutionen entzogen dem Roman weite thematische Bereiche und verwiesen ihn auf im Grunde marginale Residuen noch ›poesiefähiger‹ Lebensformen. Neben dem Ausweichen in die Geschichte – die zweite Hälfte des 19. Jahrhunderts kennzeichnet eine Flut historischer Romane –, sah Vischer vor allem den Bereich des Privaten, der Liebe, Ehe und Familie als adäquaten Gegenstand erzählender Literatur. Soweit der Held über diesen Bereich hinaus in die Welt eintrete, erleide er in der Abrichtung durch die normalisierende Kraft der sozialen Wirklichkeit den Prozeß seiner ›Bildung‹. Die latente Banalität dieser Vorstellung hatte bereits Hegel sarkastisch beschrieben: »Das Ende solcher Lehrjahre besteht darin, daß sich das Subjekt die Hörner abläuft, mit seinem Wünschen und Meinen sich in die bestehenden Verhältnisse und die Vernünftigkeit derselben hineinbildet, in die Verkettung der Welt eintritt und in ihr sich einen angemessenen Standpunkt erwirbt. Mag einer auch noch so viel sich mit der Welt herumgezankt haben [...], zuletzt bekommt er mei-

86 F. Th. Vischer (Anm. 79) S. 1304. (In vorl. Ausg. S. 240.)

stens doch sein Mädchen und irgendeine Stellung, heiratet und wird ein Philister so gut wie die anderen auch.«[87]
Auf diese Weise war die von der realistischen Literaturtheorie geforderte Verklärung der Realität kaum möglich. Vielmehr mußte gerade die Aufspaltung der Lebenswelt in arbeitsteilig strukturierte, funktionale Rollenzumutungen einerseits, intentionale, aber weithin irrelevante Handlungsmotivationen andererseits, prinzipiell als vermittelbar gedacht werden können. Diese Möglichkeit sah Theodor Fontane in Gustav Freytags Roman *Soll und Haben* eingelöst. Seine Bestimmung dieser Lösung erweist zugleich die historische Aporetik des realistischen Literaturprogramms und kann insofern als paradigmatisch gelten. Der Kaufmann Schröter – eine zentrale Figur des Romans, Repräsentant des Besitzbürgertums – sei einerseits »Mittelpunkt seines Geschäfts«, andererseits »Punkt in der Peripherie eines großen Kreises, eines Triebrades, das sich der Staat nennt«. Dieser Kaufmann hebe in seiner Person aber die Dissoziation von Privatsphäre und Öffentlichkeit auf, er sei trotz dieser »Doppelstellung« ein »ganzer ungeteilter Mann«, da die von ihm vertretene Moralität über den Kreis seines persönlichen Handelns hinaus öffentliche Geltung beanspruchen könne. »Er kann nicht mehr Politik machen, er kann nicht mehr direkt entscheidend eingreifen, aber er überschaut ein gewisses Maß von Rechten und Pflichten, auch jenseits der pfahlbürgerlichen Polizeitugend, deren gewissenhafteste Innehaltung seine Aufgabe und sein Stolz wird [...]. Man gebe unserem Staate eine lange andauernde Reihe solcher Männer, und man wird an dem Wachsen und Gedeihen des Ganzen die Wirksamkeit des einzelnen ermessen können.«[88] Fontane identifizierte die Moralität des individuellen Handelns mit der Sittlichkeit des Staats und sah darin einen Weg, die Erfahrung der modernen Lebenswirklichkeit literarisch zu verklären. Der Realismus

87 G. W. F. Hegel: Vorlesungen über die Ästhetik. Bd. 2. Frankfurt a. M. 1970. (Hegel-Werke Bd. 14.) S. 220.
88 Th. Fontane (Anm. 77) S. 227. (In vorl. Ausg. S. 232.)

dieser Konstruktion mußte sich jedoch angesichts des politischen Realismus des Nachmärz als Illusion erweisen, auch wenn die in Frage stehende Moral des Kaufmanns Schröter die Moral eines bornierten Besitzbürgers war.

Die Programmatik des bürgerlichen Realismus führte an die Grenzen der Leistungsfähigkeit des klassischen Literaturbegriffs und seiner tragenden Voraussetzungen, da der immer enger umgrenzte Bezirk authentischer Erfahrungen und individueller, moralisch qualifizierbarer Handlungen keine plausible Möglichkeit mehr bot, die komplexen Gegebenheiten der sozialen und politischen Wirklichkeit sinnhaft und anschaulich zu erschließen. Die realistische Programmatik, die diese Möglichkeit noch einmal unterstellt hatte, um der Realpolitik eine ästhetische Legitimation zu verschaffen, bahnte unterdes mit ihren Ambiguitäten und Aporien der literarischen Entwicklung zur Jahrhundertwende hin den Weg: die poetische Verklärung des Realen konnte im Sinne des Ästhetizismus radikalisiert, von jedem Weltbezug abgekoppelt und als autonomes, kunstreflexives Konstrukt ausgegeben werden; der forcierte Versuch, Handlungsmoral und ›staatliche Sittlichkeit‹ zu harmonisieren, konnte die Konstatierung der zugleich transmoralischen wie ästhetisch faszinierenden Sphäre der Macht vorbereiten. Die gründerzeitliche Mythisierung und Ästhetisierung der ›großen Tat‹ des ›großen Mannes‹ war eine erste Spielart dieser Entwicklung. Man darf vielleicht sagen, daß beide Tendenzen, deren oft irritierendes Zusammenspiel die historische Signatur des Werks von Friedrich Nietzsche ausmacht, das ›Erbe‹ der realidealistischen Konzeption angetreten haben.

I. *Der Realismusbegriff in Konversationslexika 1848–1880*

Realismus, *Wirklichkeitslehre*, heißt 1) in der *Philosophie* dasjenige System, welches den Dingen ein von unseren Vorstellungen unabhängiges, wirkliches Wesen zuschreibt und somit der Gegensatz von *Idealismus* [. . .]. Der R. nimmt die wirkliche Erscheinungswelt als Stoff und Masse, als das Erste und Ursprüngliche an, und erklärt daraus die Erscheinungen der geistigen Welt, des Idealen, als eines von jenem abzuleitenden, nach dem Grundsatze: reale prius, ideale posterius. Dieses System, von welchem wir schon frühe Spuren haben, lebte besonders im Mittelalter auf, wo die Scholastiker dasselbe teils in Platos, teils in Aristoteles' Schriften zu finden glaubten. 2) Dasjenige System der *Politik*, welches sich, im Gegensatze des politischen Idealismus, der sich bloß an die Vernunft hält, mit Verachtung der Vernunftideen, lediglich nach der Erfahrung richten will und bloß das gemeine Nützliche beabsichtiget. Beide Systeme müssen sich notwendig vereinigen, wenn das Rechte und Gute erzielt werden soll. 3) In *ästhetischer* Beziehung stellt der R. die Nachahmung der Natur als das Prinzip der Kunst auf und so könnten die Naturalisten in der Kunst einigermaßen auch Realisten genannt werden. – Der Realist an sich nimmt die Außerdinge als das Ursprüngliche und das Ideale als das Abzuleitende an, und *Realwissenschaften* behandeln bloß das Praktische.

Realismus, 1) (Philos.), diejenige philos. Denkweise, welche etwas Reales (Seiendes, Wirkliches) annimmt, d. h. nicht wie der Idealismus die Erscheinungswelt als bloßes Produkt unserer Vorstellung ohne eigne Selbstständigkeit betrachtet, sondern den Dingen außer unserm Geiste Realität beilegt. Geschieht letzteres in dem Sinne, daß die Dinge allein als das

Reale angesehen werden und der Geist entweder als etwas Seiendes gar nicht anerkannt, oder mit der Materie identifiziert und nur als eine besondere Modifikation derselben angesehen wird, so ist der R. nichts anderes als *Materialismus* und *Mechanismus*. Wird aber behauptet, daß der Geist aus sich selbst nichts erzeuge, aprioristische Vorstellungen und Begriffe nicht besitze, sondern alle seine Ideen ihm erst durch sinnliche Eindrücke aus der Außenwelt zugeführt werden, so muß der R. zum *Sensualismus* und *Empirismus* sich gestalten, oder, wofern er auch jenen Eindrücken keine objektive Wahrheit beilegt, in *Skeptizismus* ausarten. Wird dagegen neben der Realität der Dinge außer uns auch dem erkennenden Geiste ein selbstständiges Sein beigelegt und ihm eine Reihe eigner, aprioristischer Vorstellungen vindiziert, mit denen er an die Dinge, welche er erkennen will, herantritt, so entsteht die Frage: in welchem Verhältnis stehen das erkennende Subjekt und das erkannte Objekt zueinander und ist letzteres so, wie es dem Subjekte erscheint, auch das wahrhaftige Ding, oder nur ein mehr oder weniger entstelltes Abbild desselben? Hier gilt es zu vermitteln und eine versöhnende Ausgleichung zwischen der materiellen und der geistigen Welt herbeizuführen. Dies ist das Wesen des *Synthetismus*, der bald als *Real-Idealismus*, bald als *Ideal-Realismus* bezeichnet worden ist, je nachdem das Reale oder das Ideale als das Prius angesehen wurde. [...]
3) (Pol.), dasjenige politische System, welches mit Hintansetzung der Vernunftideen, die der politische Idealismus als maßgebend betrachtet, sich nur nach der Erfahrung richten will und das gemeine Nützliche bezweckt; – 4) (Ästh.), Kunsttheorie, welche die bloße Nachahmung der Natur als das höchste Ziel der Kunst betrachtet, Gegensatz zum ästhetischen Idealismus.

Realismus (v. Lat.), im Leben und in der Wissenschaft die Neigung, dem tatsächlichen Sachverhalt mehr als dem aprioristischen Denken oder dem Zuge der Vorstellungen zu folgen. Redet man z. B. von einem gesunden R. in Kunst oder Philosophie, so meint man dasjenige Verhalten, welches dem falschen Idealismus, d. h. der Ideologie, entgegentritt, also die Wirklichkeit und Wahrheit des Lebens anerkennt und zur Geltung bringt. Ein gewisser dichterischer R. findet sich z. B. bei Goethe. Doch kann die Bezeichnung R. auch einen Vorwurf einschließen, insofern damit der Mangel der notwendigen idealen Haltung angedeutet sein soll. Die fragliche Neigung, den Tatsachen Rechnung zu tragen, kann mit einer Vernachlässigung der idealen Antriebe verbunden sein, und dann ist der R. nicht mehr bloß ein berechtigter Zug im praktischen und wissenschaftlichen Verhalten, sondern eine Einseitigkeit, welche die ausschließliche Herrschaft in Anspruch nimmt. [. . .] Ein gewisser R. beherrscht die moderne Wissenschaft und die außerdeutsche Philosophie.

Realismus (lat.), der technische Ausdruck für diejenige Welt- und Lebensauffassung, welche, von der äußern sinnlichen Wahrnehmung ausgehend, auch nur bei dieser und bei den sich in ihr offenbarenden Gesetzen des ursächlichen Zusammenhangs, als dem allein Seienden, weil Wirkenden und daher Wirklichen, beharrt, im Gegensatz zum *Idealismus* [. . .] oder derjenigen Welt- und Lebensauffassung, die sich der Geist aus den von der sinnlichen Wahrnehmung zwar gleichfalls erst abgeleiteten, aber dann selbständig zu Ideen entwickelten Begriffen zu bilden vermag. Denn wenn auch das Bewußtsein zunächst nur auf Sinneswahrnehmung beruht und sich bei seiner Tätigkeit durchgehends an den ursächlichen Zusammenhang und seine Gesetze gebunden findet, so kann doch der Geist vermöge jener Begriffe und Ideen und eines ihm innewohnenden Zugs sich über die Welt des Wirklichen erheben, indem er sich eine zweite, nur ihm eigene ideale Welt daraus schafft, die er dann wohl auch zu verwirklichen oder nach deren Forderungen er jene doch umzugestalten sucht. Der Realist schätzt die Dinge nach der Bedeutung, die sie im ursächlichen Zusammenhang, also ihren Wirkungen nach haben, der Idealist nach dem Grad, in welchem sie seinen Ideen entsprechen, oder nach der Bedeutung, die er ihnen durch diese verleiht. Jener wählt seine Zwecke nur aus der wirklichen Welt, dieser auch im Bereich der Ideen. In so entschiedenem Gegensatz R. und Idealismus auch zueinander im Leben, in der Kunst und Wissenschaft stehen, so sind sie miteinander doch innerlich verbunden und vielfach aufeinander angewiesen. Den Bestrebungen des R. würde es ohne idealistische Antriebe an Schwungkraft und Tragweite fehlen, der Idealismus würde dagegen ohne Rücksicht auf den ursächlichen Zusammenhang seine Zwecke niemals erreichen. Daß beide sich aber in diese Extreme verlieren können, hat den Worten Realist und Idealist eine üble Nebenbedeutung gegeben. – Unter R. in der *Kunst* versteht man im allgemeinen diejenige Darstellungsweise, welche vorzugsweise auf Naturnachahmung ausgeht und in der Naturwahrheit ihr vornehmstes Ziel erkennt, daher auch vorzugsweise die künstlerische Technik begünstigt. Der R. muß daher bei denjenigen Künsten am stärksten hervortreten, welche auf Naturnachahmung angewiesen und an diese gebunden sind. Zu ihnen gehören die Plastik, die Malerei, die Poesie und die mimischen Künste. Da die Kunst die ihr eigentümlichen Wirkungen nur auf die beiden geistigen Sinne, Gesicht und Gehör, ausüben kann, so müssen auch diese Künste bei ihren Darstellungen von einem gewissen Teil des Wirklichen absehen. Sie tun dies aber in verschiedener Weise und kommen einer realistischen Darstellungsweise daher in verschiedenem Grad entgegen. Am meisten realistisch erscheint von ihnen allen die Schauspielkunst, insofern hier der Darsteller mit der vollen Wirklichkeit seiner Person für sie eintreten muß und sich gleichzeitig an beide geistige Sinne wendet. Der R. sinkt zum *Naturalismus* [. . .] herab, wenn er die Naturwahrheit in ganz einseitiger Weise verfolgt und die der Kunst eigentümlichen (ästhetischen) Wirkungen dabei aus den Augen verliert, um mit dem Schein der bloßen Natürlichkeit zu täuschen.

II. *›Realpolitik‹. Realismus als politischer Pragmatismus nach 1848*

ANONYM

Der Realismus in der Politik

Auch in der Politik, wie in der Kunst, gibt es einen Realismus und einen Idealismus, von denen der letztere mehr das was sein sollte, der erstere mehr das was wirklich ist, ins Auge faßt. Nachdem wir uns lange mit der Verwirklichung politischer Ideale abgemüht und dabei wenig oder nichts erreicht haben, scheint sich eine andere, mehr realistische Anschauungsweise in der Politik geltend machen zu wollen. Freilich wie es in der Kunst einen falschen Realismus gibt, der zwar die Wirklichkeit, aber nur die unschöne, ideenlose Wirklichkeit darstellt, so gibt es einen politischen Realismus niederer Art, der sich nur an das Gegebene schlechthin, an die vollendete Tatsache oder an solche staatliche und gesellschaftliche Zustände hält, welche mehr oder weniger außerhalb der lebendigen Bewegung und Fortentwickelung der Menschheit stehen, alles andere aber als »Ideologien« vornehm zurückweist. Diesen Realismus der Stabilität, diese Politik der vollendeten Tatsachen haben wir auch in Deutschland in der Literatur und im Leben wiederholt ihre Rolle spielen sehen und sehen es täglich noch. Es gibt aber auch einen Realismus höherer Art, welcher hinter der Erscheinung das Wesen der Dinge, über der vollendeten Tatsache das ewig waltende Gesetz der Bewegung und Entwickelung sucht und findet. Ein solcher Realismus ist es, der in unserer politischen und geschichtlichen Literatur, namentlich während des letzten, an Prüfungen und Erfahrungen so reichen Jahrzehnts – eine hocherfreuliche Erscheinung! – immer mehr Boden gewonnen hat.

ANONYM

Die Wende der demokratischen Partei

Gleich nach Einrichtung der Regentschaft und Entlassung des Ministers *v. Westphalen*, sobald sich die Aussicht auf größere Freiheit der Wahlbewegung eröffnete, hatte sich die Demokratie in mehreren Städten *als Partei* geregt, um an der Wahlagitation teilzunehmen. Auch derjenige Teil derselben, der sich bisher bei den Wahlen nicht beteiligt hatte, hielt den gegenwärtigen Zeitpunkt für geeignet, die bisherige Passivität aufzugeben, sich auf den Boden der Verfassung zu stellen und auf parlamentarischem Felde mitzuwirken. [...]
Von blindem Eifer, das Versäumte hastig nachzuholen, nach allem Verlorenen mit Begier wieder zu greifen, zeigte sich keine Spur; niemand ließ sich herbei, alte Parteidoktrinen gleisnerisch wieder aufzustutzen; die unglückliche Vorstellung, die nur in unruhigem Wesen Tatkraft, und nur in dem vielgeschäftigen, rücksichtslosen Aufgreifen aller möglichen Materien staatsmännische Umsicht erkannte, schien vollkommen beseitigt. Dagegen zeigte sich ein entschieden auf das Praktische gerichteter Sinn; Abneigung gegen das Aufwärmen theoretischer Streitfragen, die zur Zeit ohne alle Bedeutung sind; die Überzeugung von der Notwendigkeit einer ruhigen, schrittweisen Entwickelung, ja sogar eine gewisse Resignation in der Erwartung; vor allem aber ein Geist der Versöhnlichkeit, und die überall durchzufühlende Freude, daß der Partei endlich Gelegenheit geboten war, sich wieder mit Teilnahme an das Vaterland anzuschließen. Unter den Parteien unseres Landes hat die demokratische vielleicht am meisten zu lernen gehabt, um sich für eine ersprießliche Wirksamkeit in den Stand zu setzen; denn es war ihr natürliches Schicksal, alle unruhigen und extravaganten Köpfe in sich aufzunehmen, durch sie alteriert und zum Teil bestimmt zu werden: aber es will uns bedünken – und nicht bloß auf Grund der bei dieser Wahlbewegung hervorgetretenen Er-

scheinungen – daß sie während der letzten zehn Jahre in der Tat sehr viel gelernt, daß sich in ihr am entschiedensten ein großer Läuterungsprozeß vollzogen hat. Mit Männern, die weder ein Ideal der Vergangenheit noch ein Ideal der Zukunft in die Welt hineinzaubern wollen, sondern in der praktischen Verbesserung des Bestehenden ihre Aufgabe erblicken, können und werden wir uns über eine gemeinsame Wirksamkeit verständigen.

KARL TWESTEN

Woran uns gelegen ist

Die Einsicht ist überall durchgedrungen, daß der Staat nur *eine* Seite des unendlich komplizierten Ganzen der menschlichen Gesellschaft umfaßt, daß seine Verfassung und seine Politik zwar vorübergehend mit dieser oder jener Richtung des Gesellschaftslebens in Widerspruch treten kann, auf die Dauer aber stets und notwendig in Wechselwirkung mit den sich bedingenden geistigen und materiellen Zuständen der Gesellschaft steht, von ihren wesentlichen Verhältnissen und Bedürfnissen beherrscht wird, und fördernd oder hemmend auf sie zurückwirkt.

Diese Naturnotwendigkeit hat von jeher die Staatsbildungen beherrscht, aber die Wissenschaft davon ist sehr neu. Sie beruht auf der naturgeschichtlichen Analyse der Gesellschaft, wie sie sich in den ökonomischen Verhältnissen, der Lebensweise, den Beziehungen und Kulturzuständen der einzelnen Volksklassen, in Kunst, Literatur und Wissenschaft, in Sitte, Recht und Staat darstellt. Sie spricht sich in allen bedeutenden Erscheinungen der Gegenwart mehr oder minder bewußt aus, hat ein ganz neues Verständnis der Geschichte eröffnet, durchweht in Kulturstudien und Dichtungen die Literatur und erweckt überall das Interesse einer fruchtbaren Wirklichkeit. Wo diese Erkenntnis lebendig geworden, da verstummen die inhaltsleeren Deklamationen, die willkürlichen Konstruktionen aus abstrakten Begriffen, welche den Staatsdoktrinen immer von neuem den Einwurf zugezogen haben, daß sie sich gut in der Theorie ausnehmen, aber nicht in der Praxis taugen. Eine Theorie ist nur gut, wenn sie aus der Wirklichkeit geschöpft ist und sich in der Wirklichkeit bewährt. Eine gesunde und heilsame Politik kann nur auf richtiger Würdigung der physischen, sittlichen und geistigen Natur der Menschen und der menschlichen Gesellschaft beruhen, muß sowohl das Bleibende und Unveränderliche darin berücksichtigen, als das, was sich in den wechselnden Kulturzuständen ändert, und darf nie vergessen, daß auch der mächtigste Staatsmann die Gesellschaft nur in sehr beschränkten Grenzen modifizieren, nur vorhandene Tendenzen in ihrer Entwicklung beschleunigen oder retardieren, aber niemals auf die Dauer politische Zustände schaffen kann, welchen die gegebenen Bedingungen der faktisch vorhandenen Gesellschaft widersprechen.

Daß das Leben der bürgerlichen Gesellschaft sich unmittelbaren Einwirkungen Einzelner fast ganz entzieht, daß hier durchgreifende Änderungen nur im Laufe der Zeit nach allmählichem Umschwunge der Sitten und Anschauungen vor sich gehen, und daß die Staatspolitik in hohem Maße von der anderweitigen Gestaltung der Gesellschaft abhängig ist, darüber scheinen heutigen Tages alle Parteien einig; und diese Einsicht macht notwendig dem Glauben an allgemein gültige, für alle Zeiten und Völker passende Staatsformen, den abstrakten Theorien über beste Verfassungen und einer Menge unfruchtbarer Kontroversen ein Ende. Wir sind der Phrasen müde, wir haben bei jeder politischen Frage einen bestimmten konkreten Zweck im Auge und entnehmen unsere Motive den Verhältnissen und Anforderungen der vorhandenen Gesellschaft.

Von den metaphysischen Dogmen der allgemeinen Menschenrechte, der natürlichen Gleichheit oder der absoluten

Gedankenfreiheit ist wenig mehr die Rede. Sie haben die Humanität wesentlich gefördert, eine Menge neuer Ideen in die Welt gebracht, negativ große Dienste geleistet, als es galt, die alte Gesellschaft umzugestalten, in welcher unerträglich gewordene Ungleichheiten und eine oppressive Intoleranz künstlich aufrechterhalten wurden. Bei uns haben sie keine so große Rolle gespielt, wie in Frankreich vor der Revolution, weil die Umbildung den Verhältnissen entsprechender vor sich gegangen, die Widersprüche nicht so grell waren. Es bedurfte keines so gewaltigen Windbruchs im Walde der Mißbräuche. Seitdem sie ihre Zwecke im wesentlichen erfüllt, haben diese Begriffe allmählich ihren Kredit verloren. Ihre innere Unwahrheit in der abstrakten Absolutheit wurde mehr und mehr anerkannt, als ihre auflösenden Konsequenzen außerhalb des politischen Gebietes auf Familie und Eigentum angewendet wurden, und zugleich ihre Unfähigkeit positive Konstruktionen zu leiten. [. . .]

Nachdem wir mit den metaphysischen Phrasen fertig geworden, wollen wir auch von den theologischen in der Politik nicht mehr hören. Durch Erfahrungen und Studien belehrt, haben wir den aus abstrakten Prinzipien konstruierten, überall und unbedingt gültigen Staatsidealen entsagt, aber wir wollen uns auch nicht unter der Firma göttlicher Weihe Staats- und Gesellschaftsformen aufdrängen lassen, deren Vorbilder aus Bruchstücken der verschiedensten Zeiten und Zustände willkürlich zusammengelesen sind.

Wenn wir uns aufrichtig auf den Boden der Tatsachen stellen, doktrinären Vorurteilen und Liebhabereien entsagen, überall das wirklich Zweckmäßige und das den gegebenen Verhältnissen Angemessene zu finden suchen, so wird in vielen Fällen die Einigung sehr erleichtert werden, und es wird sich zeigen, daß man von sehr verschiedenen Standpunkten ausgehen und doch in der konkreten Entscheidung nahe zusammen stehen kann. Abstrakte Prinzipienfragen werden seltener auftauchen, in der Regel werden nur die Interessen verschiedener Gesellschaftsklassen, Orte oder Individuen einander gegenüberstehen und zwischen diesen hat der Staat, welcher die Reaktion des allgemeinen Interesses gegen die partikulären darstellen soll, zu wählen oder zu vermitteln.

HERMANN BAUMGARTEN

Kritik des deutschen Liberalismus

Es sind mehr als dreihundert Jahre vergangen, seit das deutsche Volk in seiner Gesamtheit mit großem Tun in den Gang der menschlichen Entwickelung eingriff. Die Reformation war das letzte gemeinsame Werk der Deutschen auf dem Gebiete des handelnden Lebens und dieses letzte Werk vollendete ihre Zersplitterung, beendete ihr nationales Dasein. Die gewaltige, unendlich segensreiche Tat Luthers ruhte auf dem Zusammenwirken von Männern, deren Wiege in Franken, Schwaben, Hessen, Thüringen, Sachsen stand; nur die Bayern hatten wenig Teil daran. Aber diese Tat, indem sie unser Seelenleben auf die Freiheit des innersten Menschen begründete, im Sinne der ältesten Gemeinden und nach den Worten Christi die Welt verachten und der Gottseligkeit nachtrachten lehrte, dem tiefsten Zuge unserer germanischen Natur folgend das persönliche Gewissen von allen Weltrücksichten losband, diese Tat zerbrach die letzten schwachen Bande, welche noch das heilige römische Reich deutscher Nation zusammengehalten hatten. Für die lutherische Richtung sind die Dinge dieser Welt von unerheblichem Gewicht. Die Dinge dieser realen Welt hatten uns Deutschen immer nur zu wenig gegolten. In ihren glänzendsten Momenten war die Politik unserer großen Kaiser ein Streben nach idealen Zielen. Man braucht nur unsere Minnepoesie mit den Liedern der Troubadours zu vergleichen, um gewahr zu werden, daß schon zur Zeit der Hohenstaufen unseren bedeutendsten Köpfen das männliche Handeln wenig galt neben dem Leben in zarten Empfindungen und hohen Gedanken. Die ganz auf den inneren Menschen gerichtete Art Luthers gab dieser Einseitigkeit unseres Wesens auf Jahrhunderte die unbedingte Herrschaft. [. . .]

Das mittelmäßigste Handeln ist für den Staat fruchtbarer als die bewundernswürdigste aber untätige Kritik. Freilich liegt einem in der Theorie großgewordenen Volke wie dem deutschen die Gefahr sehr nahe, auch in der Welt des Handelns mehr seinen urteilenden Verstand als seinen handelnden Willen wirken zu lassen, aber gerade einem solchen Volke muß auch diese Gefahr besonders gefährlich werden. Denn indem es an den Erscheinungen der rauhen und immer höchst unvollkommenen Wirklichkeit eine ideenhafte Kritik übt, schiebt es die Pflicht von sich ab, in Zuständen tätig zu werden, die es als höchst kläglich erkannt hat. Der Mann der philosophischen Spekulation oder der gelehrten Forschung oder der künstlerischen Einbildung oder der häuslichen Moralität bringt zu den politischen Tatsachen einen Maßstab mit, dem sie eigentlich nie genügen können. Sehr lange bestand in Wahrheit unsere Teilnahme am Staat wesentlich darin, ihn durch unsere absolute Kritik uns vom Halse zu halten, und wenn wir doch einmal uns verführen ließen, in ihm handeln zu wollen, machten wir rasch so entmutigende Erfahrungen über die Unmöglichkeit, in ihm die ebenso erhabenen als reinen Ideale unserer Brust zu verwirklichen, daß wir uns bald wieder darauf resignierten, diesen Idealen in der keuschen Stille unseres Hauses zu leben. Solche Natur und Gewöhnung mußte unter uns dem abwehrenden Verneinen ein bedauerliches Übergewicht geben über das bessernde Tun. Unsere gutmütige und devote Art ließ sich diesen Hang freilich lange in höchst harmlosen Formen äußern; bis tief in die vierziger Jahre wehrte er mehr die Opposition ab, die uns schwer befriedigen konnte, als daß er das Bestehende angriff, und bis auf den heutigen Tag leidet jede Opposition bei uns empfindlich darunter, daß sie den einen zu viel, den andern zu wenig tut, was dann beide bestimmt, sich lieber passiv zu verhalten als sich an einer Tätigkeit zu beteiligen, mit der sie nicht bis ins kleinste übereinstimmen.

Als aber einmal der patriotische Eifer in uns fuhr wie 1848 und 1859 und die bei uns mächtigste politische Triebfeder, die schwärmerische Begeisterung für die Größe und Herrlichkeit des Vaterlandes, uns mit gewaltigem Stoß auf die Armseligkeit unserer wirklichen Zustände schleuderte, da wurde in uns eine seltene Begabung offenbar, alles, was von oben geschah und alles, was bestand, kritisch zu verarbeiten und diese theoretische Opposition gewann einen um so kühneren Flug, als uns eigentlich noch immer der Gedanke ziemlich fremd war, uns nun selber einmal in schöpferischen Taten zu versuchen. Das erfuhr das Ministerium Auerswald. Welche erfreuliche Veränderung hatte Preußen seit dem Herbst 1858 gewonnen! Aber wie unendlich viel herrlicher hatte sich der Enthusiasmus des der neuen Regierung zujubelnden Volkes diese neue Ära ausgemalt! Der Abstand von diesem Phantasiegebilde wurde immer peinlicher und er wirkte um so aufregender, als das Gedächtnis an die Prüfungen unter dem Manteuffelschen Regiment rasch verlöschte. Denn wir haben die Gewohnheit in Tagen einer häßlichen Reaktion uns in unsere Häuslichkeit zurückzuziehen. Erst wenn draußen ein blauer Himmel lacht, kommen wir zum Vorschein: wehe, wenn dann den Äther einiges leichte Gewölk verschleiert! Daß eben noch Sturm und Regen tobte, haben wir fast vergessen, denn wir hüteten uns wohl, solchen Unbilden unsere empfindliche Haut auszusetzen. – Wir sahen, wie die oppositionelle Stimmung unter dem liberalen Ministerium wuchs. Nun kam gar das Junkerregiment! Nun sprach die Regierung in Ausdrükken und mit Argumenten, welche jedes bürgerliche Bewußtsein tief verletzten. Dann fielen Exzesse vor von betrunkenen Soldaten und liederlichen Offizieren. Uns war zumute, als habe sich so Unerhörtes nie zugetragen. Endlich griff die Regierung nach allen Seiten mit rücksichtsloser Gewalt durch, mit einer Gewalt, die oft den Verdacht erweckte, als wünsche sie zu verletzen und zu reizen. Niemand kann sich wundern, daß das Publikum mit einer schonungslosen Kritik nun seinerseits allem sich entgegenstellte was geschah. Die Hoffnung, dieses Unwesen zu beseitigen, wurde bald sehr schwach; man überließ sich um so mehr dem Vergnügen, dem wehzutun, der die öffentliche Meinung so empfindlich beleidigt hatte. Man freute sich an den starken Worten der parlamentarischen Debatten, an den scharfen Beschlüssen, welche das verhaßte Regiment trafen und verlor allmählich das Bewußtsein, daß dieses Regiment nun doch leider einmal den Staat vertrat, daß man oft diesen traf, wenn man jenes schlagen wollte. [...]

Man hat sich zwar bei uns gewöhnt, die sogenannte Konsequenz als die höchste aller politischen Tugenden zu preisen, aber es bedarf doch nur eines etwas ernsten Nachdenkens, um zu erkennen, daß auch darin wieder eine jener unglücklichen Verwechslungen der Politik mit anderen rein innerlichen Geistestätigkeiten zutage tritt, an denen wir so reich sind. Eine religiöse Überzeugung trotz allem Drang widriger Umstände festhalten, einem Freunde Treue bewähren, wie schlimm ihm das Geschick und die Menschen mitspielen, das ist gewiß wahre Tugend. Aber in der Politik nicht nur dasselbe Ziel, sondern auch denselben Weg zu ihm, unbeirrt um die das Ziel wie den Weg bestimmenden Verhältnisse, behaupten wollen ist Torheit. Denn in der Politik kommt es darauf an, nicht daß ich eine Ansicht habe, sondern daß ich sie realisiere. Darum zählt die Politik zu ihren wichtigsten Mitteln die Klugheit, die freilich geleitet werden soll von der Weisheit. Die Klugheit lehrt die zum Ziele führenden Wege richtig wählen und geschickt gehen, die politische Weisheit aber verlangt, daß ich immer klaren Blick behalte über die ganze Lage, daß ich nicht etwa den höchsten Zweck meines ganzen Strebens aufs Spiel setze, weil ein untergeordneter Zweck mir durch besondere Verhältnisse ein sehr lebhaftes Interesse abgewonnen hat. An jener Klugheit sind wir immer

arm gewesen. Gegen diese Weisheit verstieß die preußische und die ganze deutsche Opposition seit dem ruhmreichen Ende des dänischen Kriegs schwer. Sie hatte die Herzogtümer auf einem anderen Wege befreien wollen als Graf Bismarck; aber sie war gar nicht dazu gekommen, diesen Weg nur zu betreten, durch die Schuld ihrer eigenen Schwachheit. Hatte es deshalb einen Sinn, die Befreiung selber fast als ein öffentliches Unglück zu beklagen? Sie hatte die Konstituierung der Herzogtümer in einer anderen Weise gewünscht, als der preußische Minister. Das war gewiß eine wichtige Frage. Aber wichtiger als das Los der Herzogtümer und der Herzogshut eines Prinzen war, daß Preußen und Deutschland aus der Befreiung der Lande vom dänischen Joch den vollen Gewinn ziehen. [...]
Ein verständiger Mann hat bei all seinem Handeln sorgfältig zu erwägen, welche Ergebnisse dasselbe voraussichtlich herbeiführen wird und je größer die Gegenstände sind, um die es sich handelt, desto gewissenhafter hat er in jedem Augenblicke zu bedenken, daß er für den Erfolg seiner Taten verantwortlich ist. Wer einen bedrängten Freund durch ungeschickte Manipulationen zugrunde richtet, der wird sich nicht damit entschuldigen können, er habe es für seine Pflicht gehalten, unbeirrt durch allen Wechsel der Verhältnisse einen vollen Anspruch zu vertreten, der im Beginn seiner Tätigkeit gewisse Chancen hatte. Das ist heute die Lage derjenigen, welche den Herzogtümern und dem Prinzen von Augustenburg unbeugsamen Widerstand gegen die preußischen Forderungen anpriesen und sie auch dann noch darin bestärkten, als für jedes unbefangene Auge die Unmöglichkeit klarlag, damit durchzudringen. Freilich, wenn es in der Politik darauf ankäme, 1865 dasselbe Dogma zu verkünden wie 1863, gegen einen siegreichen Feind dasselbe Verfahren einzuschlagen, wie gegen denjenigen, welchen man zu besiegen erwartete, an der Spitze einer demoralisierten Partei dieselben Ansprüche zu erheben, wie an der Spitze einer siegesgewissen, dann hätten wir in der schleswig-holsteinischen und in mancher ande-

ren Sache Bewunderungswürdiges geleistet. Für jeden klaren Kopf liegt das Törichte solchen Treibens auf flacher Hand und alle moralische Entrüstung, alles Rufen: Recht muß doch Recht bleiben, ändert daran gar nichts. Es ist in der Tat die höchste Zeit, daß wir das Joch solcher banalen Phrasen, welche bei unserer moralischen, wesentlich in häuslichen und privaten Sphären entwickelten Gemütsrichtung und unserem theoretischen Eigensinn für uns ganz außerordentlich gefährlich sind, endlich abschütteln. Wenn ein Mann, der in einem Rechtsstreit die besseren Rechtsgründe auf seiner Seite hatte, im Vertrauen darauf jede angemessene Anstrengung unterließ sie zu rechter Zeit und in rechter Weise geltend zu machen und infolge davon den Prozeß verlor, kehren dann verständige Menschen ihre Entrüstung gegen denjenigen, der durch größere Tätigkeit gewann und ergehen sich in trostlosen Deklamationen über den Verfall alles Rechts? Das Recht an sich hat in der Welt noch nie gesiegt, sondern stets nur das mit männlicher Tapferkeit und Klugheit vertretene. Wir aber schienen uns einzubilden, es genüge, in einigen Hundert Versammlungen das Recht der Herzogtümer zu proklamieren, der Himmel werde dann schon die Freundlichkeit haben, den bösen Bismarck niederzuschmettern. Aber es heißt bekanntlich: Hilf dir selber und der Himmel wird dir helfen. Der Himmel hat es noch nie mit sentimentalen Lamentationen, sondern stets mit männlichen Taten gehalten. Das Recht, welches keine Energie in Bewegung zu setzen vermag, ist kein Recht, sondern Schein. Im geschichtlichen Leben kommen aber überhaupt ganz andere Potenzen zur Wirkung, als ein isoliertes juristisches Recht. Im Sinn der während der letzten Jahre unter uns verherrlichten Rechtstheorie wäre die ganze Geschichte ein einziger ununterbrochener Rechtsbruch. Keine Familie, kein Gemeindewesen kann sich nur acht Tage bewegen, ohne Rechte der Einzelnen dem Gesamtwohl unterzuordnen. Jeder Straßen- und Eisenbahnbau zertritt die Rechte Unzähliger; jeder Handelsvertrag beraubt Tausende, um Tausende zu bereichern. Niemand denkt mehr daran, in diesen Sphären das stramme Recht vertreten zu wollen. Aber in der Politik wollten wir diese monströse Begriffsverwirrung »mit Gut und Blut« d. h. mit bequemen Resolutionen, für die sich keine Hand rührte, aufrecht erhalten. Da sollte das Recht der Herzogtümer sich souverän über das Heil Deutschlands erheben, damit die unselige Macht des Partikularismus vollends unangreifbar etabliert werde. Vor allem handelte es sich doch wohl um das Recht Deutschlands, endlich, endlich aus dieser Misere krüppelhafter Existenzen sich zu erheben, endlich das schreiende Unrecht der souveränen Dynasten zu brechen, welche einst durch eine Reihe der schlimmsten Rechtsverletzungen ihren verderblichen Egoismus aufgebaut hatten auf dem Ruine nationaler Größe und Ehre. Für dieses Recht Deutschlands waren die Anhänger der nationalen Partei verpflichtet einzutreten, diesem Recht endlich wieder Luft zu machen, mußten sie herbeieilen in dem Augenblicke, wo nach langer Schlafsucht endlich in Deutschland eine Macht aufstand, die zu handeln und zu siegen verstand, die den Mut hatte, den Wust diplomatischer Schreibereien zu durchhauen mit scharfem Schwertschlag. [. . .]

Heute sind die Zweifel über das, was in Deutschland möglich sei, nicht nur den Denkenden, sondern mehr fast der Masse der Nation genommen. Sie greift die existente deutsche Macht mit Händen. Sie hat ihre Taten gesehen und empfunden, und diese Taten sind nach der langen trübseligen Misere unserer Ohnmacht von so unwiderstehlicher Gewalt, daß die Denkweise der Deutschen in Monaten Veränderungen erfahren hat, die wir von Dezennien nicht hoffen durften. Alle die unlösbaren Probleme, mit denen wir uns seit achtzehn Jahren quälten, sind plötzlich aus unserem Gesichtskreise gerückt, und es ist ein einziges Problem geblieben, das freilich noch viele Arbeit machen wird, dessen Bewältigung wir aber deshalb hoffen dürfen, weil die tatsächlichen Verhältnisse alle Gedanken und Bestrebungen jetzt ebenso auf denselben Punkt zusammenführen, wie sie dieselben früher nach allen Windrichtungen auseinanderrissen. Jetzt handelt es sich lediglich darum, wie die Kleinstaaten zu dem unbestritten dominierenden Preußen ein gesundes Verhältnis finden können. Daß Preußen die deutsche Macht, alle übrigen Länder haltlose Bruchteile sind, welche nur durch einen innigen, ehrlichen Anschluß an jene ihre eigene Existenz sichern können, das ist eine Tatsache, an welcher der eigensinnigste schwäbische Demokrat nur sich selber weismacht zweiflen zu können. Diese wohltuende Vereinfachung unserer Lage, dieses Glück, daß wir endlich festen sicheren Boden unter den Füßen fühlen, wird aber sicher in kurzem eine Menge unserer politischen Unarten zurückdrängen, und die kernige Gesundheit, deren wir uns gottlob auf anderen Lebensgebieten erfreuen, endlich auch unserer Politik zustatten kommen lassen. Die Schwätzer, welche bisher die Breite der Bühne besetzt hielten, werden in der scharfen klaren Luft, in der wir uns jetzt bewegen, kein Glück mehr machen. Nachdem wir im größten Maßstabe erlebt haben, was Handeln ist, werden wir keine Freude mehr daran finden, uns das Ohr mit hochtrabenden Redensarten kitzeln zu lassen. Da die Arbeit der politischen Dilettanten so gründlich mißlungen ist, werden wir fordern, daß in dem großen Staatswesen, durch das wir eingetreten sind in das Weltleben, der ganze Ernst und die männliche Tüchtigkeit bewährt werde, die sich auf allen anderen Gebieten längst für uns von selbst versteht. Nachdem wir erlebt haben, daß in einem monarchischen Staat der Adel einen unentbehrlichen Bestandteil ausmacht, und nachdem wir gesehen haben, daß diese viel geschmähten Junker für das Vaterland zu kämpfen und zu sterben wissen trotz dem besten Liberalen, werden wir unsere bürgerliche Einbildung ein wenig einschränken und uns bescheiden, neben dem Adel eine ehrenvolle Stelle zu behaupten. Wir meinten, mit unserer Agitation die deutsche Welt von Grund aus umzukehren: nun, lediglich uns selber hinauszukehren waren wir im besten Zuge; ich denke, wir werden diese Erfahrung beherzigen. An den größten Erlebnissen, die unsere Augen gesehen haben, sind wir gewahr worden, wie höchst hinfällig doch selbst diejenigen Hypothesen waren, auf die wir wie auf Felsengrund unsere nationale und liberale Politik in den letzten Jahren gebaut hatten. Fast alle Elemente unseres politischen Systems sind durch die Tatsachen als irrtümlich erwiesen.

JULIAN SCHMIDT

Graf Bismarck

Graf Bismarck vollständig zu würdigen, ist heute noch nicht an der Zeit. Von den entscheidenden Umständen ist noch nicht die Hälfte bekannt; er selbst ist erst in der Mitte seiner Entwicklung. Vor der Hand ist es schon ein großes Verdienst, wenn man einige von den Vorurteilen beseitigt, die das Bild jedes bedeutenden Mannes umwuchern und den reinen Eindruck seines Wesens unmöglich machen. Die Sage hat nicht bloß in dunkeln Zeiten ihr Recht, sie lebt und wirkt auch in unsern Tagen, wo sich doch nichts der Öffentlichkeit zu entziehn scheint, wo täglich mehr Papier mit den allersichersten Nachrichten bedruckt wird, als früher in Jahrhunderten. Die Sage hat auch das öffentliche Leben des Grafen Bismarck seltsam gefärbt.

Am meisten den Einfällen der Sage sind diejenigen Männer ausgesetzt, die in ihrer Ausdrucksweise die Neigung zur Paradoxie haben. Man erinnre sich an die Entrüstung Europas, als Graf Bismarck äußerte, die Einheit Deutschlands könne nicht durch moralische Eroberungen, sie könne nur durch Blut und Eisen geschaffen werden; als er geäußert haben sollte, Gewalt gehe vor Recht. Das letztere hat er zwar nie gesagt, er hat nur die Meinung ausgesprochen, die bei näherm Zusehn gar nicht einmal paradox, sondern trivial erscheint: Das Recht ist nur dann von Wert, wenn die Gewalt

vorhanden ist es durchzusetzen. Aber das erste hat er wirklich gesagt.
Der Grundfehler der politischen Moralisten liegt darin, daß sie annehmen, alles, was nicht moralisch ist, sei unmoralisch, nach dem berühmten Gesetz des Widerspruchs: Alles ist entweder A oder non A; entweder Buttermilch oder nicht Buttermilch; entweder moralisch, oder nicht moralisch. Daß auch in der menschlichen Tätigkeit vieles vorkommt, was mit der Moralität ganz und gar nichts zu tun hat, das fällt diesen Logikern nicht ein. Wenn ein Lehrer seinen Schüler veranlassen wollte, eine kubische Gleichung durch moralische Mittel zu lösen, so würde der arme Junge gewiß ebenso verdutzt sein als der Maurermeister, den man auffordern wollte, ein Haus auf moralischem Wege aufzurichten. Er hat in seinem Geschäft wohl von Backsteinen, Mörtel, Holz und Eisen gehört, aber nichts von Moral. Um 1848 äußerte *Arnold Ruge*, die künftigen Schlachten würden entschieden werden durch Kanonen, die nicht mit Kugeln, sondern mit Ideen geladen wären. Die moralischen Eroberungen waren eine Phrase, nichts mehr und nichts weniger wert, als die mit Ideen geladnen Kanonen. Mit Ideen zu schießen ist gegen das Naturgesetz; auf moralischem Wege ein Haus zu bauen eine lächerliche Zumutung; und Fürsten, die im Besitz der Macht sind, ohne Anwendung von Gewalt in dieser Macht zu beschränken, das Sujet einer komischen Oper. Bismarcks Äußerung, daß Deutschlands Einheit nur durch Blut und Eisen begründet werden könne, war ebenso vollberechtigt, als wenn jener Maurermeister dem Moralisten erklärt hätte, ein Haus könne nur mit Holz, Eisen und Steinen aufgerichtet werden. Daß fest bestehende Staaten nur durch Gewalt geeinigt werden können, war der einfache Ausdruck eines Naturgesetzes.
Ob nun aber die Anwendung der Gewalt moralisch war, diese Frage kann nicht nach dem Kodex des bürgerlichen Rechts entschieden werden. Das bürgerliche Recht ist auf den Umfang der Gesellschaft beschränkt, von der und für die

es gemacht ist. Und selbst innerhalb der Gesellschaft treten Konflikte ein zwischen dem angebornen sittlichen Gefühl und dem geschriebnen Recht, die nicht nach dem Buchstaben entschieden, sondern in denen die verschiednen Ansprüche abgewogen werden müssen. Alles was in der Geschichte Großes geschah, war der Bruch eines bestehenden Rechts zugunsten eines höhern Rechts. Das Urteil über den, der diesen Bruch veranlaßt, fällt nicht der Kreisrichter, sondern die Weltgeschichte. Wenn man erst allgemein zu der Einsicht gekommen ist, daß Bismarck zu den Erscheinungen gehört, die unter das Forum der Weltgeschichte fallen, so wird man auch im vorläufigen Urteil unbefangner sein – man wird z. B. seine Abneigung gegen die Kreisrichter verzeihlicher finden.

LUDWIG AUGUST VON ROCHAU

Der politische Idealismus und die Wirklichkeit

Wie die schroffsten Gegensätze in der menschlichen Seele überhaupt oft hart nebeneinander liegen, so schlägt auch die nüchterne Grundstimmung des deutschen Wesens leicht um in gelegentliche Überschwenglichkeit. Die hausbackene Philisterhaftigkeit mischt sich im deutschen Nationalcharakter mit dem schwunghaftesten Idealismus – jene, die Wirkung einer langen unglücklichen Vergangenheit, dieser, ein Zeuge der ungebrochenen Naturkraft. [. . .]
Deutschland hat sich seit fünfzig Jahren mit einem gewissen Eifer auf die Politik geworfen, ist aber noch keineswegs zu einem richtigen Verständnisse auch nur ihrer Grundbegriffe gelangt, und der Staat selbst ist vielen von denen, die sich mit seinem Wohl und Wehe lebhaft beschäftigen, und selbst namhaften Parteimännern unter uns, nicht viel mehr, als ein böhmisches Dorf. Die Studentenpolitik der zwanziger und drei-

ßiger Jahre ist, nach Methode, Inhalt und Wert, auch heute noch gäng und gäbe in Deutschland.

Die Schwäche dieser Auffassung der öffentlichen Dinge besteht wesentlich darin, daß sie aus der Schule stammt, und nicht aus dem Leben. Sie will die Staatsangelegenheiten nicht nach den aus der Erfahrung gewonnenen Regeln behandelt wissen, sondern nach den Gesetzen der Spekulation. Statt von den Tatsachen aus, durch gewissenhafte Beobachtung und Vergleichung, die maßgebenden Grundsätze zu suchen, nimmt man vielmehr diese oder jene willkürliche Abstraktion zum Standpunkte für die Behandlung der Tatsachen, die dann, nach der rigoristischen Art halbwüchsiger Knaben, dem Machtgebote eines souveränen Prinzips unterworfen werden. Bei einer solchen Verfahrungsweise hat natürlich jede Art von Radikalismus vorzugsweise leichtes Spiel, der absolutistische und ultramontane sowohl, wie der republikanische. In allen seinen Gestalten ist der Radikalismus ein System, welches durch Einfachheit, Übersichtlichkeit und Konsequenz den jugendlichen Sinn verführt und besticht, wiewohl derselbe allerdings im republikanischen Gewande den zahlreichsten Anhang schon deshalb finden muß, weil er unter dieser Maske den größten Sack voll Versprechungen mit sich führt. Darum geschieht es denn auch, daß besonders der große Haufe, vermöge seiner vorzugsweise kindlichen Natur, zu irgendeinem Radikalismus hinneigt.

Die Politik, als *Lehre vom Staat*, hat wenig oder nichts gemein mit der philosophischen Forschung, sie ist vielmehr eine Erfahrungswissenschaft, wie die Naturkunde, und demgemäß kann auch die *praktische Politik* nicht die Verwirklichung irgendeines spekulativen Systems zur Aufgabe haben; die Staatskunst ist vielmehr, wie schon ihr Name andeutet, nichts anderes, als die *Kunst des Erfolgs, angewendet auf bestimmte staatliche Zwecke*.

Wenn sich gleichwohl bei dem Worte *Erfolg* sofort in gewissen Parteilagern ein mächtiger Schrei der sittlichen Entrüstung erhebt, so enthüllt sich in diesem einen Protest die ganze politische Nichtigkeit des Geistes, von welchem derselbe ausgeht. In der Tat, eine Parteipolitik, welche den Erfolg als eine geringfügige Nebensache, ja sogar als etwas ganz Gleichgültiges behandelt, eine solche Politik bekennt damit, daß sie unter angemaßtem Namen eine eitle Spielerei treibt, mögen die Ideen und Prinzipien, deren man sich dabei als Stichworte bedient, noch so feierlich klingen. Alle vernünftige menschliche Tätigkeit ist auf einen ihrer Natur entsprechenden Erfolg gerichtet, und der vernünftige Zweck der staatlichen Tätigkeit kann kein anderer sein, als die wirksame Behandlung der öffentlichen Verhältnisse, der *politische Erfolg*. Ein bürgerliches Tun oder Lassen, welches von dem Erfolge absieht, dem es zum Beispiel lediglich auf die Behauptung einer wohl oder übel verstandenen Konsequenz, auf das Festhalten an einem unantastbaren Dogma ankommt, ein solches Tun und Lassen mag in einzelnen seltenen Fällen als eine Sache der persönlichen Ehre gelten, mit dem Wesen der Politik aber hat es nichts gemein. [...]

Wie die Naturwissenschaft sich ausschließlich mit der sinnlichen Erscheinung beschäftigt, so hat es auch die praktische Politik lediglich mit sachlichem Stoff zu tun, nämlich mit den im öffentlichen Leben vorhandenen Kräften der Bewegung und des Widerstandes, des Aufbaus und der Zerstörung. Die realistische Politik wird dabei von dem Vorwurfe der Verleugnung des Geistes ebensowenig getroffen, wie die Naturwissenschaft von dem Vorwurfe des Materialismus. Allerdings aber wird der Geist zum politischen Stoff nur insoweit, als er in die Erscheinung tritt. Die geistigen Faktoren gelten in der Politik nicht nach Maßgabe irgendeiner metaphysischen, oder religiösen, oder ethischen Abschätzung, sondern nach dem Marktpreise des Lebens, und wenn dieser auch noch so weit über den – freilich sehr schwer und höchstens annäherungsweise zu ermittelnden – inneren Wert derselben hinausginge, oder hinter diesem Wert zurückbliebe. Mit schönen Idealen und reizenden Phantasiebildern, als solchen, hat die praktische Politik lediglich gar nichts gemein. [...]

Seinen rechtmäßigen Spielraum findet der politische Idealismus im Gebiete der Theorie. Auf diesem Boden mag er seine Systeme bauen, seine kühnsten Anläufe nehmen, seinen Aufschwung nach himmelhohen Zielen versuchen. Solche Turnübungen des politischen Geistes, obgleich sie nur allzu oft in das Widersinnige und Possenhafte hinüberschlagen, sind auch keineswegs nutzlos. Im Gegenteil erfüllt der Idealismus dadurch die Rolle eines Vorläufers und Bahnbrechers der Ereignisse, eine Rolle, welche ihm nur auf Kosten der natürlichen staatlichen Entwickelung verkümmert werden kann. Wenn aber die Idealpolitik die theoretische Natur ihrer Aufgaben verkennt, so verdient sie nachdrücklich in die Grenzen ihres Rechts zurückgewiesen zu werden. [...]
Eine politische Idee, welche dazu angetan ist, den Geist des Zeitalters zu erobern, soll und wird sich allerdings früher oder später auch des staatlichen Stoffs bemächtigen – aber es ist eine handgreifliche Torheit, den bloßen Gedanken zum Herrn der Dinge machen zu wollen, solange ihm der Wille und der Arm der Menschen nicht zu Gebote steht. Gleichwohl ist einem gewissen Parteigeiste nichts geläufiger, als der, im Namen dieses oder jenes Begriffs von Freiheit, Recht, Gemeinwohl erhobene Anspruch auf die Herrschaft. Die erste beste Gesinnungsgenossenschaft, welche sich im Besitze der wahren Lehre des staatlichen Heiles glaubt, hält sich alsbald für berechtigt und berufen – nicht etwa bloß ihr Glaubensbekenntnis zu verkündigen und für dessen Verbreitung zu wirken – sondern, kraft seiner allein seligmachenden Natur die Unterwerfung des Staats unter dasselbe zu verlangen. Indem man den Maßstab der Idee an die Wirklichkeit legt, indem man das Vorhandene, nicht mit dem nach den Umständen Wahrscheinlichen, oder doch Möglichen, sondern mit den eigenen Vorstellungen von dem absolut Besten vergleicht, kommt man ohne Mühe zu der Schlußfolgerung, daß alles, was besteht, wert sei, zugrunde zu gehen, aus welcher sich dann die Rechtfertigung der äußersten Entschlüsse von selbst ergibt. [...]

Die despotische Natur dieser Art von Idealpolitik bringt es mit sich, daß dieselbe nichts gelten läßt, als sich selbst, daß sie von der Alleinberechtigung ihres Prinzipes überzeugt ist und die Alleinherrschaft desselben mit allen ihr zu Gebote stehenden Mitteln betreibt. Wenn ihr bisheriger Anteil an der Staatsmacht wie ein Sandkorn ist, neben einem Gebirge, so wird sie dadurch keineswegs irre in dem Anspruch auf das entschiedenste Übergewicht, wie denn ja auch nicht gerade selten eine Handvoll von Verschwörern und Aufrührern, mit denen das Volk nicht das mindeste gemein hatte, sich im Namen des Volks durch Überfall des Regimentes zu bemächtigen gesucht, oder wirklich bemächtigt hat. [. . .]
Eine richtige politische Praxis, welche weiteren Ziele sie auch im Auge hat, kann sich niemals weigern, auch die unwillkommensten Tatsachen gelten zu lassen, was sie wert sind, und sich in dasjenige Verhältnis zu denselben zu setzen, welches ihr die besten Gelegenheiten gibt, diese Tatsachen für ihre Zwecke auszubeuten, sei es auch nur zur möglichsten Abschwächung des daraus entspringenden Schadens. Insbesondere mit der obersten Staatsgewalt selbst ist eine solche Abfindung ganz unvermeidlich für einen jeden, der unter dem Gesetze derselben lebt, denn die Unterwerfung unter dieses Gesetz ist eine Anerkennung desselben und also ein Kompromiß mit der Macht, von welcher dasselbe ausgeht. Um sich dieser Notwendigkeit zu entziehen, bleibt nichts übrig, als die Auswanderung, oder der Krieg auf eigene Hand, wie ihn die neapolitanischen Briganten führen. [. . .]
Das Königtum besteht nicht bloß, sondern es steht auch, nur die Torheit kann sich darüber täuschen, auf ziemlich festen Füßen, und es ist also offenbare politische Unvernunft, so zu handeln, als ob es nicht vorhanden wäre, oder doch morgen aufhören würde, zu sein. Mag, wer will, sich den Sturz des Königtums zur Aufgabe machen, so kann doch, bis auf weiteres kein verständiger Politiker die handgreiflichen Konsequenzen der einstweiligen Existenz desselben verleugnen. Zu den nächstliegenden dieser Konsequenzen gehört es, daß die

gesamte Staatsarbeit nur unter monarchischer Mitwirkung geschehen kann, daß im öffentlichen Interesse diese Mitwirkung unter den vorteilhaftesten Bedingungen gesucht werden muß, daß die mutwillige Herausforderung des Königtums und die ohnmächtige Feindseligkeit gegen dasselbe also die größten Verkehrtheiten sind u.s.w. Kurz, das noch vorhandene Machtgebiet des Königtums im ganzen und großen will, im Namen des innern Friedens, des natürlichen Gleichgewichts, der gesunden Entwicklung, respektiert sein, insbesondere von den schwächeren Teilhabern an der staatlichen Macht, insofern dieselben bei der sonst unausbleiblichen Anwendung von Repressalien am schlechtesten fahren müssen; der selten oder niemals ruhende politische Eroberungskampf darf verständigerweise nur in den Grenzbezirken geführt werden. Große gewaltsame Übergriffe können nur durch große und dauernde Erfolge gerechtfertigt werden; ein mißlungener Stoß dagegen hat, wie alle Welt weiß, regelmäßig einen entsprechenden Rückschlag nach der entgegengesetzten Richtung zur Folge. Die öffentliche Wohlfahrt aber kann bei solchem gewaltsamem Wechsel von Auf und Ab nimmermehr gedeihen.

Wie dem Könige gegeben werden muß, was des Königs ist, das heißt, *was er hat*, und was ihm mit gewaltsamer Hand nun einmal nicht genommen werden kann, so auch dem Mittelstande. Vermöge seiner Bildung, seines Wohlstandes, seines Unternehmungsgeistes, seiner Arbeitslust und Arbeitskraft ist der Mittelstand in der Neuzeit der eigentliche Träger der gesellschaftlichen Kultur, des wirtschaftlichen Gedeihens und des politischen Fortschritts geworden. Ihn aus dieser Rolle verdrängen wollen, ehe ein Ersatzmann gefunden ist, heißt, den Rückfall in überwundene Zustände betreiben. Sehr natürlich und rechtmäßig, daß der Mittelstand, solchen Versuchen gegenüber, an seinem Berufe festhält, daß er sich mit allem Aufwande der eigenen Kraft und durch geeignete Bundesgenossenschaften in seiner Stellung behauptet; sehr natürlich auch, daß er den Widersacher, der ihm ans Leben will, bei passender Gelegenheit möglichst unschädlich zu machen sucht. Wenn dann aber ein unberufener Dritter die beste Siegesbeute davon trägt, und das ganze Staatswesen zu Schaden kommt, so fällt die Verantwortlichkeit dafür auf den Urheber des ersten Eingriffs in das natürliche Gleichgewicht der staatlichen Mächte.

Die armen und ungebildeten Volksklassen ihrerseits haben vermöge ihrer Zahl eine politische Bedeutung, deren Anerkennung zu oft erzwungen worden ist, als daß sie noch geleugnet werden könnte. Die große Menge, welche ehemals nur in Ausnahmsfällen auf dem politischen Schauplatze erschien, ist jetzt zur regelmäßigen Mitwirkung an der staatlichen Arbeit berufen, und daran ist ohne Zweifel sehr wohl getan, wenn auch gewisse Formen dieser Beteiligung am öffentlichen Wesen manchem gegründeten Bedenken unterliegen mögen. Die verwegenste Reaktion wird heutzutage kaum noch daran denken, der großen Menge einen gewissen Anteil an der Ausübung der Staatsgewalt wieder abzusprechen. Auf der andern Seite hingegen fehlt es nicht an Stimmen, welche *die Zahl* als das einzige Prinzip des öffentlichen Rechts und der öffentlichen Macht ausrufen und demnach die Staatsgeschäfte lediglich der Entscheidung durch die Mehrheit anheimgegeben wissen wollen. Jeder Versuch, diese Lehre unter den obwaltenden Verhältnissen aus der Theorie in die Praxis zu übertragen, muß natürlicherweise zuschanden werden, und je rücksichtsloser er unternommen worden, desto gewisser in das Gegenteil ausschlagen. Denn, wie groß auch die *Überzahl* der Menge, die *Übermacht* wird ihr erfahrungsmäßig und aus leicht nachweislichen Gründen höchstens auf Augenblicke zuteil, und jeder Mißbrauch derselben hat entsprechende Vorkehrungen gegen den Wiederholungsfall zur natürlichen Folge. [. . .]

Man mag dem Könige den Kopf abschlagen und sein ganzes Haus ausrotten – der monarchische Sinn, die staatliche Gewöhnung des Volks wird immer einen Cromwell oder Bonaparte auf den leer gewordenen Thron emporheben; man mag gegen die kraft Geist, Bildung und Vermögen privilegierten Stände mit Feuer und Schwert, mit Konfiskationen und räuberischen Steuergesetzen wüten – sie werden aus Blut und Asche und Trümmern über Nacht von neuem emporwachsen und im Notfalle ihre Ersatzmannschaft in den Reihen der bisherigen Todfeinde finden. Und so fort, durch die ganze Verzweigung des gesellschaftlichen Organismus. Mit dem Messer befreit man denselben nur von verdorrten Ästen, von Überwucherungen, von krankhaften Auswüchsen; gegen ein gesundes, wenn auch vielleicht unbequemes Glied des Baumes angewendet, läuft die Operation regelmäßig auf ein kostspieliges Mißlingen hinaus. Denn der Staat ist eben ein lebendiges Wesen, dessen Stärke und Blüte das Gedeihen aller seiner Körperteile zur Voraussetzung hat, und dessen innere Triebkraft für jede Verstümmelung Ersatz zu schaffen strebt. Daher die unwiderstehliche Macht der Reaktion, welche jedem gewaltsamen Neuerungsversuche folgt, der durch sein Fehlschlagen verurteilt worden ist.

III. *Idealismus und Realismus. Die Tradition der Ästhetik*

WILHELM TRAUGOTT KRUG

Ästhetischer Realismus

Der *ästhet. Idealismus* aber ist diejenige Kunsttheorie, welche vom schönen Künstler fodert, daß er sich bloß an seine eigentümlichen Ideen halte, ohne sich um die Gesetze des Natürlichen zu bekümmern, daß er die reine, vom Natürlichen gleichsam entkleidete, Idealität zum einzigen Zielpunkte seines Strebens mache. Dadurch sind aber viele Künstler (besonders aus der neuern deutschen Schule, welche sich durch die auf dem Gebiete der Philosophie herrschenden idealistischen Ansichten verleiten ließ, dieselben auf das Gebiet der Kunst überzutragen) sowohl in der Poesie und Beredtsamkeit, als im Fache der bildenden und darstellenden Künste auf Abwege geraten. Die abenteuerlichsten Ausgeburten einer wilden Phantasie sind dadurch zum Vorschein gekommen und doch von manchen Kunstliebhabern als Werke von der höchsten Idealität gepriesen worden [...]. Dieser Kunsttheorie steht eine andre entgegen, welche man den *ästhet. Realismus* nennen kann, weil sie sich bloß an die Dinge oder Sachen halten will, die in der wahrnehmbaren Natur als Geschmacksgegenstände gegeben sind. Sie fodert daher vom Künstler, daß er bloß die Natur nachahme, mithin die reine, von aller Idealität gleichsam entkleidete, Natürlichkeit zum höchsten Zielpunkte seines Strebens mache. Dadurch sind aber viele Künstler wieder auf andre Abwege geraten, indem sie nun in das Gemeine und Platte versanken oder, wenn es hoch kam, nur die Natur ganz treu kopierten, ohne selbständige Werke von idealer Schönheit hervorzubringen. Wie nun in der Philosophie selbst der *Idealismus* und der *Realismus* überhaupt nur durch den *Synthetismus* ausgeglichen werden können [...]: so ist dies auch auf dem Gebiete der Kunst der Fall. Der *ästhet. Synthetismus* ist nämlich diejenige Kunsttheorie, welche von dem Künstler fodert, daß er zwar auf der einen Seite nach dem Idealischen strebe, folglich ein höheres Ziel vor Augen habe als der bloße Naturkopist, daß er aber auf der andern Seite auch die Gesetzmäßigkeit der Natur überhaupt, insonderheit der menschlichen, in seinen Erzeugnissen beobachte, damit seine Kunst nicht zur Unnatur werde.

FRIEDRICH THEODOR VISCHER

Kunst und Naturnachahmung

Solange die Phantasie ihr inneres Bild nicht völlig in die Objektivität übertragen hat, behält das Naturschöne ihr gegenüber den Wert einer selbständigen Form des Daseins des Schönen; [...] erst wenn das Kunstwerk vollendet ist, verschwindet in ihm das Gebiet des Naturschönen, das in ihm dargestellt ist, ist [es] ganz in ihm aufgehoben, so daß der echte Beschauer nicht mehr von ihm weiß, es in seinem reinen Abbilde ganz vergißt und auch der Künstler für diesmal damit abgeschlossen hat. Auf dem ganzen Wege vom innern Bilde zur Ausführung dagegen steht das naturschöne Objekt noch da neben dem Bilde im Geist des Subjekts, worein es eingegangen ist und in dem es verschwinden soll, es steht noch da als Richtmaß für die Wahrheit der Nachahmung, freilich nicht für die gemeine, empirisch richtige, wohl aber als Richtmaß für die wahre Nachbildung seiner ewigen Grundformen, wie sehr sie in ihm als Individuum getrübt sein mögen. [...] Eine Art von Rache, die das Naturschöne an der siegreichen Phantasie noch nimmt, in die es einsinken mußte, um in ihr aufzuerstehen, einen nachgeholten Rechtsanspruch haben wir [...] die Notwendigkeit genannt, daß die Phantasie objektiv bilde, wie die Natur; nur eine Fortsetzung davon ist es, daß die eigentliche Phantasie nun noch diese Prüfung aushalten muß, ob sie sich aus der Willkür und dem Taumel der bloßen Einbildungskraft wirklich erhoben habe zu ihrem idealbildenden Akte, wozu den Prüfungsstein der Gegenstand in seiner realen Strenge abgibt: er zügelt die Phantasie, sie verstößt sich an ihm den Kopf, solange sie noch ungezogen ist. Was diese Strenge heißen will, davon wissen die Künstler zu sagen: nicht eine Blättergruppe, nicht eine Faltenmasse ist aus der Erinnerung allein zu geben, der Gegenstand will in seiner strengen Bestimmtheit noch einmal angesehen und verglichen sein; vollends ein Ganzes, eine Handlung, menschliche Verhältnisse und Sitten: da wollen Studien jeder Art gemacht sein. Der Widerspruch, daß nunmehr die Phantasie an dem, was sie prinzipiell zu ihrem Objekt herabgesetzt hat, einen Widerhalt findet, der gegen sie drückt und ihr seine Strenge entgegenhält, daß sie über alles Einzelne hinausgehen muß, um aus der Trübung die wahre Form zu entbinden, und daß sie diese doch nicht finden kann ohne die Gegenwart und scharfe Anschauung dieses Einzelnen: dieser Widerspruch des gegenseitigen Korrektivs ist ein vorhandener und getilgt wird er nur im fertigen Kunstwerk. [...]

Das Gesetz der Naturnachahmung löst sich im Versuche, es streng festzuhalten, in sich selbst auf, denn eigentlich im engsten Sinne die Natur nachzuahmen, ist gar nicht möglich, da selbst dann, wenn der Künstler jedes Atom durch das Vergrößerungsglas betrachten würde, nicht der ganze Umfang der Erscheinung zur Wahrnehmung und Nachahmung gelangen könnte; läßt man aber auch nur durch die kleinste Bresche ein Wählen zu, so ist das Prinzip aufgegeben. Wäre übrigens eine absolute Kopie der Natur auch möglich, so ist nicht abzusehen, zu welchem Zweck man sich die Mühe geben soll, zu machen, daß die Dinge doppelt da sind, eigentlich und im Nachdruck; es müßte denn nur die Genugtuung sein, die in dem Machen an sich, in der Überwindung der Schwierigkeiten liegt, welche nötig ist, um als geschickter Nachdrucker der Schöpfung diesen Schein einer Doublette hervorzubringen, und dieser Reiz der gemeinen Nachahmung ist allerdings sofort aufzunehmen, nur nicht als Seele der Kunst, sondern als einer der Ausgangspunkte der Technik. Das Prinzip der Naturnachahmung ist aber überhaupt historisch, nicht dogmatisch zu behandeln: es war der Ausdruck jener Opposition gegen die falsche Idealität, welche den volleren Schein der Natürlichkeit forderte und nun übersah, daß aus der Gerechtigkeit dieser Forderung nichts weniger folgt, als daß die Kunst eine Kopie der Natur sein soll.

KARL LEMCKE

Kunst und Ideal

Die Kunst durchläuft alle Stufen von dem instinktiven Ausdrucke der Lebensfreude und dem unbewußt ausgeübten Schöpfungsdrange an bis zum Suchen des Ideals. Hierin erreicht sie die höchste Stufe. Nicht selten sucht sie dann darüber noch hinauszugehen und mehr als die Erscheinung zu geben, auch dem Begriff der Dinge Seiten abzugewinnen für die Darstellung. Es ist das eine ihr nicht zustehende Aufgabe, an der sie scheitert. Man kann darum einfach sagen, daß überquellende Lebensfreude und schöpferischer Trieb ihre Grundlagen sind.
Das Ideal ist also Ziel. Aber man vergesse nicht, um einen Blick auf dieses streitige Gebiet zu werfen, daß ein schlechtes, nur sogenanntes Ideal sehr widerlich, kalt, abgeschmackt sein kann, während ein zufälliger schöner Ausdruck der ästheti-

schen Freude vielleicht wunderbar entzückt. Idealist, Realist, wer hat Recht? Das ist eigentlich die seltsamste Frage. Wer das Wesentlichste, Bedeutendste einer Erscheinung auszudrücken vermag, wer unbeirrt durch das Zufällige, Kleine, das Hauptsächliche, Große zu erfassen versteht, ist größer als derjenige, welcher im Kleinen und gleichsam auf der Oberfläche stecken bleibt. Ein solcher ist ein Idealist, ein Künstler, der das Reale bis zum Ideal zu verfolgen versteht. Er schafft das Bleibende, Unvergängliche, nie Alternde. Ein solcher Idealist ist natürlich nicht mit einem Menschen zu verwechseln, der Gott weiß welchen Ideen nachjagt, die sich vielleicht für den Ausdruck in der Kunst durchaus nicht eignen. – Studiert die wirkliche Welt, wendet die Grundregeln an, die für das Schöne existieren, zeigt also Freiheit und Ordnung, Harmonie, etwas Abgeschlossenes, Ganzes, sucht das Bedeutende, Wesentliche bei der Schöpfung des Kunstwerkes auszudrücken! Daß das Große höher ist als das Niedrige, Triviale, versteht sich von selbst. Danach richtet Euch! Dann seid Ihr Idealisten, Künstler, die keine Eintagswerke schaffen. Übrigens sollte man auf den unerquicklichen Streit des sogenannten Idealismus und Realismus wenig oder nichts, jedenfalls weniger geben, als geschieht. Es gibt keinen bedeutenden Realisten, der nicht Idealist wäre. Nimmt ein solcher, z. B. ein Maler, Gestalten, wie er sie aus dem Leben ohne Wahl herausgreift, so wird er sicherlich sein höchstes Können in die Farbe legen und diese zu ihrem vollsten, wesentlichsten Ausdrucke bringen. Man heftet sich nur gewöhnlich an eine Seite der Erscheinung und kämpft um diese herum. Erfüllt ein Künstler keine der oben angegebenen Bedingungen des Idealen, wählt er keinen bedeutenden Vorwurf, hat er die Technik nicht inne, kennt er die Gesetze des Schönen nicht und übt er sie nicht aus, weiß er nicht das Wesentliche darzustellen, so ist er kein rechter Künstler, sondern ein Stümper, mag er sich nun Idealist oder Realist nennen.

Für gewöhnlich schlägt man sich damit herum, daß der eine nichts weiter will oder kann, als die Natur d. h. hier eine sogenannte Natürlichkeit nachahmen, der andere stets sogenannte Ideen darzustellen sucht. Jener wird auf die Technik, dieser auf die Wahl des Gegenstandes und die Anordnung hingedrängt werden. Beides hat seinen Wert, und wer nicht das Höchste erreichen kann, soll mit seinen Kräften leisten, was ihm möglich ist. Das Ganze wird dadurch gefördert. Denn alsdann kommt ein Vollkünstler, ein großer Geist, der beides vereint. Jene sind seine Vorarbeiter gewesen.

JULIUS HERMANN VON KIRCHMANN

Der Begriff der Idealisierung

In den Systemen und Beurteilungen des Schönen begegnet man fortwährend zweien Regeln, die beide eingeschärft werden, obgleich sie einander widersprechen. Nach der einen wird der Künstler auf das Studium der Natur verwiesen; nur an ihrem Busen soll er das Schöne suchen; gegen jede Abirrung von der wahren Schönheit wird die Rückkehr zur Natur als Heilmittel empfohlen. Nach der andern soll das Schöne mehr sein, als das Natürliche; es soll über der Natur stehen, sie veredeln, sie ins Ideal erheben; erst damit soll es sein Wesen erreichen. [...]
Verläßt man diese Versuche, welche mit dem reinen Denken die Erkenntnis der Dinge erreichen wollen, und kehrt man zur Beobachtung des vorhandenen Schönen, als der Quelle der Wahrheit, zurück, so erhellt, daß das Schöne allerdings mehr ist, als eine bloße Nachahmung oder Kopie des Natürlichen. Jene, oben erwähnten, einander widersprechenden Regeln, der Natur zu folgen und über die Natur sich zu erheben, zeigen sich beide in dem Schönen verwirklicht und haben beide Wahrheit; es kommt also nur darauf an, ihr Gebiet gegeneinander abzugrenzen. Man bemerkt leicht, daß

die erste Regel in der Bildlichkeit des Schönen, die andere in seiner Idealisierung ausgesprochen ist. Mit der Umwandlung der Regeln in diese Begriffe ist daher bereits eine festere Grundlage gewonnen.

Um nun die Abgrenzung beider und den Begriff der Idealisierung zu finden, wird auf das Prinzip alles Schönen, auf die idealen Gefühle zurückzugehen sein. Der Mensch erschafft sich seine ideale Welt, um dem Zwange und der Not der realen zeitweise zu entgehen und den reinern Genuß idealer Gefühle zu erreichen. Indem er diese ideale Welt sich nach seinem Willen bildet und ein fügsames Material ihm dabei nur wenig Widerstand leistet; indem sein Ziel dabei nur der ideale Genuß ist, liegt es auf der Hand, daß der Mensch in diese Bildungen seiner idealen Welt nichts aufnehmen wird, was auf diesen Genuß keine oder eine nur störende Beziehung hat und daß er in diesen Bildungen alles steigern wird, was eine solche Beziehung besitzt.

Die reale Welt, sowohl die natürliche, wie die des Handelns ist wohl die Quelle der realen Gefühle für den Menschen; aber die Erfahrung zeigt, daß sie neben dem Bedeutenden auch des Gleichgültigen viel enthält; daß das Seelenvolle durch das Gemisch mit Seelenlosem darin abgeschwächt ist; daß dasselbe seelenvolle Reale oft auch die Ursachen widersprechender Gefühle zugleich in sich hat. Die einfache Nachahmung des Realen würde also das Ziel alles Schönen nur mangelhaft erreichen. Soll dies voll geschehen, so muß das Prosaische, das Störende von dem Bilde ferngehalten und das Bedeutende in demselben gesteigert werden.

Damit sind die Grundlagen des Begriffes gewonnen. Die Idealisierung hat eine *reinigende* und eine *verstärkende* Richtung; jene beseitigt die bedeutungslosen und störenden Elemente des Gegenstandes; diese verstärkt die seelenvollen. Damit wird die ideale Wirkung seines so erhöhten Bildes reiner, dichter, harmonischer und stärker, als die reale Wirkung des Gegenstandes in der realen Welt. Zu diesen beiden Richtungen kommt dann noch eine *dritte*, welche von der

Natur des Materials bestimmt, in der Auswahl der Gegenstände und in der Art ihrer Nachbildung diesem Material Rechnung trägt, die eigentümlichen Vorteile desselben im Vergleich zu dem Realen benutzt und auch dadurch das Bild über sein Reales erhöht. [...]

Die *Photographie* gibt im Gegensatz zu dem guten Porträtgemälde ein treffendes Beispiel zu dem hier gebotenen Begriff der Idealisierung. Die Photographie hat das Seelenvolle und das Bildliche des Schönen; es fehlt ihr nur die Idealisierung und nur deshalb ist sie kein Schönes. Die Photographie gibt die feinen Härchen, die kleinen Flecken, die zufälligen Verletzungen der Haut, wie sie das Original im Moment der Aufnahme hat, obgleich sie ein Seelenloses und Zufälliges sind. Die Photographie gibt die Züge der Stimmung, welche in dem Moment der Aufnahme bestehen, wenn sie auch dem Charakter und Temperament des Originals widerspricht; sie kopiert das Seelenlose, was durch den Zwang des Stillsitzens selbst in die geistreichen Gesichter sich eindrängt. Dies alles tut der Maler nicht; er reinigt sein Bild von diesen zufälligen, störenden oder nichtssagenden Elementen.

Die Photographie bietet weiter das Nebensächliche mit derselben Genauigkeit, wie das Wichtigere; die Haare, die Kleidung, das Gewebe ist in ihr mit derselben Peinlichkeit abgebildet, wie die Mienen und die Formen des Antlitzes. Auch dies tut der Maler nicht. Er unterscheidet hier und während er das Nebensächliche leichter behandelt, wird das Bedeutende, das Auge, die Stirn, der Mund, die Haltung in Färbung, Beleuchtung und Ausdruck von ihm gesteigert. Endlich gibt er durch die Mittel seines Materials, durch dunklern Hintergrund, durch Tiefe der Farben, Übermalung und Kontrastierung, durch stärkere Beleuchtung des Bedeutenden dem Bilde Elemente, welche im Gegenstande in dieser *Art* nicht vorhanden sind. So unterscheidet sich das Ölgemälde des Malers nach allen drei Richtungen des Idealisierens von der Photographie und erfüllt erst damit die Bedingungen des Schönen.

Dasselbe tut der Dichter mit den *zeitlichen* Vorgängen. In dem Drama wird alles beseitigt, was die täglich wiederkehrenden Bedürfnisse betrifft; die Unterbrechungen der Handlung durch Schlafen, Ankleiden, Essen, Trinken der handelnden Personen werden entfernt, obgleich in der Wirklichkeit sie unentbehrlich sind; nur das bedeutende Handeln wird vorgeführt und damit das Bild verdichtet. Dies Bedeutende wird selbst noch gesteigert. Die Heerführer ragen bei Homer schon körperlich über ihre Völker hervor; Odysseus übertrifft die Phäaken in dem Diskos-Werfen mehr, als in der Wirklichkeit es der Fall gewesen sein mag. Die Liebe der Julie im Romeo ist plötzlich da und in einer Stärke, daß die Brautnacht und die Flucht mittelst des Scheintodes nur um wenig Tage vom ersten Sehen getrennt sind. Dies sind Verdichtungen und Steigerungen, welche die Wirklichkeit nicht kennt.

Die Bildlichkeit und die Idealisierung des Schönen stellen sonach zwei Gegensätze dar. In der ersten ist der Künstler streng an die Gegenständlichkeit gebunden; je treuer er sein seelenvolles Reale kopiert, desto mehr erfüllt er seine erste Pflicht; desto sicherer ist er, verstanden zu werden, desto mehr wird er an der Hand der Natur vor aller Abirrung in das Phantastische oder Gezierte oder Unverständliche bewahrt bleiben. Bei der Idealisierung ist dagegen der Künstler in seiner *Freiheit*; er steht *über* der Natur, er ist ihr Meister, er verbessert, reinigt und erhebt sie. Dort ist er der Sklav, hier ist er der Herr des Gegenstandes. Aus beiden Tätigkeiten vereint, entspringt das Schöne. Ein drittes findet dabei nicht statt.

Allein diese Herrschaft über den Gegenstand ist keine Willkür. Eine tiefere Betrachtung lehrt, daß auch die Idealisierung ihre Gesetze hat und daß sie diese ebenfalls aus der Hand der Natur empfängt. Allerdings liegen diese Gesetze nicht so auf der Oberfläche, wie die der Bildlichkeit. Deshalb kann das mäßige Talent wohl die Bildlichkeit des Schönen erreichen, aber nicht die Idealisierung. Diese ist wesentlich das Zeichen des Genius und der Meisterschaft. Alle großen Künstler sind vor allem groß in der Idealisierung. Welche unendliche Macht in der Idealisierung wohnt, dafür ist *Herrmann und Dorothee* von Goethe ein glänzendes Beispiel. Die so oft verschrieenen und verlachten Verhältnisse einer kleinen Stadt und eine einfache Liebe sind hier wesentlich durch die idealisierende Tätigkeit des Dichters zu einem vollendeten Meisterwerk der Kunst gestaltet worden. Weil diese idealisierende Kraft wesentlich dem Genie innewohnt, glaubt man, daß hier überhaupt keine Regeln bestehen; allein sie sind vorhanden, sie sind in dem Realen selbst zu lesen, aber nur das Genie versteht ihre Schrift zu entziffern.

Daß die Natur und das reale Geschehen auch hier die Lehrer sind, erhellt zunächst daraus, daß das Bedeutende wie das Prosaische nur an ihrer Hand erkannt werden können. Nur das reale Leben lehrt, mit welchen Handlungen sich Gefühle verknüpfen, welche Mienen, welche Gebärden, welche Bewegungen Ausdruck eines Seelischen sind und welche nur der Notdurft und eintönigen Arbeit des Lebens dienen. So wie das Seelenvolle im Menschen und in der Natur nur aus der Beobachtung erkannt werden kann, so auch nur das Seelenlose. Nur diese Beobachtung kann also dem Künstler lehren, was aus seinem Realen zu beseitigen ist.

Ebenso kann nur die Beobachtung ihm zeigen, durch welche Mittel und Elemente eine Steigerung des Seelenvollen im Bilde erreicht werden kann. Der Künstler hat die natürliche Steigerung der Affekte und Leidenschaften in ihren realen Äußerungen und Worten zu studieren; da findet er die Richtungen, in denen diese Steigerung sich vollzieht. In diesen Richtungen und Elementen hat er die Mittel, dem Seelischen seines Bildes den kräftigern Ausdruck über das Reale hinaus zu geben, wie es das Schöne verlangt.

ADOLF HORWICZ

Realismus

Der Idealismus ist darin vollkommen in seinem Recht, daß der Grund des Schönen eine Empfindung, eine Eigenschaft des Geistes und zwar zunächst des menschlichen Geistes sei. Daraus, daß es ein so durchaus Selbstempfundenes ist, vermag es auch allein jene Evidenz und Notwendigkeit herzuleiten, welche, wie Kant sehr wahr erinnert, immer das Merkmal der Apriorität und Subjektivität ist. Aber wenn die Metaphysik ihrem gegenwärtigen Stande nach unvermögend ist, die Realität unsrer Vorstellungen nachzuweisen, so ist es doch eine allzuharte Zumutung für den gesunden Menschenverstand, etwa mit Fichte annehmen zu sollen, daß alle Objekte nur subjektiver Schein seien, oder selbst mit Kant, daß unsere Vorstellungen mit den Dingen nichts zu tun haben. Der gesunde Menschenverstand läßt es sich nun einmal nicht ausreden, daß die Dinge gerade so sind, wie er sie sieht. Und er tut ganz recht daran, da es für ihn schlechterdings eine Existenzfrage ist. Übrigens geht die oben erwähnte subjektive Skepsis, d. h. der Zweifel an der Realität der Dinge, nicht weiter als dahin, daß diese Realität oder vielmehr der Zusammenhang zwischen unsern Vorstellungen und der Realität wissenschaftlich, d. h. metaphysisch, bisher nicht erwiesen ist. Es ist aber wohl zu beachten, daß das Gegenteil ebenso wenig erwiesen ist. Tatsächlich ist es eine Forderung (Postulat) unsres Verstandes (derselbe vermöchte ohne dies schlechterdings nicht zu operieren), daß die Dinge im wesentlichen so sind, wie sie uns erscheinen; sie müssen so sein, obwohl wir das Wie und Warum nicht einzusehen vermögen. Es ist das ein Punkt, wo Glauben und Wissen sich recht innig berühren.

Wenn wir demnach nicht nur annehmen können, sondern annehmen müssen, daß die Dinge real und so sind, wie sie uns erscheinen, so gelten alle vorhin für die Subjektivität des Schönen angeführten Argumente nicht weiter als dahin, daß das Schöne ein Schein, ein uns Erscheinen, von uns empfunden worden sei, nicht aber dahin, daß diese Erscheinung eines ihr adäquaten Wesens entbehren müsse. Dieses letztere, die Realität des Schönen, bleibt nicht nur möglich, sondern unsere empirischen Wahrnehmungen lassen dies als das Annehmbarere erscheinen.

Denn wenn ich urteile: dieser Charakter, diese Handstellung, dieser Faltenwurf ist verfehlt, so urteile ich damit weder so: dieser Charakter, Handstellung, Faltenwurf gefällt *mir* nicht, noch so: erfahrungsgemäß werden Charaktere, Hände, Faltenwurf von bewährten Künstlern so nicht dargestellt, sondern so: es ist unmöglich, daß ein Charakter u. s. w. in der Natur so beschaffen sei. Dies läßt darauf schließen, daß der Grund des Schönen etwas mehr sein müsse als bloß eine Reflexion der Seele. Denn das Urteil geht nicht dahin, daß es mir oder jedem so scheinen, sondern daß es in der realen Natur wirklich so sein müsse. Eine solche aufs Objekt überspringende Evidenz, in welcher das Subjekt des Objekts ebenso gewiß als seiner selbst ist, findet sich denn auch wirklich bei jedem Schönen.

Der Grund z. B. weshalb eine schöne Natur uns fesselt, liegt freilich zunächst in gewissen sinnlichen und ästhetischen Verhältnissen, Licht- und Schattenwirkungen, Farben und Dufttönen, Perspektiven u. s.w., die allerdings mit dem Standpunkte wechseln. Aber dennoch ist die Totalwirkung keine bloß subjektive, sondern sie bleibt für jeden Standpunkt eine und dieselbe. Ungünstige Gemütsstimmung kann den Eindruck stören, günstige ihn erhöhen. Aber wir können uns ihm nicht entziehen, und wenn wir von allem absehen, was mit der Gemütsstimmung und mit der individuellen Empfänglichkeit des Beobachters wechselt; so bleibt noch immer etwas Konstantes, sich gleich Bleibendes, was wir nicht umhin können, als ein reales Moment anzuerkennen. Im gewöhnlichen Sprachgebrauch bezeichnet man dies damit, daß man jeder Landschaft einen bestimmt ausgeprägten Charakter beimißt, womit man so viel sagen will, als daß die Stimmung, die wir aus der Betrachtung der Natur entnehmen, auch wirklich in derselben gleichsam in architektonischer Weise ausgedrückt ist.

Noch deutlicher als in der Form lebloser Wasser- und Felsmassen, weiter Flächen u. s. w. spricht sich das in der Betrachtung des organischen Lebens aus. Wir sehen hier die Materie unter der Herrschaft eines Gesetzes, einer Idee gestaltet, die sich uns handgreiflich und augenfällig aufdrängt, und finden eine solche Summe von harmonischen Formen und Verhältnissen, daß wir die Schönheit des kleinsten Grases bewundern müssen. Hier kann gar nicht mehr die Rede davon sein, dasjenige, was wir mit Recht schön nennen, als ein bloß Subjektives anzusehen.

Vollends wenn wir unsern Blick auf psychisches und geistiges Leben richten. Was uns da fesselt und ergötzt, ist doch keineswegs etwas bloß Subjektives. Was uns am Tiere mit Bewunderung oder gemütlichem Behagen erfüllt, Stärke, Schnelligkeit, Stolz, harmonischer Bau, anmutige Bewegungsformen, Mut, Feuer, Treue u. s. w., das sind alles Eigenschaften, die wir an uns selbst finden oder uns anzueignen wünschen; und jene drolligen Züge von Schlauheit, Einfalt, Humor u. s. w., welche uns an klugen Hunden, Füchsen u. a. so innig ergötzen, was sind sie anders als ein übertragenes aber getreues Abbild menschlicher Natürlichkeit. Aber nicht so als trügen wir etwas aus uns in die Welt außer uns hinein, sondern im Gegenteil, der Grund unsrer Freude ist die Überraschung, in uns ganz fern stehenden Sphären verwandte Züge, Züge menschlichen Wesens wiederzufinden, eine Freude ähnlich derjenigen, mit der wir in der Fremde einen Landsmann begrüßen. Gerade hier sehen wir recht deutlich, wie Subjektivität und Objektivität einander durchdringen. Die Welt außer uns zeigt uns ein getreues Gegenbild unsres eigenen Innern und eines dient dem andern als Bürge seiner Realität.

Am meisten springt dies bei Betrachtung rein menschlicher Verhältnisse in die Augen. Was uns in dem sinnigen Beschauen des Welt- und Menschenlebens, des Dichtens und Trachtens, des Treibens und Bleibens fesselt, jenes uninteressierte Wohlgefallen einflößt, das ist immer und immer wieder der Wiederklang unsers Ich in dem fremden Ich, das unabweisliche Gefühl, daß dasjenige, was andere erleben, tun, leiden, genießen, wir mit erleben, mittun, mitleiden und mitgenießen. Das Leben anderer ist somit für uns ein interessantes Problem, dessen Pointe darin besteht, daß wir unser Ich an die Stelle des fremden und umgekehrt versetzen. Und immer ist die Grundvoraussetzung die, daß die fremden Ichs denselben Gefühlen unterworfen sind und denselben Antrieben folgen als unser eigenes. Noch weniger als irgendwo anders können wir hier zweifeln, daß das allen Ichs Gemeinsame objektiv und real sei.

Wenn dasjenige also, was den Inhalt und Zweck der Kunst bildet und, woran wir uns in der Natur der körperlichen sowohl wie der geistig sittlichen erfreuen, das Schöne weder in den angenehmen Sinnesreizen noch in den ästhetischen Formen, und wenn es auch nicht in den Formen der künstlerischen Darstellung als Illusion, Idealisieren und Komponieren beruht; wenn wir vielmehr für festgestellt erachten müssen, daß es im dargestellten Objekt liegen muß, gleichwohl aber weder die Summe der Objekte noch diese einzeln genommen als das Schöne bezeichnen, und wenn wir dasselbe endlich auch nicht für eine bloß subjektive oder relative Empfindung halten können, sondern darauf bestehen müssen, daß es ein Reales zugleich subjektives und objektives sein müsse: was haben wir alsdann als das wahrscheinlichste Resultat der voraufgegangenen Untersuchungen anzunehmen? Welche Möglichkeit bliebe noch übrig? Wir können uns irren, können andere Auswege übersehen, aber uns scheint nur noch der eine offen, nämlich der, daß dieses Schöne, welches in den Objekten, in den realen Dingen durchaus stecken, aber weder das Ganze noch einen Teil oder einzelne Teile der Natur ausmachen soll, *sowohl das Ganze als auch die Teile* bildet, daß es nicht ein Reales sondern *das Reale*, daß es das den Dingen immanente, ihre Wesenheit und Realität ausmachende Gesetz sei, welches man schlechthin als *das Wesen der Dinge* oder als *das Absolute* bezeichnet. Es ist ein notwendiges und angeborenes Postulat des Denkens, daß jedes Ding den Gesetzen seines Wesens unterworfen sei, daß jedes Ding außerdem, was es seiner Erscheinung nach ist, noch etwas mehr sei, was es seinem Wesen nach ist. Was dieses sei, das Wesen der Dinge, bleibt Sache der Wissenschaft, falls es nicht ganz unbekannt bleibt. Ein weiteres Postulat unsrer Phantasie ist, daß das Wesen der Dinge sich auch in einem gesetzmäßigen Verlauf der Erscheinung darstelle und mit diesem gesetzmäßigen Verlauf der Erscheinungen hätte es dann die Kunst zu tun.

MORIZ CARRIERE

Idealistische und realistische Phantasie

Die idealistische Phantasie [. . .] wird von sich, von dem Geistigen und Allgemeinen ausgehen und die Idee in einer bestimmten Erscheinung verkörpern und unmittelbar darstellen; die realistische wird mit der Erfahrung, mit den Tatsachen der gegebenen Welt beginnen und sie so ordnen, läutern und zum Ganzen gestalten daß aus diesem die Idee hervorleuchtet. Die idealistische wird Typen schaffen, welche ganze Gattungen und Lebensrichtungen repräsentieren, und in denen nichts vorhanden ist als die harmonische Erscheinung eines allgemein gültigen und notwendigen Seins; die realistische wird sich der Fülle des Individuellen erfreuen und dessen charakteristische Besonderheiten gern aufnehmen um naturgetreu den Reichtum der Wirklichkeit in einer Reihe einander ergänzender Gestalten abzubilden. Die idealistische Phantasie wird die Einheit der Stimmung festhalten und ihr alles einstimmig machen, die realistische wird der Erregung des Augenblicks auch in schroffem Wechsel der Töne folgen, um mit aufgelösten Dissonanzen eine Harmonie zu erzeugen. Die realistische Phantasie wird darum auch das Häßliche oder Prosaische in das Bereich ihrer Darstellung ziehen, während die idealistische es erst für sich überwinden und verklären muß, ehe sie es in den Kreis ihrer Formen aufnimmt.

Man vergleiche in dieser Beziehung den idealistischen Sophokles mit dem realistischen Shakespeare, oder die griechische Plastik mit altdeutschen oder niederländischen Malereien, oder ein realistisches Werk wie Goethes »Götz« mit der ideal gehaltenen »Iphigenie«.

Aber es ist ebenso echt künstlerisch was Schiller von Goethe rühmt, die Blume des Dichterischen von einem Gegenstand rein und glücklich abbrechen, oder was Schillern selber häufig gelungen ist, das im Geist geborene Ideal durch ein Bild der Welt zu offenbaren; dort wird der Gegenstand in sein Ideal erhöht, hier bildet das Ideal als Seele sich seinen Leib in den Formen der Gegenständlichkeit. Auf beide Weise herrscht die Phantasie in ihrem Wesen und ist das Geistige und Sinnliche innig verschmolzen. Man zitiert dagegen wohl eine Stelle aus Goethes »Maximen und Reflexionen«: »Es ist ein großer Unterschied ob der Dichter zum Allgemeinen das Besondere sucht oder im Besondern das Allgemeine schaut. Aus jener Art entsteht Allegorie, wo das Besondere nur als Beispiel, als Exempel des Allgemeinen gilt, die letzte aber ist eigentlich die Natur der Poesie; sie spricht ein Besonderes aus ohne ans Allgemeine zu denken und hinzuweisen. Wer nun dieses Besondere lebendig faßt, erhält zugleich das Allgemeine mit ohne es gewahr zu werden, oder erst spät.« Was ich nicht gewahr werde, erhalte ich geistig nicht; viel richtiger hieß es oben, daß der Dichter im Besondern das Allgemeine schaue, durch ihn also auch der Leser. Aber auch das Allgemeine ist keine Abstraktion, es trägt die Fülle des Besondern in sich, und warum sollte es minder poetisch sein das Allgemeine in seiner Besonderung zu erfassen? Es ist gleichgültig ob der Dichter die Novelle von Romeo und Julie las und ihm in der Geschichte das Wesen der Liebe aufging und klar ward, oder ob er vorher vom Wesen der Liebe beseelt und begeistert nach einem Stoff für diese Idee suchte und dabei auf die Erzählung traf: sicher ist daß er die Erzählung so ausbildete daß das allgemeine Wesen der Liebe allseitig in seinem Drama offenbar wird. Goethe verstand als Realist seine Weise, aber der idealistische Dichterphilosoph Schiller wußte beiden Arten gerecht zu werden. Derselbe warnt gegen die Einseitigkeit. »Zweierlei gehört zum Künstler, daß er sich über das Wirkliche erhebt und daß er innerhalb des Sinnlichen stehenbleibt. Wo beides verbunden ist da ist ästhetische Kunst. Aber in einer ungünstigen formlosen Natur verläßt er mit dem Wirklichen nur zu leicht auch das Sinnliche und wird idealistisch, und wenn sein Verstand schwach ist, gar phantastisch; oder will er und muß er durch seine Natur genötigt in der Sinnlichkeit bleiben, so bleibt er gern auch bei dem Wirklichen stehen und wird in beschränkter Bedeutung des Worts realistisch, und wenn es ihm ganz an Phantasie fehlt, knechtisch und gemein. In beiden Fällen also ist er nicht ästhetisch.« Dieses Knechtische und Gemeine aber, diese bloße Kopie der äußern Realität und die Verleugnung der idealbildenden Phantasie ist es was uns heutzutage vielfältig als Realismus angepriesen wird. [...]

Das künstlerische Idealisieren besteht nicht darin vom Besondern und Individuellen zu abstrahieren und ein begrifflich Allgemeines auszusprechen, sondern gerade in der einzelnen Begebenheit ein allgemeines Gesetz des Geschehens und in der Individualität des Charakters die menschliche Natur erkennen zu lassen. Die rechten Ideale sind nicht jene Charakterbilder des französischen Klassizismus, von denen Lessing sagt daß sie mehr die personifizierte Idee eines Charakters als eine charakterisierte Person darstellen, sondern jene ganz eigentümlichen und originalen Gestalten, die aber zugleich das Menschheitliche nach einer bestimmten Seite oder Richtung auf seinem Gipfel zeigen, wie Achilleus und Odysseus bei Homer, Tasso bei Goethe, Romeo und Julie bei Shakespeare. Wenn schon der Maler in »Emilia Galotti« sagt daß das Porträt den Menschen wiedergeben müsse wie die plastische Natur sich ihn dachte, ohne den Abfall welchen der widerstrebende Stoff notwendig macht, ohne den Verderb mit welchem die Zeit dagegen ankämpft, so können wir hinzusetzen daß der frei schaffende Künstler aus der Fülle des wirklichen Lebens diejenigen Züge welche zum Ausdruck der Idee dienen, zu einem geschloßnen Ganzen zusammenfügt, und das mit klarer Bestimmtheit dartut was den ewigen Sinn der Dinge, was den idealen Gang des Geschehens überhaupt ausmacht. [...]

Was in der Natur die Pflanzen und Tiere zu lebendigen Wesen macht, den fortwährenden Gestaltungsprozeß des Organismus im Wechsel der Stoffe und die rastlose Neubildung der Form, dies ahmt die bildende Kunst nicht nach, sie kleidet vielmehr originale Gedanken des Geistes in Formen der Natur, die sie jenen zubildet, so daß sie ihnen völlig gemäß werden, und darum unveränderlich bleiben; und der Dichter versetzt die Taten die er besingt, die Gefühle die er ausspricht, in eine andere Sphäre als die der gewöhnlichen Erfahrung, er hebt sie aus der vielverschlungenen, vielfach störenden Realität der Außenwelt rein hervor in die Freiheit seines eigenen Gemüts, und leiht ihnen die harmonische Stimmung seiner eigenen Seele bis in den Tonfall der Worte hinein. Die Kunst ist die unmittelbare und erscheinende Verwirklichung des Ideals. Stünden Idee und Wirklichkeit, Geist und Materie ohne innere Einheit und gemeinsamen Lebensgrund einander gegenüber, so wäre dies freilich nicht möglich, und die idealbildende Tätigkeit müßte in andern Formen als denen der Natur oder Geschichte sich offenbaren; nun aber ergreift sie diese Formen in dem Augenblicke wo sie am charaktervollsten und herrlichsten sich zeigen, oder erfaßt einen einzelnen besonders sprechenden Zug und nimmt ihn zum Ausgangspunkt für eine ihm gemäße Gestaltung des Ganzen, während sie das Ungenügende, Unwesentliche, Zufällige ausscheidet, so daß die Form als das selbstgesetzte Maß innerer Bildungskraft erscheint, und der innige Zusammenhang alles Unterschiedenen zur geschlossenen Einheit wird. So erkennen wir im Faktischen zugleich das Notwendige oder das Gesetz in der Erscheinung, und die Idee ist nicht ein Jenseits für die Wirklichkeit, sondern ihr Kern und ihre Seele. Wenn ihr Strahl in der Vielheit der Dinge sich trübt und bricht, so stellt die Kunst sie in einem Einzelbilde rein und ganz dar, und konzentriert den Reichtum der Welt in einem einzelnen Werk, dessen Umfang wir zu fassen vermögen, dessen Inhalt aber unerschöpflich ist, wie der Äther klar und unergründlich tief.

MAX SCHASLER

Ideal-Realismus

Die realistische Betrachtungsweise der Welt des Schönen rechtfertigt sich gegenüber der idealistischen zwar im Prinzip durch den der letzteren anhaftenden Mangel wahrhafter Objektivität der Methode, welcher aus dem Axiom der angeblichen Unbedingtheit des spekulativen Denkens als des Sichselbst-Denkens des Absoluten stammt und der Form desselben, d. h. der Dialektik, den Charakter einer oft in Sophistik ausartenden Willkürlichkeit des sprachlichen Ausdrucks verleiht. Allein indem der *Realismus* sich nicht bloß gegen diese mißbräuchliche Form, sondern gegen den Inhalt selbst, oder vielmehr gegen das Prinzip derselben, den dialektischen Prozeß, als Gesetz der Selbstbewegung der Idee richtet, verfällt er selber einerseits in einen empiristischen Formalismus (H e r b a r t), andrerseits in ein zwar substanzielles, aber unmethodisches und damit ebenfalls willkürliches Reflektieren (Schopenhauer), welche sich beide gleicherweise unfähig zur wahrhaft konkreten Entwicklung des Inhalts, hier also der Substanz der ästhetischen Idee, erweisen. Die Unfähigkeit dieser doppelten Weise des Realismus zum Aufbau eines wissenschaftlichen Systems der Ästhetik zeigt sich teils schon in der Armut an Gedanken überhaupt, zu welcher nach so reichen Vorlagen die ästhetischen Ansichten Herbarts und Schopenhauers zusammenschrumpfen, teils vorzüglich in dem auffallenden Mangel an näherer Kenntnis der realen Gestaltungen im Bereich des Schönen und der Kunst, ihrem wahren Wesen nach. Dieser Mangel offenbart sich am prägnantesten in der Fehlerhaftigkeit des Einteilungsprinzips der Künste, deren Betrachtung, bei einzelnen Lichtblicken, doch im ganzen sich auf selbstverständliche Trivialitäten oder widersinnige Behauptungen beschränkt.

Herbart hat zuerst das Prinzip der rein *formalen* Bedeutung des Schönen aufgebracht, auf welches er für die Ästhetik die Aufgabe zu begründen sucht, die Gesetze der formalen Schönheitsgestaltung oder, wie es ausgedrückt wird, die *ästhetischen Elementarurteile* aufzufinden. Diesem abstrakten Formalismus gemäß verwirft er auch hinsichtlich der Kunst jeden Anspruch auf Ausdruck von Ideen. Im Gegensatz dazu knüpft *Schopenhauer*, ohne von metaphysischen Kriterien auszugehen, den Begriff der *Kunst*, die er als eine besondere Art der intuitiven Erkenntnis betrachtet, unmittelbar an die *Ideen* an. Da nun in seinem Sinne die Ideen nur als Objektivationsstufen des *Willens* in die Erscheinung treten, so durchläuft das Schöne, das die konforme Erscheinung der Idee ist, ebenfalls eine Reihe von Stufen von der niedrigsten Stufe der Naturschönheit bis zur höchsten der Kunstschönheit, als welche er die *Poesie* bezeichnet. Einen qualitativen Unterschied zwischen Natur- und Kunstschönheit kennt er ebensowenig wie Herbart, und innerhalb der Stufenfolge der einzelnen Kunstgattungen sind ihm die materiellen Requisite (Stein, Leinwand etc.) lediglich zufällige und beschränkende

Differenzen, die mit dem spezifischen Wesen derselben nichts zu schaffen haben. In diesem Sinne geht er die einzelnen Künste bis auf die *Musik* durch, für die er, wie er selbst sagt, in seinem System keine Stelle finden könne, und die er daher nicht, wie die andern Künste, als Abbild der Ideen – die gleichsam das Vermittlungsglied für die Objektivation des Willens bilden –, sondern als *Abbild des Willens selbst* definiert. Hier stehen wir denn an der Grenze des vernünftigen Denkens, geschweige des Philosophierens, überhaupt; und es erübrigt denn nur noch, daß sich gegenüber dieser phantastischen Abstraktion von aller wahrhaften Realität, in die sich der abstrakte Realismus verrennt, als Gegenbild der ganz rohe Materialismus geltend macht, wie er sich in der Ästhetik von Kirchmanns offenbart, um den Bankrott dieser ganzen ästhetisierenden Richtung zu vollenden.

Bis hieher ist nun die Ästhetik gediehen, und die weitere Aufgabe derselben würde nunmehr darin bestehen, den Gegensatz des abstrakten Idealismus und des abstrakten Realismus, die beide gegeneinander Recht haben, in der Art zu einer Ausgleichung zu bringen, daß das, worin sie Recht haben, unter Eliminierung ihrer Einseitigkeit, in einer höheren konkreten Einheit vermitteln werde. So ergibt sich als Resultat der *Kritik der Geschichte der Ästhetik* dies, daß als dritte Stufe in der dritten Periode der Ästhetik das Postulat aufgestellt werde, den Standpunkt des *Ideal-Realismus* in formeller wie in substanzieller Beziehung als denjenigen relativ höchsten näher zu bestimmen, auf dem das neue System der Ästhetik zu begründen sei.

IV. *Literaturprogrammatik*

JULIAN SCHMIDT

Die Reaktion in der deutschen Poesie

Es läßt sich in der Entwickelung der Kunst ebensowenig wie in der politischen Geschichte ein bestimmter Zeitpunkt angeben, in welchem ein neues Prinzip sich gegen die Autorität des zuletzt herrschenden empört; im Gegenteil wird die Reaktion zugleich mit der Revolution geboren, und übt ihre Verneinung zuerst im Einzelnen aus, bis sie zuletzt in voller Siegesgewißheit das Banner ihrer Feindin in den Staub tritt. Und auch dann liebt sie es, sich mit den Feldzeichen einer alten, längst überwundenen Autorität zu schmücken, und sich durch Anknüpfung an frühere, nicht mehr passende Verhältnisse darüber zu täuschen, daß sie selber ein Neues, eine Revolution enthält. Daraus ist der anscheinende Widerspruch zu erklären, daß der Gang der Politik wie der Literatur, wenn man ihn im Detail verfolgt, eine allmähliche, sogenannte organische Entwickelung auszudrücken scheint, daß er dagegen, im großen und ganzen betrachtet, sich als eine Reihe von mehr oder minder gewaltsamen Revolutionen darstellt. [...]

In der literarischen Entwickelung nun, in deren Mitte wir stehen, scheint sich, obgleich erst in kleinen Zügen angedeutet, eine Revolution vorzubereiten, die mit dem Prinzip der absterbenden Periode vollkommen bricht: der Periode, welche sich in Deutschland an Goethe, Schiller, Fichte, Schelling lehnt, in Frankreich an Rousseau, die Staël, in England an Byron, Shelley u. s. w.; einer Periode, die man im Gegensatz zu dem vorhergehenden Zeitalter der »Aufklärung« als die romantische zu bezeichnen pflegt, deren Inhalt man aber genauer andeutet, wenn man sie das Zeitalter des *subjektiven*

Idealismus nennt. Diesen Begriff zu motivieren, ist die Aufgabe der folgenden Zeilen.

Von den Vorzeichen einer allgemeinen und energischen Reaktion gegen dieses Prinzip will ich hier nur einige andeuten. – Die Poesie, die vorher exklusiv war, und um so mehr Poesie zu sein glaubte, je weniger ihr der Profane nahezukommen wagte, strebt jetzt nach *Volkstümlichkeit*; nicht mehr in dem Sinn der »Aufklärung«, wo man sich herablassen zu müssen glaubte, um dem dummen Volk allmählich die Weisheit der studierten Leute beizubringen, sondern umgekehrt, mit dem Trieb, zu lernen, aus einer nicht eingebildeten, sondern in bestimmten, geschichtlichen Formen erscheinenden Natur neuen Lebenssaft für das allzu matt pulsierende Blut der Kunst zu saugen. – Die Naturpoesie, welche Berthold Auerbach, Jeremias Gotthelf und die gleichgestimmten Schriftsteller den Schwarzwälder und Schweizer Dorfgeschichten ablauschen, ist nicht nur verschieden, sondern der gerade Gegensatz zu der idealen Natur, welche Rousseau in seinem »Emile« sucht; sie ist, wenigstens der Empfindung nach, auch der Gegensatz zu der »Natur« Werthers und des Hainbundes, ebenso wie zu dem modernisierten griechischen Ideal, in welches die Schillersche Lyrik sich flüchtet: sie verhält sich zu allen diesen Versuchen, um einen etwas kühnen Vergleich anzuwenden, ungefähr wie Justus Mösers patriotische Phantasien zu Rousseaus »Gesellschaftsvertrag«. – Obgleich ich nun glaube, daß auch in dieser »Natur« der Volkskalender noch viel Coquetterie steckt, und daß die Poesie auf die Dauer sich nicht im Dialekt wird aussprechen dürfen, so ist doch die große Popularität dieser Dichter – denen man noch die in Norddeutschland (z. B. in Oldenburg) immer weiter ausgedehnten Sammlungen von Volkssprichwörtern, Volksgewohnheiten und dgl. beigesellen muß, und die in der neuen Richtung des Germanismus eine mächtige Stütze findet – sowie die gleichzeitige Reaktion in der Literatur anderer Völker, z. B. der Franzosen, wo die talentvollste Schülerin Rousseaus in ihren neuesten Schöpfungen mit großer Liebe und Andacht die empirische Natur belauscht, eine hinreichende Bürgschaft dafür, daß man es nicht mit dem willkürlichen Einfall einzelner Dichter zu tun hat.

Die dramatische Poesie, noch vor kurzem so spröde gegen die Bühne, strebt nach der notwendigen Wiedervereinigung mit derselben, und fügt sich darum aufs neue der Form und dem Gesetz, deren die souveräne Laune der frühern Dichter spottete; die Lyrik enthebt sich der undankbaren Mühe, Gedanken und Vorstellungen zu einer Mosaikarbeit zu kombinieren, und kehrt mit einer gewissen Gereiztheit zu der früher so verachteten einfachen Empfindung zurück. Man läßt dem Herzen wieder freien Lauf, ohne ihm durch das Gewürz der Ironie einen Hautgout geben zu wollen; man wagt es wieder, gutmütig und bon enfant zu sein, man glaubt nicht mehr an die Verpflichtung, als sentimentaler Vampir nächtlich in den Häusern umherzuschleichen. Man sehnt sich nach der Religion, aber nicht, wie im Zeitalter der Romantik, um in raffinierten Empfindungen oder in der trüben Mystik verworrener Bilder zu schwelgen, sondern um ein solides Universalmittel zu haben, ein Solamen miseris, durch welches man sich der unnützen Fragen und Zweifel entledigt, die doch zu nichts führen. Zugleich ist eine Gleichgiltigkeit gegen die bisherige Philosophie eingetreten, die zwar zunächst weder produktiv noch erfreulich genannt werden kann, die aber dahin führen muß, wie zu den Zeiten des Sokrates, die Philosophie vom Himmel auf die Erde zu leiten; von der dreisten Metaphysik bodenloser Probleme zur gründlichen Erörterung ethischer und physischer Fragen; oder, wenn man diesen Ausdruck vorzieht, aus der Breite in die Tiefe. – Endlich hat sich in den drei letzten Jahren der Dogmatismus und die Deklamation unserer politischen Ideale so vollständig ausgegeben, daß auch hier eine Rückkehr zum Endlichen, Bestimmten, Positiven notwendig wird; was nicht nur von der liberalen und demokratischen, sondern noch mehr von der theologisch-historischen Schule gilt.

Bei diesen Vorzeichen eines neuen Prinzips scheint es nicht unangemessen, mit dem alten einmal klare Rechnung zu machen. – Vollständig wird das Wesen der modernen Kunst nur in einer zusammenhängenden Geschichte darzustellen sein, und daß eine solche noch nicht geschrieben ist, liegt wohl einfach darin, daß erst ein siegreiches Prinzip das überwundene zum Gegenstand einer objektiven Darstellung machen kann. Bis dahin bleiben alle derartigen Versuche polemischer Natur. Das Folgende kann natürlich nur als Andeutung gelten.

Das Zeitalter war reich an *Tendenzen*, arm an realer Durchführung derselben, im Leben wie in der Kunst. Der Grund ist nicht in dem Mangel an Talenten zu suchen, sondern in den falschen Aufgaben, die sie sich stellten. Sie quälten sich mit Fragen und Problemen ab, die keine Berechtigung hatten, die, einem individuellen Gemütszustand, einem individuellen Krankheitsmoment entnommen, durch den Schein der Allgemeinheit und Idealität in ein verkehrtes Licht gestellt wurden. Heute wird wohl niemand mehr daran zweifeln, daß die beiden Lieblingsgestalten unserer dichterischen Phantasie, Faust und Don Juan, mit ihrem Verlangen, alles zu wissen und alles zu genießen, kein größeres Recht hatten, als etwa jener römische Kaiser, der dem gesamten Menschengeschlecht einen Hals wünschte, um ihn abschlagen zu können, oder wenn man artiger sein will, als der von Plato verspottete Alkibiades, dessen Herrschsucht darum keine Grenze fand, weil sie ohne eigentlichen Inhalt war. Aber Nero und Alkibiades waren Individuen, und darum ihr falsches Streben menschlicher Teilnahme und einer künstlerischen Behandlung fähig; Faust dagegen und Don Juan geben sich für Repräsentanten der Menschheit aus, und darum hat ihre Krankheit etwas Unheimliches und Dämonisches. Sie sind vielmehr die Repräsentanten des Zeitalters, das sich an ihnen erbaute. In einem seiner rhapsodischen Nordseegedichte läßt Heine einen »Doktor« vom Bord des Schiffs an den Gott des Meeres verschiedene wunderliche Fragen richten, die sich auf die Widersprüche des Herzens und die daraus herzuleitenden Ansprüche des Menschen beziehen, und fährt dann fort: »Die Wellen rauschen eintönig weiter, ein Narr nur wartet auf Antwort.« Er hätte vielmehr sagen sollen: nur ein Narr kann dergleichen fragen. – Das Gefühl eines individuellen Mangels als ein Recht gegen Gott oder gegen die Natur geltend zu machen, verrät ein knabenhaft ungeduldiges Gemüt, und es ist eine leicht zu durchschauende falsche Bescheidenheit, wenn dann zuletzt das Herz großmütig resigniert und dem lieben Gott Gnade für Recht widerfahren läßt. – Diese falsche Anforderung an Gott, Dissonanzen in der Individualität nach einer allgemein giltigen Norm in Harmonie aufzulösen, wird nicht allein von den damaligen Dichtern, sondern auch von den Philosophen aufgestellt. Die Philosophie fragte nicht: was ist der Mensch, was seine Natur, seine Anlage, seine Kraft? sondern: was ist seine *Bestimmung*? und suchte diese Bestimmung in irgendeinem verletzten oder nicht befriedigten Gefühl. Rousseau fragt zuerst: was soll der Staat sein? ehe er begriffen hat: was *ist* der Staat? Kant und Fichte erklären als Bestimmung des Menschen, recht zu tun und recht zu leiden; da sich nun aus einer unbefangenen Betrachtung der Wirklichkeit ergibt, daß das hienieden nicht stattfindet, so schließt Kant auf die Existenz einer überirdischen Welt, wo diesem tiefgefühlten Bedürfnis abgeholfen werden müsse, Fichte auf ein zukünftiges Zeitalter auf Erden, wo alle Menschen tugendhaft und weise sein würden. Diese sonderbare Art zu schließen ist das Wesen der geistigen Richtung, die ich als *subjektiven Idealismus* bezeichnet habe. Diese Umkehr der Begriffe war übrigens damals auch in naturwissenschaftlichen Kompendien populär, wo die Weisheit Gottes in jedem Strohhalm gesucht wird. Man deduzierte: »Gott hat gewollt, daß der Krebs schneiden könne, darum hat er ihm Scheren gegeben; wie weise!«, während es natürlicher gewesen wäre, aus der Existenz der Scheren das Schneiden des Krebses herzuleiten. – Aber anstatt auf die vorhandene Kraft seine Aufmerksamkeit zu richten, und daraus das Wesen, und bildlich genommen, die Bestimmung des Menschen herzuleiten, suchte man sie in der Schwäche, in dem, was der Mensch nicht hatte; in dem Ideal, das als der leere Ausdruck eines endlichen Mangels, dem Gesetz und dem Walten der Weltbewegung entzogen, form- und gestaltlos im Äther schwebte.

Weil das Ideal nur in der Sehnsucht, nicht in der Kraft vorhanden war, so wurde das Verhalten des Gemüts zu demselben notwendigerweise ein sentimentales. *Sentimentalität* ist der Charakter der ganzen Periode, im Denken wie im Dichten. Schiller teilt die ganze Geschichte der Poesie in die naive und in die sentimentale Periode; aber schon die Wahl dieser Ausdrücke verrät den sentimentalen Standpunkt. Naivität (d. h. das Natürliche, welches als solches Verwunderung erregt) ist nur für die sentimentale Empfindung. Homer und Thukydides sind nicht an sich naiv, sondern nur für uns; und was man sich gar bei der Naivität eines Äschylus, Sophokles, Plato, Aristophanes, Tacitus u. s. w. denken soll, ist gar schwer zu sagen. Andrerseits täte man auch den großen Männern des sechzehnten und siebzehnten Jahrhunderts schreiendes Unrecht, sie in die Kategorie der Sentimentalität zu werfen, weil sie reflektieren. Weder Luther noch Loyola, weder Shakespeare noch Calderon waren sentimentale Charaktere. Sehr bezeichnend ist das Zitat aus dem Ariost, das diesen höchst frivolen Dichter zu einem sentimentalen stempeln soll, weil er einmal über das Ritterwesen reflektiert, dessen gute Seite verloren gegangen sei. Ariost ist vielmehr das ebenbürtige Pendant zu Machiavell, dem naivsten aller Denker. – Die echte Sentimentalität ist erst ein Produkt des achtzehnten Jahrhunderts; und ihr Wesen ist das Wohlgefallen an dem unausfüllbaren Kontrast zwischen einem raffinierten, über alle Grenzen der Natur hinausschweifenden Empfinden und Denken, und einer vermeintlichen Natur, wo von Empfinden und Denken noch keine Rede sein soll. Die naive Poesie (Idyll u. s. w.) ist als Reaktion ein Produkt der Sentimentalität; der Dichter, welcher in der »Neuen Heloise«

und den »Bekenntnissen« mit der Virtuosität eines Anatomen und mit der Ängstlichkeit eines Pedanten die Empfindung bis in das kleinste Nervengeflecht zerlegt; der den Kontrast zwischen Tugend und Natur bis in die alltäglichste Handlung des Lebens verfolgt, wird als sein eignes Gegenbild den zu schaffenden Urmenschen, den Emile erdenken, und ihm als Hauptlektüre den »Robinson« empfehlen; Werther, der phantastische Idealist, wird am liebsten mit Kindern verkehren und durch die sehr naive Beschäftigung des Butterbrotstreichens gerührt werden; Faust, der Übermensch, wird mit dem guten Gretchen tändeln.

Ich sagte: die naive Poesie ist ein Produkt der Sentimentalität. Aber sie ist auch ein Fortschritt dagegen. Die Empfindung der Sentimentalität ist ebenso krankhaft, als das Denken des subjektiven Idealismus verschroben. In der Empfindung des unauflöslichen Widerspruchs zu schwelgen, taugt ebensowenig, als das angebliche Recht des Bedürfnisses durch erträumte Vorstellungen zu befriedigen. Für die Kunst ist sie vollends verderblich. Jene ekelhafte Coquetterie der Poeten, die leider noch immer stark genug ist, nach den seltsamsten Empfindungen und Bildern zu jagen, in Tagebüchern und Korrespondenzen intime Einfälle aufzuspeichern, die dem Uneingeweihten darum vollkommen unverständlich sein müssen, *weil er die spezielle Beziehung nicht kennt*, führt zu einer Form- und Maßlosigkeit, zu einem fragmentarischen Empfinden, Denken und Gestalten, die alle Kunst aufhebt, weil von Kunst nur da die Rede ist, wo *allgemeine*, jedem Menschen, dem Griechen wie dem Goten, zugängliche und verständliche Ideen die ihnen angemessene harmonische Form finden. Ein Kreis schöner Seelen, die einander anschwärmen, ohne sich zu verstehen, ist keine gute Gesellschaft; und eine Poesie, die Himmel und Erde umspannen will, und darum keinem von beiden gerecht wird, von sehr fraglichem Wert.

Diese *falsche Unendlichkeit*, dieses voreilige Streben, mit seinen Gedanken alles zugleich zu umfassen, ist eine wesentliche

Folge der Sentimentalität; die »harmonische Weltanschauung« eine Ergänzung des Weltschmerzes. Das eine ist so eitel wie das andere. Was hat den Deutschen das Pantheon genutzt, das ihm seine Künstler aus aller Herren Ländern erobert haben! Aus dem Tempel ist ein Raritätenladen geworden, das Übermaß an griechischen, christlichen, nordischen, indischen Heiligenbildern hat den wahren Gott erdrückt. Wir sind in den Edda, im Homer, in den Vedas, in der Bibel zu Hause, aber nicht bei uns; wir haben von Gutzkow gelernt, uns in die Empfindung eines Dalai-Lama zu versetzen, wir wissen, wie es der Judith zumute gewesen ist, als sie dem Holofernes das Haupt abschlug, aber wir wissen nicht in den einfachsten Konflikten uns schicklich zu benehmen, den Helden unserer Dichtung ein schickliches Benehmen zu leihen. Unsere Universalität ist dilettantischer Natur, sie geht mehr in die Breite als in die Tiefe. Die ideale Welt, in der wir leben, ist ein Reich der Schatten, welches von Widersprüchen so erfüllt ist, daß wir in jedem Augenblick zugleich bejahen und verneinen, daß wir endlich mit Salomo ausrufen: Alles ist eitel!, und mit Hamlet: ich habe keine Freude an der Welt.

Skepsis und *Blasiertheit*, das ist die natürliche Folge des forcierten Idealismus. Denn indem man sich einerseits mit der eitlen Vorstellung schmeichelt, alles begriffen, empfunden und selbst im Leben durchgemacht zu haben, ist doch andererseits das Gefühl der Leere zu stark, als daß man über diese Allwissenheit eine besondere Befriedigung empfinden sollte. Der Skeptizismus der neueren Zeit (ich rede nicht von dem wissenschaftlichen, der, wie alles systematische Denken, von dieser Gemütsrichtung ganz unabhängig ist) hat das Eigentümliche, daß er fertige Münzen des Zweifels ausgibt, daß sein Unglaube ein konventionelles Gepräge an sich trägt. [...]

Solange man eine unendliche Kluft zwischen dem Wirklichen und dem Möglichen zu finden glaubt, und in das Mögliche das Ideal legt, ist die Kunst krank. Es geht daraus jene Ineinanderbildung des Supranaturalismus und des Materialismus hervor, der in der Wirklichkeit zu dem wüstesten Aberglauben, in der Poesie zu Mißgeburten führt, [...] zu jener Verklärung des Bösen und Ungeistigen, aus der zuletzt das Hexensprichwort »fair is foul and foul is fair« als höchster Grundsatz der Kunst hervorgeht; endlich zu jenem Pessimismus, der einen allgemeinen Weltbrand erwartet, bevor die Saat der Tugend, der Freiheit, der Gleichheit aufgehen könne, und der eigentlich nichts anderes ausdrückt, als die notwendige Folgerung des ungerechtfertigten Verlangens, daß ein Kloak Wohlgeruch ausstreuen solle. Die frühere Poesie wußte sehr gut, daß die Verwesung etwas Unschönes sei, und vermied sie daher; die neue stürzt sich mit krankhafter Wollust hinein, und findet sich höchst unglücklich darüber, daß sich noch andere Düfte darin verbreiten, als die der Rosen und Narzissen.

– Wenn diese ganze Schilderung den Vorwurf der Einseitigkeit und Schwarzsichtigkeit auf sich ziehen sollte, so erinnere ich nur an eins: Die deutsche Poesie ist darum vornehmlich in der Tendenz steckengeblieben, weil sie ihre Grenze überschritten hat. Sie glaubte ihr Gebiet zu erweitern, wenn sie vom Schönen abging, und die Momente des Werdens und Vergehens, die der Wissenschaft angehören, mit ihrem Licht zu verklären suchte. Es hat sich aber gezeigt, daß diese Vermischung eine unheilvolle war. Die Wissenschaft, soweit sie sich ihrerseits frei davon gehalten, ist mit Riesenschritten weitergedrungen; die Poesie ist aus einer Krankheit in die andere gefallen. – Es ist also eine Reaktion, eine Rückkehr zum Schönen, und ein Aufgeben der anatomischen Reflexionstätigkeit notwendig; und unsere Zeit scheint um so mehr geeignet zu einer entschiedenen Wendung auch in diesem Gebiet, da sie auch in Bezug auf das eigentliche Leben sehr energisch mit allen Illusionen zu brechen sucht. – Diesen notwendigen Prozeß zu beschleunigen, seinen Verlauf frei und ungestört zu erhalten, ist eine der vornehmsten Aufgaben der neuen Kritik; es ist die Hauptaufgabe, welche wir uns gestellt haben.

ROBERT PRUTZ

Zur Geschichte der politischen Poesie in Deutschland

Es sind jetzt ungefähr funfzehn Jahre her, daß in der deutschen Literatur eine, wie man damals meinte, vollkommen neue, unerhörte Erscheinung auftauchte: die sogenannte politische Poesie. Dieselbe war gleich bei ihrem ersten Auftreten von einer ungewöhnlichen Aufregung begleitet, sowohl bei der Kritik als beim Publikum und auch bei den Dichtern selbst. Der Grund dieser Aufregung lag allerdings zum Teil im Stoff, zum Teil aber auch in gewissen ästhetischen Streitfragen, welche das tiefste Wesen der Poesie, sowie die Bedeutung der Literatur im allgemeinen betrafen und die denn bei dieser Gelegenheit, wenn auch nicht immer mit neuen Gründen, doch mit neuer Heftigkeit erörtert wurden.

Nämlich bei dem größern Teil der damaligen deutschen Kritik war es schon seit langem zu einem Grundsatz geworden, daß die deutsche Poesie ihre Blütezeit hinter sich, und daß alles, was derselben heutzutage noch zu leisten vergönnt sei, nur in einer ebenso gewissenhaften wie bescheidenen Nachahmung derjenigen Muster bestehen könne, welche die klassischen Dichter unserer Literatur, die Heroen unsers sogenannten goldenen Zeitalters, uns hinterlassen. Man hatte dafür dazumal sogar einen eigenen Namen erfunden, durch den alle Ansprüche auf Originalität und Selbständigkeit von vornherein zurückgewiesen wurden: man bezeichnete die damalige Literaturepoche als eine Literatur der Epigonen, wodurch denn allerdings deutlich zu erkennen gegeben war, sowohl was man von der Literatur der Zeitgenossen erwartete, als auch was ihr selbst noch erlaubt und verstattet sein sollte. [...]

Hier nun, in dieser politischen Poesie, trat nach langer Zeit zum erstenmal wieder eine Literaturgattung auf, welche dem

Publikum nicht nur vollkommen verständlich, sondern auch seinen eigensten Wünschen und Stimmungen vollkommen entsprechend war. Die Poeten waren es überdrüssig geworden, immer nur von Wein und Liebe zu singen, und das Publikum war es ebenfalls überdrüssig, nur immer von Wein und Liebe zu hören; die Poesie lüftete neugierig den Vorhang, der das Allerheiligste des Staats bis dahin verdeckt hatte, und das Publikum war ebenfalls seit lange von Neugier geplagt, wie es im Innern dieser Maschine, deren Tätigkeit so viel Lärm machte und deren Erhaltung so große Opfer kostete, wohl eigentlich aussehe und ob sie wohl in der Tat ganz so gut konstruiert sein möchte, wie ihre Werkmeister rühmten. Auch war die politische Poesie dabei gerade so malcontent und schadenfroh wie das Publikum im ganzen und großen; war ihr Ziel unklar und wußte sie zum Teil selbst nicht recht, was sie wollte, so ging es dem Publikum nicht anders; hatten die Poeten, die sich hier auf einmal zu politischen Heilkünstlern aufwarfen, meist nur ihren guten Willen für sich, vermochten sie in den meisten Fällen nur die Wunde bloßzulegen, während sie, dafern sie ein wirkliches Heilmittel angeben wollten, fast ohne Ausnahme in das Phantastische und Inhaltlose, wenn nicht geradezu in das Absurde gerieten, nun immerhin, so befand sich das Publikum genau in demselben Falle.

Bei etwas gründlicherer Beobachtung hätte man sich nun freilich sagen müssen, daß diese Übereinstimmung des Publikums und der Schriftsteller die allgemeine und unerläßliche Voraussetzung jeder schriftstellerischen Wirksamkeit überhaupt und daß die Poesie nur immer da auf Erfolg rechnen darf, wo sie es versteht, den Zeitgenossen gleichsam einen Spiegel ihres eigenen Daseins vorzuhalten. Allein diese Einsicht hatte das Publikum teils infolge des Eifers eingebüßt, mit welchem die damalige Kritik seit Jahren gerade die entgegengesetzte Ansicht verfocht, teils war auch die Stimmung überhaupt zu aufgeregt, auch die Erscheinung selbst zu tumultuarisch, zu sehr an die Leidenschaft der Masse gerichtet, als daß es schon damals zu dieser ruhigen Erwägung hätte kommen können. Das Publikum war so ausgehungert, eine Poesie, die sich nicht bloß mit der innern Welt des Poeten, nein, auch mit der äußern des Staats, der Geschichte, des Volks selbst beschäftigte, in der nicht bloß die Seufzer und Klagen des einzelnen Dichters wiederklangen, sondern in der auch das gepreßte Herz des Volks Sprache und Ausdruck gewann – eine solche Poesie erschien zu jener Zeit als etwas so Neues und Unerhörtes, daß der Eindruck nicht anders als bewältigend sein konnte. Mochten die Regierungen doch verbieten, mochten die Ästhetiker doch die Nase rümpfen – das Publikum las weder um der Regierung noch um der Ästhetik, es las und liest zu allen Zeiten um seiner selbst willen, zu seiner Unterhaltung, seiner Befriedigung. Und die fand es in diesen politischen Liedern aufs allerreichlichste; gerade was die Regierungen an dieser neuen Erscheinung verfolgten und fürchteten, gerade das interessierte und entzückte das Publikum; gerade was die Ästhetik als Schwäche und Einseitigkeit derselben nachwies, gerade das machte sie dem Publikum lieb und angenehm.

Aber wenn schon die Lesewelt von einem solchen Taumel ergriffen war, wer will es den Dichtern verargen, wenn der ungewohnte Beifall ihnen hier und da gleichfalls ein wenig zu Kopf stieg? Schon daß die Poesie überhaupt wieder imstande war, so allgemeine, so wahrhaft volkstümliche Erfolge zu erzielen, daß sie überhaupt wieder andere und ausgedehntere Leserkreise fand als nur die Literaten und Schöngeister von Fach, daß mit einem Wort das Volk wieder anfing an der Poesie Anteil zu nehmen – schon dies war eine Tatsache, in Betreff deren den Poeten ein gewisser Stolz wohl nachzusehen war.

Und so vertauschten die Rollen sich denn in der kürzesten Zeit auf die wundersamste und überraschendste Weise. Unrecht gebiert Unrecht; in der Sklaverei werden allemal nur Tyrannen erzogen. So ging es auch mit der jungen politischen Poesie. Man hatte derselben so lange das Recht und die Möglichkeit der Existenz abgeurteilt, daß sie nun, da sie die Wirklichkeit derselben durch die Tatsache dargetan und sich sozusagen ad oculos demonstriert hatte, auch drauf und dran war, sich und nur sich als die einzige und berechtigte Existenz anzuerkennen, neben der alle andere Art von Poesie aufhören und verschwinden müsse. Nichts mehr von Jugend und Liebe, von Schmerz und Freude, Lust und Qual! nichts mehr von Nachtigallen und Rosen, von Lenz und Winter, von Scheiden und Wiedersehen! nichts mehr von all jenen einfachsten und natürlichsten Empfindungen der menschlichen Brust, jenen unmittelbaren persönlichen Leidenschaften, Zuständen, Erlebnissen, die überall und von jeher, wo irgend die Kunst sich zu wirklichem Leben entfaltete, ihren hauptsächlichsten Inhalt, ihr wahres, treibendes Herzblut gebildet hatten und zu denen die Poesie daher auch jederzeit, mit jedem erweiterten Inhalt, aus jedem erhöhten Bewußtsein immer wieder zurückgekehrt war! Abstrakt wie ihre Verwerfung von Seiten der Ästhetiker und des Staats, sollte nun auch ihre Herrschaft sein; während die Gelehrten sich noch darum stritten, ob es überhaupt solch ein Ding wie politische Poesie geben dürfe, und während der Staat bereits diese Frage verneinend entschieden hatte, war die politische Poesie auf dem allerbesten Wege, jeder andern Dichtgattung das Recht des Daseins abzusprechen und sich allein als die einzig wahre, einzig denkbare Poesie zu proklamieren. Hatte die Muse vorher von Politik nichts gewußt, nicht einmal den Namen, so sollte sie jetzt von nichts anderm wissen als von Politik; alle übrigen Stoffe wurden geächtet; nur zurückgekommene Menschen, nur Reaktionäre und Obskuranten konnten sich noch für etwas anderes begeistern, noch von etwas anderm dichten als von politischen Dingen; Schiller und Goethe – ei ja, es waren ganz passable Dichter, der wahre Tag der deutschen Poesie war aber doch erst mit dieser Brandfackel der politischen Lyrik, erst mit diesen leuchtenden patriotischen Oden, Hymnen, Liedern emporgestiegen und alles, was von dieser neuen Sonne des Tags nicht vergoldet war, gehörte

einer dunkeln, barbarischen Vorzeit an, deren größte Tugenden noch immer halbe Fehler waren – warum? weil sie keine politische Poesie gekannt hatte. [. . .]
Allein auch hier wieder sollte das Sprüchwort von dem Hochmut, der vor dem Falle kommt, sich bestätigen. So unerwartet das Aufblühen der politischen Poesie, ebenso unerwartet und unvorhergesehen war auch ihr Niedergang; so glänzend ihre Herrschaft gewesen, so kurz sollte auch ihre Dauer sein. Kaum vier oder fünf Jahre waren vergangen – und siehe da, schon fing die politische Poesie an zum alten Eisen gerechnet zu werden. So rasch das Publikum sich ihr zugewendet, so rasch wandte es sich auch wieder von ihr ab oder horchte doch nur noch mit halbem Ohre nach ihr hin; so groß der Heißhunger, mit welchem es sich anfangs über diese verbotene Nahrung hergeworfen, so rasch war sein Appetit auch gestillt. Politische Lyrik? Zeitgedicht? O ja, man ließ sie noch passieren: aber doch nur wie ein Gericht, das zwar an und für sich nicht gerade unschmackhaft ist, das man sich aber einstweilen übergessen hat und das man daher gern mit einer andern Schüssel vertauscht, selbst wenn dieselbe minder wohlschmeckend und minder köstlich sein sollte. [. . .]
Es wird dieser Umschwung aber um so auffälliger, wenn wir dabei ins Auge fassen erstlich die politischen Umstände, unter denen er erfolgt ist, und zweitens die Gattungen, welche die politische Poesie in der Gunst des Publikums abgelöst haben. Der Verfall der politischen Poesie hat mit der jüngsten Reaktion der europäischen und deutschen Verhältnisse nichts zu tun; er ist beträchtlich älter und datiert, aufs glimpflichste gerechnet, bereits seit Mitte der vierziger Jahre. Er fällt also genau in dieselbe Zeit, wo das politische Interesse des Publikums übrigens noch im entschiedensten Wachstum war und wo jene allgemeine Umwälzung, welche die Poeten wenige Jahre früher so stürmisch verlangt, so dringend angeraten und empfohlen hatten, allen Ernstes auf dem besten Wege war, sich zu verwirklichen. Weit entfernt also, sich abzukühlen oder an Energie zu verlieren, hatten die politischen Leiden-

schaften sich im Gegenteil nur immer mehr gesteigert; die Parteien standen sich so schroff, so kampfbereit gegenüber wie noch nie; das Gleichnis, mit dem unsere Poeten so oft und vielfach gespielt hatten, war zur Wahrheit geworden, die Welt war wirklich nur noch ein offenes Pulverfaß und auch der Funke, sie in die Luft zu sprengen, sollte nicht mehr lange auf sich warten lassen. [...]
Auch der aufgeklärte und freiheitslustige Teil des Publikums zog sich um jene Zeit allmählich von der politischen Poesie zurück; aber nur um sich mit verdoppeltem Enthusiasmus sofort auf die Dorfgeschichte zu stürzen, die [...] genau in derselben Mitte der vierziger Jahre auftritt, wo die politische Poesie zusammenschrumpft, so daß sie gewissermaßen in die Stelle der letztern beim Publikum eintritt. Verglichen mit dem Schlachtlärm unserer Freiheitslieder, sah die Dorfgeschichte freilich ein wenig jüngferlich, ein wenig zurückgezogen aus. Doch war sie nichts weniger als reaktionär; im Gegenteil, bei aller Naivetät der Form und aller scheinbaren Unverfänglichkeit des Inhalts hatte sie die sehr wesentliche, aber auch sehr revolutionäre Eigenschaft, plastisch zu sein und sich auf die wirklichen Zustände des Volks in seinem täglichen Tun und Treiben, seinen Gebräuchen und Verrichtungen, seinen Leiden und Freuden mit Sachkenntnis und Liebe einzulassen. Weit entfernt daher, einen prinzipiellen Gegensatz gegen die politische Poesie zu bilden, ist die Dorfgeschichte vielmehr selbst ein Zweig derselben und zwar ein sehr wichtiger und hoffnungsreicher; sie deutet den Weg an, den unsere Poesie überhaupt einschlagen muß, wenn etwas Rechtes aus ihr werden soll: nämlich von der Lyrik zum Epos, von dem abstrakt Verschwommenen zum plastisch Konkreten, vom philosophisch Allgemeinen zum individuell Besondern, während sie dabei doch überall auf dem Boden der vaterländischen Zustände beharrt, die Unterschiede der Stände in echt demokratischem Sinne aufhebt und durch die Schilderung positiver Zustände zur allmählichen Kenntnis und Verbesserung derselben beiträgt.

JULIAN SCHMIDT

Die Verwirrungen der Romantik und die Dorfgeschichte Auerbachs

Der *Zweck* der Kunst, namentlich der Dichtkunst, ist, Ideale aufzustellen, d. h. Gestalten und Geschichten, deren Realität man wünschen muß, weil sie uns erheben, begeistern, ergötzen, belustigen u. s. w.; das *Mittel* der Kunst ist der Realismus, d. h., eine der Natur abgelauschte Wahrheit, die uns überzeugt, so daß wir an die künstlerischen Ideale *glauben*. – Dies Gesetz gilt für jede Form der Dichtkunst, für jede Zeit, und klassisch wird derjenige Dichter sein, der in seinen Werken allgemein menschliche Ideale, d. h. echten bleibenden Lebensgehalt darstellt, und der diese Ideale so darzustellen weiß, daß jede Zeit an ihre Realität glaubt. Je schärfer der Blick eines Dichters für das Wesentliche des Geistes ist, je mehr er von dem Zufälligen und Unwesentlichen seiner Zeit zu abstrahieren weiß, desto klassischer wird er sein, d. h. desto länger wird er dem Menschengeschlecht verständlich und wert bleiben. – Um ein klassischer Dichter zu werden, reicht aber die große Begabung allein nicht aus: die Zeit, in der er lebt, muß ihm wirklichen, echten Lebensgehalt bieten, und zugleich den Stoff, in dem er denselben darstellen kann, d. h. eine bis auf einen gewissen Grad entwickelte Sprache. – Wo das eine oder das andere fehlt, wo der Dichter entweder den echten Lebensgehalt erst mühsam suchen, wohl gar aus fremden Anschauungen entlehnen, oder wo er sich die poetische Sprache erst mühsam erkämpfen muß, werden immer nur Dichter zweiten Ranges hervorgehn, d. h. Dichter, deren Arbeit von einer weiter entwickelten Bildung in ihre Elemente aufgelöst, und damit als nicht ursprünglicher Schöpferkraft angehörig betrachtet werden kann. [...]

Schon in unserer »klassischen Zeit« merken wir den Widerspruch zwischen dem Ideal und dem Leben. Um schön zu empfinden, bemüht man sich, griechisch, d. h. undeutsch zu empfinden. Die deutsche Empfindung brach dann wohl mächtig durch – wie z. B. in Goethes »Iphigenie«; aber das Kostüm deckte den Inhalt nicht ganz; man übersetzte die deutsche, aber freilich durch Bildung gewonnene Empfindung ins Griechische, um sie dann wieder ins Deutsche zurückzuübersetzen. So groß die schöpferische Kraft jener Dichter war, so merkt man doch hin und wieder die Übersetzung. – Schlimmer wurde es in der Zeit der Romantiker. – Denn bei Goethe und Schiller war es mit dem Gegensatz gegen die Zeit nicht so gefährlich: er war mehr eingebildet als wirklich. [. . .]

Die Romantiker dagegen waren in wirklichem Gegensatz gegen das Zeitalter; sie hatten, um im Ton der Goethe-Schiller-Fichteschen Deklamation zu bleiben und den Effekt noch zu steigern, so lange an ihren eignen Gedanken und Empfindungen herumgearbeitet, daß sie zuletzt wirklich anders dachten und empfanden, nicht bloß als ihre Zeitgenossen, sondern als je zu irgendeiner Zeit ein Mensch, der bei gesunden Sinnen war, gedacht und empfunden hat. In ihrer Blütezeit haben sie im Publikum gar keinen Anklang gefunden, doch stellten sich eine Reihe von Jüngern ein, die unfähig, etwas zu schaffen, von ihnen die leichte Kunst lernten, sich den Schein der Genialität zu geben. Leicht war die Kunst, denn man durfte nur das Gegenteil von dem sagen, was die öffentliche Meinung empfand und dachte, so war man ein vollkommener Künstler. [. . .]

Abgesehen von vielen andern Paradoxien der Romantiker, die kamen und gingen wie die Luft, z. B. Gespenster sind die Hauptsache, die beste Regierungsform ist der Despotismus, die katholische Kirche ist sehr tiefsinnig, die Rosen singen die gescheiteste Philosophie u. s. w., gab es ein Stichwort, auf das sie immer zurückkamen: das wirkliche Leben mit seinem ganzen Inhalt, mit seinem Glauben, Hoffen und Lieben ist ekel, schal und unersprießlich. Wo sie das Ideal suchten, ob in Indien, oder im Mittelalter, oder in der spanischen Inquisitionszeit, oder wo sonst, war daneben gleichgiltig.

Die positiven Wirkungen der Schule konnten nicht beträchtlich sein, wohl aber ihre negativen. Wenn ein solches Labyrinth von Gedanken und Empfindungen ein volles Menschenalter hindurch unermüdlich umgewühlt wird, so entsteht notwendig daraus bei der Masse der Leute, die doch gern der neuen Bildung teilhaftig sein wollen, und die nicht fest auf ihren Füßen stehn, eine große Verwirrung. Was ist eigentlich schön und was häßlich? was gut und was böse? was ist ideal und was nicht? ja: was ist wirklich?
Dies war die Stimmung, in welcher die Erben der Romantik, die Jungdeutschen auftraten. Entweder drückten sie Verzweiflung aus über diese Zeit, in der keiner wisse, wie er empfinden, wie er denken, wie er sich benehmen solle; oder sie zeigten ein possenhaftes Behagen an diesem »je toller je besser«. Die Unwahrheit der Romantik empfanden sie tief; ja sie schlossen sich den neuen Freiheitsbestrebungen an – die an sich mit dieser Schule des Weltschmerzes und der Zerrissenheit gar nichts gemein hatten – aber sie gaben denselben eine subjektive, dämmerhafte – kurz, eine romantische Färbung.
Auf die Länge kann ein gesundes Volk eine solche Gespenster- und Maskenwirtschaft nicht ertragen. Schon seit zwanzig Jahren hat sich auch in der Literatur eine sehr bedeutende Reaktion dagegen erhoben, die jetzt entschieden siegreich ist. [...] Der lauteste von den Wortführern des jungen Deutschland war *Gutzkow*; um nun zu sehn, wie auch in ihm die Fühlfäden einen andern Halt gefunden haben, vergleiche man die »Ritter vom Geist« mit dem »Zauberer von Rom« – nicht in Bezug auf das Talent, das sich nicht wesentlich geändert hat, sondern in Bezug auf den Stoff und die Tendenz. – Die »Ritter vom Geist« sind noch so jungdeutsch als möglich, d. h. sie schilderten eine Reihe von »Idealisten«, von Referendarien u. s. w., die zwar den Mund sehr voll nehmen über das, was alles anders werden müßte, die aber im Besondern nicht die entfernteste Idee von dem hatten, was sie eigentlich wollten. – Der neue Roman dagegen bemüht sich, auf Grund-

lage ziemlich umfassender Studien die katholische Kirche zu schildern, wie sie im 19. Jahrhundert geworden ist, und welchen Einfluß sie auf verschiedene Stände und Charaktere ausübt. Wir sind nicht gemeint, den Vergleich weiter auszudehnen, aber in dieser einen Beziehung ist der »Zauberer von Rom« mit Auerbachs Dorfgeschichten verwandt: er ist überwiegend realistisch, er schildert Zustände, die Gutzkow sich nicht erträumt, sondern die er durch unmittelbare Anschauung und durch Studien zu erforschen bemüht gewesen ist.
Auerbach war im Kreise der »gebildeten Dichter« – allenfalls Immermann ausgenommen – der erste, der diesen Ton anschlug; er fand im Publikum eine sehr große Anerkennung, und eben deshalb im Kreise derer, die in der alten bequemen Weise fortzudichten wünschten, große Anfechtungen. Wenig fehlte, so hätte man ihm vorgeworfen, er wolle alle Welt zu Bauern machen, wie man andern vorwarf, sie wollten den Handwerkerstand zum herrschenden in Deutschland erheben.
Was führte Auerbach – der in seinem Streben ebenso progressistisch war als die Jungdeutschen – zu den Bauern? – Die Erkenntnis, daß die im Salon der Romantik erzogenen Jungdeutschen, die nichts anderes als über *Shakespeare and the musical glasses* zu reden wußten, die nichts anderes zu tun wußten als zu reden; daß diese zweiten verwässerten Auflagen früherer Romanfiguren, über die sie räsonnierten, keine wirkliche Gestalten seien, des Lebens fähig und des Lebens wert, sondern hohle, leere Schemen, nichtige Ausgeburten eines durch die widersprechenden Stichwörter des Tags in Verwirrung gesetzten Gehirns. – Seine Erfahrung lehrte ihn Bauern kennen, die von diesem Molluskentum gar nichts hatten, die in ihrer Einfachheit sehr fest, in ihren sittlichen Vorurteilen und Voraussetzungen sehr bestimmt waren; Gestalten, die, weil sie wirklich existierten, auch poetisch zu existieren berechtigt waren. – Mit Entzücken lauschte er ihren Redensarten, die immer konkret, immer zur Sache gehörig, den leeren Allgemeinheiten der Salons ganz entgegengesetzt,

kaum mehr bearbeitet werden durften, um in der Poesie ein Bürgerrecht zu haben. Wie die Gelehrten im »Volk« umhergingen, um durch Sammlung von Sagen, Gedichten, Sprichwörtern, ein lebendiges Bild von der Urzeit Deutschlands zu erhalten, so merkte der Dichter auf seine Weise, zu denken und zu empfinden, um sich dadurch wieder zur Konzeption ganzer und voller Gestalten zu erheben. Es war ein glücklicher Griff, und er wurde mit warmer Liebe, mit großer poetischer Empfänglichkeit und mit feinem Verständnis für das, was die Zeit daraus lernen konnte, zuerst zu kleinen, dann zu großen Bildern verwertet. Die Detailbeobachtung war das erste; das warme Gefühl für die Natur, das diesem Detail zugrunde lag, d. h. die Empfänglichkeit, das zweite; dann das Bemühen, aus dem Innern heraus Gestalten zu schaffen, die in dieser Weise zu denken und zu empfinden imstande waren.

Sowohl in dieser Art des Schaffens als auch in der Beschränkung auf einen zu engen Kreis lag, wenn wir den absoluten Maßstab anlegen, eine gewisse Einseitigkeit; aber es war ein sehr heilsames, ja ein notwendiges Korrektiv für jene Zeit, in der die Kunst zur Lüge und zur Blasiertheit zu versinken drohte.

JULIAN SCHMIDT

Der moderne Realismus

Im Gegensatz zu dem Idealismus, der sowohl in der französischen Klassizität, als in der Goetheschen Kunstperiode herrschend war, neigt man sich jetzt zu der Ansicht, das Prinzip der Kunst sei der Realismus, die Nachahmung der Natur. Es liegt in dieser Reaktion einige Berechtigung, und das gilt auch für die Gebiete der Malerei und der bildenden Kunst überhaupt. In jedem Idealismus liegt etwas Konventionelles. Die Begriffe des Schönen und Erhabenen werden an bestimmte Symbole geknüpft, die nur in der Meinung, nicht in der Wirklichkeit, das ausdrücken, was sie ausdrücken sollen. Im altfranzösischen Theater nahm dieser Idealismus eine viel einseitigere Gestalt an, weil er auf einer wirklichen Einheit der sittlichen und ästhetischen Vorstellungen beruhte; aber eben darum war er auch wieder erträglicher, weil er gewissermaßen wieder zur Natur wurde. In Weimar dagegen sollten die idealen Vorstellungen sämtlicher Völker und Zeiten, die Gegenwart und das deutsche Volk ausgenommen, repräsentiert werden, und alle diese verschiedenen Ideale sollten sich in der einmal angenommenen konventionellen Form ausdrücken. Eine Reaktion gegen dieses Wesen war durchaus notwendig; aber sie hatte sehr Unrecht, wenn sie gegen die Allgemeinheit der schönen Form überhaupt in die Schranken trat. Etwas Konventionelles muß in jeder Kunst liegen. Es ist ganz ähnlich in der Malerei. In den Zeiten des Klassizismus suchte man eigentlich nur die konventionellen Schönheitslinien darzustellen und zu diesem Zweck beliebige Gestalten und Situationen zu gruppieren. Das war gewiß falsch; aber ebenso falsch ist es, wenn man die Rücksicht auf die Schönheitslinien, auf den eigentlichen Stil der Kunst ganz aus den Augen setzt, wie es in der neuern französischen Malerei geschieht. Auf eine ähnliche Weise sündigen Victor Hugo und Hebbel an der Kunst, so sehr wir ihnen Recht geben, wenn sie die gewöhnlichen Schranken der konventionellen Schönheit durchbrechen; sie sündigen, indem sie nicht bloß das Gebiet der Schönheit erweitern, sondern das wirklich Häßliche, ja das Widerwärtige zum Gegenstand ihrer Darstellung machen, und in diesem Punkt halten wir ganz streng an dem Gesetz der Griechen: das wirklich Ekelhafte darf auf der Bühne keinen Platz finden, und was nicht in einer idealen Form dargestellt werden kann, hat überhaupt nicht das Recht, künstlerisch dargestellt zu werden.

Das Prinzip des Realismus leidet aber an einem andern, viel schlimmern Gebrechen. Allerdings soll die darstellende Kunst wie die Malerei nichts geben, als die Wahrheit, und zwar die irdische Wahrheit, denn eine andere gibt es nicht; auch wo sie Götter, Engel und Dämonen darstellt, sollen wir diese Gestalten mit unserer irdischen Phantasie als wahr empfinden. Das hat z. B. Shakespeare in seinem Kaliban, das haben die Alten in ihren Zentauren erreicht, das erreicht Raffael in seiner Sixtinischen Madonna. Wir müssen in der Anschauung der Malerei wie der darstellenden Kunst empfinden, daß die dargestellten Personen nicht anders aussehen, nicht anders sich benehmen könnten, als sie aussehen, als sie sich benehmen. Aber gerade diese Idee der Notwendigkeit verkennt der moderne Realismus. Er nimmt seine Wahrheit aus dem zufälligen Kreis der Empirie, er hat zufällig einer Poissarde zugesehen, wie sie sich zankt, und läßt nun eine Königin auf dieselbe Weise sich zanken. So macht es z. B. Victor Hugo in seiner »Marie Tudor«, in seiner »Lukretia«. Etwas physisch Unmögliches ist das nicht, es ist wohl möglich, daß auch bei einer Königin die Leidenschaft so gewaltig über Erziehung und Sitte herausdrängt, daß sie sich gebärdet wie eine Poissarde, aber diese empirische Möglichkeit ist keineswegs künstlerische Wahrheit. Jene Verschiedenartigkeit der Naturen kann zufällig zusammenkommen, aber sie soll es eigentlich nicht, und hier bleibt Sophokles' Spruch ewig wahr: der Dichter soll die Menschen darstellen, nicht wie sie sind, sondern wie sie sein sollen. Das heißt nicht etwa, er soll sie zu Engeln machen, denn die Menschen sollen keine Engel sein, sondern er soll der Natur ablauschen, was sie aus ihnen machen wollte, was aber vollständig zu erreichen, ihr durch zufällige, nicht zur Sache gehörende Umstände, versagt blieb.

JULIAN SCHMIDT

Das Prinzip des Realismus

Auf dem Gebiet der Kunst wechseln die Stichwörter grade wie im politischen Leben, und der Kritiker hat alle Ursache, in dieser Beziehung mit dem Zeitgeist fortzugehen, weil es ihm sonst leicht widerfährt, einen heftigen Anlauf gegen eine Position zu nehmen, die der Feind schon lange aufgegeben hat. Von den Stichwörtern, von denen man vor etwa zehn Jahren in den literarischen Streitigkeiten Gebrauch machte, ist kaum mehr die Rede, dagegen sind neue aufgekommen, mit denen man sehr behutsam umgehen muß, um nicht bei einem Begriff, der an sich etwas Richtiges hat, die verkehrten Folgerungen mit in den Kauf zu nehmen. Unter den neuesten Stichwörtern ist eins der beliebtesten das Prinzip des Realismus. Seit den großen Erfolgen der Dorfgeschichten spricht man auch in Deutschland von einer realistischen Schule; in Frankreich existiert sie schon seit Victor Hugo, und in England führt sie in diesem Augenblick ganz unumschränkt die Herrschaft über alle Gattungen der schönen Kunst. Es fehlt nicht an ähnlichen Versuchen in der Musik und Plastik, und wenn die niederländische Malerschule eingestandenermaßen nichts bezweckt, als ein mit den höchsten Mitteln der Technik ausgeführtes Porträt der Wirklichkeit, wenn die französischen Maler seit Géricault mit vollständiger Aufgebung des akademischen Stils die Leidenschaften ihren barockesten Formen nachzubilden suchen, so kann man der sogenannten Zukunftsmusik mittelbar eine ähnliche Tendenz nachweisen; in ihren Motiven ist sie zwar außerordentlich spiritualistisch, aber die Mittel, die sie anwendet, und das ist zuletzt bei der Kunst doch die Hauptsache, beruhen ganz und gar auf einer materialistischen Charakteristik und nur aus dieser Seite ihres Talents geht der große Eindruck hervor, den sie bei dem Volk hervorbringt: es freut sich an der deutlichen, ja die Wirklich-

keit überbietenden Malerei Richard Wagners, nicht an seinen hochromantischen Sujets. [. . .]
Man erkennt die wahre Bedeutung eines neuen künstlerischen Prinzips am deutlichsten, wenn man die Begriffe ins Auge faßt, gegen die es sich zunächst richtet, deren ausschließliche Herrschaft endlich eine Reaktion herbeiführen mußte. Allein bei dem Gegensatz dieses neuen Prinzips, dem Idealismus, ist es ein Übelstand, daß man darunter sehr verschiedene Vorstellungen zusammenfaßt. Hier muß zunächst davor gewarnt werden, den neuen Realismus nicht mit dem zu verwechseln, was man früher Objektivität nannte. Diese Warnung ist darum nötig, weil man in Schiller, dem Idealisten, den Gegensatz sowohl gegen das Prinzip der Objektivität, als des Realismus zu suchen pflegt. Wenn man früher von einem Dichter verlangte, er solle objektiv sein, so meinte man damit, er solle sich mit seiner Person nicht vordrängen, sondern bei der Sache bleiben; er solle seine Charaktere und seine Ereignisse gewissermaßen so aus sich selber herausstellen, daß sie auf eignen Füßen stehen, daß er sie nicht wie ein Marionettenspieler fortwährend mit den Händen zu regieren hat. Gegen diese Forderung besteht gegenwärtig kein Widerspruch mehr; in der Praxis wird häufig dagegen gesündigt, in der Theorie ist aber alle Welt darüber einig: daß eine der innern Wahrheit widersprechende Idealität in der Kunst verwerflich sei. Bei dem neuen Prinzip handelt es sich nicht mehr um die innere, sondern um die äußere Wahrheit, nicht um die Übereinstimmung mit sich selbst, sondern um die Übereinstimmung mit der sogenannten Wirklichkeit. [. . .]
Es ist begreiflich, daß diese Anforderung sich auf keinem Gebiet so laut und leidenschaftlich äußert, als auf dem Gebiet des Romans. Auf dem Theater wird man bald davon überzeugt, daß ein zu weit getriebener Realismus das Publikum verdrießt und langweilt. In andern Dichtungsarten ist schon durch die poetische Form eine gewisse ideale Erhöhung notwendig gemacht; aber die prosaische Form des Romans, der Stoff, den er in der Regel darstellt, und der Umfang von

zwanzig Lieferungen, den man heute kaum mehr vermeiden kann, scheinen im Roman der Detailmalerei nicht nur freien Spielraum zu geben, sondern sie notwendig zu machen.

Hier muß man die Anforderung genauer feststellen. Sie ist gerecht, wenn sie von dem Dichter, der das Leben der Gegenwart zum Gegenstand nimmt, verlangt, er solle über dasselbe in seiner ganzen Fülle disponieren können. Um poetisch wahr darzustellen, um einmal nicht gegen das Gesetz der Wirklichkeit zu verstoßen, und um den Schein des Lebens, die plastische Körperlichkeit seiner Figuren hervorzubringen, muß er die materiellen Mittel in der vollsten Ausdehnung in seinem Besitz haben. Wenn er einen charakteristischen Zug gebraucht, so muß er ihn nicht erst suchen dürfen, er muß in seiner Seele bereits gegenwärtig sein und sich ihm gewissermaßen aufdrängen. Aber vom Dichter gilt in noch weit höherm Grade wie vom Geschichtschreiber, daß er unendlich mehr wissen muß, als sagen. Er muß imstande sein, über jeden einzelnen Moment im Leben und in der Seelenbewegung seiner Figuren die vollständigste Auskunft zu geben; jede kleine Veränderung ihrer Mienen muß seiner Phantasie deutlich sein; aber er soll sich nicht etwa die Mühe geben, das alles wirklich zu erzählen, er soll nicht abhängig sein von seinem Material, sondern er soll über dasselbe nach Gesetzen der Kunst verfügen, er soll aus der Masse seiner Farben diejenigen auswählen, die zu einem idealen Gemälde nötig sind. Die Wahrheit darstellen kann weder derjenige, der die Wirklichkeit nicht kennt, noch derjenige, der ihr Sklave ist.

Wenn wir den Gegensatz des neuen Prinzips in seine einzelnen Momente zerlegen, so ergeben sich folgende: die ästhetische Konvenienz, der moralische Dogmatismus und die romantische Illusion. Nach allen drei Seiten hin hat der Realismus ursprünglich Recht, er sündigt nur darin, daß er den Gegensatz auf die Spitze treibt.

Die frühere ästhetische Konvenienz faßte ihre Gestalten und ihre Ereignisse typisch auf. Sie hatte ein bestimmtes Schema des idealen Denkens und Empfindens und duldete keine

Ursprünglichkeit, keine Irrationalität. Dieser einseitige Idealismus gipfelt in der sogenannten klassischen Schule der Franzosen, im akademischen Stil. Mit Recht hat man bemerkt, daß diese Einseitigkeit sie hinderte, scharf und bestimmt zu charakterisieren; aber die Forderung wurde nicht ganz genau gestellt. Daß sie die empirische Wirklichkeit nicht charakterisierten, wäre an sich gleichgiltig gewesen; aber sie konnten auch ihre eigne poetische Welt nicht so charakterisieren, daß sie in voller sinnlicher Klarheit vor das Auge trat. – Die neue Schule geht nun darauf aus, den Begriff des Irrationellen zu seinem Recht zu bringen. Einmal gibt sie von jedem Charakter so viel verschiedene Eigenschaften, als sich mit dem ihr angewiesenen Raum irgend vertragen; sodann sucht sie mit besonderer Vorliebe solche Figuren auf, die gegen das Gesetz und die Konvenienz verstoßen, das heißt, Sonderlinge, wunderliche Heilige, Kranke, zuletzt Narren und Verrückte. Victor Hugo hat theoretisch festgestellt, das Prinzip der neuen Kunst sei das Groteske, und er hat in der Tat in den meisten Fällen eine Mißgeburt zu seinem Helden gemacht, gleichviel ob eine physische oder moralische. Die Helden der alten Poesie waren leicht zu berechnen; wenn man die zufälligen Ereignisse ungefähr vorher wußte, konnte man den Dichter mit der größten Bequemlichkeit ergänzen, was freilich für seine Wirkung nicht sehr förderlich war. Die Helden der neuesten Poesie dagegen sind gar nicht zu berechnen; sie überraschen uns in jedem Augenblick durch einen neuen wunderlichen Einfall, der mit dem vorhergehenden nicht den geringsten Zusammenhang hat, und zwar liegt das nur selten an der leichtsinnigen Arbeit, in den meisten Fällen an dem fieberhaften Streben nach Originalität. Solche Dichter sind z. B. bei uns Büchner und Hebbel. Aber wir glauben nicht fehlzugreifen, wenn wir auch bei einem Dichter wie Berthold Auerbach den außerordentlichen Erfolg wenigstens zum Teil nicht aus der poetischen Farbe, nicht aus dem gemütvollen Interesse des Dichters an den Zuständen, die er schildert, herleiten, sondern aus der Sonderbarkeit in der äußern Erscheinung

seiner Figuren. Wir sind in unserer gebildeten Gesellschaft an solche Originale nicht gewöhnt, und wir freuen uns, einmal eine recht handgreifliche Realität vor uns zu haben, die uns Widerstand leistet. [. . .]
Wir wenden uns zu dem zweiten Gegensatz, dem moralischen Dogmatismus. Hier ist es namentlich Schiller und seine Schule, die man vor Augen hat. Es war eine Zeitlang üblich geworden, den sittlichen Maßstab als einen für alle Zeiten und für alle Individuen feststehenden zu betrachten, zum Teil noch unter der Einwirkung der Kantischen Philosophie. Indem man nun eifriger die Natur studierte, ergab es sich, daß der kategorische Imperativ doch nicht für alle Fälle ausreicht, daß es nicht immer dasselbe ist, wenn zwei Verschiedene dasselbe tun. Dem Dogmatismus der Tugend und dem Glauben an die göttliche Weltregierung setzte man also eine skeptische Philosophie entgegen, die zwar nicht den Begriff des Guten an sich in Frage stellte, aber wohl die Realität des Guten. Man suchte die Wahrheit eines Charakters, und hier bezog man sich angeblich auf die Erfahrung, auf das enge Ineinanderwachsen verschiedener, zu entgegengesetzter moralischer Eigenschaften. Man freute sich darüber, die Schwächen von der liebenswürdigen Seite darzustellen und die scheinbare Vollkommenheit so lange chemisch zu zersetzen, bis sich ergab, die Elemente seien in jedem Naturgegenstand dieselben, und ihre verschiedenartige Kombination nur ein Zufall. Es ging daraus eine pessimistische, oder wenn man will, hypochondrische Weltanschauung hervor, eine Stimmung, die beständig zwischen Lachen und Weinen schwankte, und die im Grunde genommen den Naturlauf nur dadurch rechtfertigte, daß sie das sittliche Gefühl abstumpfte. [. . .]
Und hier ist noch eine bestimmte Seite hervorzuheben, die mit der ästhetischen Doktrin nur ganz äußerlich zusammenhängt, nämlich die satirische Richtung der neuesten Poesie. Der eigentliche Realist in seiner reinsten Erscheinung wird nur selten satirisch, das heißt, er geht nur selten von der Absicht aus, durch seine Darstellung auf bestimmte Schäden

der Gesellschaft aufmerksam zu machen und zur Abhilfe derselben beizutragen, weil in diesem Vorhaben wieder etwas Dogmatisches, wieder eine Auflehnung gegen das Recht der Natur liegen würde. Während daher Dickens, der durchaus kein Realist in unserm Sinne ist, alle Augenblicke die Satire anwendet d. h. durch Übertreibung die öffentliche Meinung zu energischem Kampf gegen eine bestimmte Verirrung aufzufordern sucht, tut es Thackeray niemals, denn jener hat einen festen Glauben, der sich freilich nur in der Hitze geltend macht, dieser dagegen ist völlig resigniert. In ästhetischer Beziehung wird eben deshalb der systematische Realist viel seltener Verstöße begehen. Nun gibt es aber zwischen beiden Richtungen manche Berührungspunkte. Zuerst empfindet man die Neigung, das Ungewöhnliche, der Konvenienz und der Sittlichkeit Widersprechende im Detail, in seinem vollen Naturwuchs sich vorzustellen, dann rechtfertigt man diese Neigung vor sich selbst durch die Idee, etwas Gutes damit zu stiften. Bei den Franzosen, namentlich bei Eugen Sue, ist diese Selbsttäuschung am handgreiflichsten. [...] Man muß hier die doppelte Frage aufwerfen, einmal, wie weit die Poesie satirisch werden darf, ohne ihre eigne Grenze zu überschreiten, sodann, wie weit sie sich ihren Eingebungen überlassen darf, ohne auf den vernünftigen Fortschritt störend einzuwirken. [...]

Der Realismus der Poesie wird dann zu erfreulichen Kunstwerken führen, wenn er in der Wirklichkeit zugleich die positive Seite aufsucht, wenn er mit Freude am Leben verknüpft ist, wie früher bei Fielding, Goldsmith, später bei Walter Scott und teilweise auch noch bei Dickens; wo er aber der Kritik und der reinen Prosa ins Handwerk greift, wird er ebenso gefährlich in sittlicher Beziehung einwirken, als unerfreulich in ästhetischer.

JULIAN SCHMIDT

Wahrer und falscher Realismus

Bekanntlich haben Goethe und Schiller selbst die Ausdrücke *Realismus* und *Idealismus* auf sich angewandt, aber wie das, was sie darunter dachten, von der heute gangbaren Meinung abweicht, zeigt am deutlichsten Goethes Erzählung von ihrem ersten Zusammentreffen.

Goethe trug in Schillers Hause die »Metamorphose der Pflanzen« lebhaft vor und ließ mit manchen charakteristischen Federstrichen eine symbolische Urpflanze vor seinen Augen entstehn. »Schiller vernahm und schaute das alles mit großer Teilnahme, mit entschiedener Fassungskraft; als ich grade geendet, schüttelte er den Kopf und sagte: das ist keine Erfahrung, das ist eine Idee. Ich stutzte, verdrießlich einigermaßen: denn der Punkt, der uns trennte, war dadurch aufs strengste bezeichnet. Der alte Groll wollte sich regen, ich nahm mich aber zusammen und versetzte: das kann mir sehr lieb sein, daß ich Ideen habe, ohne es zu wissen und sie sogar mit Augen sehe.« Goethe fügt hinzu, daß ihn folgender Satz ganz unglücklich gemacht habe: »Wie kann jemals Erfahrung gegeben werden, die einer Idee angemessen sein sollte? denn darin besteht eben das Eigentümliche der letztern, daß ihr niemals eine Erfahrung kongruieren könne.« Goethe kann sich nicht genug darüber verwundern, daß, was er als Erfahrung aussprach, Schiller nur für eine Idee galt.

Wer diese Erzählung aufmerksam liest, wird mit einiger Verwunderung entdecken, daß Realismus hier grade das Gegenteil von dem sagen will, was man heute darunter versteht. Heute nennt man Realisten die verstockten Erfahrungsmenschen, die von der Anschauung des wirklichen Lebens ausgehn und sich nicht daraus treiben lassen; Goethe dagegen nennt sich einen Realisten, weil ihm seine Ideen Realität haben, ja weil sie ihm als das einzig Lebendige erscheinen. Die Urpflanze hatte er nirgend gesehn, er konnte sie auch nicht sehn, weil sie nicht existiert, was man so gewöhnlich existieren nennt; aber das Bild seines Geistes war ihm höhere Gewißheit als das Zeugnis seiner Sinne.

Bekanntlich entspricht diese Begriffsbestimmung dem Gegensatz in der mittelalterlichen Philosophie zwischen Realisten und Nominalisten. Realisten nannten sich diejenigen, denen die Ideen als wirklich vorkamen, Nominalisten diejenigen, die nur abgezogne Gattungsbegriffe oder Namen darin suchten.

Heutzutage würde man also (wenigstens in dieser Beziehung) die alten Realisten als Mystiker, die alten Nominalisten als Aufklärer bezeichnen. Wir wollen nur darauf aufmerksam machen, daß mit bloßen Kategorien gar nichts gesagt ist, wenn man vorher sich nicht darüber verständigt, was sie zu bedeuten haben.

Untersuchen wir den Begriff des Realismus seiner Natur nach, so entdecken wir zwei Momente darin, je nachdem man ihn auf die Beobachtung oder die Darstellung anwendet.

Der wahre Realismus der Beobachtung liegt darin, daß man bei jeder Individualität in der Natur, der Geschichte und im wirklichen Leben schnell die charakteristischen Züge herausfindet, mit andern Worten, daß man Sinn für Realität hat, für den wahren Inhalt der Dinge. Der falsche Realismus der Beobachtung liegt darin, daß man bei dem schärfsten Auge für die einzelnen Züge des Lebens nicht zu unterscheiden vermag, welche charakteristisch sind und welche nicht. In dem bekannten Sprichwort, daß es für den Bedienten keinen Helden gibt, ist der Bediente ein falscher Realist. [...]

Der wahre Realismus in der Darstellung, oder, allgemein gesagt, in der Kunst, liegt darin, daß man über die nötige Technik, sei es in Bezug auf Pinsel und Palette oder auf den Meißel, auf den Ton oder auf das Wort, so frei disponieren kann, daß man die zur Charakteristik notwendigen Mittel, die das Leben nachbilden und das Leben hervorbringen, augenblicklich bei der Hand hat. Der falsche Realismus in der Kunst liegt darin, daß man bei der glänzendsten Virtuosität in

der Technik diejenigen Momente, die das Leben hervorbringen, nicht richtig zu wählen weiß: es ist derselbe Gegensatz wie zwischen dem Künstler und dem Virtuosen.
Wenn man nun das, was wir als wahren Realismus bezeichnet haben, Idealismus nennen will, so ist auch nichts dagegen einzuwenden, denn die Idee der Dinge ist auch ihre Realität. Wenn der wahre Idealist mit seiner Idee das Wesen der Dinge trifft, so bildet sich der falsche Idealist eine Idee, die der Wirklichkeit nicht entspricht, weil sie überhaupt keinen Inhalt hat.
Man vergesse nur nicht: der Gegensatz der Realität ist nach der einen Seite hin freilich das Ideal, nach der andern aber die Chimäre, die Lüge, der Unsinn.

JULIAN SCHMIDT

Idee und Wirklichkeit

Es ist gegen das Prinzip des *Realismus* von seiten der Künstler wie der Kritiker viel Schlimmes gesagt worden, und wir sind nicht gemeint die Auswüchse desselben in Schutz zu nehmen. Wir wissen sehr wohl, daß die Genremalerei der Dorfgeschichten nur eine untergeordnete Stufe der Kunst ist, daß bei einem höhern Aufschwung der Kunst auch die reine poetische Form sich wieder geltend machen wird, aber es handelt sich nicht um eine reine Kunstleistung, sondern um die Vorstudien einer Übergangsperiode. Wer wird das Porträt für das Höchste der Malerei, wer wird das Daguer[re]otyp für das vollkommenste Porträt halten! Aber wir müssen damit anfangen, die Natur in ihrer Erscheinung und ihrem Gesetz sorgfältig zu beobachten, wenn wir zum Ideal durchdringen wollen. Gerade in der bildenden Kunst hat sich der *Realismus* siegreich bewährt. Der alte Fritz in Berlin, Lessing in Braunschweig, Goethe und Schiller in Weimar und viele andre Statuen von ähnlichem Wert sind überwältigende Zeugnisse für die Wahrheit, daß man die Menschen nicht in die römische Kriegstracht, nicht in den griechischen Mantel kleiden darf, um ihn schön darzustellen. Welchen Unwillen riefen nicht *Gallaits* erste Bilder in einsichtsvollen und wohlmeinenden Kreisen hervor! Jetzt herrscht auch in der Malerei der Realismus, und die Kunst hat wenigstens so viel dadurch gewonnen, daß sie es mit der Technik genau nimmt und den Gegenstand, den sie darstellt, in seiner Naturbeschaffenheit gründlich untersucht. Daß im gegenwärtigen Augenblick durch ein unruhiges Experimentieren und durch den Geist der Industrie die Freude am Schaffen getrübt wird – wer wollte es leugnen! Aber in den klassischen Zeiten hat sich stets die Kunst dem Handwerk genähert, und erst dann tritt ein gesunder Zustand ein, wenn die Ideen mit den Bedürfnissen Hand in Hand gehn.

An Stelle des revolutionären Geistes hat sich jetzt der konservative Trieb der Menge bemächtigt. Es wäre ganz irrig, wenn man die Reaktion in einer bestimmten Partei suchen wollte, sie liegt im Instinkt der Masse. Freilich wollen wir nicht behaupten, daß diese Stimmung durchweg zu billigen sei. In dem Trieb der Erhaltung spielt die Furcht vor Neuerungen, spielt die gemeine Selbstsucht eine große Rolle, man ist nahe daran (nicht bloß die Völker, sondern auch die Regierungen), sich alles gefallen zu lassen, nur um den Frieden nicht zu stören, und das ist schlimm für die Entwicklung eines Volks. Aber in *einem* Punkt ist der Fortschritt unverkennbar: früher bekämpfte man das Bestehende durch die Macht der Wünsche und Ideale, man hatte weniger die Absicht bestimmte Übelstände zu beseitigen, als seinem eignen Tatendrang Luft zu machen, wie das z. B. *Herwegh* in seinen Liedern sehr unbefangen ausspricht; jetzt wird die Opposition sich darauf bescheiden müssen, nur diejenigen Wünsche geltend zu machen, die sie auf das Recht der Tatsachen stützen kann.

Der letzte fragmentarische Ausdruck des frühern Ideals war der Weltschmerz in der Seele reich begabter Individuen. Dies Reich des Faust und Don Juan hat aufgehört. Freilich ist vorläufig etwas Schlimmeres an die Stelle getreten. Die demokratische Masse hat sich der Literatur bemächtigt, und sie ist in dem überwiegend größern Teil zur gemeinen Industrie herabgesunken. Von dem sansculottischen Ton, der in der Presse herrscht, nicht in der politischen, sondern in der belletristischen, hat keine frühere Zeit einen Begriff gehabt. Mit der Eilfertigkeit ihrer Arbeit und der Roheit ihrer persönlichen Bezüge erinnert sie nur zu sehr an amerikanische Zustände. Leider tritt dieser Umstand auf der Oberfläche am auffallendsten hervor, und man ist daraus geneigt, das deutsche Volk falsch zu beurteilen. Von 1770–1807 waren die Schriftsteller, namentlich die Dichter und Philosophen, die hauptsächlichsten Vertreter der nationalen Bildung, und im Andenken an diese klassische Periode stellt man sich vor, als müsse es noch immer so sein. In Wahrheit aber hat sich das Verhältnis umgekehrt. Ein großer Teil der professionellen Literatur lebt in leichter aber abspannender Arbeit von der Hand in den Mund, während sich in den Berufszweigen, die eine bestimmte Vorbildung erfordern, die deutsche Ehrlichkeit und der deutsche Ernst der Arbeit immer segensreicher entwickelt haben. Hier stehn wir an einem bedenklichen Punkt unsrer Entwicklung. Im Zeitalter des Wilhelm Meister bemühte sich, wer auf der Höhe der Kultur stehen wollte, durch allseitiges Interesse, namentlich an den leicht zu erwerbenden Resultaten des Wissens und der Kunst, seine Persönlichkeit harmonisch abzurunden. Das war möglich in einer Zeit verkümmerter Bildung, was aber bei einem allgemeinern Aufschwung daraus geworden ist, haben wir jetzt zur Genüge erkannt. Die einseitige Berufsbildung hat vorläufig den Sieg davon getragen; Werner würde seinem Freund Meister jetzt ganz anders zu antworten wissen, als vor 70 Jahren. Das zweite Problem, aus diesen Einseitigkeiten die Harmonie wieder herzustellen, ist noch ungelöst; es kann auch durch die bloße Literatur nicht mehr gelöst werden. Wenigstens ist es ein Gewinn, daß wir Alle das lebhafte Bedürfnis fühlen, neben der allgemein kosmopolitischen Bildung auch eine bestimmte Berufsbildung, eine bestimmte Stellung in den Bürgerpflichten und Rechten des Staats zu haben. Bis wir dies Ziel erreichen, wird noch viel Ungemach, noch manche Widerwärtigkeit zu überstehn sein; es ist doch schon ein Gewinn, daß wir es vor uns sehn. *Der Glaube der vergangnen Zeit war: das Ideal sei der Wirklichkeit Feind und hebe sie auf; unser Glaube dagegen ist, daß die Idee sich in der Wirklichkeit realisiert, und diesen Glauben halten wir für das Prinzip der Zukunft.*

RUDOLF GOTTSCHALL

Kritik des Realismus

Otto Ludwig erinnert teils an Hebbel, teils an Auerbach, welchem er seine Erzählung »Zwischen Himmel und Erde« gewidmet hat. Mit jenem hat er die Vorliebe für scharfe psychologische Malerei, für grelle Konflikte, für das Schwindelerregende und Haarsträubende, mit diesem die Begabung für eine klare Auffassung und plastische Darstellung der äußern Welt bis in ihre kleinsten Einzelheiten gemein. Unleugbar muß aus dieser Vereinigung etwas Originelles und Bedeutendes hervorgehen, was zugleich die ganze sogenannte realistische Richtung unserer Literatur auf ihrem Gipfelpunkte zeigt; doch wenn wir auch den kräftigen Naturwuchs des Ludwigschen Talents anerkennen, wenn wir auch der Erzählung den Vorzug vor den Tragödien des Autors geben, so dürfen wir doch die Gewaltsamkeit nicht verkennen, mit welcher der Dichter nach in den Lüften schwebenden Effekten hascht; so dürfen wir doch die Vorliebe für das Absonderliche, Außergewöhnliche, Gewagte nicht als einen Vorzug »moderner Richtung« preisen und in der Vertiefung in das kleinliche Detail eines Handwerks keinen ersprießlichen Zuwachs an plastischer Kraft der Darstellung in unserer Literatur begrüßen.

Was eben diese realistische Darstellungsweise betrifft, wie sie heutzutage im Schwange ist, so glauben wir von ästhetischen Gesichtspunkten nicht unbegründete Einwendungen dagegen aufstellen zu können. Schon der alte Homer hat uns geschildert, wie seine Helden schlachten, essen, Waffen schmieden. Seine vielgerühmte Objektivität beruht vorzugsweise auf dieser köstlich naiven Darstellung des damaligen sozialen und häuslichen Lebens. Doch bei der Einfachheit der Zustände im Heldenalter eines Volks, im Jünglingsalter der Welt war das, was der Einzelne tat, zugleich das allgemeine; jeder fand sich darin wieder, jeden muteten diese bekannten Verrichtungen freundlich an. Ebenso verhält es sich mit den naiven Schilderungen altgermanischer Poesie. Ganz anders aber stellt sich dies in einer Zeit vorgeschrittener Kultur, in welcher jedes Handwerk seine bis ins kleinste ausgebildete Technik hat und die kleinsten und feinsten Räderchen der komplizierten Maschine nur dem Auge des Handwerksgenossen und des Kenners vertraut sind. Die Kriegführung, die Landwirtschaft, das Gewerbe, die Industrie bilden, jedes für sich, einen fast unübersehbaren Komplex von technischen Besonderheiten, die schon durch die Terminologie dem Nichteingeweihten unverständlich bleiben. Hier entsteht wohl die Frage, wie tief sich die Poesie, die sich in letzter Instanz doch nur an das Allgemeine im Menschen wendet, in diese Fülle des Details versenken darf, ohne die Schönheit mit in dem interesselosen Material zu vergraben? Ein Dichter wird, wenn er auch noch soviel von Blumen singt, doch keine Botanik in Verse bringen und sich wohl hüten, die Linnésche Nomenklatur allzu sehr zu poetischen Zwecken auszubeuten. Es ist zwar von den modernen Blumendichtern auch hiergegen viel gesündigt worden, doch der richtige Takt des

Talents wahrt hier stets die notwendige Grenze. Unsere Klassiker, selbst Goethe, an dem man doch den aufgeschlossenen Sinn für die äußere Welt mit Recht rühmt, beschränkten sich auf Schilderung des Charakteristischen im Äußern, z. B. im Anzuge; sie schilderten im Kleid nur den Menschen, im Landschaftsbild nur die Stimmung des Helden. Die äußere Welt galt ihnen nur als der Spiegel der innern. Die Romantiker versenkten sich mit Vorliebe in die Poesie des Handwerks, aber sie waren vorsichtig in der Anwendung technischer Ausdrücke und überdies waren ihre Tischlermeister nur verkleidete Poeten. Walter Scott machte Ernst mit der eingehenden Darstellung der äußern Welt; doch waren seine Schilderungen teils so von Humor durchdrungen, daß sie nie zu toter Äußerlichkeit erstarrten, daß immer ein geistig freies Moment in ihnen lebendig war; teils überwog bei ihm das antiquarische Interesse, das allerdings manchmal den Strom seiner Poesie zu toten Armen versumpfen ließ. Erst Immermann verlor sich im »Münchhausen« an einigen Stellen der gerühmten Hofschulzengeschichte in das Bodenlose einer kleinlichen Technik, der jeder poetische Hauch abgedampft war, und ihm nach folgten die zahlreichen Dorfgeschichtenschreiber, welche es nicht über das Herz bringen konnten, den Leser über die Bestandteile eines Misthaufens im Unklaren zu lassen, und uns das ländliche oder vielmehr bäurische Leben, im Gegensatz zu allen beliebten Arkadien, in seiner oft nur sentimental übertünchten Roheit schilderten. Freilich, die Technik des Ackerbaus ist noch die bekannteste; aus den Furchen des Pflügers dampft noch der Frühhauch der Erde, wie zu Homers Zeiten, in keuscher Ursprünglichkeit; und wer auch im Feld Gerste und Hafer oder Roggen und Weizen nicht zu unterscheiden vermag, der weiß doch ungefähr, was das zu bedeuten hat.

RUDOLF GOTTSCHALL

Gegen Julian Schmidt

Julian Schmidt steht auf einem Standpunkte, welcher eine wahrhaft förderliche Entwickelung unserer Zeit nur auf dem Gebiete der Politik und der historischen Wissenschaften anerkennen will, in der modernen Poesie aber nichts erblickt, als Nachklänge der romantischen Verirrungen. Hat er neuerdings die Strenge dieser Anschauungen zugunsten einer bestimmten Richtung und einiger Autoren, wie Freytag, Auerbach, Ludwig ermäßigt, so sind diese Ausnahmen für die ästhetische Anschauungsweise Schmidts nicht minder charakteristisch, als die Regel. [...]
Alle diese gepriesenen Werke gehören einer Richtung an, die man mit dem Stichworte »realistisch« bezeichnet. Wir wissen recht wohl, daß der Realismus und Idealismus als einseitige Prinzipien zu ohnmächtig sind, ein ganzes Kunstwerk zu erzeugen, und daß sie beide bei jeder dichterischen Schöpfung tätig sind. Dennoch gibt das Überwiegen des einen oder des andern gewiß einen vollgültigen Unterscheidungsgrund; denn es ist keineswegs gleichgültig, *ob ich von innen heraus* auf die Welt wirke oder *von außen* auf mich wirken lasse. Der Realismus räumt den Dingen außer uns in der Kunst das höchste Recht ein; er verfällt dabei in die Plattheit, sie zur Unzeit ausführlich zu schildern; er findet selbst bei geschichtlichen Bewegungen das Äußerliche vor allem darstellenswert, wie z. B. in »Soll und Haben« die polnische Revolution in Preußen nur nach den Äußerlichkeiten des Kampfes, der Erscheinung der Führer u. s. w. geschildert wird. Das Höchste, wozu es der Realismus bringen kann, ist das *Genrebild*, welches an seiner Stelle vollkommen berechtigt, aber, wo es den geschichtlichen Geist vertreten und darstellen soll, einseitig und ungenügend ist. Die Romane von Auerbach, Freytag und Ludwig enthalten die vortrefflichsten *Genrebilder*, aber auch nicht viel mehr als dies; und die Kritik der *Grenz-*

boten, welche in ihnen poetische Musterschöpfungen findet, ist trotz aller weithergeholten Prinzipienweisheit nur eine Verherrlichung der poetischen Genremalerei!
Und wie wohl muß sich ein nüchterner Kritiker gerade auf diesem Gebiete fühlen! Da ist kein Schwung, keine Begeisterung, keine Phantasterei; da fehlen alle unklaren und verworrenen Elemente; da sind alle Auswüchse des Gedankens und der Empfindung eine Unmöglichkeit; da ist für jede Ausschreitung der Helden die Korrektur der bürgerlichen Moral gleich bei der Hand, und die Handlung selbst entwickelt sich nach dem Schema des gesunden Menschenverstandes und seiner einfachsten Voraussetzungen! Wie behaglich, wenn die Poesie nirgends den Gesichtskreis der Kritik überschreitet, an die Phantasie des Kritikers keine ungewohnten Zumutungen stellt und nur das Nächste, das er bei seinen Spaziergängen beobachten kann, die Geheimnisse des Materialwarenlagers, die technischen Kunstgriffe des Handwerkes, die Interessen der Nationalökonomie, des Handels, der Industrie und des Ackerbaues, in ein dichterisches Gewand kleidet! Wie vereinigt sich hier das Nützliche mit dem Angenehmen! Jean Paulsche Helden wären vielleicht der Aussicht wegen auf einen Turm geklettert, um sich an dem landschaftlichen Panorama zu erquicken; die Helden der neuen Romane klettern auf die Türme, um auf ihren Dächern die Schiefern festzunageln! Wieviel praktischer ist doch diese neuere Poesie geworden! [...]
Gegenüber der realistischen und akademischen Richtung, deren Vorkämpfer Julian Schmidt ist, halten wir an der *idealistischen Poesie* fest, in deren Fortentwickelung wir die Fortentwickelung unserer klassischen Literatur zu einer neuklassischen Epoche begrüßen. Nicht die Äußerlichkeit der Welt und des Lebens zu erfassen, ward dem Dichter sein Talent verliehen, sondern von innen heraus eine neue Welt zu schaffen. Mit jedem Genie wird eine neue Welt geboren. Wir können nicht mit denen rechten, welche dies nur für Phrase halten! Für uns liegt darin das Geheimnis der Poesie und ihre

Legitimation! Wem die ursprüngliche Kraft der Weltanschauung fehlt, die allein das Recht gibt, der Welt etwas wahrhaft Neues zu sagen und zugleich dem Stil jenes *einzige* Gepräge aufdrückt, welches der Sprache das Gesetz diktiert und in seiner Einzigkeit den Fluß der Zeiten überdauert: der wird mit allen wohlmeinenden und geschickten Produktionen, so beifällig sie aufgenommen, so hoch sie gepriesen werden mögen, keine hervorragende Stelle in der Entwickelung unserer Literatur einnehmen.

Doch nur eine Poesie, die sich mit den höchsten Fragen der Menschheit, mit den bedeutendsten Kämpfen des Geistes, mit den tiefsten Empfindungen des Herzens beschäftigt, die ihren Ausgang nimmt aus jenen Heiligtümern, in denen seit den ehrwürdigen Zeiten der Urwelt der Quell aller großen Dichtung entsprang, wird diese Weihe dichterischer Ursprünglichkeit sich wahren. Nur an den großen Aufgaben der Menschheit, nur an den ewigen Rätseln des Lebens wächst auch die Dichtkunst zu wahrer Größe. Doch freilich, *Dichtergröße* steht nicht im Kanon dieser neuen Weisheit, welche den Markt des Tages beherrscht! Und doch waren Schiller und Goethe größer durch den Kern ihres Wollens, Denkens und Empfindens, durch die innere Energie des Geistes und Gemütes, als durch das, was sie schufen, und über all die nachweisbaren künstlerischen Mängel ihrer Hauptwerke triumphiert ja gerade die ursprüngliche Bedeutung ihrer dichterischen Persönlichkeit. Tadellos mögen die lackierten Waren sein, die der Dilettantismus auf den Markt bringt – und doch – wer wollte sie mit den Werken des Genius vergleichen, so gerecht der Tadel sein mag, der sie trifft?

Die Poesie aber, für welche ich in die Schranken trete, zeichnet sich durch den Schwung und die Tiefe der Gedanken, durch den Glanz und die Macht des Ausdrucks, durch den unerschöpflichen Reichtum der Phantasie, durch den hinreißenden Zauber der Begeisterung aus! Wir müßten ja vergessen, was wir an allen großen Meistern schätzen, wenn wir die nüchterne Korrektheit und Klarheit oder den oberflächlichen

Humor bewundern sollten, durch den sich die literarische, dem Geschmacke der Menge bequeme Mittelmäßigkeit hervortut, die nicht einmal in der Beherrschung einer echt künstlerischen Form oder in der Schöpfung einer neuen sich bewährt!

ROBERT PRUTZ

Realismus und Idealismus

Der ganze Streit zwischen Realismus und Idealismus, der jetzt auf den verschiedenen Gebieten der Kunst so viel von sich reden macht, ist überhaupt, bei Lichte besehen, ein sehr müßiger; nur Zeiten, die über sich selbst so im unklaren sind und noch dermaßen um ihren eigenen Inhalt ringen wie die unsere, können eine so müßige Fehde mit einem solchen Eifer und solchem Aufwand von Gelehrsamkeit führen. Hoffentlich wird es schon dem nächsten Geschlecht damit so gehen, wie es jetzt uns mit dem berühmten Streit zwischen Gottsched und den Schweizern um Mitte des vorigen Jahrhunderts geht: man wird gar nicht begreifen können, um was der Streit sich eigentlich gedreht hat und wird schließlich zu der Einsicht kommen, daß beide Parteien gegenseitig mehr gegen Luftgebilde als gegen Realitäten gefochten haben. Der wahren Kunst ist der Idealismus ebenso unentbehrlich als der Realismus: denn was ist alle Kunst selbst anders, als die ideale Verklärung des Realen, die Aufnahme und Wiedergeburt der Wirklichkeit in dem ewig unvergänglichen Reiche des Schönen? Welche Seite in einem bestimmten Kunstwerk und weiterhin in einem ganzen bestimmten Zeitalter überwiegt, das wird ebensosehr von der Befähigung und dem Charakter des einzelnen Künstlers, als von dem Genius des Zeitalters im allgemeinen abhängen. Entbehrt, wir wiederholen es, kann keine von beiden werden; weder der abstrakte Idealismus, der sich um die Wirklichkeit der Dinge nicht kümmert, kann ein Kunstwerk schaffen, noch ragt der brutale Realismus, der nichts weiter weiß und will als eben diese gemeine Wirklichkeit der Dinge, jemals hinauf in die heiteren Höhen der Kunst. Das vollendetste Kunstwerk wird aber allerdings immer dasjenige sein, in welchem beide Seiten, die reale wie die ideale, sich am vollständigsten decken und am gleichmäßigsten zu ihrem Rechte kommen. Es ist das Ei des Kolumbus: nur daß die handwerksmäßige Tageskritik, die ja immer ein möglichst vornehm klingendes Stichwort haben muß, um ihre eigene Gedankenleere zu verdecken, natürlich ihr ganz spezielles Interesse darin findet, diese an sich so einfache Frage und damit zugleich den unbefangenen Sinn des Publikums mit hochtönenden Orakelsprüchen zu verwirren.

Was nun die Poeten der Gegenwart anbetrifft, so schweifen dieselben für den Augenblick mehr nach der realistischen als nach der idealistischen Seite hin aus. Es liegt dies teils wieder an dem überwiegend praktischen Charakter unseres gesamten Zeitalters, teils auch darin, daß die Dichter der früheren Epoche, insbesondere auch die großen Dichter unserer klassischen Zeit, diese realistische Seite weniger angebaut, zum Teil sogar über Gebühr vernachlässigt haben. Die lebende Generation findet hier also nicht nur ein freies Feld, auf dem sie den Vergleich mit unseren klassischen Dichtern weniger zu fürchten hat und auf dem es ihr daher verhältnismäßig leichter fällt Lorbeeren zu erringen, sondern sie findet hier auch Gelegenheit, eine Einseitigkeit zu berichtigen und einen Mangel zu ergänzen, den ihre Vorgänger sich haben zuschulden kommen lassen.

Und wenn sie dabei nun ihrerseits wiederum das richtige Maß überschreiten und aus lauter realistischem Eifer zum Teil in das Ordinäre und Widerwärtige verfallen, so liegt auch ein solches Übermaß wiederum zu sehr in der menschlichen Natur, als daß wir sie darum besonders hart anklagen möchten. Die Geschichte sorgt schon dafür, daß jedes Übermaß seinen Zügel, jeder Irrtum seine Berichtigung findet, und wie in der Natur jedes reißende Tier auf ein anderes noch reißenderes trifft, so wird auch in Literatur und Kunst eine Übertreibung regelmäßig durch eine andere noch größere wieder wettgemacht. Das Wesentliche der Poesie und Kunst ist dabei so wenig beteiligt und hat davon so wenig zu fürchten, wie die ewige Ordnung der Natur durch die Masse der reißenden Tiere gestört wird, die einander verschlingen; wir wünschen den letzteren gegenseitig guten Appetit und auch den Ausschweifungen und Irrtümern unserer Poeten sehen wir mit Gelassenheit zu, weil sie das ewige Licht der Schönheit ja doch nicht auf die Dauer verfinstern können.

ARNOLD RUGE

Gemeiner und poetischer Realismus

Wie verhält sich nun der Dichter mit einem solchen Bewußtsein zur Wirklichkeit und die Wirklichkeit zu ihm?
Kann er die Wirklichkeit, die ihm vor den Füßen liegt, wiederholen? »Wenn sie nun wundervoll gut getroffen und mit viel Verstand gewählt wäre?« Sie wäre immer nur eine Studie, die er nicht selbst reden lassen könnte, der er vielmehr erst den Geist der Wahrheit einhauchen müßte. »Das Leben mag noch so interessant sein, wo man nur hineingreift«, es wird immer unfähig sein, einen andern als einen veralteten Geist zu offenbaren; den neuen hat es von dem Philosophen und von dem Dichter, der Philosoph ist, zu empfangen.
Die gemeine Wirklichkeit ist geistlos und bedeutungslos; erst wenn du sie verstehst, gibst du ihr eine Bedeutung, erst wenn du sie auf ihr Ideal ziehst, gibst du ihr Geist.
Zeichne die Ägypter oder die Engländer, wie sie sind, tausendmal, und kein Mensch versteht sie; lerne du sie erst ver-

stehen und zeichne sie dann, wie du sie verstehst, und die andern werden sie auch verstehen. [. . .]

Die Korrektheit der Zeichnung, die Kunst, das Herz des Menschen wahr zu schildern, ist nicht hoch genug anzuschlagen; aber verstünde der den Raffael, der nur die Korrektheit seiner Zeichnung sähe? Das Bewußtsein, der Geist, die Idee, das Ideal, welches diese Zeichnung ausdrückt, dem sie zum Mittel dient, damit es durch sie hindurchscheine – das ist die Wirklichkeit, auf die es im Reiche des Schönen ankommt.

Der gemeine Realismus wäre froh, wenn wir seinen Figuren überall auf der Straße begegneten und uns bei jedem Schacherjuden an seine Kopierkunst erinnerten. Ist das Raffaels Ehrgeiz? Und sind darum seine Figuren minder wirklich? Man mache sie mehr römisch oder mehr jüdisch und sie werden wahrer im gemeinen, völlig unwahr im poetischen Sinne.

Die dichterische und ideale Wahrheit und Wirklichkeit ist die Wahrheit des allgemein Menschlichen zu wahren Formen erhoben. Die Wahrheit der Karikatur ist Dissonanz, die mindestens eine komische Auflösung braucht. Die gemeine Wirklichkeit ist immer Karikatur, braucht daher entweder eine komische oder eine ideale Auflösung, um überhaupt Poesie zu werden.

In der Poesie heißt Realismus, wirkliche Ideen und wirkliche Ideale hervorbringen und durch wahre Figuren so hindurchscheinen lassen, daß diese Figuren den Erdgeschmack verlieren und der Idee ebenbürtig werden, die sie auszudrücken haben. Die Nachahmer von Dickens und andern Engländern, die gar keine Idee auszudrücken haben, sondern nur kopieren, sind Pfuscher. Die Schriftsteller, die nur das Leben schildern und nur wegen korrekter Zeichnung bewundert werden wollen, sind geistlose Handwerker. Sie haben Schiller nicht gelesen; daß sie ihn nicht verstanden haben, ist damit gleichbedeutend; ihr Beispiel zeigt, daß es fast ebenso schwer ist, Schiller zu lesen als Hegel. Daß sie Raffael nicht gesehen

haben, darf ich wohl nicht sagen; aber wenn man ein Pferd durch die Dresdener Galerie führte, so müßte man wohl auch zugestehen, daß es die Bilder gesehen hätte.
Ich glaube nicht, daß mir irgend jemand darin widersprechen wird, wie es sich mit dem poetischen und mit dem gemeinen Realismus verhält, daß es daher eine lächerliche Anmaßung ist, wenn in unsern Tagen der gemeine Realismus als ein Fortschritt über den idealen Realismus Schillers, d. h. über die allgemein menschliche Wahrheit der Schillerschen Ideale ausgeschrieen worden ist.
Über den Idealismus hinaus gibt es überhaupt weder in der Philosophie noch in der Kunst einen Fortschritt; wie es über die Wissenschaft und Wahrheit hinaus keinen gibt, so gibt es über die wahre Schönheit hinaus ebenfalls keinen.

EDUARD SCHMIDT-WEISSENFELS

Idealisten und Realisten

Mehr und mehr lernen wir jetzt begreifen, wie groß jene Zeit war, an deren Schwelle einerseits die französische Revolution, andererseits die deutschen Dichterheroen standen, und deren Abschluß dort die Julibewegung, hier die Hegelsche Philosophie bildeten. Wir sind einig, daß diese Zeit, so reich an Taten und Ringen nach den höchsten Idealen, die Nahrung unseres ganzen Jahrhunderts abgeben wird, und daß wir, erste Erben jener Epoche, gleich Schatzgräbern in sie hineindringen müssen, um für den Tempel unserer neuen Bildung, ja unserer Nationalität, von dorther die kostbaren Materialien herbeizuschaffen.
Die Überfülle von Empfindungen, welche jene Zeit durchrauschten, überreizte allerdings zuletzt die Gemüter, und es konnte nicht fehlen, daß nach einem süßlichen Leben in

markloser Romantik endlich auch die Reaktion des praktischen Lebens sich geltend machte und die mit Verweichlichung bedrohten Geister belehrte, daß es Zeit sei, der *Wirklichkeit* wieder Rechnung zu tragen, mit dem Reichtum der geistigen Errungenschaften nun auch dem realen Leben neues Leben einzutröpfeln.

Diese Zeitanforderung mußte, wie immer, Zwiespalt hervorrufen; denn die Revolution der Gemüter ist eine der heftigsten. So kam es, daß sich nach einem ersten schroffen Anrennen vornehmlich zwei Parteien, zwei Geistesanschauungen, bildeten, die noch heute miteinander ringen und das geistige Leben der Nation in einer fortwährenden Friktion erhalten, welche vielleicht der Grund zur größeren nationalen Energie werden dürfte. Die eine jener Parteien scharte sich um das blaue Banner des Ideals, die andere um die graue Standarte der Wirklichkeit. [. . .]

Während die Idealisten, um sie so zu nennen, der Anforderung der Zeit gehorchten und in oft ungeheurem Ringen der prosaischen Welt die tröstende Wohltat eines Ideals, eines Glaubens, eines Strebens nach Höherem erobern wollten, machten sich die Materialisten, welche die innigste Verwandtschaft mit den Realisten haben, die Sache sehr einfach, wollten von einem Ideal gar nichts wissen, um ihren Anschauungen vom Leben keine Unbequemlichkeiten zu verursachen und trachteten mit der brutalen Gewalt, die keine höhere Weihe veredelte, darnach, das Ideal ganz für unnütz zu erklären. Die Aufgabe der Zeit war für sie nichts als eine Ablösung der Herrschaft über den Geist; denn, da die Idealisten bisher dominiert hatten, so fanden sie es nur billig, daß sie an deren Stelle allein das Szepter führten. Eine Versöhnung zwischen Ideal und Wirklichkeit anzustreben, lag ihnen fern; der reine Materialismus sollte herrschen, die rohe, vom Herzschlag höheren Fühlens nicht geadelte Natur; »denn«, sagten sie, »auch in der Wirklichkeit folgt Lachen auf Weinen, Regen auf Sonnenschein; eine Erwartung löst die andere ab.« Damit brachen sie jede Friedensunterhandlung

ab und lebten der Erwartung, daß himmlische Manna auch aus ihren Theorien wachsen werde.
Die große Anzahl von trägen und talentlosen Naturen fand in der Behauptung, daß alles nicht Räumliche und Körperliche Hirngespinst sei, einen genügenden Trost; denn Fühlen und Denken war ihnen Last. Aber es konnte auch nicht fehlen, daß diese tierische Bestimmung und die Brutalität dieser Ansichten in der eigenen Partei Mißfallen erregten; eine Fraktion fühlte, daß ein so rohes System notwendiger Weise die Verachtung jedes Gebildeten erhalten würde und daß in dieser materialistischen Passivität kein Äquivalent gegen die immer eifrigeren Anstrengungen der anderen Partei liege. So beschlossen sie denn aktiv vorzugehen und jedes geistige Gebiet für ihre Theorien zu erobern; sie zerlegten die neue materialistische Lehre und begannen dieselbe auf Literatur, Kunst und Wissenschaft anzuwenden, nicht, um wie ihre Gegner, einen durchgeistigten Realismus anzubahnen, sondern um einen realistischen Geist heranzubilden.
Es waren feine Naturen, welche diese Initiative gegen die Idealisten ergriffen; gebildete, junge Leute, scharfsinnig und mit burschikoser Kühnheit. Sie waren selbst nicht abgeneigt, im Geheimen eine Versöhnung zwischen dem verhaßten Ideal und ihrer gefeierten Wirklichkeit zu befördern, wenn nur die Wirklichkeit nicht Konzessionen zu machen genötigt war. Sie begriffen, was höhere Intelligenz des Menschen ist, und wollten deren Ritter sein; aber sie verstanden nicht, daß diese höhere Intelligenz auch eine Lebenswurzel im Boden der Herzensgefühle besitzt. Es war alles Verstand bei ihnen; schöner, blanker, gesunder Menschenverstand; Liebe, Freundschaft, Begeisterung, Poesie, das saß bei ihnen im Kopfe, im Herzen nicht. Das Herz war für sie eine ungesunde Amme. Sie beschäftigten sich, sei es nun dilettantisch oder professionell, mit Literatur, Kunst und Wissenschaft; ja, sie waren auch der Poesie nicht abgeneigt und suchten eine von allem »kranken Herzschlag« befreite, recht gesunde, verständige, realistische Poesie in Gang zu bringen, deren Ideale in

der Tat ganz verschieden von denen der »Phantasten und Schwärmer« waren, aber die in ihrer Weise ebenso bizarr und schwärmerisch erschienen, denn jene. Nur war diese Art von *gesunder Schwärmerei* ein Götzendienst der Wirklichkeit, während die der verketzerten Idealisten einem im Kern doch ewig wahren, trostreichen Kultus, dem empfindenden Herzen, geweiht war. Die ersteren suchten den Himmel von einem Kuhstall aus zu betrachten und zu besingen; die letzteren sahen herab von einem höheren Standpunkt auf die bleiche Prosa dieser Welt.

Durch diese Anerkennung des poetischen Bedürfnisses überhaupt glaubten die Realisten aber nun auch wirklich getan zu haben, was irgend möglich war. Sie vermeinten, daß durch diese Konzessionen und durch die von ihnen bewirkte Schöpfung einer ihren Theorien huldigenden Poesie das Problem der Zeit faktisch gelöst sei. *Sie machten auch Gedichte*; und damit verstanden sie die vollbrachte Versöhnung des Ideals mit der Wirklichkeit. Wer ihnen diese Tatsache, die keine Wahrheit war, nur zu bezweifeln wagte, der war für sie ein ausgemachter Schwärmer, eine Natur ohne jeden gesunden Menschenverstand. Der gesunde Menschenverstand, das war die Formel, mit der sie das Tor der Zukunft für ewig geöffnet zu haben glaubten; für sie lag darin Poesie in Menge und der Ideale zur Genüge. Die Poesie aber wie eine göttliche, selbstständige, unbegrenzbare Fähigkeit, und Ideale wie die ewig verschleierten Sterne einer dichterischen Sehnsucht anzusehen, das war ihnen gegen alle gesunde Vernunft, das war Krankheit, Phantasterei, Romantik. Ihre Ideale der Vernunft, so edel sie auch sein mochten, konnten doch trotz aller Behauptungen nicht die Ideale der Einbildungskraft erbleichen machen, und es war wenig gewonnen, wenn sie die Phantasie dem gesunden Menschenverstande, um kurzweg mit dem System fertig zu werden, unterordneten.

Grundsätze und systematische Logik besaß diese Schule nicht; aber *ein* Prinzip verstand sie auf alles anzuwenden. Sie behauptete, daß man sich durch den Realismus hindurcharbeiten müsse, um zur Wahrheit zu dringen und daß selbst die Ansicht, der Realismus sei die volle Wahrheit, die Anbahnung zur Lösung des Problems unserer Zeit bedeute. Alle Andersdenkenden waren dagegen Phrasenmacher und Romantiker. Mit Weltverbesserermiene nahmen diese Ritter des gesunden Menschenverstandes nun die Ästhetik und die Philosophie in die Hand und fingen an, unserer jungen Generation jenes Übel beizubringen, jedes Ding, selbst das zarte Gebilde des Glaubens, unter die Lupe eines zersetzenden Verstandes zu legen und über alles kurzweg und mit hochmütiger Blasiertheit abzusprechen. Unsere Jugend, die schon so arm an erhebenden Idealen ist, gewöhnte sich unter Leitung dieser realistischen Kämpen jene unausstehliche Manier an, das Erhabene im Grunde nur recht klein und Ehrfurcht wie Begeisterung für das Große recht albern und trivial zu finden. Sie wurde alt in den Flegeljahren und sah in ihrer Naseweisheit Spuren ungeheuren Menschenverstandes; für sie, die noch gar nichts gelernt und erfahren hatte, waren alle großen Geister nicht besser wie Quartaner, welche von jedem Burschen ohne Flaum der Männlichkeit, aber mit der Zigarre frech zwischen den Zähnen und mit der Impertinenz im Gesicht, sich abkanzeln lassen mußten. Sich spreizend mit einer angelesenen, noch unreifen Bildung, weiß diese junge Generation über alles klug zu reden und über alles Ehrwürdige die Nase zu rümpfen. Anmaßend und hochfahrend »wie der Baccalaureus im zweiten Teile des Faust« gebärden sie sich wie enragierte Schulmeister, kritisieren mit einer Art von Flegelei und glauben in allem Ernst auf dem strengen Stuhl von Rhadamantus zu sitzen, während ihre souveräne Fußtrittspraxis nichts als die hohle Blasiertheit, die Unreife ihrer Bildung und eine erbärmliche Allerweltklugheit bekundet.

HERMANN MARGGRAFF

Realismus und Idealismus

Die Leser kennen Gottschall [. . .] als einen warmen Fürsprecher für die Rechte des Idealismus gegenüber den maßlosen Ansprüchen des Realismus, was ihm bei ihnen ohne Zweifel nur zur Ehre gereichen wird. Wir sind sicherlich mit ihm einverstanden, wenn er von dem Idealismus behauptet, daß er sich mehr in der Sonnennähe der Kunst befände, als der Realismus; wenn er aber weiter die Behauptung aufstellt, »daß der Idealismus dem deutschen Volke näher steht und inniger mit seinem Geistes- und Gemütsleben verwachsen ist«, so beruht diese übrigens schon oft genug gehörte Ansicht vielleicht doch nur selbst auf einer idealistischen Täuschung. Man will hiervon nicht gern etwas hören, aber ich sehe nicht ein, warum man sich hierüber nicht offen aussprechen und verständigen soll. Wäre der Idealismus der Deutschen eigentliche Natur, so müßte er doch im Zuschnitt des öffentlichen Lebens zur Erscheinung kommen und den Menschen wie den Verhältnissen einen idealen Ausdruck verleihen, und daß dies wirklich der Fall sei, wird man doch nicht behaupten wollen. [. . .] Wir möchten hier nur noch bemerken, daß es mit einem Idealismus ebenso übel bestellt wäre, wie mit einer Religion, wenn beide für das Leben keine Früchte abwerfen wollten. Der falsche Idealismus, der von aller Wirklichkeit abstrahiert und das bloße Jenseits für das Diesseits gibt, kann unter Umständen ebenso schädlich und trügerisch wirken, als der falsche Realismus, der den herrschenden verwerflichen Impulsen und Tendenzen und den Schwächen der Zeit schmeichelt und das bloße Diesseits für das Jenseits gibt. Man wird vielleicht sagen können, daß man eines gesunden Realismus ebenso sehr bedürfe als eines gesunden Idealismus: des erstern, damit der Idealismus nicht allen realen Boden uns unter den Füßen wegnehme, bis wir völlig in der Luft stehen und uns deshalb für Engel halten; des letztern, damit der

Realismus nicht in groben Materialismus ausarte, alle höhern Götterbilder und religiösen Ideen, die in des Menschen Brust leben, mit Vandalenwut zertrümmere und in den Staub stürze und alle Bücher bis auf das schöne Buch, in dem die Mehreinnahmen eines jeden verzeichnet sind, vom Erdboden vertilge.

THEODOR FONTANE

Realismus

Es gibt neunmalweise Leute in Deutschland, die mit dem letzten Goetheschen Papierschnitzel unsere Literatur für geschlossen erklären. Forscht man näher nach bei ihnen, so teilen sie einem vertraulich mit, daß sie eine neue Blüte derselben überhaupt für unwahrscheinlich halten, am wenigsten aber auch nur die kleinsten Keime dazu in den Hervorbringungen der letzten zwanzig Jahre gewahren könnten. Wir kennen dies Lied. Die goldenen Zeiten sind immer *vergangene* gewesen. Wollten jene Herren, die so grausam über alles Neue den Stab brechen, nach der eigensten Wurzel ihres absprechenden Urteils forschen, sie würden sie in selbstsüchtiger Bequemlichkeit und in nichts Besserm finden. Gerechtigkeit gegen Zeitgenossen ist immer eine schwere Tugend gewesen, aber sie ist doppelt schwer auf einem Gebiete, wo das wuchernde Unkraut dem flüchtigen Beschauer die echte Blüte verbirgt. Solche Blüten sind mühsam zu finden, aber sie sind da. Was uns angeht, die wir seit einem Dezennium nicht müde werden, auf dem dunklen Hintergrunde der Tagesliteratur den Lichtstreifen des Genius zu verfolgen, so bekennen wir unsere feste Überzeugung dahin, daß wir nicht rückwärts, sondern vorwärts schreiten und daß wir drauf und dran sind, einem Dichter die Wege zu bahnen, der um der Richtung willen, die unsere Zeit ihm vorzeichnet, berufen sein wird, eine neue Blüte unserer Literatur, vielleicht ihre höchste, herbeizuführen.

Was unsere Zeit nach allen Seiten hin charakterisiert, das ist ihr *Realismus*. Die Ärzte verwerfen alle Schlüsse und Kombinationen, sie wollen Erfahrungen; die Politiker (aller Parteien) richten ihr Auge auf das wirkliche Bedürfnis und verschließen ihre Vortrefflichkeitsschablonen ins Pult; Militärs zucken die Achsel über unsere preußische Wehrverfassung und fordern »alte Grenadiere« statt »junger Rekruten«; vor allem aber sind es die materiellen Fragen, nebst jenen tausend Versuchen zur Lösung des sozialen Rätsels, welche so entschieden in den Vordergrund treten, daß kein Zweifel bleibt: die Welt ist des Spekulierens müde und verlangt nach jener »frischen grünen Weide«, die so nah lag und doch so fern.

Dieser Realismus unserer Zeit findet in der *Kunst* nicht nur sein entschiedenstes Echo, sondern äußert sich vielleicht auf keinem Gebiet unsers Lebens so augenscheinlich wie gerade in ihr. Die bildende Kunst, vor allem die Skulptur, ging hier mit gutem Beispiel voran. Als *Gottfried Schadow* die Kühnheit hatte, den Zopf in die Kunst einzuführen, nahm er ihr zugleich den Zopf. So wurde der *»Alte Dessauer«*, an dessen Dreimaster und Gamaschen wir jetzt gleichgültig vorübergehen, zu einer Tat von unberechenbarer Wirkung. Jener Statue zur Seite stehen *Schwerin* und *Winterfeldt* in antikem Kostüme, und wahrlich, wenn es Absicht gewesen wäre, das Ridiküle der einen Richtung und das Frische, Lebensfähige der andern zur Erscheinung zu bringen, die Zusammenstellung hätte nicht sprechender getroffen werden können. Seit fünfzig Jahren sind wir auf dem betretenen Wege fortgeschritten in Malerei, Skulptur und Dichtkunst, und es war ein Triumphtag für jene neue Richtung, von der wir uns eine höchste Blüte moderner Kunst versprechen, als die Hülle vom Standbild Friedrichs des Großen fiel und der »König mit dem Krückstocke« auf ein jubelndes Volk herniederblickte. Dieser *»Alte Fritz«* des genialen *Rauch* ist übrigens nicht das Höchste der neuen Kunst; er gehört jenem Entwicklungsstadium an, durch das wir notwendig hindurch müssen; es ist der nackte, prosaische Realismus, dem noch durchaus die poetische Verklärung fehlt.

Wir haben bei der Skulptur (in der Malerei würden wir als besonders charakteristisch *Adolf Menzel* und den Amerikaner *Emanuel Leutze* zu nennen haben) mit vollem Vorbedacht so lange verweilt, einmal um an bekannten Beispielen darzutun, wie bedeutsam und in die Augen springend das Grundstreben unserer Zeit sich bereits auf einzelnen Kunstgebieten geltend gemacht hat, andererseits um verstanden zu werden, wenn wir in bezug auf die Dichtkunst ausrufen: Was uns zunächst nottut, ist ein Meister Rauch unter den Poeten. Er, als der entschiedenste, wennschon nicht höchste Ausdruck einer neuen Kunstrichtung, fehlt uns noch, aber es fehlt uns nicht die Richtung überhaupt. Die moderne Kunst ist auf allen Gebieten dieselbe, und ihre Unterschiede sind nur quantitativer Natur, wie sie durch ein verschiedenes Maß von Kraft und Talent bedingt werden. Wir haben im Roman einen *Jeremias Gotthelf*, im Drama einen *Hebbel*, in der Lyrik einen *Freiligrath*. Bevor wir indes dazu übergehen, diesen Realismus teils an den einzelnen Erscheinungen unserer modernen Literatur nachzuweisen, teils darzutun, was wir auf diesem Gebiete unter Realismus verstehen, sei uns noch gestattet, eine Art Genesis desselben zu geben.

Der Realismus in der Kunst ist so alt als die Kunst selbst, ja, noch mehr: *er ist die Kunst*. Unsere moderne Richtung ist nichts als eine Rückkehr auf den einzig richtigen Weg, die Wiedergenesung eines Kranken, die nicht ausbleiben konnte, solange sein Organismus noch überhaupt ein lebensfähiger war. Der unnatürlichen Geschraubtheit *Gottscheds* mußte, nach einem ewigen Gesetz, der schöne, noch unerreicht gebliebene Realismus *Lessings* folgen, und der blühende Unsinn, der während der dreißiger Jahre dieses Jahrhunderts sich aus verlogener Sentimentalität und gedankenlosem Bilderwust entwickelt hatte, mußte als notwendige Reaktion eine Periode ehrlichen Gefühls und gesunden Menschenverstandes nach sich ziehen, von der wir kühn behaupten: sie ist da. Aus dem Gesagten ergibt sich von selbst eine nahe Verwandtschaft zwischen der Kunstrichtung unserer Zeit und jener vor beinahe hundert Jahren, und, in der Tat, die Ähnlichkeiten sind überraschend. Das Frontmachen gegen die Unnatur, sie sei nun Lüge oder Steifheit, die Shakespeare-Bewunderung, das Aufhorchen auf die Klänge des Volksliedes – unsere Zeit teilt diese charakteristischen Züge mit den sechziger und siebziger Jahren des vorigen Jahrhunderts, und es sollte uns nicht schwerfallen, die Persönlichkeiten zu bezeichnen, welche die *Herder* und *Bürger* unserer Tage sind oder zu werden versprechen. Das klingt wie Blasphemie und ist es doch keineswegs. Man warte ab, was sich aus unsern jungen Kräften entwickelt, und überlasse es dem Jahre 1900, zwischen uns und jenen zu entscheiden. Aber, gesetzt auch, daß die poetische Kraft und Fülle derer, die wir für berufen erachten, das angefangene und wieder unterbrochene Werk der hervorragenden Geister des vorigen Jahrhunderts fortzusetzen, sich als zu schwach für solche Aufgabe erweisen sollte, so sind wir doch entschieden der Meinung, daß unser Irrtum sich lediglich auf die Personen beschränken wird und daß neben diesen notwendig sich Talente entwickeln müssen, die bei gleicher dichterischer Begabung den Göttinger Dichterbund und selbst die Heroen der Sturm- und Drangperiode um soweit überflügeln werden, als sie ihnen an klarer Erkenntnis dessen, worauf es ankommt, voraus sind. Es ist töricht, Autoritäten im Glanze unfehlbarer Götter zu erblicken. Dem Guten folgt eben das Bessere. Unsere Zeit weiß mehr von Shakespeare, als man vor hundert Jahren von ihm wußte, und selbst Tieck und Schlegel werden sich nächstens Verbesserungen gefallen lassen müssen. Der alte Isegrim Wolf stach den Voß aus, und es ist keine Frage, daß man sich auf englische und spanische Volksgesänge heutzutage besser versteht als zu den Zeiten Bürgers und Herders. Man weiß mehr von den Sachen, und mit dem Wissen ist größere Klarheit und Erkenntnis gekommen; einem kommenden Genius ist vorgearbeitet; er wird sich nicht zersplittern, nicht rechts und links umherzutappen haben; er wird seine Stelle finden, wie sie Shakespeare fand. Das ist der Unterschied zwischen dem Realismus unserer Zeit und dem des vorigen Jahrhunderts, daß der letztere ein bloßer Versuch (wir sprechen von der Periode nach Lessing), ein Zufall, im günstigsten Falle ein unbestimmter Drang war, während dem unserigen ein fester Glaube an seine ausschließliche Berechtigung zur Seite steht.

Es dürfte vielleicht eben hier an der Stelle sein, mit wenigen Worten auf das Verhältnis hinzuweisen, das die beiden Träger unserer sogenannten klassischen Periode jener Richtung gegenüber einnehmen, die wir in Vorstehendem nicht Anstand genommen haben entschieden als die unserige zu bezeichnen. Beide, *Goethe* wie *Schiller*, waren entschiedene Vertreter des Realismus, solange sie, »unangekränkelt von der Blässe des Gedankens«, lediglich aus einem vollen Dichterherzen heraus ihre Werke schufen. »Werther«, »Götz von Berlichingen« und die wunderbar-schönen, im Volkstone gehaltenen Lieder der Goetheschen Jugendperiode, soviele ihrer sind, sind ebenso viele Beispiele für unsere Behauptung, und Schiller nicht minder (dessen Lyrik freilich den Mund zu voll zu nehmen pflegte) stand mit seinen ersten Dramen völlig auf jenem Felde, auf dem auch wir wieder, sei's über kurz oder lang, einer neuen reichen Ernte entgegensehen. Die jetzt nach Modebrauch (und auf Kosten des ganzen übrigen Mannes) über alle Gebühr verherrlichten »Räuber« gehören dieser Richtung weniger an als »Fiesko« und »Kabale und Liebe«; denn der Realismus ist der geschworene Feind aller Phrase und Überschwenglichkeit; keine glückliche, ihm selber angehörige Wahl des Stoffs kann ihn aussöhnen mit solchen Mängeln in der Form, die seiner Natur zuwider sind. – Im übrigen blieben ihm unsere großen Männer nicht treu fürs Leben; Schiller brach in seinen letzten Arbeiten vollständig mit ihm, und Goethe (der in der Form ihn immer hatte und immer bewahrte) verdünnte den Realismus seiner Jugend zu der gepriesenen Objektivität seines Mannesalters. Diese Objektivität ist dem Realismus nahe verwandt, in gewissen Fällen ist sie dasselbe; sie unterscheiden sich nicht im Wie, sondern im Was, jene ist das Allgemeine, dieser das Besondere; die »Braut von Korinth« hat Objektivität, das jede Herzensfaser erschütternde »Ach neige, du Schmerzensreiche« hat Realismus. Wir werden bald Gelegenheit finden, uns des weitern hierüber auszulassen. An dieser Stelle nur noch die Beantwortung der Frage: war der »Torquato Tasso« (die Vollendung der Dichtung in ihrem Genre wird niemand bekämpfen) oder gar die »Jungfrau von Orleans« ein Fortschritt oder nicht? Wir beantworten diese Frage mit einem bloßen Hinweis auf Lessing oder auf Shakespeare, der übrigens (weil er als Poet und nicht als Kritiker dichtete) das Prinzip, um das es sich hier handelt, in minder ausschließlicher Reinheit vertritt. Der »Nathan«, diese reifste Frucht eines erleuchteten Geistes, der – gleichviel ob Dichter oder nicht – wie keiner, weder vor ihm noch nach ihm, wußte, worauf es ankommt, liefert uns den sprechenden Beweis, daß dreißig Jahre voll eifervollen Studiums, voll Nachdenkens und Erfahrung außerstande gewesen waren, die Anschauungen von einer ausschließlichen Berechtigung des Realismus innerhalb der Kunst im Herzen unserer großen kritischen Autorität zu erschüttern, und, wenn es irgendwo gestattet ist, auf Autoritäten zu schwören, so dürfte hier die Stelle sein. Wir wiederholen, auch der »Nathan« ist auf dem Boden des Realismus gewachsen, und, weil wir nicht eben überrascht sein würden, diese unsere Behauptung selbst von halben Richtungsgenossen angezweifelt zu sehen, zögern wir nunmehr nicht länger, unsere Ansicht darüber auszusprechen, was wir überhaupt unter Realismus verstehen.

Vor allen Dingen verstehen wir *nicht* darunter das nackte Wiedergeben alltäglichen Lebens, am wenigsten seines Elends und seiner Schattenseiten. Traurig genug, daß es nötig ist, derlei sich von selbst verstehende Dinge noch erst versichern zu müssen. Aber es ist noch nicht allzu lange her, daß man (namentlich in der Malerei) *Misere* mit Realismus verwechselte und bei Darstellung eines sterbenden Proletariers, den hungernde Kinder umstehen, oder gar bei Produktionen jener sogenannten Tendenzbilder (schlesische Weber, das Jagdrecht u. dgl. m.) sich einbildete, der Kunst eine glänzende Richtung vorgezeichnet zu haben. Diese Richtung verhält sich zum echten Realismus wie das rohe Erz zum Metall: die Läuterung fehlt. Wohl ist das Motto des Realismus der Goethesche Zuruf:

> Greif nur hinein ins volle Menschenleben,
> Wo du es packst, da ist's interessant,

aber freilich, die Hand, die diesen Griff tut, muß eine künstlerische sein. Das Leben ist doch immer nur der Marmorsteinbruch, der den Stoff zu unendlichen Bildwerken in sich trägt; sie schlummern darin, aber nur dem Auge des Geweihten sichtbar und nur durch seine Hand zu erwecken. Der Block an sich, nur herausgerissen aus einem größern Ganzen, ist noch kein Kunstwerk, und dennoch haben wir die Erkenntnis als einen unbedingten Fortschritt zu begrüßen, daß es zunächst des Stoffes, oder sagen wir lieber des *Wirklichen*, zu allem künstlerischen Schaffen bedarf. Diese Erkenntnis, sonst nur im einzelnen mehr oder minder lebendig, ist in einem Jahrzehnt zu fast universeller Herrschaft in den Anschauungen und Produktionen unserer Dichter gelangt und bezeichnet einen abermaligen Wendepunkt in unserer Literatur. Ein Gedicht wie die in ihrer Zeit mit Bewunderung gelesene »Bezauberte Rose« könnte in diesem Augenblicke kaum noch geschrieben, keinesfalls aber von Preisrichtern gekrönt werden; der »Weltschmerz« ist unter Hohn und Spott längst zu Grabe getragen; jene Tollheit, die »dem Felde kein golden Korn wünschte, bevor nicht Freiheit im Lande herrsche«, hat ihren Urteilsspruch gefunden, und jene Bildersprache voll hohlen Geklingels, die, anstatt dem Gedanken Fleisch und Blut zu geben, zehn Jahre lang und länger nur der bunte Fetzen war, um die Gedankenblöße zu bergen, ist erkannt worden als das, was sie war. Diese ganze Richtung, ein Wechselbalg aus bewußter Lüge, eitler Beschränktheit und blümerantem Pathos, ist verkommen »in ihres Nichts durchbohrendem Gefühle«, und der Realismus ist eingezogen wie der Frühling, frisch, lachend und voller Kraft, ein Sieger ohne Kampf.

Wenn wir in Vorstehendem – mit Ausnahme eines einzigen Kernspruchs – uns lediglich negativ verhalten und überwiegend hervorgehoben haben, was der Realismus nicht ist, so geben wir nunmehr unsere Ansicht über das, was er ist, mit kurzen Worten dahin ab: Er ist die Widerspiegelung alles wirklichen Lebens, aller wahren Kräfte und Interessen im Elemente der Kunst; er ist, wenn man uns diese scherzhafte Wendung verzeiht, eine *»Interessenvertretung«* auf seine Art. Er umfängt das ganze reiche Leben, das Größte wie das Kleinste: den Kolumbus, der der Welt eine neue zum Geschenk machte, und das Wassertierchen, dessen Weltall der Tropfen ist; den höchsten Gedanken, die tiefste Empfindung zieht er in sein Bereich, und die Grübeleien eines Goethe wie Lust und Leid eines Gretchen sind sein Stoff. Denn alles das ist *wirklich*. Der Realismus will nicht die bloße Sinnenwelt und nichts als diese; er will am allerwenigsten das bloß Handgreifliche, aber er will das *Wahre*. Er schließt nichts aus als die Lüge, das Forcierte, das Nebelhafte, das Abgestorbene – vier Dinge, mit denen wir glauben, eine ganze Literaturepoche bezeichnet zu haben. Der Realismus wünscht nicht »totgeschossen zu werden«, wie Heine in einem seiner berühmtesten Liedchen; er wünscht nicht wie Freiligrath »gelehnt an eines Hengstes Bug« zu stehen; er beschwört nicht wie Lenau »den Blitz, ihn zu erschlagen«; er nennt den Gram nie und nimmer wie Karl Beck »den roten Korsaren im stillen Meere der Tränen«; er hält nichts von Redwitzschen »Harfensteinen« und belächelt jenen unerreichten Freiheitssänger aus der Herweghschen Schule, der »sich *blind* zu sein wünschte, um nicht die Knechtschaft dieser Welt tagtäglich mit Augen sehen zu müssen«. Der Realismus hält auch nichts von dem, was unserm Interesse völlig fremd geworden ist. Der ganze La Motte-Fouqué ist ihm mit Haut und Haaren noch nicht das kleinste Uhlandsche Frühlingsliedchen wert, und ein deutscher Kernspruch ist ihm lieber als alle Weisheit des Hariri. Ob König Thor den Hammer schwingt oder nicht, ist ihm ziemlich gleichgültig, und Sesostris und Rhampsinit, ja selbst die »Kraniche des Ibykus« mit der Schilderung griechischen Bühnenwesens oder die »Braut von Korinth« mit ihrem wunderbar verzwickten Problema sind nichts weniger als angetan, dem Realismus seine heiterste Miene abzugewinnen. Noch einmal: er läßt die Toten oder doch wenigstens das Tote ruhen; er durchstöbert keine Rumpelkammern und verehrt Antiquitäten nie und nimmer, wenn sie nichts anderes sind als eben – alt. Er liebt das Leben je frischer je besser, aber freilich weiß er auch, daß unter den Trümmern halbvergessener Jahrhunderte manche unsterbliche Blume blüht.

OTTO LUDWIG

Der poetische Realismus

Der Begriff des poetischen Realismus fällt keineswegs mit dem Naturalismus zusammen; oder mit dem des naturalistischen Realismus der künstlerische. Solger hat sehr schön den Verstand der Phantasie vom gemeinen Verstande beim künstlerischen Schaffen unterschieden. Es handelt sich hier von einer Welt, die von der schaffenden Phantasie vermittelt ist, nicht von der gemeinen; sie schafft die Welt noch einmal, keine sogenannte phantastische Welt, d. h. keine zusammenhangslose, im Gegenteil, eine, in der der Zusammenhang sichtbarer ist als in der wirklichen, nicht ein Stück Welt, sondern eine ganze, geschlossene, die alle ihre Bedingungen, alle ihre Folgen in sich selbst hat. So ist es mit ihren Gestalten, deren jede in sich so notwendig zusammenhängt, als die in der wirklichen, aber so durchsichtig, daß wir den Zusammenhang sehen, daß sie als Totalitäten vor uns stehen; das Handeln in dieser Welt, so greiflich und anschaulich es ist, es ist ebenfalls zugleich durchsichtig, und wir sehen seinen notwendigen Zusammenhang mit der handelnden Gestalt, wir sehen es aus der Totalität der poetischen Person hervorgehen und ebenso wieder auf die betreffende Totalität einer anderen wirken. Es ist eine ganze Welt; in Geschlossenheit so mannigfaltig, wie das Stück wirklicher Welt, das wir kennen. Raum und Zeit sind nichts als Rahmen, Stetigkeit des Vorganges und Mittel dazu. Die Zeit mißt nicht nach abstrakten Minuten, sondern nach erfüllten Momenten; sie hat das Gesetz der Phantasie und des menschlichen Geistes. Eine Welt, die in der Mitte steht zwischen der objektiven Wahrheit in den Dingen und dem Gesetze, das unser Geist hineinzulegen gedrungen ist, eine Welt, aus dem, was wir von der wirklichen Welt erkennen, durch das in uns wohnende Gesetz wiedergeboren. Eine Welt, in der die Mannigfaltigkeit der Dinge nicht verschwindet, aber durch Harmonie und Kontrast für unsern Geist in Einheit gebracht ist; nur von dem, was dem Falle gleichgültig ist, gereinigt. Ein Stück Welt, solchergestalt zu einer ganzen gemacht, in welcher Notwendigkeit, Einheit, nicht allein vorhanden, sondern sichtbar gemacht sind. Der Hauptunterschied des künstlerischen Realismus vom künstlerischen Idealismus ist, daß der Realist seiner wiedergeschaffenen Welt so viel von ihrer Breite und Mannigfaltigkeit läßt, als sich mit der geistigen Einheit vertragen will, wobei diese Einheit selbst, zwar vielleicht schwerer, aber dafür weit großartiger ins Auge fällt. Dem *Naturalisten* ist es mehr um die Mannigfaltigkeit zu tun, dem *Idealisten* mehr um die Einheit. Diese beiden Richtungen sind einseitig, der *künstlerische Realismus* vereinigt sie in einer künstlerischen Mitte. Der Naturalismus ist ein Reicher, der seinen Besitz nicht kennt, der Idealist kennt den seinen genau, aber er ist kein reicher.

Zwischen Verwirrung und Monotonie steht der künstlerische Realismus mitten inne, zwischen absolutem Stoff und absoluter Form, ein Reicher, der seinen Reichtum kennt und vollständig über ihn disponieren kann. Die Kunstwelt des künstlerischen Realisten ist ein erhöhtes Spiegelbild des Gegenstandes, aber nach dem Gesetze der Malerei zu klarer Anordnung gediehen, so daß nicht das eine das andere verdeckt, noch eine Verwirrung entsteht, indem man zusammensuchen müßte, was zu einer und derselben Gestalt gehört. [...]
Nur was geistig ist, und zwar Ausdruck einer gewissen Idee am Stoffe, und zwar derjenigen, die als natürliche Seele in ihm wirkt und atmet, wird in das himmlische Jenseits der künstlerischen Behandlung aufgenommen; was bloßer Leib, zufällig Anhängendes ist, muß abfallen und verwesen. Soweit die Seele den Leib schafft, sozusagen, die bloße Form des Leibes steht verklärt auf aus dem Grabe. Diese Zauberwelt, dieser wahrere Schein der Wirklichkeit ist nicht streng genug abzuschließen. Denn sowie ein bildloser Gedanke, ein ungedankenhaftes Gefühl, irgendein unmittelbar wirklicher Laut in seinen Kreis sich eindrängt, ist die Harmonie des Zaubers aufgehoben. Aber wunderbar! Der Zauber schwindet nicht vor dem Wirklichen, umgekehrt; in der Tat ist es das Gesetz des Wirklichen, welches über dessen bloß zufällige Erscheinung siegt. – Die Kunst soll nicht verarmte Wirklichkeit sein, vielmehr bereicherte; nicht weniger Reize soll sie bewahren, sie soll neue hinzuerhalten durch das Medium des phantasieentquollenen Gedankens, alle die, welche aus dem gedankenhaft bezüglichen Neben- und Ineinander der beiden Welten des Ernsten und des Komischen hervorgehen. Sie soll nicht eine halbe, sondern eine ganze Welt sein.

ADALBERT STIFTER

Die Kunst und das Göttliche

Vorerst erlaube ich mir, etwas über Kunst im allgemeinen zu sagen, um meinen Beurteilungsstandpunkt zu erhellen. In allen jenen Werken, welche im Altertume und in den folgenden Zeiten von den Völkern als Kunstwerke anerkannt worden sind, ist ein gemeinschaftliches Merkmal, das Göttliche, das in ihnen liegt. Dies ist es, was nicht altert, was einer Zeitströmung nicht unterliegt, was jedes Volk in jeder Zeit wieder erhebt und entzückt, solange dieses Volk seine sittliche Würde nicht aufgibt und in Niedrigkeit versinkt, wo dann freilich die Kunst von ihm flieht, oder ihr strahlendes Angesicht, wenn es noch von fernen Zeiten her schimmert, nicht mehr erkannt wird. Das höchste Werk, worin dieses Göttliche ausgedrückt wird, ist die Welt, die Gott erschaffen hat. Und wenn der Mensch das Göttliche durch die Kunst darstellen will, so ahmt er Teile der Welt nach. In der Malerei und in den zeichnenden Künsten, von denen hier vorzugsweise die Rede sein soll, ist es zu oberst der Mensch, der als Gegenstand dient, dann landschaftliche Gebilde, Blumen, Früchte, Tiere, ja selbst Erzeugnisse einer andern Kunst, z. B. Gebäude, oder allerlei Dinge gewöhnlichen Gebrauches, Zimmer, Hallen, Geräte u. s. w. Für den Menschen ist die bloße menschliche Gestalt die schönste Gestalt der Erde, und sie wird ihm am leichtesten zum Träger des Göttlichen, wenn in ihrem Ausdrucke sich dieses Göttliche spiegelt oder in Handlungen der Menschen zum Vorscheine kömmt. Man wende mir nicht ein, daß dann das sogenannte Komische und Humoristische aus der Kunst verbannt wäre. Im Gegenteile, das Komische kömmt nur zu künstlerischer Verklärung durch die Grundlage der sittlichen Tiefe, die als Größtes dem Lächerlichen als Kleinstem gegenüber steht, welcher Gegensatz eben das Lachen hervorbringt. Darum lacht nur der Mensch, weil er ein Sittengesetz hat, das Tier lacht nicht. Ein

Mann, der eine hohe Vernunftentwicklung hat, sieht die Gegensätze zwischen den Torheiten der Menschen und den Forderungen der Vernunft schärfer als andere, er hat also auch ein viel größeres Feld des Lächerlichen und Humoristischen. [...] Schwieriger drückt sich dem Künstler in der Landschaft oder gar in den andern genannten Gegenständen das Göttliche aus. In der Natur und ihren Gestaltungen, als von Gott ausgegangen, liegt es. Es kommt nur darauf an, es zu fassen und zu bringen. Wenn die Malerei Dinge, die Menschen gemacht haben, darstellt, so hängt der Kunsterfolg häufig von dem ab, was der erste Werkmeister als Göttliches in sein Erzeugnis zu legen vermochte. Aus dem bisher Gesagten würden sich jetzt die landläufigen Ausdrücke in der Kunst: Realismus, Idealismus, Stil erklären. Realismus (Gegenständlichkeit) wird so gerne geradehin verdammt. Aber ist nicht Gott in seiner Welt am allerrealsten? Ahmt die Kunst Teile der Welt nach, so muß sie dieselben den wirklichen so ähnlich bringen, als nur möglich ist, d. h. sie muß den höchsten Realismus besitzen. Hat sie über ihn hinaus aber nichts weiter, so ist sie nicht Kunst, der Realismus kann dann noch für die Naturwissenschaft Wert haben, für die Kunst ist er grobe Last. Idealismus ist eben jenes Göttliche, von dem ich oben sagte. Ist es in der Kunst dem größten Realismus als höchste Krone beigegeben, so steht das vollendete Kunstwerk da. Wie bloßer Realismus grobe Last ist, so ist bloßer Idealismus unsichtbarer Dunst oder Narrheit. J. Paul sagt von solchen Idealisten in der »Vorschule«: »Sie malen den Äther mit Äther in Äther.« Die Idealisten, welche den Realismus so verachten, sind meist solche, die seiner nicht Herr werden können, und es mag mit ihrem Idealismus auch schwanken, und er dürfte eher nur Empfindelei sein; denn das hohe, gesunde Ideal wird gleich mit der rechten, gesunden Gestalt geboren.

EMIL HOMBERGER

Die Aporien des Realismus

Was heißt es daß der Dichter der Natur den Spiegel vorhalten soll? Welcher Spiegel vermag die Natur wiederzugeben? Und welche Natur vermag wiedergegeben zu werden?
Die Wirklichkeit ist endlos in Zeit und Raum, Erscheinung folgt auf Erscheinung; ihr grenzenloses Nebeneinander und Nacheinander – wie kann es in ein Bild gefaßt werden? Das Unternehmen wäre hoffnungslos wenn der Spiegel welcher die Natur abbilden soll ein toter Körper wäre, gleichsam eine Glas- oder Metallfläche, worauf die Erscheinungen im Vorüberhuschen sich abzeichneten. In ihrer Unbegrenztheit, in ihrem wirren Gedränge, in ihrer unsteten Flucht – wie vermöchten sie ein klares und bleibendes Bild zu hinterlassen? Aber nicht auf einer toten Fläche, sondern in dem lebendigen Geiste des Dichters malen sich die Dinge, und dieser lebendige Geist, nachdem er die Eindrücke leidend empfangen, gestaltet sie tätig zum dauernden Bilde. Er gestaltet sie zum Bilde, nicht indem er die Erscheinungen alle abzubilden sucht, sondern indem er das Wesentliche in ihnen, das Bedeutende, das Dauernde, das Notwendige festhält – mit einem Wort: er gibt statt des Zufälligen das Gesetz, statt der Wirklichkeit die Wahrheit, aber – denn er ist ja Dichter, nicht Philosoph – das Gesetz in der Form des Zufälligen, die Wahrheit im Kleide der Wirklichkeit.
Es ist also vergebens daß der Dichter uns glauben machen will: er verhalte sich nur empfindend und schaffe nicht, er gebe nur die Natur wieder und tue nichts von sich selber hinzu. Indem er die Natur wiedergibt, schafft er: er schafft mit geringerem oder größerem Bewußtsein, naiv oder reflektierend, er läßt sein eigenes Ich hervortreten, oder verbirgt es und ist subjektiv oder objektiv, aber immer ist er es welcher dem von der Außenwelt gelieferten Stoffe die Gestalt gibt, und immer tut er dies indem er von der realen Welt deren

ideales Bild zeichnet. Darum wäre es falsch, wollte man den Unterschied zwischen realistischen und idealistischen Dichtern so auffassen als stellten jene das Wirkliche dar, diese die Idee. Das dichterische Schaffen setzt sich notwendig aus beiden Elementen zusammen, und jene Bezeichnungen gehen nur auf die Unterschiede des Verhältnisses des einen zum andern. Jeder Dichter ist zugleich Idealist und Realist, aber nur der große Dichter ist das eine so sehr als das andere. Nur der Dichter in welchem sich Idealismus und Realismus das Gleichgewicht halten, ist wahr – unwahr nicht allein derjenige welcher, statt die Natur abzubilden, seine eigenen Einbildungen schildert, sondern auch der welcher die Erscheinungen selbst gibt, statt ihres Wesens. Der Idealist gibt die Willkür seines Gehirns, der Realist die Willkür, nämlich den Zufall, in der Außenwelt.

Der Realist glaubt, um die Natur wahr zu schildern, sie sich selbst schildern lassen zu müssen. Doch das ist ein verhängnisvoller Irrtum. Die Natur schildert sich nicht selbst. Ein Maler muß, um eine Landschaft zu malen, einen Standpunkt wählen, und sie aufnehmen nicht wie sie ist, sondern wie sie von diesem Standpunkt aus sich ihm vorstellt. Er kann nicht, um von einem Baum ein recht treues Bild zu geben, um den Baum herumgehen und neben die Vorderseite auch die Rückseite stellen, noch wird er die einzelnen Blätter zu zählen suchen, noch wird er durch ein Fernrohr erkunden ob auf dem Gebirge, dessen blaue Wand durch die Zweige des Baumes durchschimmert, Häuser stehen. Die Dinge an sich lassen sich nicht abbilden. Sonnen- und Wetterseite eines Baumes nebeneinander gestellt, geben nicht einen um so wahreren Baum, sondern eine Ungestalt, welche nie existiert hat. Es ist unmöglich die Blätter eines Baumes zu zählen, und wäre es möglich, so vermögen sie doch nicht alle, jedes in seiner besonderen Individualität, mit allen seinen Zacken und Fasern und Äderchen, dem Auge vorgeführt zu werden. Es ist unmöglich zugleich den nahen Baum und den fernen Berg mit derselben Deutlichkeit des einzelnen zu sehen. Wer die Natur wiedergeben will, muß sie wiedergeben wie sie dem

Auge sich darstellt. Das Nahe nah, groß, deutlich, das Ferne fern, klein, undeutlich. Es hilft nichts zu sagen daß ja in Wirklichkeit der ferne Berg größer sei als der nahe Baum. Das ist wirklich, aber wahr für die Anschauung wird es nur durch Beobachtung des Gesetzes der Perspektive. Das Auge kann nun einmal nicht an zwei Orten zugleich sein. Einer der, um recht treu zu sein, das Ferne so deutlich darstellen wollte wie das Nahe, würde sich eben gegen die Treue der Natur versündigen, denn er würde das Ferne nicht so schildern wie er es sieht, sondern wie er es nicht sieht.

Was von dem Landschaftsmaler gilt, das gilt von jedem der es unternimmt »der Natur den Spiegel vorzuhalten«. Kein Künstler kann mit Mikroskop oder Teleskop hantieren; ein jeder muß das Gesetz der Perspektive befolgen. Dieses Gesetz aber, kraft dessen allein sich die Körperwelt anschauen läßt, ist ein ideales, eine nur im menschlichen Auge oder Geist existierende Notwendigkeit. Es gibt andere solche Gesetze durch welche die Anschauung der moralischen Welt bedingt ist. Das Ideal ist das einzige Mittel der Erkenntnis des Realen. Das Ideal bringt Ordnung in die Wirrnis der Erscheinungen, macht das Große zum Großen, das Kleine zum Kleinen, verbindet das Zusammenhanglose, und setzt dem Schrankenlosen Schranken. Wie die Bedeutung des Verses keineswegs bloß in der äußerlichen Harmonie für das Ohr besteht, sondern in der inneren, weil er den Dichter zwingt nur das Zweckmäßige, das Bedeutende, das wahrhaft Notwendige zu sagen, so ist das Ideal nicht etwa, wie manche wähnen, ein geheimes Toilettenmittel, ein Schönheitswasser, womit der Dichter die Flecken und Runzeln der Wirklichkeit zu verbergen und ihr eine rosige Jugendblüte anzumalen versteht, sondern es ist vielmehr der wundertätige Quell der sein blödes Auge hell macht, und ihm Wesen und Wahrheit der Natur offenbart. Durch das Ideal wird der Dichter frei von Unklarheit und Unordnung, frei von blindem Zufall und gesetzloser Willkür – und so sind auch hier Freiheit und Gesetz unzertrennlich.

GUSTAV FREYTAG

Ein Nachruf für Fritz Reuter

In Fritz Reuter hat die Nation wieder einen von den stillen Führern verloren, welche in der engen Zeit vor 1848 zu Männern wurden, welche in hartem Kampf mit widerwärtigen Verhältnissen ihre Kraft festigten und zu Lieblingen und Vertrauten des Volkes wurden, während Hader und Krieg um die politische Umgestaltung des Vaterlandes tobte. Dem Dichter wurde noch die hohe Freude, das große deutsche Reich, den Traum seiner Jugend, für den er schwer gelitten hatte, in kräftiger Gestaltung zu sehen, aber das Glück dieser letzten Jahre erlebte er, als sein Haar gebleicht war und der neue Glanz erhellte ihm nur wie ein Abendlicht die letzte Spanne seiner Erdenzeit. Er selbst hat härter als die meisten anderen dafür gebüßt, daß er in einer Zeit engherziger polizeilicher Bevormundung heraufwuchs, er wurde aus geebneter Lebensbahn geschleudert, lange Jahre der Unsicherheit, der Entbehrung und eines gedrückten Daseins bildeten in ihm ein Leiden aus, das er später nicht überwand. Aber wie oft er dadurch gestört wurde, die unübertreffliche Frische, Klarheit, Heiterkeit seines Geistes, seine warme Liebe zu den Menschen und die wundervolle Laune, mit welcher er seine Umgebung betrachtete, wurden ihm durch keine trübe Erfahrung und durch keine Krankheit vermindert. Er lebte unter uns als ein guter hochsinniger Mann, redlich, opferbereit, wahrhaft, von einer seltenen Reinheit des Gemütes. Nicht alle, welche mit fröhlichem Lachen seine Bücher lesen, wissen auch, daß er zugleich in allen großen Dingen von gereiftem und sicherem Urteil war, ein warmherziger, aber auch ein besonnener und scharfsichtiger Patriot; von einer guten Natur, welche den Instinkt für das Wahre und das Herz auf dem rechten Fleck hatte, aber auch mit einem vielbewanderten und durch Studien und Denken reichgebildeten Geiste.

Auch als Dichter schuf er nicht wie ein Sorgloser, der nur lustigen Einfällen folgt, die wie ein nicht zu erschöpfender Born aus seiner Seele quollen. Er war Künstler im höchsten Sinne des Wortes; wenn er auch einmal einer lustigen Schnurre bereitwillig nachgab, er verstand doch sehr gut, wo und wie er die schönen Wirkungen zu verteilen hatte, er erwog ernsthaft den Bau und die Komposition seiner Erzählungen und war sich auch, wie der Künstler soll, seiner technischen Bildung bewußt. Und es war eine Freude ihm zuzuhören, wenn er einmal von der Arbeit an seinen Poesien sprach. Grade daran muß hier erinnert werden, denn es fehlt noch nicht ganz an ungerechten Beurteilern, welche in seinen Geschichten nur eine Reihe zusammengereihter drolliger Einfälle und Situationen finden. Diese mögen die technische Arbeit doch näher prüfen und sie werden finden, daß er auch da, wo er sich die Sache einmal leicht macht, nur als ein sorgloser Meister schafft und nicht als ein unbewanderter Naturalist. Ja, der feine Künstlertakt, mit welchem er seine Charaktere in Haupt- und Nebenfiguren abstuft, die Färbung einer Gestalt durch die kontrastierende der andern ergänzt und hebt, ist geradezu bewundernswert und ebenso bewundernswert ist die sichere Hand, mit welcher er jeden einzelnen Teilnehmer an seinen epischen Handlungen zu seinem Ziele führt.

Schnell freilich empfindet der Leser den Zauber, welcher fast alle Charaktere seiner Erzählungen umgibt. Auch diese Wirkung verdankt der Dichter zum Teil der kunstvollen Weise, in welcher er idealisiert, d. h. künstlerisch zubereitet, denn jede seiner Gestalten erscheint wie aus der Wirklichkeit abgeschrieben, und doch sind sie sämtlich Idealgebilde; in allen pulsiert das Leben reich und voll und doch ist jede ihrer Lebensäußerungen zweckbewußt nach der Gesamtidee der Erzählung gerichtet. Wenn ihm einmal begegnet, daß er in sittlichem Eifer die Wirklichkeit kopiert – Familie Pomuchelskopp – oder daß er lachend einer geschichtlichen Anekdote folgt – die Durchlaucht von Strelitz – so stechen solche

Gestalten von den übrigen, welche völliger künstlerisch gebildet sind, so scharf ab, daß sie als Karikaturen erscheinen, was sie in der Tat nicht sind.

Freilich war er einer von den Glücklichen, bei denen der Leser gern die Kunst über dem strotzenden Reichtum der Naturkraft vergißt. Fast zahllos sind die Charaktere aus dem Volke, die er dargestellt, und jeder mit einer Fülle von originalen Zügen ausgestattet, ganz unbegrenzt erscheint sein Reichtum an ernsten und komischen Situationen. Ihm war die schönste Gottesgabe verliehen, der Humor. Ein echt deutscher Humor, in welchem über der launigen Darstellung menschlicher Beschränkung und Verkehrtheit überall die herzliche Liebe zu den Menschen fühlbar wird, ein gesunder und kräftiger Humor, der auch da, wo er ans Possenhafte streift, der Grazie nicht entbehrt und der uns immer die beglückende Empfindung zuteilt, daß es ein guter und lauterer Sinn ist, welcher uns seine lichtvolle Auffassung des Lebens spendet.

Dem echten Dichter wird ein Glück zuteil, mit dem sonst nur wenige Sterbliche begnadigt sind, er lebt als Individualität auch nach dem Tode in seinem Volke fort, bildend, erhebend und neues Leben schaffend. Der beste Teil seiner Seele und die Summe seiner Erdenarbeit dauern unverändert in seinen Werken. Und wieder sehr wenigen Dichtern unserer Nation ist eine so wirksame Unsterblichkeit beschieden als grade ihm. Denn er hat, während er unter uns weilte, durch seine Poesie das Herz erfreut, das Leben verschönert. Auch den kleineren Kreisen des Volkslebens, wo die Tage mit harter und ernster Arbeit erfüllt sind, und die Strahlen der Kunst das Dasein sonst nur spärlich verschönern, hat dieser Dichter die Familie, das Hauswesen, die Arbeit verklärt wie kein anderer. Hunderttausende haben durch ihn das Bewußtsein erhalten, wie tüchtig und brav ihre Existenz ist, wieviel Wärme, Liebe und Poesie auch in ihrem mühevollen Leben zutage kommt. Sie alle sind durch ihn freier, reicher und glücklicher geworden. Und dieses edle Amt eines Vertrauten und Lehrers, der durch herzgewinnendes Lachen stärker und besser macht, wird Fritz Reuter unter uns verwalten, so lange die Klänge der niederdeutschen Sprache dauern, so lange unser Volkstum etwas von der Kindlichkeit, von der treuherzigen Einfalt und Herzensgüte bewahrt, welche in den Gebilden des Dichters jetzt mit unwiderstehlichem Reiz auf den Leser wirken.

V. *Die Herausforderung der Photographie*

EDUARD KOLLOFF

Der Detailrealismus der ersten Photographien

Nach langem, sehnsüchtigem Harren [...] habe ich endlich Gelegenheit gehabt, Abbildungen des Daguerr[e]otyp zu sehen, und ich erstaunte nicht wenig über diese gleichsam vom Himmel gefallenen Abdrücke. Diese ganz einzigen Kopien zeichnen sich durch Nettigkeit, Bestimmtheit, Relief und unerhört treue Wahrheit aus. Die Zartheit der Umrisse, die Reinheit der Formen, die Genauigkeit und Harmonie der Töne, der Luftperspektive, die Ausführlichkeit der allergeringsten Details, das alles findet sich in höchster Vollendung ausgedrückt. Die schärfste Lupe, welche so viele Illusionen zerstört und uns oft in den zartesten, luftigsten Meisterwerken schreckliche Dinge und Ungeheuer entdecken läßt, prüft und mustert vergebens diese Kunstprodukte, welche alle Proben ihrer genauesten Untersuchungen aushalten und alle bösen Absichten ihrer durchbohrendsten Blicke vereitelt. Das Vergrößerungsglas macht im Gegenteil den unermeßlichen Vorzug dieser von den Strahlen des Tagslichts gestochenen Kupferstiche nur noch einleuchtender; wir entdecken mit jedem Schritt immer neue, immer köstlichere Einzelnheiten und unendlich viele Feinheiten und Nüancierungen, welche dem unbewaffneten Auge in der Wirklichkeit entschlüpfen.

Herr Daguerre hat eine Ansicht vom Pont des Arts aufgenommen und die ganze Reihe von prächtigen Monumenten auf dem rechten Seineufer, wo der Verbindungsflügel der Tuilerien und des Louvre mit der Gemäldegalerie befindlich, in einen kleinen Rahmen gefaßt. Jede Linie, jede Stelle, die kleinsten Unebenheiten des Terrains und der Gebäude, die am Ufer aufgestapelten Waren, die zartesten Gegenstände, die kleinsten Kieselsteine am Rand des Flusses und die verschiedenen Grade von Durchsichtigkeit, welche sie dem Wasser mitteilen, – alles ist mit unglaublicher Genauigkeit und Bestimmtheit wiedergegeben. Der Künstler hat ebenfalls den düstern Koloß der Notre Dame mit seinen unendlichen Draperien gotischer Bildhauereien abgezeichnet, und Ansichten dieser Kathedrale in der Morgen-, Mittags- und Nachmittagsstunde bei Regenwetter und Sonnenschein aufgenommen; alle diese verschiedenen Ansichten, selbst die, wo der Umfang der Schatten ungefähr gleich ist, haben eine so besondere, eigentümliche Physiognomie, daß man die Beschaffenheit der Atmosphäre und sogar die Tagsstunde erkennen kann, wann jede aufgenommen worden ist. Das Verfahren Daguerres erfüllt gewisse Ansprüche der Kunst in einem so hohen Grade, daß es selbst für die vorzüglichsten Maler eine Veranlassung zu neuen Studien und Beobachtungen wird. Das Auffallendste an diesen photographischen Zeichnungen ist, daß diese unglaubliche Ausführlichkeit keineswegs die Ruhe der Massen stört, noch der allgemeinen Wirkung Abbruch tut. Die Korrektheit der Linien, die Genauigkeit der Formen geht in den Zeichnungen Daguerres so weit als möglich; und sie sind dabei zugleich kräftige Muster in breitgehaltener Manier und schöne Ganze in Ton und Wirkung. Der Maler hat sonach darin ein Mittel, sich Sammlungen von Studien anzulegen, welche er sonst nur mit großem Aufwand von Zeit und Mühe und bei allem dem doch nicht so vollkommen erhalten könnte, wenn er auch ein noch so ausgezeichnetes Talent hätte.

Diese bewundernswürdigen Abbildungen lassen jedoch als Kunstgegenstände in Absicht auf Wirkung etwas zu wünschen übrig, wie alles, was Menschenhände berühren. Die Macht, welche diese Zeichnungen geschaffen, scheint sich sonderbarer Weise sogleich wieder von ihnen zurückgezogen zu haben: jene Werke des Lichts ermangeln des Lichts, wie wenn ihr hoher Urheber uns seinen Namen hätte verbergen wollen, oder als ob er besorgt gewesen wäre, in Folge einer stärkeren Beleuchtung unsere Augen durch eine allzugroße Fülle von Wundern zu verblenden. Selbst den in der vollsten Beleuchtung stehenden Stellen fehlt es an Glanz und Lebhaftigkeit; bei aller Harmonie der entzückendsten Vollendung erscheinen diese Ansichten doch zu sehr in den blassen, bleiernen Tinten unserer traurigen nördlichen Himmelsgegenden; es dünkt einem, als wenn sie beim Durchgange durch die gläserne Mitte des optischen Apparats von Daguerre das gleichförmig schwermütige Ansehen bekommen hätten, welches der Horizont gegen Abend annimmt. Da das Licht trotz seiner außerordentlichen Schnelligkeit doch nicht augenblicklich und unverzüglich auf die Daguerresche Substanz wirkt, so erfolgt daraus noch der Übelstand, daß die Gegenstände, welche sich etwas schnell bewegen, sich nicht darauf abdrücken oder wenigstens nur undeutliche, verworrene Spuren zurücklassen. Das Laub der Bäume z. B., welches die Luft fast immer mehr oder weniger bewegt, wird meistens nur unvollständig abgebildet. In einem Abdruck des Herrn Daguerre sieht man ein vollkommen wiedergegebenes Pferd, den Kopf ausgenommen, welcher sich während des Kopierens auf und ab neigte; eine andere Zeichnung stellt einen Schuhputzer vor, der eben jemanden die Stiefel wichset, und dessen hin- und herfahrender Arm ebenfalls mangelhaft ausgefallen ist. Für die Abbildung von unbelebten Gegenständen von Gebäuden, Monumenten, Statuen etc. hat der Daguerr[e]otype unbestreitbare Vollkommenheiten. Unter den Zeichnungen, welche neulich im Konferenzsaal für die Budgetskommission zur Ansicht ausgelegt waren, befand sich das Interiore des Daguerreschen Ateliers und eine Gruppe von Büsten aus dem Antikenkabinet des Louvre. In dem ersten Bilde sind alle Falten an den Vorhängen und die dadurch bewirkten Schatten- und Lichteffekte wunderbar getreu und genau wiedergegeben. Der Kopf Homers, das Hauptstück der zweiten Zeichnung, hat ganz den schönen Charakter des Originals beibehalten, und kein einziger Vorzug desselben ist in diesem Abdruck verloren gegangen, obschon der Unterschied des Umfangs beträchtlich ist. Dem Erfinder dieses neuen Verfahrens hat es bis jezt noch nicht gelingen wollen, die Physiognomie eines lebenden Menschen auf befriedigende Weise wiederzugeben; er zweifelt jedoch nicht daran, es so weit zu bringen.

FERDINAND STAMM

Photographie oder Kunst?

Alfred hatte [. . .] seine eigenen Vorurteile über das weibliche Geschlecht. Er hielt es anfangs für ewig jung, das heißt: zwischen dem sechzehnten bis zwanzigsten Jahre stillstehend, weil er auf diese Welle im Lebensstrome des Weibes allein sein Augenmerk richtete. Solange er das gesamte schöne Geschlecht betrachtete, sprach die Erscheinung dafür, sobald er aber einem einzelnen Tropfen im Strome folgte, wie das mit seinem zunehmenden Alter sich ihm aufdrängte, bemerkte er das Verlöschen des Glanzes. Und als er nun in den Dreißigen stehend, die Erinnerung an junge Frauen mit den bejahrten Müttern verglich, wozu ihre sechzehnjährigen Töchter sie machten, da schlug sein Urteil um, und er sah und fürchtete an den jungen Mädchen schon die Zerstörungen des Alters, die seinem verzärtelten Schönheitssinne unerträglich waren. Das würde ihn unbedingt von jeder ehelichen Verbindung abgeschreckt haben, wenn er nicht bei genauer Beobachtung Ausnahmen von dem Verwüstungsgesetze gefunden und Frauen gesehen hätte, die ihre schönen Formen durch die zerstörenden Jahre glücklich durchtrugen. Nun rechnete dieser Äußerlichkeitsmensch, wenn er ein schönes Mädchen in der ersten Blüte zur Lebensgefährtin wähle, und dieses den Liebreiz durch andere zwanzig Jahre bewahre, so reiche die schönheitssüchtige Ehe so ziemlich bis an das Ende seiner Tage ohne Widerwärtigkeit. Er suchte von nun an nach dauerhafter Anmut. Wie aber war die unverwüstliche Schöne von der schnell welkenden zu unterscheiden? Er trug die Frage lange mit sich herum, bis er in einer Gesellschaft behaupten hörte, die Lichtbilder des Herrn *Daguerre* stellten die Personen älter dar, als sie seien, sie antizipierten sonach das spätere Alter, und ein junges Mädchen erschiene wie eine Frau in mittleren Jahren. Das war eine genügende Antwort. *Alfred* ging zu einem Optiker, ließ sich die Gläser zur Daguerreotypie schleifen, den Kasten bauen, die Metallplatten mit Jodduft überziehen, und legte sich in kurzer Zeit eine Sammlung von Lichtbildern an, die alle ihm bekannten Mädchen enthielt und die Grundlage seines Schönheitsstudiums wurde.

Als nun *Raphaele* in die Stadt kam und *Dillwäger* seinen Neffen mit ihr in einer Gesellschaft zusammenbrachte, ihn dann wieder bei der Hand in einen Winkel zerrte und fragte: »Ist sie etwa ein Rabe? *Alfred!*«, antwortete dieser unbefangen: »Heimchen, sie ist fast blond und hat graue Augen, eine etwas zu kleine Nase, fast zu schlanke Gestalt, und zu rasche Bewegungen um für anmutig zu gelten. Nur ihre Hand ist hübsch und da sie darin ein schweres Heiratsgut wägt, und deines Freundes einzige Tochter ist, so werde ich sie daguerreotypieren.«

Der Oheim kehrte ihm unbefriedigt den Rücken, ging zu *Walde* und erzählte ihm und *Raphaelen* so viel Lügen von den herrlichen Eigenschaften seines Neffen, daß beide auf den Mann aufmerksam werden mußten.

Das Mädchen betrachtete ihn auch mit kluger Prüfung, als er wieder in ihre Nähe kam, um seine Einleitung zum Daguerreotypieren zu machen. Er fragte mit plumper Bequemlichkeit geradezu, ob sie in der Kunsthandlung, die ihrer eben bezogenen Wohnung gegenüber liege, die gelungenen Proben der Daguerreotypie betrachtet habe?

»Ich nahm von dem ersten Lärm in den Zeitungen gereizt, anfangs regen Anteil an der Erfindung«, erwiderte *Raphaele*,

»nun ich aber die engen Grenzen der Anwendung kenne, beachte ich sie nicht mehr. Daher sind auch jene Proben meiner Aufmerksamkeit entgangen!«
»Welche Grenzen bestimmen Sie denn der Daguerreotypie?« fragte *Alfred* schon bei einem vermuteten Widerspruch streitlustig.
»Die architektonische Zeichnung und die starre Natur. Für die getreue Auffassung der Monumente, der Felsen und Bergpartien, für die Umrisse der Gebirge, zum Kopieren der Inschriften auf ägyptischen und indischen Denkmälern wird sie den Reisenden treffliche Dienste leisten; und insofern verdient der Erfinder unsern Dank, meinte mein Lehrer.«
»Sie vergessen die Anwendung der Daguerreotypie für das Porträt, mein Fräulein! Hatte Ihr Lehrer darüber keine Meinung?« *Alfreds* Miene erhielt einen Anflug von Spott.
»O ja«, entgegnete *Raphaele*, »der Maler, den ich meinen Lehrer nannte, benützte die Lichtbilder, um daran die Behandlung der Karikatur zu zeigen.«
»Sie machen mich neugierig! Wie zeigte er dies?«
»Sie wissen, Herr *Dillwäger*, worauf die Verzerrung des Lichtporträts beruht«, fuhr *Raphaele* unbefangen fort; »die Glaslinse, die gebraucht wird, macht ein Bild wie ein konvexer Spiegel – wie etwa Ihr goldener Stockknopf, den Sie am Munde halten. Die mittlern Teile des Bildes sind unverhältnismäßig groß, und die hervorragenden Teile in übermäßiger Perspektive dargestellt.«
Alfred spiegelte sich in dem polierten Stockknopfe, und fand wirklich sein Gesicht zur abschreckenden Larve verzerrt.
Raphaele setzte ihre Erklärung fort: »Daher kommt es, daß die hervorstehenden Teile des Gesichtes: die Stirne, Backenknochen, Nase und Kinn übertrieben groß, die zurücktretenden Teile aber verkleinert erscheinen. Diese Verzerrung der Miene wird um so auffallender, je näher der Gegenstand dem Glase gebracht wird und je größer das Bild ausfällt; winzige Bildchen, etwa in einen Ring zu tragen, erschienen am ähnlichsten.«

Alfred zog den Kopf vom Stockknopfspiegel zurück und brachte ihn wieder näher und fand ihre Theorie in der Erfahrung begründet.

Raphaele unterrichtete weiter: »Nun knüpfte mein Meister die Karikatur daran und sagte, es sei bloß die Aufmerksamkeit an der zu karikierenden Person auf jenen Teil der Miene zu richten, der vergrößert oder verkleinert der Person den Ausdruck ihres zu verspottenden Fehlers gebe.«

Alfred hob sich aus seiner nachlässigen Lage in dem Armsessel empor, stützte den Hut über den aufgestemmten Stock und wendete sich mit höflicher Freundlichkeit dem Fräulein näher zu. »Man kann es physisch nicht scharfsinniger erklären, dieses Wunder der Daguerreotypie, die so genaue und doch so unähnliche Bilder gibt, wie Sie es taten, mein Fräulein, aber ich glaube doch den parteiischen Maler darin zu hören, der in den Lichtbildern Feinde, in der Sonnenmalerei eine gefährliche Nebenbuhlerin seiner Kunst fürchtet und bekämpft. Die Natur spricht wahr und die Schmeicheleien der Maler haben uns für ihre Äußerungen verschlossen gemacht. Die Maler sind Lügner, und unsere Augen sind Lügner: wir sehen aus Eigenliebe das Fehlerhafte an uns nicht, aber die Sonne deckt mit unerbittlicher Wahrheitsliebe die weggeschmeichelte Häßlichkeit auf. Im Lichtbilde erscheint der Mensch wie er ist, nicht wie wir ihn wünschen. Aber nur das bleibt unbestritten schön, was ohne alles künstliche Licht in der *Sonne* schön ist; wie man doch behaupten darf, selbst auf die Gefahr hin, daß es, in der Sonne betrachtet, vielleicht nichts vollkommen Schönes gibt, und der ganze Begriff von Schönheit vielleicht nur ein künstlicher ist.«

»Und wenn es ist«, sagte *Raphaele* mit warmer Empfindung, »verlieren wir dabei? Ich male gerne und mich tröstet der Gedanke, daß ich die Schönheit schaffen und fühlen kann, mehr, als wenn ich die Schönheit selbst wäre. Hier wäre ich Topf, dort bin ich Töpfer. Wenn ich den Geliebten mit meiner Phantasie zum Ideale zu machen verstehe, so ist mir sein

Besitz gesicherter, als wenn ihn der Zufall meinen Träumen ähnlich bildete.«

Alfred sagte währenddessen bei sich: »Graue Augen aber lebhaft, schöne Stirne, der Mund im Sprechen recht lieblich – wenn ich nur ihr Lichtbild sehen könnte, ob das alles an ihr dauernd ist. –«

Raphaele, welche glaubte, daß sein aufmerksames Auge ihrer Rede allein folge, fuhr fort: »Dieses Idealisieren, das von der Liebe ausgeht, verklärt alles; es macht die betreffende Person erst zu unserem Eigentume, es scheidet sie von den andern aus, und – Sie haben Recht! – es ist doch die letzte Quelle des Schönen. Ich habe in meiner Bildersammlung viele idealisierte Greisenköpfe, darunter den meines Vaters. Wenn ich nun die Sammlung durchgehe, hier den Ausdruck zärtlicher Sorge, dort den frommen Aufblick zum Himmel, hier die frohe Ruhe erworbener Weisheit, dort die Heiligkeit der Mienen, womit er den Segen ausspricht, bewundere, und wieder ein Blatt umschlagend meinen Vater finde, so erbleichen alle die früheren Erscheinungen und mich reißt sein Anblick hin, das Bild zu küssen. Er ist der schönste, weil ich seine edle Seele am hellsten durchscheinen sehe. Die Liebe führt allein zur Erkenntnis der Schönheit, die Schönheit aber nicht immer zur Liebe. Die Sonne liebt nicht, wie soll sie die Schönheit malen. Wenn der Gatte mit einer Schmarre über der Wange aus der Schlacht, in der er Weib und Kind verteidigte, heimkehrt, findet ihn seine Gattin verschönert, weil aus der Wunde seine Seele hervorblickt; der Bilderkasten Daguerres liefert aber eine verzerrte Fratze, weil das Licht nur die Schale erleuchtet.«

P. M.

Sammlung photographischer Bilder à papier nach der Natur. Von Laura Bette

Man hat, als die Erfindung der Lichtbilder noch etwas Neues war, öfters die Befürchtung aussprechen hören, daß sie der Malerei in mehr als einer Beziehung Abbruch tun werde. Die Kunst ließ sich jedoch glücklicherweise durch solche Reden nicht abhalten, dem neuen Ankömmling freundlich entgegenzugehen, und hat zur Belohnung dafür nicht nur keine Nebenbuhlerin, sondern sogar eine höchst nützliche und dienstfertige Freundin in ihm gefunden. Die malerischen Meisterwerke aller Zeiten waren sonst nur in kostbaren Kupferstichen, die berühmten Bauwerke aller Länder desgleichen oder an Ort und Stelle in schlechten Lithographien zu erlangen, oft auch nur durch eignes Hinreisen und mühevolles Kopieren kennenzulernen; jetzt bietet fast jeder Kunstladen ein kleines Louvre der einen, ein Panorama der andern, und mit verhältnismäßig höchst geringen Mitteln kann der Künstler seine Lieblinge und Vorbilder für Studium und Genuß um sich vereinigen. Das vollendete Werk, das von Werkstatt und Vaterland scheidet, läßt jetzt dem Meister ein treues Abbild zum Andenken, und selbst die Porträtmaler, die am meisten von der Konkurrenz des Sonnenstrahls zu fürchten hatten und noch haben, sind oft genug in dem Fall, an einer guten Photographie nicht bloß bei abwesenden oder verstorbenen Personen die willkommenste Hülfe und Unterstützung zu finden.

Solchem mannigfachen Nutzen (und wir zählten lange nicht alles auf) hat eine hiesige Dame, Frau *Laura Bette* durch einen glücklichen Gedanken eine neue Seite hinzugefügt, auf die wir Publikum und Künstler, jeden in seiner Art, aufmerksam machen möchten. Ein photographisches Album, dessen erstes Heft vor uns liegt, soll fortlaufend eine Reihe kleiner Genrestücke, Stilleben u. dgl. bieten, sämtlich – und das ist das Neue und Gute! – nicht nach vorhandenen *Kunstwerken*, sondern unmittelbar der *Natur*, aber – und das ist das Beste! – der *künstlerisch* angeschauten Natur entnommen. Der Gedanke ist, wie die meisten glücklichen Gedanken, so einfach, daß man sich wundern könnte, ihn jetzt zum *ersten* Mal ins Leben treten zu sehen; aber er konnte denn doch, scheint uns, eben nur in einem *künstlerischen* Geiste entstehen, wie er leider nicht allzu oft unsre Lichtbilderwerkstätten bewohnt. Man kennt die reizenden Cabinetsstücke der alten Niederländer, die aus unbedeutenden, ja prosaischen Gegenständen, Kesseln, Töpfen, Kohl- und Salatstauden, Besen und alten Stallaternen durch die Magie des Lichts ein vollberechtigtes künstlerisches Ganze zu bilden wußten. Fast glaubt man ein solches auf dem ersten der drei vorliegenden Blätter zu sehen, für das wir eine besondere artistische Vorliebe nicht verbergen können. Es ist für ein künstlerisches Auge nicht allein höchst *lehrreich*, zu sehen, auf welche Weise der Sonnenstrahl das Geflecht des Marktkorbes, die weiche Faser des Gemüses, die stumpfen Lichter der aufgestapelten Erdäpfel so greifbar gleichsam in Sepia tuscht, es ist auch ebenso *reizend*, aber freilich besser zu fühlen, als zu sagen. Allgemeiner noch wird vielleicht das zweite Blatt, eine alte Landfrau am Spinnrocken, ansprechen, die ein völliges kleines Genrebild von anspruchloser Gemütlichkeit und wahrhaft Dowscher Detaillierung bildet. Das dritte, ein ruhendes Bettler- oder Auswandrermädchen scheint uns, nicht als Photographie, aber in der Komposition zurückzustehen, die etwas gesucht ist. Schon das Arrangement, auf dem sie liegt, aber nicht dies allein erinnert zu sehr an den Modelltisch, und das Naive, Natur-Unmittelbare der andern Blätter tritt zurück.

Sollten denn nun wirklich, wird mancher fragen, Blätter dieser Art *nicht* der *Kunst* Abbruch tun, da sie in der *Komposition* gegen so manches Kunstwerk nicht zurückbleiben, in der Ausführung, (oder was man bei Bildern so nennt, nämlich im Detail) es ohne Zweifel übertreffen? Gewiß würden sie's, wenn sie nicht eben selbst – kleine Kunstwerke wären. Sind doch am Ende Pinsel und Farben ebenso gut mechanischer Apparat, als die Jodplatte und die »dunkle Kammer«; aber was einem Erzeugnis der letzteren künstlerischen Reiz gibt, – ist es denn nicht dasselbe Gefühl für harmonische Linien, für malerische Kontraste von Licht und Schatten, für angemessene Stellung und charakteristische Situation, das auch der Maler mit Farben nicht entbehren kann, wenn er mehr als ein Handwerker sein will? Sagen wir es nur grade heraus, die *Handwerker* unter den Künstlern sind es, die das Lichtbild zu fürchten haben, die soi-disant Künstler ohne Gedanken und Erfindung. »Geht uns«, darf die Gegenwart sagen, »mit Euren seelenlosen Porträts, Euren stimmungslosen Veduten, Euren gedankenlosen, zehnmal wiedergekäueten Genrebildern, an denen, wenn's hoch kommt, Atlasroben und Plüschteppiche das Beste sind: das alles macht der Photograph besser als Ihr, und billiger!« Und verlaßt Euch darauf: sie sagt es!

Wir hatten neulich das Vergnügen, ein wenig – ausgelacht zu werden, als wir zwischen Scherz und Ernst behaupteten, die Photographie werde mit der Zeit in der Kunst das *Ideale* fördern. »Ich bitte Sie!«, riefen Herren und Damen, »was kann realistischer sein, als das Lichtbild?!« – »Gerade deshalb«, war unsre Antwort. Es kann und wird uns zeigen, worin die Kunst *nicht* besteht. Die Künstler werden es müde werden, mit ihm in Dingen zu konkurrieren, wo sie stets durch eine rein mechanische Operation zu überwinden sind. Sie werden sich seiner als *Hülfsmittel* bedienen, sie werden für das *Wie* unaufhörlich von ihm lernen, von der *fixierten* Natur gleichsam, wie von der beweglichen (wie der Bildner nach dem über Natur geformten Gips), aber sie werden ihre Stärke in dem suchen, was nicht der Sonnenstrahl dem Menschen *zuvor*-, wohl aber der menschliche Geist dem göttlichen *nach*tun kann – in freier Schöpfung. Und werden sie 's nicht, setzen wir hinzu, so *sollten* sie 's doch.

EDUARD SCHREINER

Kritik der Photographie

Worin beruht der Maßstab für das Vorhandensein und für die Schwierigkeit einer künstlerischen Verrichtung? In der mehr oder minder vorhandenen Vielseitigkeit *möglicher Abweichungen* vom Richtigen. Nur darauf gründet sich überhaupt auch die Möglichkeit, zu individualisieren. Wo eine Abweichung vom Richtigen (also ein Fehler) *gar nicht möglich* ist, kann ja ganz natürlich auch nicht im Entferntesten die Rede von Kunst sein, welche gerade das Gegenteil bedeutet, nämlich: Schaffen oder Wiedergabe eines Gegenstandes, hervorgegangen aus der über Mittel und Zweck selbstbewußten Idee des Künstlers. »Kunst fordert *subjektive* Art der Beseelung«, sagt Hegel sehr schön; eine subjektive Wirksamkeit findet hier [im Falle der Photographie] nach keiner Seite hin statt, sondern nur eine Benützung des schon Vorhandenen, Geschaffenen, und zwar nicht, wie dies bei der Kopie eines Gegenstandes, durch die Hand des Künstlers der Fall ist, mittelst geistiger Reproduktion, sondern mittelst eines mechanischen Vorganges. Es kann niemand von sich sagen, er habe einen Gegenstand *richtig* gemacht, wenn es gar nicht in seiner Möglichkeit war, ihn *unrichtig* zu machen; in diesem Falle ist der erzeugte Gegenstand ein einfaches Objekt, ohne die geringste geistige Beziehung zu seinem Erzeuger; in diesem Falle, Objekt einer rein mechanischen Verrichtung, zu deren Ausübung weder Geist, noch Schaffungsvermögen, oder überhaupt weitere Bildung gehört, als eben nur das korrekte Verfahren eines in diesem Fache geübten Handwerkers. Es ist natürlich, daß ich hier die Erfinder neuer Prozesse auf diesem Gebiete insoferne ausnehme, als solche Verbesserungen und Erfindungen in die Kategorie der Wissenschaft gehören; jedoch ist die, nur durch mechanische Geschicklichkeit vermittelte, gedankenlose Wieder-

holung eines solchen neuerfundenen Prozesses, zu geschäftlichen Zwecken, wieder Handwerk. [...]
Eine unerquickliche Seite bei diesem ganzen Streite ist, daß man von allen Seiten die Begriffe *Kunst und Kunstgeschmack* untereinander wirft. Ich bitte nur, nie zu vergessen, daß Kunst erst bei dem Worte *Schaffen* beginnt, und dieses Schaffen nur auf einer in der Darstellung ausgedrückten möglichen Veränderung der Formen des Gegenstandes *in der Idee* des Schaffenden beruht. Jede wie immer gestaltete, für unser Auge sichtbare Form ist an und für sich nicht Kunst, sondern wird solche erst durch die Vermittlung des menschlichen Geistes; um noch einfacher zu sein: Form wird erst dadurch Kunst, daß sie unmittelbar aus der Hand des Künstlers entsteht. Diese unmittelbare Entstehung aus der Hand des Künstlers kann ohne Abweichung vom Richtigen nicht stattfinden, weil nur dadurch Gelegenheit geboten ist, das Individuum zum Ausdruck gelangen zu lassen. Das *Gegenteil* dieser Erzeugung einer Kunstform ist die mathematische Richtigkeit, welche als Regel die Individualität aufhebt. Darum war und wird auch nie eine Menschenhand imstande sein, z. B. einen ganz richtigen Umriß nach einem Gegenstande zu machen. Die Kunst gibt uns hier ein schönes Beispiel dafür, daß der Mensch nicht dazu bestimmt ist, auf dieser Welt ein Ideal zu erreichen.
Würde es einem Künstler gelingen, die ihm von den organischen Weltgesetzen gesteckte Grenze zu überschreiten, das verschleierte Bild zu Sais zu enthüllen, würde er sich damit selbst vernichten, er würde das Kostbarste, was der Mensch und der Künstler hat, verlieren, sein *Ich*! Er würde in künstlerischer Hinsicht aufhören, *Mensch zu sein*, und da dies einseitig nicht möglich ist, würde er nach unsern Begriffen von Menschheit überhaupt aufhören, zu existieren. Dazwischenliegende philosophische Konsequenzen dieser angenommenen Möglichkeit zu verfolgen, wäre interessant, gehört aber nicht hieher. Mir ist es darum zu tun, nachzuweisen, daß Tätigkeit der Menschenhand und Tätigkeit der Maschine

zwei elementare Gegensätze sind, welche es als eine geistige Abnormität erscheinen lassen, von einer Gleichheit der Rechte auch nur zu reden. Es ist ein moralischer Selbstmord, den die Kunst durch die Anerkennung dieser Gleichheit an sich selbst begehen würde. [. . .]

Diese absolute Herrschaft der materiellen Form ist auch der Grund, warum Photographien im allgemeinen auf den gebildeteren Geist einen fast abstoßenden Eindruck machen. Die Bewunderung, welche man dem Produkt der Maschinen zollt, kommt in Konflikt mit unseren künstlerischen Gefühlen, welche sich gegen diese Art von Form sträuben. Das künstlerische Gefühl wird verletzt durch die zynische Frechheit, mit welcher die kleinste Form einer Hautfalte, eine Hautbildung, jedes einzelne Haar, sich mit derselben gedankenlosen Arroganz in den Vordergrund drängt, wie die eigentliche Grundform, durch welche der Charakter des Gegenstandes ausgeprägt ist.

Es ist eben nur Abbildung der unmittelbaren Oberfläche; daher auch gerade bei den besten Photographien, welche rein aus der Maschine hervorgehen, das Leichenartige; das, was uns so recht an unsere Vergänglichkeit, als Mensch, erinnert, an die mikroskopischen Teile unserer Körper-Maschine.

Von welch wunderbarer, erhebender und beruhigender Wirkung ist dagegen z. B. ein Porträt von *van Dyck*. Wie prägen sich diese Züge unauslöschlich in 's Gedächtnis ein; die ganze Seele der Persönlichkeit, in geheimer Stunde belauscht, ist uns hier enthüllt, und reizt uns zu näherer Bekanntschaft. Wir malen uns die Geschichte ihres Lebens aus, hören den Klang ihrer Stimme, sehen die Würde ihres Benehmens. Man denke sich die Photographie dieser Person danebengehalten!

LUDWIG PFAU

Lichtbild und Kunstbild

Trotz aller vollbrachten und noch zu vollbringenden Fortschritte, kann das Lichtbild nie und nimmer das Kunstbild ersetzen. Schon gewisse materielle Mängel, welche den physikalischen Gesetzen seiner Entstehung anhängen, müssen es an einer solchen Erbfolge verhindern. Daß die Linearperspektive von der Kamera gefälscht wird, das haben wir oft genug an allzu groß porträtierten Händen oder Füßen gesehen; und wie wohl konstruiert ein optisches Instrument auch sein mag, es wird nie für Nähe und Ferne einen gemeinschaftlichen Fokus herstellen können. Nicht besser ergeht es der Luftperspektive; denn da die photogenische Substanz empfindlicher ist als unser Auge, markiert sie die entfernten Gegenstände schärfer als wir sie sehen. Dies ist aber nicht der einzige Schabernack den die chemische Operation uns spielt; sie alteriert überhaupt die Verhältnisse von Hell und Dunkel, während sie die Farbentöne im Lichtwerte übersetzt. Bekanntlich korrespondieren die optischen und die chemischen Wirkungen der Farbe nicht miteinander, und so geschieht es, daß die Photographie bald einen energischen Ton des Modells entkräftet, bald einen zarten übertreibt. Namentlich entsteht häufig ein unrichtiges Verhältnis zwischen den Mitteltönen und den dunkleren Schatten, was dem Bild eine unangenehme Härte verleiht.

Diese Übelstände, durch Verbesserung der Instrumente, durch Hülfsmittel der Aufnahme, der Beleuchtung etc. mehr und mehr reduziert, machen sich allerdings in vielen Fällen nicht allzu sehr bemerklich; aber selbst wenn es möglich wäre sie ganz zu beseitigen, so bleibt immer die realistische Äußerlichkeit der Naturkopie, welche den idealen Gehalt der Kunstschöpfung nicht zu ersetzen vermag. Die Maschine, welche mit der Gleichgültigkeit des mathematischen Gesetzes verfährt, behandelt den Pflasterstein am Boden mit derselben Aufmerksamkeit wie die Venus von Milo auf ihrem Sockel, und gibt bei einem Porträt dem Westenknopf, der zufällig spiegelt, oft mehr Glanz und Wirkung als dem Lichtpunkte des Auges. Diese Gefühl- und Gedankenlosigkeit einer Nachahmung die, unerbittlich, uns nicht das kleinste Detail schenkt, wird um so unerquicklicher als unser Gesicht ein ganz anderer Künstler ist wie die Kamera, und uns, mit Vernachlässigung des Kleinen und Einzelnen, nur die Gesamtwirkung eines Gegenstands zum Bewußtsein bringt. Wir vermissen daher sogleich die intellektuelle Darstellung der Kunst, welche das mit Wahl und Wissen vollführt, was unser Auge mit Instinkt verrichtet.

Aber abgesehen davon daß auf einem Bilde wo alles gleich wichtig ist, auch alles gleich unwichtig wird, ist überhaupt die ästhetische Auffassung notwendig eine ganz andere als die mathematische. Ein kleines Erlebnis enthält oft mehr Belehrung als ein dickes Buch, namentlich wenn dieses mit den abstrusen Definitionen einer spiritualistischen Ästhetik gefüllt ist. So verdanke ich dem wackern Reinstein, einem unserer Freunde aus der Flüchtlingszeit, der im Exil starb, die erste klare Einsicht in die artistischen Beziehungen des Idealen und Realen. Er wohnte in Wabern bei Bern, und vor seinen Fenstern dehnte sich die herrlichste Landschaft mit der Alpenkette als Hintergrund. Eines Tags, da ich ihn besuchte, hielt er mir eine kleine wohlgefertigte Abbildung dieser Aussicht vor die Augen. Die Silhouette schien äußerst richtig, aber die Berge viel zu flach, denn die Alpen waren zu Maulwurfshügeln eingeschrumpft. »Das ließe sich sehen«, sagte ich, »wenn die Berge dreimal so hoch wären.« Statt aller Antwort ging Reinstein an einen Schrank, nahm eine Kamera lucida, ein kleines optisches Instrument zum Nachzeichnen der Umrisse eines gegenüberstehenden Objekts, heraus, stellte sie ans Fenster, legte ein Blatt Papier darunter und bat mich hindurchzusehen. Zu meinem Erstaunen fand ich, daß seine Zeichnung die genaue Kopie des optischen Bildes war das vom Instrument aufs Papier geworfen wurde. Ein triumphierendes Lachen erscholl hinter meinem Rücken. »Hol der Kuckuck eure Optik«, sagte ich ärgerlich, »und euer Kunstwerk könnt ihr auf die Landesvermessung schicken; ich behaupte nach wie vor daß dieses Bild unrecht hat, denn es sieht aus als wäre es hundert Meilen von hier aufgenommen, und gibt nicht im Geringsten den Eindruck wieder den die Natur macht.« Reinstein aber, ein eingefleischter Jurist, der seine Berge mit derselben Gewissenhaftigkeit abriß, mit der er einen Gesetzesparagraphen zitiert hätte, zuckte mitleidig die Achseln, und bewies mir mit a plus b daß die Bildnerei der Künstler Lug und Trug und eitel Fälschung sei, denn nichts in der Welt könne über die mathematische Richtigkeit gehen. Seine Beweisführung überzeugte mich glücklich vom Gegenteil ihrer Schlußfolgerung. Es wurde mir nun klar daß das ideale Schauen des Menschen viel tiefer sitzt als man gewöhnlich glaubt, und weit hinter den bewußten Schönheitsbestrebungen des Künstlers seinen Anfang nimmt. [...]

Das Kunstbild ist ein geistiges Produkt und appelliert an unsere Urteilskraft, die augenblicklich in Wechselwirkung mit ihm tritt; das Lichtbild ist ein materielles Faktum und wendet sich an unsere Netzhaut, die sich begnügt den optischen Vorgang unserem Bewußtsein zur Kenntnis zu bringen.

Es gibt daher keine geeignetere Demonstration um den Unterschied zwischen der Naturerscheinung und dem Kunstwerk greifbar zu machen, als gerade die Photographie; und kein siegreicheres Argument hätte man erfinden können um den absoluten Realisten absolut den Mund zu stopfen. Denn sobald nicht die Verkörperung des Ideals, sondern die Nachahmung der Wirklichkeit die Aufgabe der Kunst ist, so ist die Photographie das höchste Kunstwerk. Diesen Titel aber wagt selbst der eingefleischteste Naturalismus nicht ihr zuzusprechen.

CARL HOFFMANN

Photographie und Kunst

Die Photographie steht der Wissenschaft näher als der Kunst. Sie ist aus ihr hervorgegangen, wurde durch sie ausgebildet und sieht in ihr ihre Zukunft begründet. Der Kunst hingegen hat die Photographie wenig zu danken und ebenso ist sie der Kunst in keiner Weise von Nutzen. Die Zwecke beider gehen auseinander. Wenn das, was die Kunst gestaltet und uns vorführt nicht bloß als getreue Nachbildung von wirklich Vorhandenem gelten soll, sondern damit die Vorstellung einer höheren, vollkommeneren Wirklichkeit beabsichtigt ist, so können im Gegensatze hiezu die Aufgaben der Photographie nur untergeordnete sein und in dem Bestreben gipfeln möglichst getreue Abbildungen wirklicher Formen zu geben. Ihre Schöpfungen müssen durchaus *real* bleiben während jene der Kunst notwendig *ideal* sein müssen. In der eigentlichen photographischen Wiedergabe ist also eine künstlerische Vervollkommnung ihrer Objekte gar nicht zulässig, auch wenn eine solche, was tatsächlich *nicht* der Fall ist, möglich wäre.

Literatur und Photographie

KARL GUTZKOW

Unser Volk wird sich seinen innersten Trieb zu einem höhern Kulturleben nicht nehmen lassen, und mag auch die Materie sich mit Dampf, Elektrizität und Börsenschwindel noch so geltend machen, Romane, die sich mit Gegenständen des Glaubens, der Liebe, des Hoffens beschäftigen, werden uns und allen Nationen immer berechtigt bleiben, vorausgesetzt, daß sich in ihnen die Schicksale solcher Menschen kreuzen, die wenn auch keineswegs ganz real sind, doch die Elemente der Realität in sich tragen. Denn auch diese Freiheit bleibe dem Dichter unbenommen, sich wie Prometheus Menschen zu schaffen nach seinem Bilde; d. h. Menschen, die nur aus den allgemeinen Grundstoffen der ewigen Menschennatur gewoben und keineswegs Daguerreotypen einer alltäglichen Wirklichkeit sind.

J. F. FABER

Wenn man bei dem Namen »Dorfgeschichte« an nichts anders denkt als an die zahllosen Geschöpfe einer oberflächlichen Mode, welche ein ländliches Daguerreotyp ohne alle Idealisierung, eine fabrikmäßige chinesische Malerei für die genialen Ausgeburten einfach tiefer Poesie verkaufen möchten, so muß man es allerdings unbegreiflich finden, wie man bei diesem Bankerotte aller Poesie an eine Regeneration des Zweigs derselben sollte denken können, welcher erfahrungsmäßig der schwierigste von allen ist.

THEODOR FONTANE

Gewisse Vorzüge des englischen Romans sind aller Welt bekannt. Boz und Thackeray sind unübertroffen, vielleicht überhaupt unübertrefflich, in daguerreotypisch treuer Abschilderung des Lebens und seiner mannigfachsten Erscheinungen. Der letzte Knopf am Rock und die verborgenste Empfindung des Herzens werden mit gleicher Treue wiedergegeben. Sie sind vollendete Charakterdarsteller.

Man spricht jetzt viel von einer neuen Ära der Schauspielkunst, von dem *Realismus* einer neuen Schule. Auch an Gegnern fehlt es nicht. Diese haben recht, wenn sie sich gegen die roten Wollenfäden auflehnen, die Madame Ristori als sich verblutende Mirra aus dem Busen zupft. Aber von solchen Einzelnheiten abgesehen, denke ich, wir haben alle Ursache, diese neue Schule, die zurzeit noch im Dunkeln tappt, freudig zu begrüßen, selbst dann noch, wenn sie hier und da über das rechte Maß hinausgehen sollte. Mit dem bloßen Daguerreotyp des Lebens ist es freilich nicht getan, die Kunst erheischt mehr, aber das unverkennbare Streben nach Wahrheit, nach Emanzipation von jenem konventionellen Plunder, der Ziererei und Idealität verwechselte, dies Streben muß notwendig dahin führen, wieder *Menschen* auf unsrer Bühne heimisch zu machen, Menschen, aus denen sich dann der wahre Künstler entwickeln mag.

EDUARD SCHMIDT-WEISSENFELS

Ein sinnlicher Inhalt gehört ganz nur der *einen* Seite der wahrhaften Kunst an, nemlich dem äußeren Dasein, welches in der Kunst nur das Recht hat, als Realität des *Geistes*, der Individualität und ihrer Handlungen wie Begegnisse auf dem Boden einer umgebenden Welt, nicht aber für sich als bloß vom Geistigen abgetrennte Äußerlichkeiten aufzutreten. Wie ganz anders wissen wahrhafte Poeten zu beschreiben, denn die Beschreibung als solche ist nicht unpoetisch, sondern nur die Art und Weise, wie man beschreibt zeigt, ob man dichterische Durchdringung des Stoffes bieten, oder nur eine geschickte gut gruppierte Photographie liefern kann.

CONRAD FERDINAND MEYER

Viele Freude machen mir die alten Kunstsachen im Vatikan, Lateran, auf dem Kapitol und in den Villen. Über die Wunder des Apollo und Laokoon und den uns schon näherstehenden, weil ganz realistisch behandelten sog. sterbenden Fechter zu reden, worüber meine Handbücher zu wahren Andachtsbüchern werden, wäre kaum geraten; genug, sie sind vollkommen; aber gerade das relativ vollkommene gibt uns das traurige heidnische Gefühl der wie ein Ring sich in sich selbst schließenden Menschheit, während ein realistisch behandeltes Werk, das, jener lächelnden und selbstgenügsamen Idealität ermangelnd, leidende Körper und ringende Geister zeigt, uns, durch den Gegensatz unsrer Gebrechen auf die erlösende himmlische Vollkommenheit hinweist. Wo die Kunst die Leidenschaft reinigt, d. h. der Mensch sich selbst beruhigt und begnügt, entsteht die Vorstellung einer trügerischen Einheit, während wir (und so photographiert uns auch die realistische Kunst) doch so gründlich zwiespältig und nur durch ein andres als wir, durch Gott, zu heilen sind.

FRIEDRICH HEBBEL

Sobald das ideale Drama [. . .] auf dem Theater keinen Boden mehr findet, hat dieses auch aufgehört zu existieren, und es ist ganz einerlei, ob der Hund des Aubry, dem Goethe einst weichen mußte, seine Künste darauf treibt, oder ob die Menschen-Daguerr[e]otypie in Schröders oder Ifflands Sinn darauf gepflegt wird.

PAUL HEYSE

Mir [. . .] gefallen so viele Geschichten nicht, die heute Glück machen, daß ich mir längst gesagt habe: du hast einen altmodigen Geschmack und bist mit der Zeit nicht fortgeschritten. Als Historiker kann ich mich am Ende darüber trösten. Wir sind ja überhaupt nicht auf das Neueste angewiesen. Und vielleicht haben mir meine Quellen für die *Geschichte* auch den Geschmack an *Geschichten*, wie sie heute geschrieben und gelobt werden, verdorben. Der Abstand zwischen der Holzschnittmanier einer alten Städtechronik und der photographischen, stereoskopischen, ausgepinselten Zierlichkeit und Ausführlichkeit so einer modernen Novelle ist auch gar zu himmelweit. Dort alles noch Rohstoff, selten die Blöcke notdürftig behauen, die Fugen klaffend, das Material bunt übereinandergeschichtet, daß nur der Kenner oder Liebhaber sich das Seinige daraus zusammensuchen mag. Und in unserer kunstgewandten modernen Zeit alles so glatt und blank, so bewußt und bedacht, so in lauter Stil und Form verwandelt, daß der Gegenstand einem oft ganz entschwindet, das Was vor dem Wie vergessen wird und wir vor lauter psychologischen Finessen des Erzählers uns fast nicht mehr um die Menschen bekümmern, an denen er seine Künste entfaltet. Ich dagegen stehe noch auf dem veralteten Standpunkt, daß mir in jeder Geschichte die *Geschichte selbst* die Hauptsache ist.

GUSTAV FREYTAG

Sind selbst sorgfältige Beschreibungen eines Lebens, einer Gegend, die Daguerreotypen der Wirklichkeit, in der Hauptsache belehrender, als die poetische Wahrheit des Dichters, der das Vorrecht seines Handwerks zu gebrauchen versteht: auf wenig Seiten mehr von den innersten Geheimnissen der Menschennatur auszuplaudern, als der Philolog, Historiker und Naturforscher in vielen Bänden darzustellen imstande ist? Was er uns gibt, das mag in allen Einzelheiten ganz anders erscheinen, als es in Wirklichkeit aussieht. In der Hauptsache hat doch er, und nur er die höchste Wahrheit gefunden, welche dem Menschen darzustellen verstattet ist. Er hat die ungeheuere, furchtbare, unverständliche Welt ins Menschliche umgedeutet nach den Bedürfnissen eines edlen und sehnsuchtsvollen Gemütes.

THEODOR STORM

Von dem Dichter, der uns Menschen einer weit dahinten liegenden Zeit schildert, verlange ich einmal, daß er den Sachverständigen nicht willkürlich u. in der Luft schwebend erscheine; dann aber andrerseits, daß er, wenn er deren mächtig wäre, auch auf Kosten der photographischen Treue, uns seine Gestalten in Tat u. Rede so vorführe, daß sie uns Gegenwärtigen nicht gespreizt u. daher mit einem Anstrich des Puppenhaften oder Komischen erscheinen. Wie fern er unsrer Weise dabei bleiben darf, hängt wohl von der Größe seiner poetischen Kraft ab; wer viel kann, darf viel wagen.

THEODOR FONTANE

Heut regnet es; es ist so erquicklich und ich sitze am Fenster und sehe den Wolken und dem stillen Treiben auf der Dorfstraße zu. Dabei las ich viel, Turgenjew und Lessing abwechselnd. Gestern eine der berühmten T.schen Jägergeschichten. Er beobachtet alles wundervoll: Natur, Tier und Menschen, er hat so was von einem photographischen Apparat in Aug und Seele, aber die Reflexionszutaten, besonders wenn sie nebenher auch noch poetisch wirken sollen, sind *nicht* auf der Höhe. [. . .] Ich bewundre die scharfe Beobachtung und das hohe Maß phrasenloser, alle Kinkerlitzchen verschmähender Kunst, aber eigentlich langweilt es mich, weil es im Gegensatze zu den teils wirklich poetischen, teils wenigstens poetisch sein wollenden Jäger-Geschichten so grenzenlos prosaisch, so ganz *unverklärt* die Dinge wiedergibt. Ohne diese Verklärung gibt es aber keine eigentliche Kunst, auch dann nicht, wenn der Bildner in seinem bildnerischen Geschick ein wirklicher Künstler ist. Wer *so* beanlagt ist, muß *Essays* über Rußland schreiben, aber nicht Novellen. Abhandlungen haben ihr Gesetz und die Dichtung auch.

VI. *Abgrenzungen: Kritik des französischen Realismus*

JULIAN SCHMIDT

Studien zur Geschichte der französischen Romantik. Eugen Sue

Es ist für die Kritik ein beschwerliches, aber unvermeidliches Geschäft, sich mit dem absolut Schlechten in der Literatur zu beschäftigen, sobald dasselbe im Volk einen wirklichen Boden gefunden hat. Seit den Mysterien erfreut sich *Eugen Sue* einer europäischen Popularität, in der kaum Dickens mit ihm wetteifern kann. Eine Erscheinung, die um so befremdender ist, da die vollkommene Wertlosigkeit seiner Werke in ästhetischer, und ihre Verwerflichkeit in sittlicher Beziehung für einen jeden, der über die Zofenbildung hinaus ist, eine unabweisbare Tatsache genannt werden muß. Allein bei diesem Befremden und dem davon unzertrennlichen Unwillen darf die Kritik nicht stehen bleiben; sie muß das Übel begreifen, wenn sie ihm ernstlich entgegentreten will. [...]
Der Franzose [..] ist Schauspieler auch in seinen einfachsten Geschichten, es ist ihm nicht möglich, zu erzählen, ohne auf den Effekt hinzuarbeiten. Bei einem jeden Kapitel, welches die angemessenen Spalten des Feuilletons ausfüllt, ist also sein hauptsächlicher Zweck, zum Schluß etwas Ungeheuerliches, Unbegreifliches eintreten zu lassen, welches die Neugierde in eine fieberhafte Spannung versetzt. Er nimmt es nicht genau damit, wie diese Spannung später zu lösen sein wird; denn bei der neuen Schluß-Spannung, die im folgenden Kapitel notwendig eintritt, läßt man sich es gefallen, wenn man mit der Entwickelung der vorigen auf spätere Nummern vertröstet wird. Keinem widerfährt es so häufig, als Eugen

Sue, daß er vollständig vergißt, was er früher erzählt, motiviert, zur Entwickelung reif gemacht hat. Von einem innern Zusammenhang seiner Geschichten, gar von einer Ökonomie in den Verhältnissen ist keine Rede. Es sind eine Reihe von Schluß-Effekten, die durch ziemlich langweilige, mit der größten Liederlichkeit hingeworfene Einleitungen miteinander verbunden werden. Diese Auflösung der Kunst zeigt sich in dem Dialog, der immer leer und ohne innere Berechtigung ist, auch wo der Dichter sich in das Gebiet des Tiefsinnigen begibt; in den Charakteren, die zwar insofern konsequent sind, als irgendeine abstrakte Geistesrichtung in ihnen personifiziert wird, die aber abgesehen von dieser zugrunde gelegten Abstraktion, kein wirkliches Leben, keinen Inhalt, kein Fleisch und Blut, am wenigsten eine Entwickelung haben; in der Architektonik der Handlung, die weder einem psychologischen Gesetz, noch den ästhetischen Interessen entspricht; endlich in der Moral, die regelmäßig in einem Fabula docet nachhinkt, und die in der Regel so faustdick ist, daß die ganze Verwilderung unserer sittlichen Begriffe dazu gehört, sie zu ertragen.

In diesen Fehlern ist aber zugleich enthalten, was Eugen Sue berühmt gemacht hat. Es ist seine wahrhaft keltische Phantasie, das Unerhörte in seinen Lügen, der Leichtsinn in seinen Sprüngen, was den Leser nicht in jene Ruhe kommen läßt, deren er zu einem unbefangenen Urteil bedarf. Ein Erstaunen drängt das andere, und die Neugierde wechselt mit dem Gelächter der Enttäuschung. Seine Phantasie hat sich weniger in das psychologische Raffinement eingelassen, welches einer andern Schule, deren bedeutendster Schriftsteller Frédéric Soulié ist, vorbehalten blieb; er empfindet zu roh und zu abstrakt, um es darin zu einer interessanten Verwickelung zu bringen. Es sind die Wunder der physikalischen Welt, an denen seine Phantasie sich weidet, und wenn er den Menschen heranzieht, so ist es nur als Anatom, als Mediziner, er schildert die Zuckungen des Fleisches mit einer Virtuosität im Eckelhaften, gegen die Victor Hugo ein blöder Schüler ist. [...]

In das Kapitel der keltischen Phantasie gehören auch die Anhäufungen mechanischer Mittel, um fabelhafte Wirkungen zu erzielen, namentlich die Anhäufungen von Kapital oder die Assoziation. Bösewichter, die Tausende von Millionen zur Verfügung haben, sind eine der Lieblingsfiguren unseres Dichters. Die Guten haben dann nichts Besseres zu tun, als Kapital mit Kapital zu bekämpfen. [...]

In einem Sinn wird Victor Hugo auch prinzipiell durch seinen Nachahmer überboten. Er hat die *Poesie des Kontrastes* zu einer gewissen Totalität abgerundet, seine wirkliche Welt ist die umgekehrte der Idee; das Reich des Unrechts und des Bösen, die Hölle. Die Tugend geht unter und das Laster triumphiert. Der Dichter mit seinem höheren Bewußtsein weidet sich an dem ironischen Schauder über die Verworfenheit der Welt und die Unfähigkeit oder Bosheit des Wesens, welchem sie ihr Dasein verdankt. [...]

Mit all dieser Verzweiflung über die Verkehrtheit des Weltlaufs hätte Eugen Sue auf die Länge kein Glück gemacht, denn das Publikum wird verdrüßlich, wenn es das Laster beständig triumphieren sieht. In die Resignation des alten Glaubens, die Erde müsse ein Jammertal sein, um dem Himmel zur Folie zu dienen, kann sich selbst der moderne Romantiker nicht zurückschwindeln, obgleich er im Anfang fromm und konservativ genug aufgetreten ist. Dagegen hat er später das angemessene Mittel gefunden, den Weltlauf mit dem Ideal des Guten zu versöhnen, in dem *Jesuitismus der Tugend*. [...]

In den *Mystères* erreicht dieser Despotismus der guten Sache seinen Höhepunkt. Der Großherzog Rudolf, die Fleisch gewordene Vorsehung in dieser Welt der Trübsal, begeht in seinem Kampf gegen die Bösen Verbrechen, die jeden andern wenigstens ins Zuchthaus gebracht haben würden. In den Franzosen steckt überhaupt noch immer viel von einem

Robespierre, und die Sache wird dadurch nur noch schlimmer, daß an Stelle des alten moralischen Rigorismus eine gewisse laxe Genialität in der Unterscheidung von Gut und Böse eingetreten ist. Rudolf und seine spätern Nachfolger verwerten das Laster zu ihren guten Zwecken, sie wollen das Gift in Arznei verwandeln. Aber sie täuschen sich darin; in der sittlichen Welt ist es nicht wie in der physischen, wo alle Wirkung nur relativ ist. Wo eine Gesellschaft so weit gekommen ist, das Gewissen wegzureflektieren durch ein Rechen-Exempel, in welchem das Positive, das erreicht werden soll, mit dem Negativen der Mittel in Ausgleichung gebracht wird, ist sie unsittlicher als im Zustand naiver Barbarei. Den Franzosen liegen noch immer die alten Kasuisten im Kopfe; in ihrer Bekämpfung hat sich *Pascal* zu sehr an die äußere Erscheinung gehalten, den Prinzipien ist er nicht zu Leibe gegangen. Nur der Protestantismus hat einen *Kant* möglich gemacht. – Man bleibt nämlich bei dem Grundsatz, der Zweck heiligt die Mittel, nicht stehen, sobald man einmal das feste Gebäude des objektiven Rechts gebrochen hat, man reflektiert weiter, und findet bald, daß sich auch über das Wesen des Guten nach beiden Seiten hin mancherlei sagen läßt. [...]

Es ist kein selbstständiges Ideal, welches der moderne Dichter den Abstraktionen des Christentums entgegenstellt, sondern das altfranzösische, altkatholische. Der Katholizismus – und das ist sein wesentlicher Unterschied von unserer Kirche – hat ein doppeltes Ideal, ein himmlisches und ein irdisches; bei ihm ist die Ehe Sakrament wie die Priesterweihe; er weiht selbst den sinnlichen Genuß, indem er durch das momentane Gebot der Fasten eine unberechtigte Wichtigkeit darauf legt. – Darum sind die neuen Evangelisten, welche die frohe Botschaft des gleichverteilten sinnlichen Genusses der leidenden Welt predigen, ganz eigentlich im Katholizismus zu Hause; es ist das ein neuer Himmel, nur daß seine im Unglauben aufgewachsenen Apostel ihn auf die Erde verlegen. Bei uns Protestanten, die wir in allen Dingen gewohnt sind, das geistige Moment aufzufassen, wird diese Lehre kein großes Glück machen.

Bei Eugen Sue aber ist dieses Verhältnis zum Sozialismus sehr bezeichnend. Man hat es ihm zum Vorwurf gemacht, daß er Bücher für das Volk schreibt, gegen die Bourgeoisie, gegen das Kapital, während er sich selbst einem Raffinement des Luxus und der wollüstigen Genüsse ergibt, an welches unsere armen deutschen Poeten kaum in ihren Träumen zu denken wagen. Eugen Sue hat keinen andern Begriff von Glückseligkeit, als den ihm seine Zeit gibt; in seinen Schilderungen wie in seinem Leben ist es nur das Fieber des Genusses, der Wollust, die Fabelwelt von Aladins Wunderlampe, was ihn begeistert. Nun kommt aber der abstrakte Idealismus dazu, der bei ihm das Wesen des Rechts ergänzt. Eigentlich sind doch alle Menschen dazu bestimmt, glücklich zu sein d. h. Champagner zu trinken, hübsche Grisetten zu küssen, und sich in Schlafröcke aus Kaschmir einzuhüllen. – Das ist eben die positive Seite des Sozialismus, und unter diesem Banner zieht er gegen das Reich der Selbstsucht zu Felde.

Sein »Jesuitismus der Tugend« ist daher aus sehr naheliegenden Gründen immer demokratischer geworden. [...]

So sehen wir unsern Eugen Sue, der früher für die Aristokratie schwärmte, und den philisterhaften Bourgeois geringschätzte, der auf die herzlose Aufklärung schmähte, und sich nach dem Glauben seiner Väter zurück sehnte, mit Felix Pyat und Emile Girardin in den vordersten Reihen der roten Republik, unter den Propheten der Zukunft. Er hat nun eine Antwort gefunden für die Frage, die ihn seither zu Lästerungen gegen den Himmel verführte, die Frage, warum der Weltlauf mit der Tugend in Widerspruch stehe? – Die Selbstsucht ist der Grund, legt sie unter die Guillotine, so hält die Menschheit bei roter bengalischer Beleuchtung ein allgemeines lukullisches Mahl. – Nicht als ob er wünschte, daß diese schöne Zeit so bald kommen möchte; denn abgesehen davon, daß man ihn alsdann hängen würde, wegen seiner galonierten

Bedienten, seines goldenen Geschirrs und seiner aristokratischen Gewächshäuser, so wäre mit dieser *Erfüllung* der Verheißung auch das aufgehoben, was seine Lebensluft ist: *Die Poesie des Kontrastes.*

ANONYM

Der Realismus im französischen Roman

Die Julirevolution änderte in Frankreich nicht allein die Regierung und den Thron, sondern auch die Literatur und den Geist der Nation. Nach dem Schwärmen unter der Restauration, nach dem frömmelnden Staatsorganismus verlangte man gesündere Kost. Louis Philippe ward Bürgerkönig und das Regieren geschah familiär. Nach den Schwärmereien Lamartines und Viktor Hugos forderte die immer zum Fortschritt notwendige Reaktion ihr Recht und an Stelle jener beiden Idealisten traten die Männer der Wirklichkeit, die Geister des Realismus, wie Dumas, George Sand und Balzac. Die krankhafte Idealität war zu Ende; mit dem Julireich ward auch der Realismus etabliert. So weit, wie die Franzosen mit ihrer Literatur 1830 waren, kamen wir erst 1848, nur daß wir der Idealität grollen, weil sie uns schwärmen ließ, wo es zu handeln galt.
Während der Idealismus in dem von Louis Blanc und Proudhon kultivierten Sozialismus eine, wenn auch unmögliche Vereinigung mit dem Rein-Wirklichen versuchte, gestaltete sich der Roman mehr und mehr als notwendiger Luxusartikel, den man wie eine Fabrikware je nach der Laune des Publikums verfertigte. Daß man dem unter der Restauration Mode gewesenen Schwärmen entsagte, war gut; aber man schaffte auch mehr und mehr jede Poesie ab. Die Juligesellschaft liebte das Geldverdienen; die Romanliteratur richtete

sich danach und selbst große Talente gaben sich zur literarischen Fabrikarbeit her. Als nun gar 1848 der Sozialismus, als eine neue Phase des Idealismus, so kläglich Schiffbruch litt, da stieg der Realismus hoch und höher im Werte, und Frankreich wie Deutschland entnüchterten sich darin. Aber dieses Entnüchtern muß endlich aufhören, will es nicht verderblich werden, und es gilt jetzt, nachdem wir vom Flug in die romantischen Sphären genugsam im Materialismus ausgeruht haben, vorwärts zu dringen und die sozialen wie literarischen Verhältnisse von ihrer Einseitigkeit zu befreien. Der Kritik liegt dies ob und sie soll danach streben, die Wirklichkeit in der Kunst durch die echte Poesie zu verklären, damit die Geister sich wieder kräftigen und vom gemeinen Erdboden, auf dem sie nicht gedeihen können, sich erheben. Das neue Ideal soll gesund sein, nicht hoch in den Wolken, wie ehemals; aber auch nicht so tief unten, daß es sich in jeder Dorfkneipe finden läßt.

Der Realismus im Romane basiert aber auf der Poesielosigkeit der Gesellschaft und die Suprematie der Scribe, Paul de Kock, Eugen Sue, Dumas und anderer war eine natürliche. Ihre Darstellung der Zustände, *wie sie sind*, wird dazu beitragen zu zeigen, wie sie *sein sollen*, und der Roman in dieser Weise wird für die Zukunft Ersprießliches leisten, weil der Realismus allmählich widerlich werden wird. Denn für die Darstellung der Konflikte und der ringenden Ideen der Gegenwart gibt es unstreitig keine bessere Form als den Roman. Er dient zu Allem, zur Reklame für philosophische Systeme, für politische Theorien und Modekaprizen und gerade in dieser allgemeinen Erscheinungsform und relativen Unentbehrlichkeit liegt die soziale Bedeutung des Romans. Der Geist der Gesellschaft spiegelt sich in jeder neuen Entwicklung desselben ab und zeigt uns seinen Verfall deutlicher. Die Gesellschaft spricht sich hier weniger unverhohlen und mit weniger Hypokrisie aus als irgendwo sonst. Der einzelne Romanfabrikant hat freilich nur formelles Talent und weiß und versteht oft selbst nicht, was er will und gibt.

Nun ist der Roman bald rein erzählend, bald tendenziös, bald Symptom allgemeiner Erschlaffung, bald das gärender Unruhe. Was uns der französische Roman aber hervorragend zeigt, das ist das Mode-Ideal der Frau und des Mannes. Aber wie ist dies Mode-Ideal? Trostlos, so trostlos wie das Bild der gegenwärtigen Gesellschaft mit seiner Fäulnis, überdeckt von Seide, mit seiner Gemeinheit, belarvt von prahlendem Schein. Ja, kehrten wir noch zur Natur, zur schönen, in Harmonie sich wiegenden Natur zurück – aber diese photographische Genauigkeit im Kopieren des Details ist eine lederne Kunst ohne Erhebung und Selbstgenuß! Effekt ist's wie die Luxusware, welche die Sinne bestechen soll.
Balzac und George Sand enthalten gleichsam die Prolegomena des modernen französischen Romans, und umfassen alle Seiten des französischen Gesellschaftlebens. George Sand ist die Tendenz, Balzac der Realismus. Da der Idealismus bankerott ist, so ist heute Balzacs Zeit, oder vielmehr die seiner zahlreichen Nachahmer, wie Achard, Murger, Paul Féval, Souvestre und des neueren, mit dem Roman »Madame Bovary« aufgetretenen Gustav Flaubert in Rouen, wo überhaupt eine eigene von Bouilhet besungene Schule entstanden ist. Als Balzac seine treuen Kopien von der Gesellschaft machte und die Haute volée mit objektiver Kaltblütigkeit zeichnete, da setzte er freilich Originalität an Stelle der Sittlichkeit, aber die ordinäre Unsitte verherrlichte er nie. Dennoch opponierte man vor zehn, vor fünfzehn Jahren noch gegen seine Frauenporträts, und die feine Gesellschaft sowie die Kritik schalt sie zu realistisch; heut aber fällt dies niemandem mehr ein, ja seine Gestalten fangen bereits an für Gebilde der Idealität zu gelten. Sic tempora mutantur et nos mutamur in illis – der Realismus ist ordinärer geworden. Die verschiedenen Stoffe, mit denen die hervorragenden Romanschriftsteller sich beschäftigt haben, enthalten eine äußerst vollständige Geschichte des öffentlichen Geistes und der Gesellschaft. Das Schöne ist sehr leicht im Bordell oder auf dem Kurtisanenball zu finden und dieses Schöne feiert heute seine

Triumphe. Die heutige Literatur ist für Loretten und Wechselagenten, weil die französische Gesellschaft besonders aus Loretten und Wechselagenten besteht oder diese doch die vorherrschenden Typen darin bilden. Als Prevost seine »Manon Lescaut« schrieb, trug man mindestens noch Schönpflästerchen; heut hat man sich selbst dieser entschlagen und die reine Sinnlichkeit in »Manon Lescaut« ist die Mutter tausender Romane geworden. Heftige Liebe ohne Achtung, die Perle des Gefühls auf dem Miste käuflicher Gemeinheit, das ist das Thema, welches überall anklingt, im Leben sowohl wie in der Poesie. Mit solchen Zuständen muß natürlich die Verherrlichung der liederlichen Dirne und aller mit echter Poesie unvereinbaren Dinge dieser Art Hand in Hand gehen. Die sogenannte Literatur aux camélias ist der Ausdruck dafür. Paul de Kock ist heute schon zu sentimental und moralisch – warum auch nicht? Ist doch heute die elegante Lorette, die durch Luxus und äußerlich glänzende Form imponierende Hetäre alles; das treueste Porträt unserer Gesellschaft. Aber endlich wird kein Stoff gemein und niedrig genug mehr sein, um ihn literarisch zu verarbeiten, und dann wird auch diese Zeit mit ihrem niederen Genuß ein Ende nehmen.

L. K.

Der Realismus Gustave Flauberts

Flaubert hat sich vor fünf Jahren die literarischen Sporen durch seine »Madame Bovary« verdient, ein psychologischer Roman, in welchem sich der Verfasser als einen in der Wolle gefärbten Realisten zeigte. Seit jener Zeit hat er nichts von sich hören lassen, sondern unausgesetzt an dem erstgenannten Werke gearbeitet, in welchem man ebenfalls eine Schilderung moderner sozialer Zustände erwartete. Wie groß aber war die Überraschung des Publikums, in »Salammbô« die Tochter des Hamilkar Barkas und in dem sehr dickleibigen Bande die Zustände Karthagos zur Zeit dieses Feldherrn geschildert zu finden! Flaubert hat die Stelle des Polybius, in welcher der Aufstand der karthagischen Söldlinge beschrieben wird, als Vorwurf seines Romans benutzt. Die Heldin desselben, Salammbô, ist die Tochter Hamilkars und folglich die Schwester Hannibals; sie ist eine Art Judith, die ins feindliche Lager, ins Zelt des Heerführers Matho geht, um sich des Schleiers der Göttin Tanit, des Palladiums Karthagos, das dieser geraubt, wieder zu bemächtigen. Die Handlung ist Null. Der Verfasser hat in Bezug auf eine kunstvolle Schürzung und motivierte Lösung eines Knotens seine Phantasie nicht angestrengt, das Werk besteht fast ausschließlich aus sehr detaillierten Schilderungen der Sitten und Gebräuche der Karthager, aus sehr genauen Beschreibungen der Stadt Karthago und deren Umgegend. Flaubert kennt z. B. die karthagische Küche so genau, daß er von der Zubereitung jeder Speise, jeder punischen Sauce so ausführlich spricht, als hätte er jahrelang mit großem Eifer phönizische Kochbücher studiert; auch die Straßen und Sackgäßchen des alten Karthago kennt er so gut wie die Straßen und Sackgäßchen des Quartier latin. Nun weiß jedermann, daß selbst die gelehrtesten Altertumsforscher von dem alten Karthago so gut wie gar nichts wissen, daß diese Stadt fast spurlos verschwunden ist, und daß die schriftlichen Monumente, die wir von den Karthagern besitzen, kaum zwei Dutzend Zeilen einnehmen würden. Aus welcher unbekannten Quelle hat nun Hr. Flaubert geschöpft, daß er mehr weiß als die gelehrtesten Altertumsforscher, daß er in seinem Roman die in Schutt begrabene Stadt so leicht aufbaut, wie man in dem heutigen Paris ein Boulevard oder ein Square errichtet? In welchen Schriftstellern hat er die Details über die Toilette der karthagischen Mädchen gelesen und wo hat er gefunden, daß die Karthager die Gesichter gewisser Götzenbilder wie wir den Reisbrei mit Zucker und Zimt bestrichen? Wo hat er dies und noch tausend andere Dinge gefunden, von denen bis auf den heutigen Tag die scharfsinnigsten Archäologen sich nichts träumen ließen? – Das große Publikum und viele Feuilletonkritiker waren über die stupende Gelehrsamkeit Flauberts um so mehr erstaunt, als derselbe sich im genannten Roman häufig griechischer und hebräischer Wörter zur Bezeichnung der gewöhnlichsten, alltäglichsten Dinge bedient; die Gelehrten von Fach wissen aber recht gut, daß Flauberts archäologische Kenntnisse nicht weit her sind, daß er die hebräischen Vokabeln nicht immer richtig anwendet, daß er nicht die geringste Kenntnis der semitischen Sprachen besitzt. Indessen wäre gegen dies alles nichts einzuwenden, wenn »Salammbô« ein fesselndes Buch wäre. Leider ist es aber höchst langweilig und abstoßend zugleich. Flaubert gehört nämlich zu jenen Realisten, die sich in den Schilderungen des Furchtbaren, des Widerwärtigen, ja des Ekelhaften am meisten gefallen. Er ist der Sohn eines Chirurgen, und er selbst hat, wenn ich nicht irre, Medizin und Chirurgie studiert. Es scheint nun, daß ihm nichts mehr Freude macht, als von ekelhaften Krankheiten, von eiternden Wunden, von Grind und Aussatz zu sprechen. Flauberts Muse wohnt nicht auf dem Helikon, sondern in der Klinik. Das ist eine Poesie des Lazaretts, im höchsten Grad unerquicklich für jeden, der in poetischen Produktionen etwas anderes sucht als eine fieberhafte Aufregung.

ANONYM

Realismus in der französischen Malerei

Die alten Niederländer sahen in den Gemälden ihrer Meister ihre Sitten, ihre Trachten, ihre Gegenden, ihre Mitbürger, ihre Familien abgebildet, und zwar so, wie sie diese Gegenstände abgebildet sehen mochten: fleißig behandelt, harmonisch in Farbe, pikant durch das Helldunkel, launig, drollig; das gab ihnen das besondere Interesse und den eigentümlichen Wert. Wir haben freilich eine andere Bildung als die alten Niederländer. Das Plumpe, das Gemeine, das Gewöhnliche gefällt uns nicht. Aber in gewissem Betracht sind wir noch den Niederländern ähnlich. Hat man doch unlängst in Frankreich das Extrem der Natürlichkeit zu einem förmlichen System erhoben und mit dem Namen »Realismus« getauft! Wer dabei etwas Neues vermuten wollte, würde sehr irren. Zufolge des neuesten Sprachgebrauchs versteht man darunter diejenige Kunstrichtung, welche nicht allein ihre Formen, sondern selbst die Gegenstände ihrer Auffassung und Darstellung in den gewöhnlichen Erscheinungen der Wirklichkeit aufsucht. Nach dieser Darstellung ist die Natur ohne Zutun des Menschengeistes etwas Fertiges und Vollendetes, welches die Kunst geradeaus, sozusagen roh, zu sich nehmen könne, gelagert um einen goldenen Tisch, besetzt mit der reichlichsten Nahrung, so daß sie unter dem gesegneten Überfluß nur für hinlänglichen Appetit zu sorgen habe. Gleicher Ansicht waren zu Anfang des 17. Jahrhunderts die italienischen Künstler, als sie die Nachahmung der Natur grundsätzlich der Nachahmung der Antike entgegenstellten, die mit den Zeiten der Caracci förmliches Prinzip geworden und später durch Poussin in die Kunsttheorie der Franzosen überging. Die beiden Parteien gaben sich bezeichnende Namen ihrer Tendenzen oder Prätentionen; sie nannten sich Idealisten und Naturalisten. Den letztern hängt in der Kunstgeschichte ein übler Ruf an; man denkt dabei an Caravaggio und seinesgleichen, deren Geschlecht auch jetzt noch nicht ausgestorben ist. Die heutigen französischen Realisten sind die damaligen italienischen Naturalisten. In Neapel verfochten Riberas raufllustige Schüler ihre Sache mit blankgezogenem Hieber gegen Domenichinos friedfertigere Anhänger. In Paris ist man heutzutage in Kunstsachen nicht so kriegerisch gesinnt, und der Streit wird bloß mit dem Pinsel, gelegentlich auch mit der Feder ausgefochten; aber die Theorie ist dieselbe, und in der Praxis besteht nur der Unterschied individueller Begabungen.

Gustave Courbet, der zuerst den Namen »Realist«, nachdem andere ihm denselben aus Hohn beigelegt, für sich in vollem Ernst annahm und als Kokarde an seinen Hut steckte, ist nicht dieser Meinung; er hält sich für den einzigen Maler auf der Welt, dem es, wenn auch nicht zuerst eingefallen, doch geglückt sei, wirkliche Natur mit treuem Auge und treuer Hand wiederzugeben: eine verzeihliche Täuschung der Autoreitelkeit. Seine Vorgänger im Realismus meinten auch bloß bei der Natur zu bleiben, wollten nicht mehr als diese schildern und drückten sie doch auf eine ganz verschiedene Art aus. Der ebengenannte Ribera z. B., wenn er seine Modelle geradezu von der Straße aufraffen und ein Hökerweib zu einer Madonna, einen Bettler zu einem Apostel oder Märtyrer verwendete, erreichte durch schroff entgegengesetzte helle und dunkle Massen, frappant angelegte Wirkung, ungemein kräftige Rundung und kecken Bravourvortrag ein von der Natur ebenso weit entferntes Resultat als Leonardo da Vinci oder Raffael. Seine Gemälde versinnlichen ein Ideal wüster und roher Leidenschaftlichkeit, wie es der Phantasie des Künstlers vorschwebte und seiner Gemütsstimmung, aber keineswegs der Wirklichkeit entsprach. Auf ähnliche Art herrscht in Courbets Bildern berüchtigter Sorte viel weniger ein gesunder grober Realismus als ein verschrobener, widerwärtiger und pöbelhafter Idealismus. Die gewöhnlichen Naturtypen genügen ihm nicht; er macht dabei eine Auswahl, aber im andern Sinne, und übertreibt absichtlich das Ordinäre. Eine gewisse triviale und platte, wirklich spezifische Gemeinheit ist das Charakteristische seiner Manier.

EMIL HOMBERGER

Gustave Flaubert

Ein berühmtes Bild von Rembrandt stellt einen Anatomen vor wie er vor seinen Zuhörern, jungen ernstblickenden Ärzten, den Leib einer Leiche geöffnet hat und die Eingeweide vorweist. Der Beschauer fühlt sich von dem Bilde zugleich gefesselt und abgestoßen; nachdem er es lange betrachtet hat, wendet er den Blick hinweg und atmet auf.
Das ist der Eindruck mit welchem man das neueste Buch des Verfassers der »Madame Bovary« liest, und aus der Hand legt.
Ob in Deutschland wohl je ein Roman wird geschrieben werden wie »Frau Bovary«, oder wie »Die empfindsame Erziehung«? Schwerlich! Gott sei Dank! wird mancher hinzusetzen. Doch eben weil durchaus nicht zu befürchten steht daß unsere deutschen Dichter in realistischer Darstellung zu weit gehen möchten, so hat es keine Gefahr sich klar zu machen was Büchern wie den Flaubertschen ihren eigentümlichen Wert und peinlichen Reiz verleiht. Mag dies immerhin nur Wert und Reiz einer anatomischen Lektion sein. Die Anatomie gehört allerdings nicht in die Kunst. Aber es hat noch keinem Künstler geschadet sich einmal in einem Sektionssaal umgesehen zu haben. Und so ist wohl auch etwas zu lernen bei einem Schriftsteller welcher die menschliche Seele präpariert wie einen Leichnam, sie mit schonungsloser Hand bloßlegt, mit scharfem Messer in Stücke schneidet, ihre innersten Windungen durchwühlt, ihre feinsten Fasern unter das Mikroskop bringt. Lebendige Wesen zu schaffen, das freilich wird der Anatom uns nicht lehren; aber wir können bei ihm etwas erfahren über die Knochen und Muskeln und Nerven, ohne welche kein lebendiges Wesen zu existieren vermag. Das ist schon der Mühe wert. [. . .]
Wie der Idealismus welcher den Boden der realen Welt verläßt zu luftiger Phantasterei wird, so sinkt der Realismus wel-

cher die Wirklichkeit, den Stoff, nicht durch das Ideal vergeistigt, zum plumpen Materialismus herab. Der Verfasser der »Madame Bovary« und der »Empfindsamen Erziehung« scheint uns interessant eben als vollendetes Muster eines materialistischen Dichters.

In der scharfen Beobachtung der sinnlichen Natur kann Flaubert nicht wohl übertroffen werden: kein feinster Unterschied der Farbe, des Geschmacks, der Härte, der Wärme, der elektrischen Spannung entgeht ihm. Und er ist keineswegs bloß Naturbeschreiber, er ist Chemiker, Anatom, Physiolog, und unterzieht seiner Analyse, seinem Mikroskop nicht bloß die physische, sondern auch die psychische Natur. Aber überall sieht er nur Atome, nicht Organismen – Kräfte, nicht Gesetze – von außen stoßende Mechanik, nicht innere Spontaneität. Er behandelt die lebendige Seele ganz so wie er den toten Leichnam behandelt. Im Sturme der Revolution gewahrt er nur die Explosion des eingezwängten Dampfes, in der ersten Liebe eines jungen Mädchens nur das dunkle Suchen der sinnlichen Begier. Diese Gleichstellung des Drukkes und des Triebes, des Triebes und der Empfindung, der Empfindung und der bewußten Handlung – was ist sie anderes als Mangel an moralischer Perspektive? Alles, Steine, Pflanzen, Möbel, Kunstwerke, Menschenherzen liegen für den Dichter nebeneinander auf gleicher Fläche, und darum beschreibt er sie alle gleich sorgsam, gleich treu und gleich teilnahmlos. Es gibt nichts Wichtiges in dieser unaufhörlichen Schilderung, welche sich immer auf demselben Plane fortbewegt, und nichts bleibt als zu unwichtig ungeschildert; der Spiegel welcher der Natur vorgehalten wird, hat keinen Brennpunkt, das Bild welches er spiegelt keinen Abschluß. Denn wo will der Realist Grenzen finden wenn das Ideal sie ihm nicht zieht? Und während das Ganze unbegrenzt bleibt, fehlt zwischen dem Einzelnen Zusammenhang und Verhältnis. Denn nur der Geist verbindet die Dinge und weist jedem seine Stelle an. Wo der Geist sich seiner gesetzmäßigen Führung begibt, da wandern wir aufs Geratewohl durch die

Unendlichkeit der Erscheinungen; der Zufall läßt uns der einen näher treten, und entzieht uns die andere. Diesen Eindruck des Zufälligen werden wir bei Flaubert nicht los. Wenn er diesen Gegenstand beschreibt, warum beschreibt er nicht auch jenen? Und wenn er uns ein Ding von der einen Seite zeigt, warum nicht auch von der andern? Nun ist es aber nur die Notwendigkeit welche die Gewißheit der Wahrheit gibt. Und so vermag Flaubert bei aller Genauigkeit des Einzelnen uns nicht die Überzeugung von der Wahrheit des Ganzen einzuflößen. [. . .]

Es wäre auffallend wenn der Welt des Realisten nicht auch sein Stil entspräche. Und in der Tat, wie seiner in Atome aufgelösten Welt, so fehlt auch seinem Stil »leider nur das geistige Band«. Flauberts Stil ist im Einzelnen stets klar, scharf, farbenreich, plastisch, strotzend von Sinnlichkeit – reich an Substantiven und Adjektiven, welche eben das Stoffliche der Sprache ausmachen, aber im Ganzen eintönig, kalt, ungegliedert, arm an Konjunktionen welche den Stoff ordnen, in Beziehungen bringen, ihm das Gesetz diktieren. Und wie der Dichter seines Realismus kein Ende findet in dem was er sagt, so auch nicht in der Form in welcher er es sagt. Wie alles Wirkliche, eben weil es wirklich ist, genannt, beschrieben, geschildert werden muß, so muß dies auch geschehen in den *wirklichsten* Ausdrücken. Der Dichter will ja Realität, keine Abstraktion geben. Könnte er, statt der Namen der Dinge, die Dinge selber vorführen, so wäre das ohne Zweifel noch viel besser. Doch da er sich nun einmal mit Namen behelfen muß, so seien es wenigstens die rechten, die eigentlichen, die wirklichen. Also kein Name der das Ding nur von weitem andeutete, der es verschönte oder verhüllte. Nein, je deutlicher, je rückhaltloser, je nackter das Wort ist, desto näher kommen wir dem Dinge selbst. So wird denn das nackteste Wort uns das Ding geradezu mit Händen fassen lassen? Nein, es wird uns nur daran erinnern daß sich doch noch ein nackteres finden ließe. Die Worte sind eben nicht die Dinge selbst, sondern deren ideale Bilder. Vergebens sucht das Bild die Wirklichkeit zu erreichen, die Kluft zwischen beiden ist unüberbrückbar. Indem das Bild sozusagen der Wirklichkeit nachläuft, ohne doch je Wirklichkeit werden zu können, werden wir nur an die Ohnmacht des Bildes erinnert; über dem eitlen Bemühen wirklich zu werden, wird es nur wirkungslos, während es, wenn es in seiner idealen Sphäre bliebe, wahr und deshalb wirksam zu sein vermöchte.

Diese Unwahrheit des Realismus ist es welche demselben mit Recht den Vorwurf der Unsittlichkeit zuzieht. Andernfalls verstünde sich nicht warum ein Dichter wie Flaubert unsittlich genannt zu werden verdiente, ein Dichter welcher keine unsittlichen Grundsätze aufstellt – denn er stellt überhaupt keine Grundsätze auf – der nicht das Laster preist und die Tugend verhöhnt – denn er hat sich alles Urteils begeben – der nicht geflissentlich das Edle für gemein, und das Gemeine für edel ausgibt, der aber in der Welt welche er schildert mehr Gemeines als Edles findet, und das Gemeine, statt es zu verschleiern, nackt und kahl vor Augen stellt. In der Welt mehr Gemeinheit als Adel zu finden, ist Pessimismus, allein der Pessimismus ist an sich so wenig sittlich oder unsittlich als der Optimismus. Gerade sehr frommen und reinen Seelen scheint die Erde ein Jammertal. Wenn solche Seelen sich inmitten des Jammers der Erde durch den Glauben an eine überirdische Herrlichkeit trösten, so mag das für ihre Glückseligkeit sehr viel bedeuten, aber sittlich ist daran nichts. Und wer diesen Trost nicht findet, ist darum nicht unsittlich. Eine Überzeugung hegen und aufrichtig bekennen, kann nie und nimmer für eine Unsittlichkeit gelten, so verkehrt auch die Überzeugung sein mag. Unsittlich ist: eine Überzeugung vorzugeben welche man nicht hegt. Und dies eben tut der Realist welcher uns eine von ihm selbst verstümmelte Natur als die ganze Natur darstellt, eine Natur aus der er den Geist gebannt hat – als gäbe es eine Natur ohne Geist, und als ob der Geist nicht auch Natur wäre.

In einer verfeinerten Gesellschaft pflegen gewisse Dinge nicht genannt zu werden von welchen eine rohe Gesellschaft ohne

Bedenken redet. Wenn ein Dichter der einer verfeinerten Gesellschaft angehört und zu einer solchen spricht, derartige Dinge nennt als ob er zu rohen Hörern spräche, so ist das unsittlich. Vergebens gibt der Dichter vor: er schildere die Wirklichkeit und schildere sie unverschleiert, um wahr zu schildern; niemand glaubt an diese Wahrhaftigkeit. Der Dichter kann nicht den Geisteszustand seiner Hörer und mindestens nicht seinen eigenen ignorieren. Er, der Sohn einer verfeinerten Welt, muß wissen daß, wenn er unverschleierte Wirklichkeit schildert, er in seinen Hörern etwas mehr als das Bild dieser Wirklichkeit, nämlich den Gedanken wachruft daß man von dieser Wirklichkeit nicht zu reden pflegt. Die Nacktheit ist an sich nichts unsittliches. Die ersten Menschen, solange sie ihrer Nacktheit unbewußt waren, schämten sich nicht. Erst als sie wußten daß sie nackt waren, wurde die Bekleidung ein Gebot der Sittlichkeit. Damit die Nacktheit in einer bekleideten Zeit nicht unsittlich sei, darf sie den Menschen nicht an den Stand der Tierheit erinnern, aus welchem er herausgetreten. Die Nacktheit der Venus von Milo ist nicht unsittlich, weil sie, als eine der innern Geistigkeit des Menschen entsprechende Idealisierung der äußern Gestalt, nicht an den rohen tierischen Trieb erinnert. Aber der Realist welcher die reale Nacktheit und nicht das Ideal darstellt, ist unsittlich, weil er zu einer Gesellschaft deren Bewußtsein sich im Gegensatz zur Tierheit befindet, so spricht als ob sie noch unbewußt innerhalb der Tierheit stünde.

Vergebens beruft sich der Realist auf sein Recht der Objektivität. Die echte Objektivität ist die welche nicht Grillen für allgemeine Wahrheit, Einbildungen für Gegenstände ausgibt. Aber eine Objektivität welche sich stellt als sei die ganze geistige und moralische Bildung der Menschheit nur Einbildung, ist eine Maske. Wohl preist Flaubert nicht das Laster und verhöhnt nicht die Tugend, aber er preist auch nicht die Tugend und verdammt nicht das Laster. Wohl gibt er nicht das Gemeine für edel, aber er gibt auch nicht das Edle für edel, sondern gebärdet sich als verstehe er überhaupt nicht was diese Ausdrücke bedeuten. Diese Gleichgültigkeit ist unwahr, denn sie ist unmenschlich. »An sich ist nichts weder gut noch böse erst das Denken macht's dazu«, sagt Hamlet. Ja wohl! wenn nur der arme Grübler sich des Denkens überheben könnte. Flaubert will die Dinge an sich darstellen. Unmöglich! Er ist Mensch, und als Mensch denkt er, als Mensch muß er gut gut, und böse böse nennen; andernfalls ist er außerhalb der menschlichen Wahrheit, und außerhalb der menschlichen Wahrheit zu sein ist keinem Menschen gegeben. Nur Gott schwebt über den Gewässern.

Und in der Tat täuscht der Realist mit seiner scheinbaren Objektivität nur sich selbst. Er glaubt parteilos zu sein, und ergreift Partei für die Sinnlichkeit gegen den Geist, für den Zufall gegen das Gesetz, für das Verhängnis gegen die Freiheit. Er zeigt keine Teilnahme an seinen Geschöpfen; gleichgültig läßt er Madame Bovary, Salammbô, Frédéric Moreau die widerstandlosen Opfer der Umstände und ihrer Nerven werden; doch es ist kein Zufall daß er immer nur solche lediglich leidende, rezeptive, jeder Selbsttätigkeit unfähige Charaktere schafft – er zeigt dadurch daß er nur solche Charaktere zu schaffen weiß. Er selbst ist ein dichterischer Frédéric Moreau von unendlich feiner Sinnlichkeit, der aber über die Reproduktion des Sinnlichen nicht hinausgelangt. Gesetzt auch er überredete uns daß es in der wirklichen Welt nur solche Charaktere gebe, so löst er doch nicht das Rätsel warum unserm Geist noch ganz andere Gestalten vorschweben, Gestalten die uns um ihrer Tätigkeit, Kraft und Freiheit willen so sehr viel interessanter dünken. Er will uns volle Wirklichkeit geben, und wir fühlen daß er uns nur die halbe Wahrheit gibt, daß seine Welt nur eine Welt niedern Grades ist, und daß ihn die Schwäche seiner Augen hindert eine höhere Welt wahrzunehmen. So wird der des Ideals bare Realismus subjektiv beschränkt, und dadurch unwahr, gerade wie der die Wirklichkeit verachtende Idealismus. Dieser verzerrt die Natur, und jener zerstückt sie. Der eine sinnt Mißdeutungen aus welche nicht lebensfähig sind, der andere zerschneidet Leichen, und wähnt so das Geheimnis des Lebens zu ergründen; der eine gibt die Fratze, der andere den formlosen Stoff für das wahre Abbild der Natur aus.

MORIZ CARRIERE

Der französische Roman

Im Roman ragt Flaubert hervor durch die Verbindung von photographisch genauer Auffassung der Wirklichkeit und ihrer kaltblütigen scharfen Analyse verbunden mit einem lyrischbewegten farbenprächtigen Stil; während er das schneidige Seziermesser handhabt, das Platte, Gewöhnliche, und mit Vorliebe das Dumme unbarmherzig treu darstellt, huldigt er dem Ideal durch die Harmonie der plastisch klaren, musikalisch wohllautenden Sprache. Wenn uns Madame Bovary in eine normännische Provinzialstadt der Gegenwart, Salammbô in das Karthago Hamiltons [sic!] einführt, so ist die Übereinstimmung der Charaktere, der Sitten, der Gewohnheiten, der Religion mit den Äußerlichkeiten der Umgebung, dem Klima, dem Boden bewundernswert; das sorgsamste Detailstudium ist mit dichterischer Gestaltungskraft verwertet. In andern Werken verhüllt das Kostüm das Herz, die natur- und kulturgeschichtliche Gelehrsamkeit überwiegt das Seelenhafte, die allgemein menschlichen Motive. Flaubert will den Bund von Wissenschaft und Dichtung; die Äschylos, Dante, Goethe und Schiller haben denselben für ihre Zeit geschlossen; Wissenschaft war bei ihnen vornehmlich die philosophische Weltanschauung, bei Flaubert ist sie die Detailkenntnis des Tatsächlichen, ist sie der Positivismus, der nur das Sinnenfällige für das Reale nimmt, die Ideale für Illusionen erklärt, und so ermangelt sie des innern Einheitspunktes mit der Kunst, die das Seinsollende als seiend darstellt und im Sichtbaren das Ewige veranschaulicht. Verstand und Gemüt verschmelzen nicht in seelenvoller Innigkeit, Wissenschaft und Poesie vermögen einander nicht zu befruchten, wenn sie nicht im gemeinsamen Lebensgrunde des Göttlichen ursprünglich eins sind, nicht das gemeinsame Ziel des Idealismus haben. In Flauberts »Versuchung des heiligen Antonius« liegt der rechnende, Alphabete zeichnende Sphinx unbeweglich, während die Chimäre ihn umschwirrt. Der Sphinx ruft: »O Phantasie, erhebe mich auf deinen Flügeln aus meiner tödlichen Langeweile heraus.« Und die Chimäre antwortet: »Du Unbekannte, ich bin in deine Augen verliebt, wie eine brünstige Hyäne kreise ich um dich, o umarme mich, befruchte mich!« Der Sphinx erhebt sich, aber die Chimäre entflieht, aus Schrecken unter dem Steingewicht zerschmettert zu werden. »Unmöglich!« seufzt der Sphinx, und versinkt in den tiefen Sand. – Mit Recht sieht Georg Brandes in dieser Szene das letzte Bekenntnis Flauberts, seine erstickte Klage über das Gebrechen seines ganzen Lebenswerks. Die Ursache davon aber liegt in dem Mangel jener ursprünglichen Harmonie des Geistes, liegt in der Trennung von Kopf und Herz, in der Verwechselung der gelehrten Kenntnis des Besonderen mit der auf den Weltzusammenhang gerichteten Wissenschaft, welche keineswegs die Ideale der Menschheit für Lug und Trug erklärt, sondern in der Wirklichkeit das Vernünftige begreift, das Gute, Schöne als das zu verwirklichende Wahre versteht und darstellt. Dann tut sie dasselbe wie die Poesie; und diese ist dann keine Chimäre, sie ergötzt dann nicht bloß mit schillernden zerplatzenden Seifenblasen das Auge, sondern erhebt die Seele durch bleibende Gebilde welche den Kern und Wert des Lebens veranschaulichen.

Emil Zola, ein großes Talent packender Darstellung, macht ebenfalls die gründliche Beobachtung der Realität zur ersten Aufgabe des Romans, aber seine Welt ist allzu sehr die Schnapskneipe und das Bordell, und er redet die Sprache der

Versoffenen, der Dirnen mit lexikalischer Genauigkeit. Er ist wahr, aber für eine Sphäre die keineswegs die von ganz Frankreich, geschweige der Menschheit ist; und damit wird er unwahr; er vergißt daß es neben dem Gestank der Kloaken auch Rosengärten und grüne Wälder, neben der Verkommenheit und Liederlichkeit auch berufstreue Arbeit, opferfreudige Liebe und Seelenadel gibt. Er will die Verdorbenheit des zweiten Kaiserreichs schildern das sein geschichtliches Gericht gefunden hat; wird er die Energie des Landes gegenüberstellen, das auch geschlagen seine Heere von neuem organisierte und seine Ehre rettete, das auch aus tausend Wunden blutend durch Einsicht, Fleiß und Geschmack bald wieder die Völker zum friedlichen Wettkampf der Industrie und Kunst einladen konnte?

RUDOLF GOTTSCHALL

Der photographische Zeitroman in Frankreich. Eine Studie

Neben dem naturalistischen Roman, dessen Apostel in Theorie und Praxis Emile Zola ist und der seine Löwenkrallen mit der größten Unerschrockenheit in »Nana« herausstreckt, hat sich in Frankreich als eine Abzweigung dieser Hauptgattung ein Romangenre entwickelt, das wir am treffendsten wohl als den »photographischen Zeitroman« bezeichnen. Wenngleich Zola besonders in seinen Romanen »La curée« und »Son Excellence Eugène Rougon« Werke geschaffen hat, welche zu diesem Genre zu rechnen sind, so ist doch nicht er, sondern ein ihm an Talent sehr überlegener Autor, Alphonse Daudet, in seinen drei neuesten Romanen: »Le Nabab«, »Les rois en exil« und »Numa Roumestan«, der Hauptvertreter dieses photographischen Zeitromans. [...]

Der Zeitroman kann sich ganz auf dem Gebiet freier Erfindung bewegen; dann gibt unser Kulturleben ungezwungen den Hintergrund dazu her: das Leben der verschiedenen Stände, die Konflikte der Meinungen und Vorurteile, vorzugsweise aber die psychologischen Entwickelungen in den Tiefen des Gemüts. Allen diesen Vorgängen auf dem Gebiete des Privatlebens leuchtet die Sonne des 19. Jahrhunderts; es bedarf dazu keiner besondern Beleuchtungseffekte; wie wir selbst, so wandeln auch die Personen der Romane in ihrem Lichte, und so viele Fehler dieselben sonst aufweisen mögen, der Anachronismus wird nicht dazu gehören. Einen Schritt weiter geht der Zeitroman, wenn er ganze soziale Klassen schildert, wie dies in den Hauptromanen von Eugène Sue der Fall ist, die aber nirgends den Bereich freier Erfindung verlassen und mit keinerlei Porträtmedaillons den Fries ihrer Contes bleus unterbrechen. [...] Tritt aber eine derartige Episode in den Vordergrund, nimmt sie gar einen größern Raum ein oder besteht ein ganzes Werk nur aus einer Mosaik solcher der Zeitgeschichte entliehener Motive, Vorgänge und Charaktere mit unzweideutiger Bezeichnung der handelnden Personen mit ihrem ganzen Namen, so erhalten wir den »photographischen Zeitroman *ohne Retouche*«. [...]
Das Gefühl der poetischen Unzulänglichkeit solcher Darstellungsweise hat jedenfalls den in England, besonders aber in Frankreich zur Herrschaft gelangten »photographischen Zeitroman *mit Retouche*« hervorgerufen, eine ganz eigentümliche Romanform, deren Wesen in der Mystifikation beruht. Die Offenherzigkeit des Zeitungsromans ist in Acht und Bann getan; hier werden nicht die Persönlichkeiten und größern Namen offen ausgespielt, sondern sie erscheinen in einer Maske und lassen sich erraten. Sie sind es und sind es wieder nicht, je nachdem es dem Dichter beliebt; er hat keine Verantwortlichkeit gegenüber dem Original, das er sich ja für seine Porträtstudien zurechtmacht und zurechtrückt: er stiehlt sich einzelne Züge von ihm, gibt zum Gesicht ein anderes Kostüm oder zum Kostüm ein anderes Gesicht. So

wahrt er sich seine poetische Freiheit und läßt auch die Zeitgeschichte im blauen Duft des Märchens erscheinen. In ästhetischer Hinsicht frei und ungebunden, übernimmt er aber eine Verantwortung gerade der Zeitgeschichte und ihren feststehenden Daten gegenüber. Auch diese Behandlungsweise gewinnt etwas Schielendes, was den Leser beunruhigt; denn da jedes Genealogische Taschenbuch die Fürsten und Prinzen aller Höfe auf das genaueste angibt, da man aus den Zeitungen und den aus ihnen entnommenen Darstellungen der neuern Geschichte nicht bloß bis auf das Jahr, sondern auch bis auf den Tag die Dauer eines jeden einzelnen Ministeriums an den Fingern herzuzählen weiß: wo in aller Welt ist der Platz für Phantasiefürsten und Phantasieminister, die ihre Kronen und ihre Portefeuilles gleichsam nur aus dem Tintenfaß des Romanciers schöpfen? Der sachliche Tic läßt dem Leser keine Ruhe; er vergleicht die Daten des Romans mit den Daten der Geschichte: wenn sie übereinstimmen, so läßt er sich allenfalls die vorgenommene Maske des Romanhelden gefallen; stimmen sie aber nicht überein, so ist er nicht abgeneigt, der Phantasie des Autors eine geschichtliche Fälschung schuld zu geben: mindestens beunruhigt ihn das Phantasiegebilde, das sich wie ein buntbeleuchtetes Dunstgewölke verhüllend über die klaren Umrisse bekannter Persönlichkeiten und Örtlichkeiten legt. Selbst bei den liberalsten Zugeständnissen an das Recht der freien Erfindung, mit den Dingen und Personen dieser Welt so ungeniert wie möglich umzuspringen, wird bei dem Leser ein Rest von Unbefriedigung zurückbleiben, der immer aus einem ungelösten Rätsel hervorgeht oder aus einem Schachproblem, das mehrere Nebenlösungen zuläßt.
[...]

Der photographische Roman Daudets wählt sich öffentliche Charaktere, politische Typen aus; doch auch im Privatleben findet die Photographie der Naturalisten eine reiche Ausbeute und wie weit sie in dem sogenannten Aufgreifen der Existenzen gehen kann, das bewies der Prozeß, welcher gegen Zola Mitte Februar dieses Jahres von dem Juristen

Duverdy geführt und gewonnen wurde. In seinem damals im »Gaulois« erschienenen Roman »Pot-Bouille« hatte *Emile Zola* einen Juristen gleichen Namens und gleichen Standes, der überdies in jener Gegend wohnte, in welcher das Haus des brodelnden Kochtopfes liegt, mitspielen lassen. Die Klage beim Gericht wurde zu Zolas Ungunsten entschieden; er wurde verurteilt, den Namen Duverdy aus dem Romane zu entfernen und für jeden Tag des Verzugs 100 Frs. zu zahlen. Duverdy verwandelte sich dann in Duveyrier, und dagegen hatte das Gericht nichts mehr einzuwenden. Eine lebende Person noch dazu mit Angabe von Stand und Wohnung in einem Roman auftreten zu lassen: das heißt doch das Recht der Photographie mißbrauchen. Gerade den Namen zu ändern war ihm so leicht: es zeugt eben von der brüsken Brutalität Zolas, daß er die Lebenden beim Schopf oder mindestens beim Rockschoß faßt und sie ohne weiteres in seinen Roman hineinzerrt. Wir wissen zwar nicht, wie weit sich die Erlebnisse des Klägers mit denen der Romanfigur decken. Vielleicht ist dies gar nicht der Fall, dann war der Eklat um so überflüssiger; ist dies aber der Fall, so geht die Photographie in das Pasquill über und die Wirkung ist nicht auf die Dichtung, sondern auf den Skandal berechnet.

VII. *Gattungsdiskussionen*

KARL GUTZKOW

Der Roman des Nebeneinander

Ich glaube, daß der Roman eine neue Phase erlebt. Er soll in der Tat mehr werden, als der Roman von früher gewesen. Der Roman von früher, ich spreche nicht verachtend, sondern bewundernd, stellte das *Nacheinander* kunstvoll verschlungener Begebenheiten dar. Oh, diese prächtigen Romane mit ihrer klassischen – Unglaubwürdigkeit! Diese herrlichen, farbenreichen Gebilde – des Falschen, Unmöglichen, willkürlich Vorausgesetzten! Denn wer sagte euch, ihr großen Meister des alten Romans, daß die im Durchschnitt erstaunlich harmlose Menschenexistenz gerade auf *einem* Punkte soviel Effekte der Unterhaltung sammelt, daß sich ohne Lüge, ohne willkürliche Voraussetzung, alle Bedingungen zu eurem einzigen behandelten kleinen Stoff so zuspitzen konnten? Die seltenen Fälle eines drastischen *Nacheinanders* greift im Grunde nur das Drama auf. Sonst aber – lebenslange Strecken liegen ja zwischen einer Tat und ihren Folgen! Wieviel drängt sich nicht zwischen einem Schicksal hier und einem Schicksal dort! Und ihr verbandet das alles so rasch? Ihr warft das, was dazwischenlag, sorglos beiseite? Der alte Roman tat das. Er konnte nichts von dem brauchen, was zwischen seinen willkürlichen Motiven in der Mitte liegt. Und doch liegt das ganze Leben dazwischen, die Zeit, die Wahrheit, die Wirklichkeit, die Widerspiegelung, die Reflexion aller Lichtstrahlen des Lebens, kurz das, was einen Roman, wenn er eine Wahrheit aufstellte, fast immer sogleich widerlegte und nur *eine* Tatsache gelten und siegen ließ, die alte Wahrheit von – unwahrer, erträumter *Romanenwelt*!

Nein, der neue Roman ist der Roman des *Nebeneinander*. Da liegt die ganze Welt –! Da begegnen sich Könige und Bettler –! Die Menschen, die zu einer erzählten Geschichte gehören, und die, die ihr *eine widerstrahlte Beleuchtung* geben. Der Stumme redet da auch, auch der Abwesende spielt mit. Das, was der Dichter sagen, schildern will, ist oft nur das, was zwischen zwei seiner Schilderungen als ein Drittes, nur dem Hörer Fühlbares, *in Gott Ruhendes*, in der Mitte liegt. Nun fällt die Willkür der Erfindung fort. Kein Abschnitt des Lebens mehr, der ganze runde, volle Kreis liegt vor uns; der Dichter baut eine Welt oder stellt wenigstens seine Beleuchtung der der Wirklichkeit gegenüber. Er sieht aus der Perspektive des in den Lüften schwebenden Adlers herab und hat eine *Weltanschauung*, neu, eigentümlich. Leider ist es eine polemische. Thron und Hütte, Markt und Wald sind zusammengerückt und bekämpfen sich. Resultat: Durch diese Behandlung kann die Menschheit aus der Poesie wieder den Glauben und das Vertrauen schöpfen – *daß die Erde von einem und demselben Geiste regiert wird.*

GUSTAV FREYTAG

Deutsche Romane

Wenn man die deutschen Romane, welche Leben und Zustände moderner Menschen darzustellen beflissen sind, in Bausch und Bogen übersieht, so muß man zunächst mit Verwunderung fragen, weshalb so gar wenig von dem Leben der Gegenwart darin zu finden ist.

Ist denn in der Tat das Leben um uns herum so arm an interessanten Gestalten, an erschütternden Begebenheiten, ja auch an großartigen Leidenschaften? Überall, – in fast jedem Kreise menschlicher Tätigkeit, in jeder Gegend des Vaterlandes, strömt trotz allem und allem das Leben doch immer so reichlich und so energisch, daß es einem Menschen, der Darstellungstalent hat und sich die Mühe nehmen will, das Leben selbst kennen zu lernen, nie und nirgend an den interessantesten Anregungen, Eindrücken und Motiven fehlen kann. Grade heraus, was uns fehlt, sind nicht die Bilder des Lebens, welche der Dichter zu verarbeiten hat, sondern die Dichterkraft, Augen, welche das Leben anzusehen wissen, Bildung, welche dasselbe versteht und Schönheitssinn, der dasselbe zu idealisieren weiß. Wenn doch nur einer von all den Romanen, welche im letzten Jahr in Deutschland geschrieben sind, uns das tüchtige, gesunde, starke Leben eines gebildeten Menschen, seine Kämpfe, seine Schmerzen, seinen Sieg so darzustellen wüßte, daß wir eine heitere Freude daran haben könnten. Wir haben doch in der Wirklichkeit eine große Anzahl tüchtiger Charaktere unter unsren Landwirten, Kaufleuten, Fabrikanten u.s.w., deren Lebenslauf und Verhältnisse dem, der sie kennen lernt, das höchste menschliche Interesse einflößen; warum haben wir keinen Dichter, der Analoges für ein Kunstwerk verarbeitete? Und diese großen Kreise menschlicher Tätigkeit selbst, der Landbau, der Handel, die Industrie, bilden die Grundlage für so unzählig viele höchst interessante und auffallende Beziehungen der Menschen zueinander, für die erschütterndsten Leidenschaften und die allermerkwürdigsten Verwickelungen; warum haben unsre Dichter keine Feder, uns solche Erscheinungen der Wirklichkeit mit künstlerischer Wahrheit und Schönheit darzustellen? Die Antwort darauf ist leider, weil unsre Romanschriftsteller in der Mehrzahl sehr wenig, ja zuweilen so gut wie nichts von unsrem eigenen Leben, von dem Treiben der Gegenwart verstehen. Selbst J. Gotthelf wäre mit all seiner Gestaltungskraft nicht im Stande, seine Bilder zu schreiben, wenn er nicht jahrelang unter den Bauern gelebt, ihren Haushalt, ihre Tätigkeit, ihre Freuden und Leiden bis ins kleinste Detail kennengelernt hätte.

Die meisten unsrer deutschen Dichter nehmen sich die Freiheit, das Treiben der Gegenwart zu schildern, ohne die Tätigkeit der Menschen, welche sie darstellen wollen und den Einfluß, welchen diese Tätigkeit auf Gemüt und Anschauungen hat, hinreichend zu kennen. Sie suchen das Poetische immer noch im Gegensatz zu der Wirklichkeit, gerade als wenn unser wirkliches Leben der Poesie und Schönheit bar wäre, und doch ist in dem Leben jedes praktischen Landwirts, jedes Geschäftsmannes, jedes tätigen Menschen, welcher bestimmte Interessen mit Ernst und Ausdauer verfolgt, mit der Ausübung seiner Tätigkeit viel mehr poetisches Gefühl verbunden, als in den Romanen zu Tage kommt, in welchen unsre Dichter schattenhafte Helden in den allerunwahrscheinlichsten Situationen dem wirklichen Leben wie ein Gegenbild gegenüberstellen. Und deshalb sollte Jeder, welcher Romane schreiben will, sich zuerst doch die kleine Mühe geben, selbst ein tüchtiger Mann zu werden, das heißt, in irgendeinem Kreise menschlicher Interessen heimisch, durch eine ausdauernde und männliche Tätigkeit in die große Kette der kräftigen Menschen als ein nützliches Glied eingefügt. Als W. Scott anfing, seine Romane zu schreiben, war er selbst schon lange Gutsbesitzer, Landbauer, Jäger, Kommunal-Beamter seines Bezirkes, nebenbei freilich auch gelehrter Altertumsforscher und Literarhistoriker. Und durch eine Reihe von Jahren hatte er mit all den Urbildern seiner Gestalten, in den Landschaften, welche er schildert, unter den historischen Erinnerungen, welche er für die Kunst lebendig machte, in Wirklichkeit verkehrt, hatte sich selbst kräftig und tätig gerührt. Daher ist auch Männerarbeit geworden, was er geschrieben hat, eine Freude und Erquickung für die Besten seines Volkes und die Gebildeten aller Völker. Unsere Romanschriftsteller pflegen – sofern sie keine Damen sind –, sich sehr früh zu dem Stande der Literaten zu zählen, und ihren Lebensberuf im Romanschreiben zu suchen, bevor sie tüchtig geworden sind, irgendeinen andern zu finden. Die Jahre ihrer blühenden Jugend bringen sie in der Regel ohne eine andre dauernde und würdige Tätigkeit hin, in einem Wechsel von sanguinischen Spannungen und schlaffen Genüssen, isoliert von den großen Strömungen unsres Lebens, noch glücklich, wenn sie durch Familienverbindungen oder persönliche Eigenschaften für ihre Freistunden die Reize einer heitern Geselligkeit gewinnen, welche ihnen als die schöne Insel im Ozean der Glückseligkeit zu erscheinen pflegt. Das Geplauder am Teetisch, kleine Gefühlsabenteuer mit Mädchen oder jungen Frauen, Zänkereien mit ihren Kameraden und eine studentische Verachtung spießbürgerlicher Prosa sind die Eindrücke, welche sie in ihren Romanen verarbeiten. Zu diesen kommen bei einem oder dem andern Reminiszenzen aus der Jugendzeit, das Dorf, die kleine Stadt, enge Familienverhältnisse, in denen sie aufgewachsen sind, hier und da Reise- und literarische Bekanntschaften und die große Masse der destillierten Empfindungen und Anschauungen, welche sie durch eine wahllose Lektüre aller möglichen andern Romane gewinnen. Aus solchen Reminiszenzen wird ein erster, ein zweiter Roman zusammengeschrieben, vielleicht zeigt sich eine jugendliche Kraft darin, vielleicht sind es auch nur Zufälligkeiten des Stoffes, welche das hungrige Publikum unsrer schlechten Lesebibliotheken anlocken. Ein gewisser kleiner Ruf wird gewonnen, die buchhändlerische Spekulation bemächtigt sich des jungen Dichters und treibt ihn zu neuem Schaffen, wenn dies nicht schon die Geldnot, der gemeine Zwang der äußeren Verhältnisse tut. So entsteht ein Produzieren ohne besondre Berechtigung. Die wenigen lebhaften Eindrücke und Anschauungen, welche das eigene Leben gegeben hatte, sind schnell verarbeitet, die feste, respektable Stellung in der bürgerlichen Gesellschaft fehlt, welche dem Menschen regelmäßige Pflichten und innern Halt am ersten gibt, und am besten ein regelmäßiges Einströmen gesunder Anschauungen und neuer Eindrücke vermittelt, und so wird die Darstellung flüchtig, skizzenhaft, die Erfindung schwächlich oder abenteuerlich, der Stil bleibt ungebildet wie der Charakter. Das ist das traurige Schicksal der meisten deutschen Romanschriftsteller. Das ist auch der Grund, weshalb wir fast gar keine gute, und so sehr viele schlechte Romane zu lesen verurteilt sind.

Ob der gegenwärtige Zustand unsrer Bildung und des deutschen Lebens vorzugsweise geeignet ist, gute Romandichter hervorzubringen, läßt sich allerdings bezweifeln, vor allem deshalb, weil gerade jetzt auch dem Leben der Besseren ein Teil von dem Behagen fehlt, ohne welches das schöne Schaffen undenkbar ist. Aber daß unsre Romanschriftstellerei – immer im Ganzen betrachtet – schlechter als mittelmäßig ist, daran tragen die Schaffenden allein die Schuld, und vergebens suchen sie diese auf ungünstige Verhältnisse des Vaterlandes, auf die Prosa des Lebens, auf die Industrie der Buchhändler und die Rohheit des großen Lesepublikums zu wälzen.

Ferner aber ist merkwürdig, mit welcher Beharrlichkeit sich eine andere Abteilung unsrer Romanschriftsteller fern von der uns umgebenden Welt in dem kleinen und monotonen Gebiet der idyllischen Dorfgeschichten umhertreibt. Man konnte vor einigen Jahren glauben, daß dieses Genre überwunden sei, es lebt jetzt in den Jahren der Reaktion in einer Masse von Romanen, Novellen, Skizzen u.s.w. wieder auf; bei vielen Symptom einer mit sich selbst unzufriedenen Bildung, welche gerade Verstand genug hat, einzusehen, daß es ihr fehlt, aber nicht Kraft genug, dieses Fehlende zu erwerben. Das Schlimme ist nur, daß diese jungen Flüchtlinge aus dem Kulturleben der Zeit ihre Verstimmung und Schwäche auch auf diesem Gebiete der Stoffe nicht loswerden. Über die relative Berechtigung von Dorfgeschichten ist schon früher die Rede gewesen. Wo eine geniale Kraft, wie Jeremias Gotthelf, oder ein feines Talent, wie Auerbach, etwas Erfreuliches schaffen konnte, da ist deshalb noch nicht für jeden ein Geschäft zu machen, am wenigsten dann, wenn unsre Dichter uns das starke und gesunde, aber immerhin beschränkte und enge Leben des Bauernstandes durch eine schlechte Zutat von Sentimentalität verderben. Wohl ist der Stand des Landmanns der große Quell, woraus sich fortdauernd neue Familienkraft erhebt, welche in alle Rinnen des Volkslebens hineinfließt und überall neues Wachstum hervorbringt. Aber es ist sehr bedenklich, das beschränkte Leben dieses Standes, in zierlicher poetischer Verklärung dem Leben der Gebildeten, dem modernen Leben als ein Ganzes von schöner Einfachheit, ein Ideal von Kraft gegenüber zu stellen. Denn es ist die größte Gefahr vorhanden, dabei unwahr, maniriert, zuletzt langweilig zu werden. Aber diese Gefahr droht doch nur den besten Idyllenschreibern. Die meisten kommen nicht über das Ausmalen der Staffage heraus, oder über das Zusammenreihen einzelner Züge, welche der Wirklichkeit abgelauscht sein mögen, denen aber die künstlerische Verarbeitung fehlt.

JULIAN SCHMIDT

Epos, Drama, Roman

Das *romantische Epos* ist im allgemeinen nichts anderes, als eine Erzählung in Versen. Zu einer kunstmäßigen Form hat es sich erst in unserm Jahrhundert, namentlich durch die Engländer entwickelt. [...]
Die Grenzscheide des romantischen Gedichts gegen das Drama wie gegen den Roman läßt sich sehr einfach ziehen, wenn man nur unbefangen die Natur dieser Dichtungsarten ins Auge faßt. Das Drama soll uns eine Handlung gegenwärtig machen und uns die handelnden Personen wirklich vor Augen führen, das Epos dagegen stellt sie uns als Vergangenheit dar. Der Roman gibt sich durch seine Form als Nachahmung der Wirklichkeit zu erkennen, das Epos versetzt uns durch den Rhythmus in eine freie, ideale, wenn man will, romantische Welt, es schließt also das Alltägliche und die gemeine Naturnachahmung aus. Aus diesem einfachen, in

der Natur der Sache liegenden Unterschiede lassen sich alle übrigen herleiten, die Unterschiede in der Charakteristik, in den Motiven, in der Gruppierung, in der Komposition und Farbe. Zunächst tritt der Gegensatz hervor, daß das Epos ein genaues Eingehen auf das Äußere, auf Schilderungen u. dgl. nicht bloß erlaubt, sondern gebietet, während das Drama es ausschließt; denn das Drama, welches uns seinen Stoff gegenwärtig machen soll, würde seinem Zwecke durchaus zuwider handeln, wenn es unserer Phantasie zumuten wollte, sich in fremdartige Zustände zu versetzen und so den natürlichen Standpunkt zu dem Geschehenden in einen künstlichen und reflektierten zu verwandeln. Da es außerdem seine Aufgabe ist, seinen ganzen Inhalt in Wirklichkeit zu übersetzen, so würde jeder Versuch, die Phantasie durch Schilderungen zu befriedigen, wie ein fremdartiger Moment erscheinen und unsere Unbefangenheit stören. An dem ersteren Fehler scheitern zum großen Teil die sogenannten historischen Dramen, an dem zweiten unsere lyrischen Dichter, die für landschaftliche und andere Schilderungen Talent haben und nun glauben, es auch für das Drama verwerten zu können. Beim romantischen Epos dagegen, wohl zu unterscheiden vom naiven Epos, ist eine Kraft und Fülle der sinnlichen Schilderung notwendig. Denn da unserer Phantasie der Gegenstand nicht in unmittelbarer Nachahmung vorgeführt wird, muß ihr zu Hilfe gekommen werden, man muß ihr für die fernliegenden Zustände die richtige Perspektive und die richtige Beleuchtung eröffnen. Wir sind weit von der Behauptung entfernt, daß eine solche Glut der Sinnlichkeit, wie sie Byron anwendet, zum Teil auch schon Walter Scott, notwendig zum Epos gehört; ein weiser und geschickter Dichter wird durch bescheidene Farben und Striche unserer Einbildungskraft in der Versinnlichung der Zustände dieselben Dienste leisten, wie es z. B. Goethe auf das vollendetste in »Hermann und Dorothea« gelungen ist. Ferner bleibt es immer ein Fehler, die Schilderung so überwuchern zu lassen, daß sie nicht mehr der Erzählung dient. Hier dürfte das richtigste Maß Walter

Scott in seinem »Fräulein vom See« getroffen haben. Es ist ein Reichtum und eine Mannigfaltigkeit der Farben darin, wie in keinem andern epischen Gedicht, und doch ist alles nur dazu da, um unserer Phantasie die Zustände, auf denen die Begebenheit beruht, und die Begebenheit selbst vollkommen deutlich zu machen. Vielleicht ist grade dieses große Talent bei Walter Scott die Veranlassung gewesen, daß er im Drama nichts geleistet hat. – Ein zweiter Gegensatz liegt darin, daß der Dramatiker vorzüglich die Aufgabe hat, die Bewegungen der Seele im Detail nachzuempfinden, während der erzählende Dichter darin ein sehr strenges Maß beobachten muß. Dieser Unterschied ist keineswegs willkürlich, sondern er entspringt aus der Natur der Sache. Der Dramatiker schreibt für den Schauspieler, er muß natürlich einen talentvollen voraussetzen; diesem kann er die kühnsten, ungewöhnlichsten und gewaltigsten Bewegungen der Seele als Aufgabe stellen. Wenn sie überhaupt nur richtig empfunden sind, so wird der echte Künstler daraus eine so einheitliche Leistung machen, daß alle psychologische Bewegung für den Zuhörer zur Tatsache wird, und daß er darüber gar nicht reflektiert, sondern es unmittelbar empfängt. Eine solche Einheit der psychologischen Entwickelung und der faktischen kann der epische Dichter nicht erreichen, wenn er der ersteren einen zu großen Spielraum läßt; er muß die Bewegung der Seele als seine eigene Reflexion der Handlung vorausschicken, und treibt dadurch die Phantasie des Zuhörers aus ihrer Unbefangenheit, indem er sie zum Nachdenken zwingt. Der Roman hat in dieser Beziehung eine viel größere Freiheit als das Epos, indem er eine Masse kleiner Züge, in denen die Seelenbewegung in das Reich der Erscheinung tritt, zusammenhäufen und dadurch die Reflexion vermeiden kann: eine Detailmalerei, die vom Epos schon durch die rhythmische Form ausgeschlossen wird. [. . .]

Was den *Stoff* betrifft, so ist es für das romantische Epos charakteristisch, daß die Notwendigkeit einer Wahl vorliegt. In dem naiven, dem eigentlich epischen Zeitalter ist sowohl die darzustellende Begebenheit, wie auch das Kostüm derselben dem Dichter in der Volkssage unmittelbar gegenwärtig. Allein auch hier wird der romantische Dichter, wenn er sein Publikum richtig versteht, durch Reflexion zu dem zurückkehren, was dem naiven Dichter natürlich ist. Da die Darstellung von Zuständen in den Vordergrund tritt, so wird das Publikum natürlich an der Darstellung solcher Zustände das meiste Interesse finden, zu denen es in irgendeiner gemütlichen Beziehung steht. Die Darstellung einer großen geschichtlichen Vergangenheit der Nation, in bestimmte einzelne Bilder kristallisiert, wird der günstigste Vorwurf des Epos sein. Auch darin hat Walter Scott seine Einsicht in das Wesen der Poesie bekundet. Nur ist der Unterschied gegen den Roman festzuhalten. Die rhythmische Form verlangt einen idealen, einen poetischen Gehalt. Eine Darstellung konventioneller Zeitalter also, d. h. solcher Zeitalter, in denen wir die Sitte als etwas Gemachtes, Willkürliches und daher als den Gegensatz des Ideals empfinden, und die uns doch geschichtlich so nahe steht, daß wir uns dieser Detaillierung nicht erwehren können, gehört nicht ins Epos, und Schiller hat vollkommen recht getan, seinen Plan, den siebenjährigen Krieg episch zu behandeln, wieder aufzugeben. – Wir müssen noch hinzufügen, daß der nationale Gehalt eines Epos zwar der zweckmäßigste, aber für unsere Zeit nicht der natürlichste ist. Der Dichter kommt viel eher darauf, uns in recht fremdartige, womöglich tropische Zustände zu führen, um für seine Phantasie freien Spielraum zu haben und uns durch den Reiz des Kontrastes zu fesseln. So hat sich schon Byron dem Orient zugewandt, so haben wir in unsern neuern Dichtungen Tscherkessen, Türken, Russen, Perser, Indier u.s.w. in bunter Fülle durcheinander. Wer wollte dem Dichter das Recht dazu versagen? Nur muß man dabei bedenken, daß für die Zukunft des Gedichts, für seine literarhistorische Stellung durch eine solche Wahl schlecht gesorgt wird; denn die Nachwelt wird immer die Ansicht haben, daß solche Produkte nicht aus dem Organismus der schöpferischen Volkskraft entsprungen sind, sondern augenblicklichen, künstlich hervorgegangenen Neigungen ihren Ursprung verdanken. Wer außer den Gelehrten mag heutzutage noch den »Parzival« lesen, trotz seines formalen Werts, während das echt deutsche »Nibelungenlied« in alle Kreise des Volks eingedrungen ist. – Indessen wollen wir zugeben, daß ein bedeutendes poetisches Talent auch fremdartigen Stoffen ihre Berechtigung geben kann, wie es ja bei Byron der Fall ist, aber zweierlei ist notwendig: eine positive historische und lokale Grundlage und eine Verwandtschaft der Sitten, auf denen die Handlung beruht, mit den unsrigen durch das Medium des allgemein Menschlichen oder Poetischen. Nach beiden Seiten hin wird leicht gefehlt. Ein wunderliches, dem allgemein Menschlichen widerstrebendes Zeitalter ist ein ebenso unfruchtbarer Boden für die ideale Dichtung, wie der reine substanzlose Äther der Idealwelt. [...] Deswegen wollen wir nicht behaupten, daß wir die übersinnliche Welt ganz vom Epos ausschließen. Im Roman halten wir sie nicht für erlaubt, da dieser eine Nachbildung der Wirklichkeit sein soll, und da wir bei dem gegenwärtigen Zustande unserer Bildung jede solche Erfindung als eine Unwahrheit auffassen müssen. [...] Das Epos verstattet schon durch seine rhythmische Form größere Freiheit; wir erinnern uns nicht der ganz gewöhnlichen Wirklichkeit, wir haben also auch nicht nötig, uns gegen Attentate auf unsere Bildung zu wehren. Daß wir freilich diejenige Maschinerie, die man in falscher Nachbildung des Homer aus mythologischen Reminiszenzen zusammensetzt, einerlei, ob diese Mythologie den Griechen, den Indern oder den Ägyptern entnommen ist, für ganz verfehlt halten, dürfen wir wohl kaum hinzusetzen. Man führe nur nicht Dante und Milton an, denn diese sprechen zu einem wenigstens verhältnismäßig gläubigen Zeitalter. Wenn wir das Übersinnliche anwenden wollen, so müssen wir wenigstens einigermaßen an die hergebrachten, unserer Phantasie geläufigen Vorstellungen anknüpfen; aufzwingen lassen wir uns das Übernatürliche nicht, es muß sich uns einschmeicheln. [...]

Wir gehen zur *Komposition* über. Hier wird sich nur für den Befangenen verkennen lassen, daß die Hauptgesetze des Dramas auch im Epos ihre Anwendung finden müssen. Denn das eine wie das andere soll uns eine Handlung versinnlichen, und wenn diese auf unsere Phantasie den richtigen Eindruck machen soll, so muß sie uns klar und verständlich exponiert, in übersichtlicher Gliederung und in fortschreitender Spannung weitergeführt und zu einem Knoten vereinigt werden, der schließlich eine Lösung findet. Was man also gemeinhin Intrige nennt, d. h. das notwendige und einheitliche Ineinandergreifen von Ursache und Wirkung, ist im Epos ebenso notwendig, wie im Drama. In dem einen wie in dem andern muß jede Figur ihre bestimmte in die Architektonik des Ganzen gehörige Stellung haben. Eine lose Verwebung von Handlungen, die ebensogut auch getrennt gedacht werden können, wird uns bei der Vorlesung ebenso ermüden und abspannen, wie auf der Bühne. Was ferner die Ruhepunkte eines größeren Gedichts und die dadurch herbeigeführte Einteilung in Gesänge betrifft, so wird sie im wesentlichen den Akten des Dramas entsprechen. Jeder einzelne Gesang muß in gewissem Sinne ein Ganzes für sich sein, er muß wie ein landschaftliches Gemälde aus dem Nebel allmählich vor unseren Augen hervortreten, und indem wir die Empfindung des sukzessiven Geschehens haben, muß es doch den Eindruck eines geschlossenen Bildes auf uns machen. Was der Dramatiker in voller physischer Wirklichkeit vor unsren Augen entfaltet, muß der epische Dichter durch den Zauber der Sprache erreichen. Ferner müssen diese Gesänge sich zu dem Ganzen gliedern, wie die Akte zum Drama, jeder Gesang muß eine notwendige Vorstufe des folgenden sein und der Schluß muß alle Fäden gewaltig zusammenfassen und in uns den Eindruck der Einheit hervorbringen. Das ist ein Gesetz, welches sich nicht bloß auf jedes Epos, auf jedes Drama, auf jede poetische Leistung überhaupt erstreckt, sondern auf jede Rede, auf jedes Gespräch, auf jede Abhandlung, auf jeden mathematischen Beweis. Der menschliche Geist ist im Gebiet der Kunst kein anderer, als im Gebiet der Wissenschaft. Seine Spannung erfolgt nach denselben Gesetzen und nur die technischen Mittel sind verschieden, je nach der Seelenkraft, auf die man wirken will. [...]

Der dritte Punkt, den wir zu betrachten haben, ist die *Zeichnung*. Sowohl in der Schilderung der Charaktere und der Leidenschaften, als im Dialog, wird das romantische Epos sich mehr der Freskomalerei nähern müssen. Zwar kommt hier sehr wesentlich die äußere Form in Betracht. So wird z. B. der Hexameter eine ganz andere Zeichnung verstatten, als die Stanze, die Nibelungenstrophe, die Terzine oder die geläufigen englischen Versmaße. Aber wie groß auch die Abweichung sein möge, von der feineren Nuancierung und von der leidenschaftlichen Bewegung des Dramas wird im Epos keine Rede sein können. Was vor unseren Augen vorgeht, ergreift uns widerstandlos, aber in dem, was man uns erzählt, muß jene Ruhe walten, die uns überzeugt. Der Dichter hat die Aufgabe ebenso wie der Freskomaler, mit weniger Farben und Nuancen in seinen Gestalten und Ereignissen dieselbe Deutlichkeit hervorzubringen, die der Dramatiker durch eine größere Fülle der Mittel erreicht. Von alten Gedichten erfüllt z. B. das »Nibelungenlied« diese Aufgabe in hohem Grade, unter den neueren Dichtungen ist »Hermann und Dorothea« ein unvergleichliches Muster, aber auch Walter Scott leistet in seinen bessern Werken vorzügliches. Sodann hat der epische Dichter die Aufgabe, uns in die richtige musikalische Stimmung zu versetzen, daß unsere Seele sich in demselben Rhythmus bewegt, wie die uns vorgelegten Tatsachen. Zu diesem Zweck hat der epische Dichter über viel größere Mittel zu disponieren als der dramatische, denn er kann durch Schilderungen, auch durch Reflexionen die Stimmung vollständig bemeistern, während sich der Dramatiker an seine Tatsachen und seine Personen halten muß. Dies ist der Punkt, wo der Dichter vorzugsweise zeigen kann, wie weit seine Kraft und seine Einsicht reicht. [...]

Wir kommen zum Schluß auf die eigentliche *Form*. Das charakteristische Kennzeichen des Epos ist das fortlaufende Metrum, welches bei allen nationalen Heldengedichten ein gleichmäßiges war, und zwar überall aus nationalen Bedingungen hervorging, das Valmikiversmaß bei den Indiern, der Hexameter bei den Griechen, die Nibelungenstrophe bei den Deutschen, der assonierende Trochäus bei den Spaniern, die Ottave und Terzine bei den Italienern. Das Metrum gab die ideale Haltung und den gleichmäßigen Rhythmus, der die bewegte Welt der Tatsachen zur poetischen Harmonie erhob. In neueren Zeiten hat man es nun dadurch besser zu machen geglaubt, daß man mit der fortschreitenden Bewegung auch das Metrum fortschreiten ließ, daß man also dem *Maß* seinen eigentlichen Charakter nahm. Wie fehlerhaft ein solches subjektives Überschreiten des Rhythmus ist, sieht man jetzt allmählich ein.

GUSTAV FREYTAG

Roman

Wir fordern vom Roman, daß er eine Begebenheit erzähle, welche, in allen ihren Teilen verständlich, durch den innern Zusammenhang ihrer Teile als eine geschlossene Einheit erscheint, und deshalb eine bestimmte einheitliche Färbung in Stil, Schilderung und in Charakteristik der darin auftretenden Personen möglich macht. Diese innere Einheit, der Zusammenhang der Begebenheit in dem Roman muß sich entwickeln aus den dargestellten Persönlichkeiten und dem logischen Zwange der ihm zugrunde liegenden Verhältnisse.

Dadurch entsteht dem Leser das behagliche Gefühl der Sicherheit und Freiheit, er wird in eine kleine freie Welt versetzt, in welcher er den vernünftigen Zusammenhang der Ereignisse vollständig übersieht, in welchem sein Gefühl für Recht und Unrecht nicht verletzt, er zum Vertrauten starker, idealer Empfindungen gemacht wird. Wenn nun aber dieser innere Zusammenhang dadurch gestört wird, daß der ganze ungeheure Verlauf des wirklichen Lebens, die ungelösten Gegensätze, die Spiele des Zufalls, welche das Detail der wirklichen Ereignisse und der Geschichte bei fragmentarischer Behandlung darbietet, mit hereingetragen werden in den Bau des Romans, so geht dadurch dem Leser das Gefühl des Vernünftigen und Zweckmäßigen in den Begebenheiten in peinlicher Weise verloren. Und dies Bedürfnis einer künstlerischen Komposition, einer einheitlichen, abgeschlossenen Handlung tritt bei jedem Stoffe ein, welcher in romanhafter Weise erzählt wird. Bei jedem, wo ein Hintergrund kunstvoll dargestellt ist, wo Ton und Methode der Erzählung Neigung zu freiem Schaffen verraten, wo Erfindung in Einzelnheiten, in Perspektive der Haupt- und Nebensachen sichtbar wird, kurz überall, wo auch nur ein Teil der Erzählung die Gesetze, den Zwang und die Privilegien künstlerischer Darstellung zeigt. [. . .]

Alle Charaktere eines Romans haben bekanntlich die Eigentümlichkeit, daß sie fortwährend und mit strenger Konsequenz geschildert werden in ihrer Beziehung auf die Begebenheit, deren Teilnehmer sie sind. Sie sind für den Zweck des Romans allein vorhanden, nur diejenigen Äußerungen menschlicher Individualität, welche direkt oder indirekt dazu dienen, die bestimmte Handlung fortzuführen oder nach irgendeiner Seite verständlich zu machen, dürfen in dem Roman in den Vordergrund treten. Sie müssen deshalb von einfacher verständlicher Anlage sein, in ihrem Handeln stets charakteristisch und zweckvoll, ihre Interessen müssen ganz zusammenfallen mit den Interessen des Romans. Widersprüche, Unlogisches, Mangel an innerer Einheit, welche sich auch bei dem stärksten Charakter des wirklichen Lebens in großer Anzahl vorfinden, dürfen in dem Roman nur dann dargestellt werden, wenn sie für die künstlerischen Zwecke desselben notwendig sind. In diesem Fall wird freilich die Schilderung solcher inneren Gegensätze einer Persönlichkeit oft grade das Schönste und Reizendste, was die Kunst zu bilden vermag. Nur durch diese zweckvolle und planmäßige Charakteristik entsteht in den Personen eines Kunstwerks der schöne Schein innerer Wahrheit. Diese Wahrheit müssen wir lebhaft empfinden, um an die Personen glauben und uns für dieselben interessieren zu können, und wir werden die Größe des Dichters im Charakterisieren darnach schätzen, ob es ihm gelingt, die originelle Besonderheit des Individuums durch wenig Striche allgemein verständlich und interessant zu machen und ob er imstande ist, die bestimmte Originalität in lebhafter Steigerung trotz der Veränderungen, welche der Verlauf der Begebenheiten in derselben hervorbringt, als eine einheitliche erscheinen zu lassen.

THEODOR FONTANE

Gustav Freytag: »Soll und Haben«

Innerhalb jeder bedeutenden Epoche in Kunst und Literatur pflegen wir drei immer wiederkehrende Personengruppen wahrzunehmen, die man etwas schwergewichtig, doch zutreffend als Bahnbrecher, Kämpfer und Sieger unterschieden oder, an die Vorstellung einer Pyramide anknüpfend, mit Basis, Körper und Spitze verglichen hat. Auch in der künstlerischen Entwicklung unserer heutigen Zeit und ihres nach allen Seiten hin ausgesprochen realistischen Charakters vermochten wir seit geraumer Zeit eine solche Zuspitzung wahrzunehmen, und nur *die* Frage noch blieb unentschieden, *welcher* Kunst es vorbehalten sein möge, zuerst das Ziel zu erreichen oder – um im Bilde zu bleiben – die Pyramide abzuschließen. Wir unsererseits waren freilich, seit den Zeiten des alten Schadow her, daran gewöhnt, von der *Skulptur* diesen Sieg beinahe zu fordern, aber, im Widerspruch damit, konnten wir uns gegen die Wahrnehmung nicht ganz verschließen, daß es jenseits des Rheines die Malerei und jenseits des Kanales die Dichtkunst war, die jeden Augenblick, anstelle unserer Skulptur, ihren Triumph proklamieren konnten. So wurde die Regatta der drei Künste zugleich ein Wettkampf dreier Nationalitäten. Ein glücklicher Zufall hat es gewollt, daß wir als die Sieger aus diesem Kampfe hervorgegangen sind, aber nicht auf *dem* Gebiet, das wir mit Hilfe Rauchs und seiner Schule eine Art Recht hatten, als das unsrige anzusehen, sondern vielmehr auf jenem, das nach einer gewissen äußerlichen Gerechtigkeit einen *englischen* Sieger hätte hervorbringen müssen. Wir sagen »nach äußerlicher Gerechtigkeit«, denn in Wahrheit sind unsere Rechtsansprüche so groß, daß wir unseren obigen Ausdruck: ein glücklicher Zufall habe es gewollt, beinahe beschämt zurückziehen und vielmehr auf allen Gebieten den Sieg für uns vorweg in Anspruch nehmen möchten. Wessen der Realismus unserer Zeit bedarf, das ist die ideelle Durchdringung. Die Deutschen aber sind unbestritten das Volk der Idee.

Der uns vorliegende Freytagsche Roman »Soll und Haben« ist es, dem diese einleitenden Worte gelten, und wir glauben nicht zuviel zu sagen, wenn wir diese bedeutsame literarische Erscheinung die erste Blüte des modernen Realismus nennen. Der Baum stand seit lange prächtig in Laub, aber die Blüte, die, wie uns die Physiologie lehrt, nichts anderes ist als ein höher potenziertes Blatt, diese feinere Gestaltung fehlte. Sie fehlt nicht mehr. Der Freytagsche Roman ist eine *Verdeutschung* (im vollsten und edelsten Sinne) des neueren englischen Romans. Er lehnt sich entschieden an denselben an, ja, er ist im einzelnen eine Nachbildung desselben und doch wiederum, als Ganzes, so grundverschieden von ihm. [...]

Was den Freytagschen Roman zu einem Sieger über diejenigen macht, die ihn großgezogen haben und an denen er so

recht eigentlich, wie ein Schüler am Meister, herangewachsen ist – das ist seine *Idee* und seine *Form*. Das künstlerische Zusammenwirken dieser beiden Faktoren erhebt den uns vorliegenden Roman auf die Schulter aller seiner Vorbilder, unter denen wir nicht einen kennen, der nach *beiden* Seiten hin exzellierte. [...]
»Soll und Haben«, so behaglich es sich liest, ist keineswegs leicht und heiter hingeschrieben, sondern vielmehr *ernstlich aufgebaut*. Wir wählen diese Bezeichnung absichtlich. Wer das Ideal epischer Darstellung einzig und allein in naiver und fesselnder Herzählung der buntesten Ereignisse findet, wird sich hier entweder getäuscht sehen oder doch nicht begreifen können, warum so schrecklich ordentlich und gewissenhaft verfahren sei. Wir wissen dem Verfasser Dank dafür. Er hat nicht einen »Faden gesponnen«, sondern er hat dem Drama und seinen strengen Anforderungen und Gesetzen auch die Vorschriften für Behandlung des Romans entnommen. Das dünkt uns ein Fortschritt, und wir legen um so lieber Gewicht darauf, als wir überzeugt sind, hierin keinem bloßen Zufall, sondern einer wohlüberlegten Absicht zu begegnen. »Soll und Haben« hat keine Episoden und Abschweifungen, ist kein bloßer Marstall, keine Manege für die Paradepferde des Verfassers. Wenn er sie reitet, so reitet er sie an rechter Stelle und nicht nur, um zu zeigen, wie fest er im Sattel sitzt. Wir lernen unübertrieben hundert verschiedene Persönlichkeiten kennen, aber wir wagen die Behauptung, daß das Fortfallen der kleinsten und unscheinbarsten als eine fühlbare Lücke empfunden werden würde, so organisch ist alles ineinandergefügt. Daher glückt es auch dem Verfasser, den Tod aus dem Bereiche seines Romans beinahe ganz fernzuhalten. Er hat nirgends überflüssige Personen und braucht deshalb keinen sterben zu lassen. Überblicken wir den Gesamtinhalt, so gewahren wir, daß derselbe die innige Verschmelzung dreier Dramen ist. Wir haben zwei Tragödien und ein Schauspiel. Der Mittelpunkt der einen Tragödie ist der Freiherr von Rothsattel, der Held der andern – Veitel Itzig. Beide, so

grundverschieden an Gesinnung wie an Lebensstellung, laden doch (wir lassen hier zunächst die Intentionen des Verfassers gelten) eine verwandte Schuld auf sich: Der eine will konservieren um jeden Preis, der andere um jeden Preis erringen. Die Strafe ereilt beide. Zwischen beiden Tragödien, und den Mittelpunkt des Ganzen bildend, steht ein bürgerliches Schauspiel, das den Titel »Anton Wohlfart« führt. Wir kommen an Krisen, die uns um das Schicksal unseres Helden besorgt machen, aber sein gutes Glück und seine gute Natur sind die endlichen Überwinder. Auch der Deus ex machina des bürgerlichen Schauspiels ist nicht vergessen, unterscheidet sich indes von dem üblichen Fürsten, der seinen Surtout aufknöpft und auf den Ordensstern weist, sehr wesentlich dadurch, daß wir von Anfang an seine Bekanntschaft machen und ihn in der Mitte des Romans in der sicheren Hoffnung verschwinden sehen, er werde wiederkommen und endlich alle Dinge zum besten führen. Es ist bekanntlich nichts Leichtes, ein Drama zu schreiben, das einigermaßen Anspruch auf diesen Namen hat, und die Schwierigkeiten werden schwerlich geringer, wenn es sich darum handelt, drei in sich geschlossene Geschichten zu einem Ganzen zu verweben und jeder einzelnen nur ebensoviel Lücke zu geben als nötig ist, um sie auf die beiden übrigen als auf ihre Ergänzung anzuweisen. Die Figuren haben alle eine Doppelstellung, und der unmittelbare Kreis ihrer Wirksamkeit, geschickt eingreifend in die anderen Kreise, macht aller Isoliertheit ein Ende und jeden einzelnen zum Teilnehmer am Ganzen. Es ist, als sähe man von einer Galerie herab den reizenden und verschlungenen Touren eines Contretanzes zu. Jetzt Pas de Basque am Platz, nun Chaîne anglaise mit dem Paar gegenüber und endlich Grand tour und die Berührung aller untereinander.

Wir haben bis hieher von dem *Bau* des Romans gesprochen und in der dramatischen Schule und Tüchtigkeit des Verfassers die Ursache für die vortreffliche Komposition des Romans zu finden geglaubt. Hieher gehört auch die Feinheit seiner Motivierung und eine gewisse unwiderstehliche Gewalt seines Dialogs. Es möchte uns, indem wir dies aussprechen, der Vorwurf einer Art von Pleonasmus gemacht und darauf hingedeutet werden können, daß eine tüchtige Komposition jedesmal eine feine Motivierung verlange. Wir glauben, daß das nicht unumgänglich nötig ist. Man spricht von einer kühnen Komposition, aber von einer feinen Motivierung – hier liegt der Unterschied. Das Gesetzbuch der Komposition ist kurz wie die Zehn Gebote, die Motivierung ist umfangreich wie das preußische Landrecht; die eine handelt en gros, die andere en détail. In diesen Details nun ist Gustav Freytag Meister. Da wird im ersten Bande kein Nagel eingeschlagen, an dem im dritten Bande nicht irgend etwas, sei es ein Rock oder ein Mensch aufgehängt würde, und der blaue Ölfarbentopf, mit dem Karl Sturm die Leiterwagen anstreicht, hat seine spätere Bedeutung. Wir möchten fast behaupten, daß der Verfasser nach dieser Seite hin zu weit geht und durch freiere Bewegung an Begeisterung mehr gewonnen als an Korrektheit eingebüßt haben würde. [. . .]

Wir haben bis hieher im vollsten Sinne von der *Form* des Romans gesprochen und wenden uns nun der *Idee* desselben zu. »Soll und Haben« ist eine Verherrlichung des *Bürgertums* und insonderheit des *deutschen* Bürgertums. [. . .]

Es ist möglich, über einen ideellen Gehalt dieser Art gering zu denken und wohl gar zu behaupten, ein solcher geistiger Extrakt sei ein Gemeinplatz, aber keine Idee. Mag man das; wir halten nicht viel von den Neunmalklugen, denen alle Gedanken zu klein sind, weil sie nicht an die sublime Höhe der eignen Ideen heranreichen. Wir glauben vielmehr, daß der Grundgedanke jeder epochemachenden Arbeit immer ein einfacher sein muß und faktisch immer gewesen ist; der gedankliche Inhalt jedes guten Dramas läßt sich fast ausnahmelos auf ein simples Sprichwort zurückführen. Das ist kein Nachteil, das ist ein Vorzug. Das Aparte ist selten wahr, und nur das Wahre wirkt. Wie überall im Leben kommt es darauf an, der Kolumbus zu sein, der das Ei zum Stehen bringt, und wen die Götter mit schlichter Geistesgegenwart gesegnet haben, dem erschließen sie, wie von selber, auch eine neue Welt.

Wir halten uns nicht auf mit einer mißgünstigen Kritik, die diesem Roman alle Tendenz (im guten Sinne des Wortes) abgesprochen hat, aber wir haben ein Wort der Entgegnung für jenen wohlwollenden Tadel, der, trotz hingebender Freude an dem vorliegenden Buch, doch die höchsten Zwecke und Ziele an demselben schmerzlich vermißt hat. Wir stießen auf den Ausspruch, es fehle dem Buch der Hinblick auf das Göttliche oder, wenn dies Wort mißverstanden werden könnte, auf das Ideale. Man vermisse nicht das Sittliche darin, aber das Große. Die Frage dränge sich einem unwillkürlich auf: wozu dieser Aufwand von kaufmännischem Fleiß, von bürgerlicher Tugend, von Bravour und Charakterfestigkeit, wenn es sich um nichts anders handelt als um die Ehre der Firma T. O. Schröter und um die Aufrechterhaltung des galizischen Binnenhandels? Das alles sei schön und wichtig, aber es sei nicht groß in *dem* Sinne wie das Bürgertum des Mittelalters groß gewesen sei, das von dem Ertrage seines Schaffens hohe Münster gebaut, fromme Klöster gestiftet und dem Christentum und der Kultur die ganze Welt erobert habe. Wir begreifen diese Ausstellung, aber wir teilen sie nicht. Was unsere Zeit, und zwar nicht vorteilhaft, charakterisiert, das ist ein zwitterhafter Zustand von enger Begrenzung und dilettantischer Verzetteltheit. Die Bürger des Mittelalters waren weder so begrenzt noch so zersplittert – ihre Beteiligung am Regiment gab ihnen einen weiteren Blick, ohne denselben ins Unendliche schweifen zu lassen. Sie waren praktisch in und außer dem Hause. Das ist anders geworden. Unsere Mitbeteiligung am Regiment ist gering oder ist null, wir regieren nicht mehr, wir werden regiert. Daraus entsteht eine Beschränktheit in den großen Dingen des Lebens, ein Angewiesensein auf den engsten Beruf, das durch dilettantische Versuche auf allen Gebieten sich rächt. So sehen wir aus dieser Begrenztheit keine Konzentration, sondern in natürlichem Widerstand gegen die Beschränkung eine den Charakter gefährdende Zersplitterung hervorgehen. Der Blick fürs Allgemeine von der bestimmten Position unseres Standes und Faches aus ist uns verlorengegangen oder doch erschwert. Das ist das übliche; aber es ist nicht die Situation des Bürgertumsrepräsentanten in diesem Roman. – Gustav Freytag zeichnet uns in seinem Kaufmann, ja, wenn es nicht lächerlich klingt, in der Firma T. O. Schröter eine geistige Potenz, die traditionell diesen Blick fürs Allgemeine und ihre Beziehungen zu ihm sich bewahrt hat. Er kann nicht mehr Politik machen, er kann nicht mehr direkt entscheidend eingreifen, aber er überschaut ein gewisses Maß von Rechten und Pflichten, auch jenseits der pfahlbürgerlichen Polizeitugend, deren gewissenhafteste Innehaltung seine Aufgabe und sein Stolz wird. In *diesem* Sinne ist er tätig, zugleich ein Mittelpunkt seines Geschäfts und doch ein Punkt nur in der Peripherie eines großen Kreises, eines Triebrades, das sich der Staat nennt. Ein ganzer ungeteilter Mann sein und doch dieser Doppelstellung genügen – das ist die Aufgabe dieses Kaufmanns, und diese Aufgabe löst er. Die Segnungen sind unzweifelhaft auch da, sie sind nur schwieriger zu erkennen als in Zeiten, die der unmittelbaren und sichtlichen Betätigung des Individuums günstiger waren. Man gebe unserem Staate eine lange andauernde Reihe solcher Männer, und man wird an dem Wachsen und Gedeihen des Ganzen die Wirksamkeit der einzelnen ermessen können. Wir würden vielleicht keine Dome und Klöster entstehen sehen, aber alles Höchste, was der Mensch hat: Glaube, Sitte, Vaterlandsliebe, Freiheit und Loyalität, würden in und um uns ihre Stätte nehmen. Noch einmal, wir können nicht nachempfinden, daß diesem Roman und seinem Bürgertum der Hinblick auf das Höchste fehle.

GUSTAV FREYTAG

Das moderne Epos

Es ist charakteristisch für die veränderte Methode, poetisch zu empfinden, daß in den letzten Jahren die Zahl der lyrischen Gedichte junger Talente auf unserm Büchermarkt abgenommen hat und dagegen eine Zunahme kleiner epischer Dichtungen zu bemerken ist. Während noch vor zehn Jahren der erste Schritt, den ein Dichter in die Öffentlichkeit tat, kaum anders geschehen konnte, als durch ein Heft Gedichte in Heines oder im schwäbischen Ton, lockt jetzt vorzugsweise die glänzende Färbung, der längere Fluß und der, wenn auch lockere, doch mit einiger Berücksichtigung des gesunden Menschenverstandes zu ordnende Zusammenhang einer epischen Begebenheit. Die Anschauungen der Dichter fahren nicht mehr vorzugsweise auf den kurzen Wogen subjektiver Empfindungen daher, sondern sie versuchen sich in längerer Strömung, in mehr plastischen Bildungen. Insofern ein Streben nach größerer Realität auch dieser Richtung zu Grunde liegt, muß sie mit Teilnahme verfolgt werden; nur ist dabei selbst für ein nennenswertes Talent das Mißlingen viel bedenklicher, als bei kurzen Gedichten.

Zwar war es einer jungen Dichterseele bei lyrischen Gedichten sehr schwer geworden, die eigne Empfindung originell darzustellen. Denn die Fülle von vorhandenen Formen, Stoffen, lyrisch zubereiteten Ideen, von Bildern und Pointen ist gegenwärtig so groß, daß unsere poetische Sprache ganz damit gesättigt ist, und dem neuen Dichter, ohne daß er es ahnt, sich bereits in andern Gedichten vorhandene Rhythmen, Stoffe, Gedanken und Phrasen substituieren, so daß sein Gedicht für den kühlen Leser in der Regel nichts anderes wird, als die neue Variation eines bekannten Themas. Und obgleich der Zauber, welchen nach Schiller der Stil Uhlands und Heines ausübte, die Phantasie der Schaffenden vorzugsweise in die Bahnen dieser Dichter zog, so haben doch auch andere namhafte Talente der neuern Zeit, die selbst zum großen Teil an Vorgänger sich anlehnen, wie Lenau, Freiligrath, Herwegh, ähnliche übermächtige Einwirkung auf einzelne ausgeübt, und es ist interessant zu betrachten, wie die Flut der lyrischen Poesie, seit Goethes Jugend aus wenigen starken Quellen entsprungen, in die reihenweise hintereinander aufgestellten Schalen hinabfließt bis zur Gegenwart. Aus einer Schale in die andere, aus der ältern Dichterseele in die jüngere, oft anders gefärbt, durch manchen neuen Zufluß bereichert, im Ganzen aber sich immer mehr zerteilend bis zu feinem Staub und dem Rinnen einzelner Tropfen. Aber wie sehr wir deshalb auch in den lyrischen Dichtungen der jungen Generation eine durchgehende Originalität vermissen, es war doch noch möglich, in dem einzelnen Gedicht mit korrekter Form Artiges und Erfreuliches auszudrücken, und es ist sehr zu verwundern, daß unsere Lyrik, funfzig Jahr nach Goethe, neben wenigen sicheren, melodienreichen Talenten, wie Geibel, schon eine solche Masse unbehilflicher, schülerhafter und roher Konate zeigt.

Dagegen steht die epische Poesie ganz anders. Auch wenn sie sich nicht die unlösbare Aufgabe stellt, breite Heldenstoffe in der Art der großen epischen Dichtungen alter Zeit zu schaffen, kann sie größere Bildung und Selbstständigkeit der Dichter, eine durch künstlerische Technik geregelte Phantasie, kurz ein stärkeres Talent nicht entbehren. Schon der Vers eines solchen Gedichts bietet erhebliche Schwierigkeiten. Unsere Sprache hat bis jetzt keine Versform, welche durch häufige und erfolgreiche Behandlung für epische Zwecke so ausgebildet wäre, daß sie dem Einzelnen einen wirksamen Ausdruck seiner Anschauungen leicht machte. Was unsere Lyrik nach langer Blütenzeit zu viel hat, Appretur und Vorbilder, das hat unser Epos, welches solche Stützen vielleicht länger ertragen könnte, noch zu wenig. Weder der Hexameter von »Hermann und Dorothea«, noch die Stanzen der italienischen Übersetzer, noch die Nibelungenstrophe in den kleinen Kabinettsstücken von Uhland, noch irgendein anderes strophisches Maß sind nach den metrischen Gesetzen unserer Sprache überall praktisch. Der Hexameter ist einst bei einem fremden Volk aus Klangverhältnissen der Wortsilben entstanden, die wir durch unsere Hebungen und Senkungen nur unvollständig nachahmen können, er macht, schon durch den trochäischen Fall, den er im Deutschen erhält, und gar mit möglichster Korrektheit angewandt, die Diktion unvermeidlich steif und preziös und wird bei nachlässiger Behandlung nur zu leicht hart und rauh. Es gehörte der feine Sprachsinn Goethes dazu, ihn mit Freiheit zu gebrauchen. Die italienischen Strophen sind noch schlimmer, der starke Versklang und die Reimfülle stören dem deutschen Dichter die Individualisierung und verführen zu Sentenzen und poetischen Phrasen. Der Nibelungenvers hat bei dem modernen Verhältnis der deutschen Hoch- und Tiefakzente eine große Monotonie erhalten, die er im Mittelalter nicht hatte. Die Zäsur in der Mitte teilt ihn leicht in zwei klappernde Teile, und die Verbindung des Langverses zu vierzeiliger Strophe vermehrt bei langatmigen Gedichten noch diese geräuschvolle Eintönigkeit. Hier und da hat man eine freiere Behandlung desselben ohne Strophen in fortlaufendem Flusse versucht, nicht ohne Glück. Immer aber bleibt ihm eine starke, eigentümliche Farbe, welche zu vielen Stoffen nicht paßt. Da nun die Wörter unserer Sprache einen vorwiegend trochäischen Fall haben und längere trochäische Verse deshalb nicht in festem Band zusammenzuhalten sind, sondern unvermeidlich in Stücke auseinanderfallen, so bleibt zuletzt dem epischen Dichter kein anderes Maß, welches einen bequemen Gebrauch verstattet, übrig, als derselbe Vers, den wir im Drama ausgebildet haben, der fünffüßige Jambus. Dieser Vers, welcher zu dem gleichförmigen Fluß der deutschen Wörter den entsprechenden Gegensatz bildet, ist allerdings der handlichste. Er hat am wenigsten Farbe und läßt sich wohl mit den durchsichtigen Lasuren der Malerei vergleichen, welche über jede Farbennuance des Stoffes gezogen werden können. Aber auch bei ihm sind für einen jungen

Dichter zwei Schwierigkeiten zu überwinden; zunächst macht grade sein durchsichtiger, nie stark in das Ohr fallender Rhythmus eine große Herrschaft über die Sprache nötig. Es sind feine Wirkungen mit ihm hervorzubringen, aber er verlangt eine schöpferische Kraft, welche ihn geschickt dem jedesmaligen Stoff anzupassen weiß. Grade bei ihm ist die Behandlung der Zäsuren, das Maß der rhythmischen Freiheiten, die Verwendung männlicher oder weiblicher Ausgänge und die Benutzung des Reims von großem Einfluß auf seinen Charakter, und jede Unbehilflichkeit des Dichters, die bei andern Formen durch den Klang des Metrums und des Reims überdeckt wird, tritt als Rohheit unverhüllt zutage. Zweitens aber ist dieses Maß, wie geschickt man es auch gebrauche, doch vorzugsweise zu ruhiger Erzählung und feiner Malerei mit kürzeren Strichen geeignet. Die Macht und Fülle langatmiger Erzählung vermag er, der aus zwei für unsere Sprache kurzen Teilen besteht, nur mit Schwierigkeit wiederzugeben.

So leiden unsere epischen Dichter an dem Umstand, daß schon das Versmaß bei der gegenwärtigen Bildung unserer Sprache für sie beträchtliche Schwierigkeiten hat. Da aber die Wahl des Versmaßes nicht willkürlich, ja bei dem, welcher mit Beruf schafft, nicht einmal vorzugsweise das Produkt verständiger Überlegung, sondern die Folge eines innern Dranges sein wird, welcher die detaillierten Empfindungen in ein bestimmtes Maß kleidet, so ist ersichtlich, daß die Schwierigkeiten des epischen Schaffens eigentlich im Inhalt des Gedichtes liegen, sowohl in der Erfindung und Komposition der Erzählung selbst, als in Ton und Farbe derselben.

Das moderne Epos hat kein Gebiet von Stoffen, auf welches dasselbe vorzugsweise angewiesen ist, ja ihm fehlt grade der Kreis, in welchem sich die großen Epen früherer Zeit bewegt haben. Die Heldensagen der Deutschen und fremder Völker sind für uns schon mehr oder weniger poetisch zugerichtet, ihre Grundlage ist eine Weltanschauung und eine Stellung der Menschen zueinander, welche wir nicht ohne Mühe verstehen und in welche sich eine starke produktive Kraft nur mit Hindernissen und in der Regel mit Widerstreben hineinarbeitet. Für die kunstmäßige Darstellung solcher Ereignisse aber, welche in unserm Leben wurzeln, oder doch von uns modernen Menschen in ihren innern Motiven und ihrem Zusammenhange am leichtesten verstanden werden können, hat sich im Roman eine neue Form der Poesie entwickelt, welche den Vers ganz entbehrt und welche sich, gemäß unsrer Betrachtung menschlicher Verhältnisse, ähnlich zur Geschichte und Biographie verhält, wie das frühere Heldenepos zur heiligen Sage. Seit diese Gattung epischer Erzählung erfunden, hat die prosaische Darstellung das Recht, überall einzutreten, wo eine längere, reichgegliederte Erzählung mit detaillierter Ausführung verschiedener sich durchkreuzender menschlicher Interessen und eine spezielle Schilderung des menschlichen Herzens, seiner Leidenschaften und Verirrungen wirksam werden soll, d. h. fast überall, wo ein Stück unsers modernen Lebens aus dem großen Zusammenhange von Ursachen und Wirkungen herausgehoben und für die Kunst verwertet wird. Dem versifizierten Epos bleiben deshalb fast nur kleinere Stoffe, in denen eine einheitliche Stimmung so mächtig hervortritt, daß sie dem Dichter erlaubt, auch die Motive zu vereinfachen, den Fluß der Charaktere in ein geradliniges Bett zu leiten und der Sprache gesteigerten Ausdruck, Schwung und Klang des Verses zu geben. Von »Hermann und Dorothea« bis zu Byrons »Don Juan« zeigen solche Stoffe Einfachheit und verhältnismäßig geringen Umfang der erzählten Begebenheit. Aber auffallend ist bei den meisten dieser Stoffe, daß auch ihre Darstellung in Prosa, als Roman oder Novelle, an sich nicht unmöglich gewesen wäre, so daß ihre Bildung in versifizierter Form nicht in der Art unbedingte Notwendigkeit genannt werden kann, wie der Ausdruck einer musikalischen Stimmung in einem lyrischen Gedicht oder der Wahnsinn Lears in dramatischer Darstellung. Wie groß auch der Unterschied in der Wirkung sei, welcher immer noch zwischen Goethes »Hermann und

Dorothea« und einer in Prosa geschriebenen guten Novelle gleiches Inhalts stattfinden würde, es ist kein Gattungsunterschied wie zwischen der Wirkung eines lyrischen Gedichtes und eines Dramas, und es wird in dem ersten Stadium des poetischen Schaffens für die meisten Dichter sehr wohl möglich sein, den epischen Stoff, für welchen sie sich erwärmt haben, auch in prosaischer Darstellung kunstmäßig herauszubilden. Deshalb fehlt der versifizierten Behandlung epischer Stoffe bei uns in vielen Fällen die Notwendigkeit.
Ja, der Drang, einen epischen Stoff in Versen mit der traditionellen Methode der Ausführung zu behandeln, ist in vielen Fällen ein unberechtigter. Nicht selten ist es Trägheit der Phantasie, oder gar absoluter Mangel an Talent, was zum Verse treibt. Unter den epischen Gedichten der letzten Jahre sind nicht wenige – es sei hier nur »Hans Haideguckuck« von Roquette erwähnt – deren Stoff sich viel besser für einen Roman geeignet hätte, wenn er in der Phantasie der Dichter vollständig genug herausgearbeitet worden wäre.
Bei ihm und bei andern scheinen die Erzähler in dem Wahn befangen, daß eine gewisse schwungvolle Skizzierung einzelner Situationen und tönende Worte den Mangel an verständigem Zusammenhang in der Begebenheit überdecken können. Die Begebenheit, welche im ernsten Epos erzählt wird, muß an sich fähig sein, in dem Lesenden Interesse an den Personen, durch welche sie getragen wird, zu erwecken. Sie wird nicht nur einfach, sondern auch klar, in ihrem Verlaufe verständlich und folgerichtig sein müssen. Sie wird ferner, eben weil sie von einfacher Anlage ist, auch nach eigentümlichen Gesetzen die Steigerung des Interesses einrichten. Durch den Kampf menschlicher Leidenschaften, den Kontrast der geschilderten Verhältnisse oder durch eine originelle Stimmung, welche der Dichter seiner Erzählung zu geben weiß, muß eine starke Spannung entstehn. Diese Spannung wird sich erhöhen müssen, bis gegen das Ende, wo sie in einer großen Katastrophe mit reicher Ausführung kräftig gelöst wird und die Grundstimmung des ganzen Gedichtes mit

Gewalt zu Tage tritt. Ferner wird auch die Charakteristik der Menschen, deren Schicksale erzählt werden, einfach in großen Zügen geschehen müssen, aber sie soll deswegen nicht weniger wahr und interessant sein. Je weniger detailliert die Ausführung, desto reiner müssen die Konturen sein. Die Helden dürfen nur das Notwendige, ihrer einfachen Anlage Entsprechende sagen und tun; jede Willkür des Dichters in Schilderung von unnötigen Zügen, jeder fremdartige Zug, auch wenn er psychologisch erklärbar ist, stört. Diese Gesetze scheinen so einfach und selbstverständlich, und doch ist in den meisten Gedichten, welche vorliegen, dagegen in auffallender Weise gesündigt. Der Vers ist ein schlechter Überzug für eine Erzählung ohne Interesse, ohne Zusammenhang und logische Konsequenz.

Wer in Versen erzählt, wird auch in der Auswahl der charakterisierenden Momente, durch welche er schildern oder stimmen will, große Sicherheit besitzen müssen, denn ihm stehen verhältnismäßig wenigere Momente zu Gebote, als dem Erzähler in Prosa. Ein einzelnes Bild muß oft die Stärke einer leidenschaftlichen Bewegung, zwei, drei kleine Striche vielleicht eine Örtlichkeit, z. B. einen landschaftlichen Hintergrund, lebendig vorführen. Wenn das Gemüt des Dichters das Zweckmäßige hier nicht kräftig empfindet, wird aller Wortreichtum unnütz sein. Der Vers unterstützt in großartiger Weise die Wirkung einer richtig empfundenen Charakteristik, weil er das wahr Empfundene viel eindringlicher zu sagen vermag, als der prosaische Satz, aber er wird peinlich, wenn er den Mangel solcher Empfindung durch sein Geklapper ersetzen soll. Und grade sein Klang verführt leicht zur Phrase.

FRIEDRICH THEODOR VISCHER

Theorie des Romans

Die *moderne Zeit* hat an die Stelle des Epos [...] den *Roman* gesetzt. Diese Form beruht auf dem Geiste der Erfahrung [...] und ihr Schauplatz ist die prosaische Weltordnung, in welcher sie aber die Stellen aufsucht, die der idealen Bewegung noch freieren Spielraum geben. Der Dichter ist selbstbewußter Erfinder und fingiert frei den Hauptinhalt, was jedoch die epische Naivetät nicht in jedem Sinn ausschließt. [...]

Die Grundlage des modernen Epos, des Romans, ist die erfahrungsmäßig erkannte Wirklichkeit, also die schlechthin nicht mehr mythische, die wunderlose Welt. Gleichzeitig mit dem Wachstum dieser Anschauung hat die Menschheit auch die prosaische Einrichtung der Dinge in die Welt eingeführt: die Lösung der Staatstätigkeiten von der unmittelbaren Individualität, die Amtsnormen, denen der Einzelne nur pflichtmäßig dient, die Teilung der Arbeit zugleich mit ihrer ungemeinen Vervielfältigung, wodurch der Umfang physischer Übungen aus der lebendigen Vereinigung mit sittlichen Tugenden, die im Heroen lebte, sich scheidet, die Erkältung der Umgangsformen, den allgemeinen Zug zur Mechanisierung der technischen Produkte, des Schmucks u. s. w., die Raffinierung der Genüsse. Hegel bezeichnet nun mit einfach richtiger Bestimmung das Wesen des Romans, wenn er [...] sagt, er erringe der Poesie auf diesem Boden der Prosa ihr verlorenes Recht wieder. Es kann dies auf verschiedenen Wegen geschehen. Der erste ist der, daß die Handlung in Zeiten zurückverlegt wird, wo die Prosa noch nicht oder nur wenig Meisterin der Zustände war; allein dies ist nur scheinbar die einfachste Auskunft, denn das Wissen um die unerbittliche Natur der Realität ist jedenfalls im Dichter und teilt sich dem Gedichte mit; wo nun eine ganze Dicht-Art einmal auf dies Wissen gestellt ist, sucht sie ihrem Wesen gemäß das Poetische gerade in einem Kampfe der innern Lebendigkeit des Menschen mit der Härte der Bedingungen des Daseins, und Zustände, die noch so flüssig sind, daß sie einer schönen Regung des Lebens keine Hindernisse entgegenbringen, entbehren daher für den Roman ebenso des Salzes, wie die plastische Schönheit der antiken Kulturformen für den Maler. Ein zweites Mittel ist die Aufsuchung der grünen Stellen mitten in der eingetretenen Prosa, sei es der Zeit nach (Revolutionszustände u.s.w.), sei es dem Unterschiede der Stände, Lebensstellungen nach (Adel, herumziehende Künstler, Zigeuner, Räuber u. dergl.). Dies ist eine sehr natürliche Richtung des Romans und wir kommen darauf zurück. Ein dritter, mit den beiden genannten begreiflich im innigsten Zusammenhang stehender Weg ist die Reservierung gewisser offener Stellen, wo ein Ahnungsvolles, Ungewöhnliches durchbricht und der harten Breite des Wirklichen das Gegengewicht hält. Der bedeutendere Geist wird diese Blitze der Idealität aus tiefen Abgründen des Seelenlebens aufsteigen lassen, wie Goethe in den Partien von Mignon, die wie ein Vulkan aus den Flächen seines »W. Meister« hervorsprühen; solche psychisch mystische Motive sind eine Art von Surrogat für den verlorenen Mythus, und wahrlich ein besseres, als jene absurde Oberleitung der geheimnisvollen Männer des Turmes im »W. Meister«. Es versteht sich übrigens, daß wir hiemit keine Tollheiten moderner Romantik rechtfertigen wollen. Der gewöhnliche Weg aber besteht einfach in der Erfindung auffallender, überraschender Begebenheiten. Hier ist es nun allerdings ganz in der Ordnung, daß im Roman der *Zufall* als Rächer des lebendigen Menschen an der Prosa der Zustände eine besonders starke Rolle spielt, allein von dieser Seite liegt eine Schwäche nahe, die mit den Anfängen des Romans zusammenhängt. Er ist [. . .] aus den Ritterbüchern entstanden, die aus dem romantischen Epos hervorgegangen waren, aus einem phantastischen Weltbilde, wo dem Ritter verfolgte Jungfrauen, Riesen, Zwerge, Feen auf Weg und Steg begegneten und wo ihm Errettungen, Siege, Taten überschwenglicher Tapferkeit ein Kinderspiel waren. Das eigentliche Wunder, das absolut Unmögliche des romantischen Glaubens, verschwand mit der Zeit, die unwahre Leichtigkeit und Häufigkeit des an sich Möglichen, aber Seltenen und Unwahrscheinlichen blieb, und der Roman, sofern er sich auf diese Richtung wirft, hat daher den Begriff des *Romanhaften* begründet, d. h. eines Weltbildes, wo in jedem Momente der Zufall Unterbrechungen des gewöhnlichen Gangs der Dinge bereit hält, die der Eitelkeit des Herzens, den Wünschen der Phantasie entgegenkommen, wie die Vorstellung, als dürfe man nur in den nächsten besten Postwagen sitzen, um eine verkappte Prinzessin darin zu finden, die man dann von einem Schock Räuber befreit, u. dergl. Dies Abenteuerliche lag allerdings schon in den griechischen Anfängen des Romans, auf die wir, als auf verlorene Vorposten, nicht weiter eingehen können. Gewöhnt sich der Leser, die Welt so aufzufassen, so wird ihm alsgemach das Hirn verbrannt und da er sich in die Rolle der Helden denkt, in die sich alles verliebt, wie sie nur die Schnalle einer Türe aufdrücken, so verliert er die Einfachheit des Unbewußten und sieht sich stets im Spiegel. Wir haben hier schon eine Seite, die dem Roman etwas Bedenkliches gibt und ihn aus dem Gebiete der Ästhetik unter das Tribunal der Pädagogik zu ziehen droht; wir reden wohl zunächst von dem schlechten Roman, allein auch der gute streift unwillkürlich an diese Nährung eines abenteuerlichen, selbstbewußt eiteln Weltbildes. Endlich ist derjenige Weg der Herausarbeitung des Idealen aus der Prosa zu nennen, der eigentlich mit allen andern sich vereinigt, aber ebensosehr, wie wir sehen werden, auch eine besondere Richtung begründet: der Roman sucht die poetische Lebendigkeit da, wohin sie sich bei wachsender Vertrocknung des öffentlichen geflüchtet hat: im engeren Kreise, der Familie, dem Privatleben, in der Individualität, im Innern. [...]

Die epische Forderung der Totalität bleibt stehen, doch nur in Beziehung auf die Kulturzustände, der Roman trägt in weit engerem Sinne den Charakter des Sittenbildlichen, als das Epos; der Held ist nicht handelnd, er macht auf dem Schauplatze der Erfahrung seinen Bildungsgang, worin die Liebe ein Hauptmotiv ist und Konflikte der Seele und des Geistes an die Stelle der Tat treten. Die Auffassung ist daher ungleich mehr, als dort, auf das Innere gerichtet, der Stil aber geht noch weit enger in das Einzelne und ist wesentlich der ausgebildet *charakteristische, individualisierende*. So bildet der Roman einen vollen Stilgegensatz gegen das Epos; er ist aber ein mangelhaftes Gefäß für den Geist der modernen Dichtung, er steht, wie schon seine prosaische *Sprachform* zu erkennen gibt, bedenklich an der Grenze des sinnlich oder geistig Stoffartigen und diese innere Unsicherheit gibt sich namentlich durch die Art der Spannung und die Schwierigkeit des Schlusses zu erkennen.

Der Roman hat nicht eine große National-Unternehmung zum Inhalt, welche ein Weltbild im hohen geschichtlichen Sinne gäbe; umfassend soll er nur sein in Beziehung auf das Zuständliche, rein Menschliche, indem er von seinem Punkt aus Sitten, Gesellschaft, Kulturformen einer ganzen Zeit und darin das Allgemeine des menschlichen Lebens darstellt. Der historische Roman begründet keinen Einwand gegen diese Beschränkung der vorliegenden Kunstform auf die vom Schauplatze der großen Taten abliegende Seite der Wirklichkeit; es wird sich zeigen, daß in ihm das Gebiet der politischen Handlung nur den Hintergrund bildet. In diesen Grenzen soll der Roman ein desto reicheres Gemälde entwerfen, denn dem Geiste der Erfahrung steht alles im Zusammenhang, sein Weltbild ist ein gefülltes, kennt keine Lücken. [...]
Der Romanheld nun heißt wirklich nur in ironischem

Sinne so, da er nicht eigentlich handelt, sondern wesentlich der mehr unselbständige, nur verarbeitende Mittelpunkt ist, in welchem die Bedingungen des Weltlebens, die leitenden Mächte der Kultursumme einer Zeit, die Maximen der Gesellschaft, die Wirkungen der Verhältnisse zusammenlaufen. Er macht durch diesen Lebens-Komplex seinen Bildungsgang, er durchläuft die Schule der Erfahrung. Hier tritt nun die große Bedeutung der Liebe ein. Die ganze moderne Welt erkennt in ihr ein Hauptmoment in der Ergänzung und Reifung der Persönlichkeit. Das Ziel des Romanhelden ist schließlich immer die Humanität, irgendwie gilt von jedem, was Schiller vom Wilh. Meister sagt: er trete von einem leeren und unbestimmten Ideal in ein bestimmtes, tätiges Leben, aber ohne die idealisierende Kraft dabei einzubüßen; er wird vom Leben realistisch erzogen, er soll reif werden, zu *wirken* (– im Unterschiede vom Handeln –), aber zu wirken als ein ganzer, voller, ausgerundeter Mensch, als eine Persönlichkeit. In dieser Erziehung ist denn die Liebe, da wir das rein Menschliche, Ideale im Weibe symbolisch anschauen, ein wesentliches Moment und zugleich Surrogat für die verlorene Poesie der heroisch-epischen Weltanschauung; die tiefsten Metamorphosen der Persönlichkeit [...] knüpfen sich an eine Leidenschaft, die auf sinnlicher Grundlage den ganzen Menschen ergreift, alle seine geistigen Kräfte in Bewegung setzt, an ihre Wechsel, Freuden, Leiden; sie wird so zu dem Bande, an welchem der innere Bildungsgang des Menschen, obgleich er seinem höheren Inhalte nach weit darüber hinaus liegt, seinen Verlauf nimmt. Dies führt zurück zu dem Wege der Gewinnung des Poetischen inmitten der Prosa [...]: die Geheimnisse des Seelenlebens sind die Stelle, wohin das Ideale sich geflüchtet hat, nachdem das Reale prosaisch geworden ist. Die Kämpfe des Geistes, des Gewissens, die tiefen Krisen der Überzeugung, der Weltanschauung, die das bedeutende Individuum durchläuft,

vereinigt mit den Kämpfen des Gefühlslebens: dies sind die Konflikte, dies die Schlachten des Romans. [...]
Die innern Mängel [des Romans als Gattung; Hrsg.] kommen aber vorzüglich am Schlusse zum Vorschein, denn dieser ist unvermeidlich hinkend. Die Frage ist nämlich einfach: was soll der Held am Ende werden? Zum politischen Heroen erzieht ihn der Roman nicht, unsere Ämter sind eine zu prosaische Form, um das Schiff, das unterwegs mit so vielen Bildungsschätzen ausgestattet worden ist, in diesem Hafen landen zu lassen. Es bleiben Tätigkeiten ohne bestimmte Form übrig, die aber sämtlich etwas Prekäres haben. Wilh. Meister wird Landwirt und ist dabei zugleich als wirkend in mancherlei Formen des Humanen und Schönen vorzustellen, allein der Dichter setzt doch einen gar zu fühlbaren Rest, wenn er, nachdem so viele Anstalten gehäuft waren, einen Menschen zu erziehen, uns ein so unbestimmtes Bild der Tätigkeit des reifen Mannes auf der untergeordneten, wenn auch ehrenwerten Grundlage der bloßen Nützlichkeit gibt. Künstlerleben ist zu ideal, die Kunst tut nicht gut, die Kunst zum Objekte zu nehmen; geschieht es aber doch, so erscheint das Kontinuierliche einer bestimmten Tätigkeit, deren ideale Innenseite das Dichterwort doch nicht schildern kann, eben auch prosaisch. Dem Romane fehlt der Schluß durch die Tat, ebendaher hat er keinen rechten Schluß. Er hat die Stetigkeit des Prosaischen vorneherein anerkannt, muß wieder in sie münden und verläuft sich daher ohne festen Endpunkt. Ein Hauptmoment des Roman-Schlusses ist die Beruhigung der Liebe in der Ehe. Hier verhält es sich nicht anders. Die Ehe ist eigentlich mehr, als die Liebe, aber in ihrer Stetigkeit nicht darzustellen, in ihrer Erscheinung prosaisch und so läuft auch diese Seite der gewonnenen Idealität in zugestandene Prosa aus. [...]

Nach *Stoffgebieten* eingeteilt nimmt der Roman vorherrschend das *Privat*leben zu seinem Schauplatz und sucht hier das Poetische entweder in der *aristokratischen* Gesellschaft, sei es im engeren, sei es, um die Erwerbung schöner Humanität in den bevorzugten Kreisen darzustellen, im weiteren Sinne des Worts, oder, und zwar in stets erneuter Opposition gegen diese Form, im *Volke*, oder im gebildeten *Bürgerstande*, vorzüglich in seinem Familienleben, und diese Gattung nimmt die breiteste Stelle ein. Über diese Sphären erhebt sich unvollkommen der *historische* Roman in das politische Gebiet und der *soziale* zu den großen Fragen über das Wohl der Gesellschaft. [...]

Der *bürgerliche* Roman [...] ist die eigentlich normale Spezies. Er vereinigt das Wahre des aristokratischen und des Volksromans, denn er führt uns in die mittlere Schichte der Gesellschaft, welche mit dem Schatze der tüchtigen Volksnatur die Güter der Humanität, mit der Wahrheit des Lebens den schönen Schein, das vertiefte und bereicherte Seelenleben der Bildung zusammenfaßt. Der Herd der Familie ist der wahre Mittelpunkt des Weltbildes im Roman und er gewinnt seine Bedeutung erst, wo Gemüter sich um ihn vereinigen, welche die harte Wahrheit des Lebens mit zarteren Saiten einer erweiterten geistigen Welt wiedertönen. In diesen Kreisen erst wird wahrhaft erlebt und entfaltet sich das wahre, von den Extremen ferne Bild der Sitte. Die Engländer, die der neueren Literatur überall die bedeutendsten Anstöße gegeben, sind auch in dieser Gattung vorangegangen. Der Urheber derselben, Richardson, ist Pedant im Ausmalen, peinlicher Anatom in der psychologischen Zergliederung, abstrakter Moralist, und doch begründet er den scharf zeichnenden realistischen Stil, wie ihn die Kunstform fordert, weist auf das wahre Ziel hin, in diesem Stil ein Seelengemälde zu entfalten und ihr zum Mittelpunkte den gediegenen ethischen Gehalt unserer gebildeten bürgerlichen Stände zu geben. [...]

Der *soziale* Roman schlummert als mehr oder weniger bestimmter Keim schon im Volksroman und im bürgerlichen. Es liegt beiden, namentlich dem ersteren, nahe, die brennende Frage über die Einrichtung der Gesellschaft, Unterschied und Kampf der Stände, Verhältnis zwischen Arbeit und Erwerb, Vergehungen und Strafen u.s.w. fühlbarer aus ihrem Erzählungsstoff hervorspringen zu lassen, ausdrücklich zu behandeln und näher oder ferner an die Grenze des Tendenziösen zu treiben; es kann aber einen Roman geben, der solche Fragen entschieden und doch nicht in unpoetischer Absichtlichkeit, sondern mit der Frische unmittelbarer Kraft und Erfindung zu seinem Mittelpunkte macht; seine Sphäre ist entweder bürgerlich oder volkstümlich, das Gewicht aber, das auf diesem Mittelpunkte liegt, begründet seinen Namen, weist ihm seine eigene Stelle an. Immermanns »Epigonen« sind trotz ihren schwachen und nachgeahmten Partien ein achtungswertes Beispiel. Es wird freilich nur wenigen und in wenigen Momenten gelingen, einen Inhalt, der seiner Natur nach in sehr bewußter Weise gedacht sein will, so in sich aufzunehmen, daß er ganz als Gestalt und Handlung vor dem Innern steht, und demnach so zu behandeln, daß also nicht der unorganische Weg der Tendenz eingeschlagen wird.

KARL FRENZEL

Der historische Roman

Die Bewegung eines Romans gleicht der Kreislinie, der Anfang soll notwendig zum Schluß stimmen. Von dem Mittelpunkt, der Idee, strahlt gleichmäßig das Licht auf alle Punkte der Dichtung aus, nicht soll eine endlose Episode oder ein Vorfall, der mit der Entwickelung der Handlung in keiner Verbindung steht, fort und fort den gleichmäßigen Fortschritt unterbrechen. Die Bewegung im Drama gleicht

dem Ersteigen einer Höhe, die Bewegung im Epos einer Stromfahrt. Daß wir höher, ist im ersten, daß wir weiter kommen, im zweiten Falle das erste Bedingnis.
Die Stilgesetze des Romans sind unabhängig von seinem Inhalte. Ob er eine religiöse, soziale oder künstlerische Frage behandelt, die Kämpfe der Gegenwart oder der Vergangenheit darstellt, immer wird er, will er den Anspruch nicht verlieren, eine Kunstschöpfung zu sein, ihnen sich fügen müssen. Nicht soll man uns eine Geschichte, in deren erstem Bande die Väter, im zweiten die Söhne und im dritten die Enkel heiraten oder sterben, für einen Roman ausgeben. In der Bewahrung und Durchführung dieser Gesetze, in der künstlerischen Notwendigkeit der Entwickelung liegt der Unterschied des historischen Romans von der Geschichtschreibung. Den Verlauf seiner Erzählung als notwendig durch das Walten natürlicher und gesellschaftlicher Gesetze hinzustellen, strebt der Historiker, er erfindet keine Ereignisse, sondern weist in dem, was geschehen, das Gesetz von Ursache und Wirkung nach; der Romantiker [d. i. der Romanautor; Hrsg.] vermittelt seine Erfindungen mit den geschichtlichen Tatsachen und macht die Charaktere und Leidenschaften der Handelnden zu den allein das Ganze bewegenden Kräften. Was der Historiker nur zeitlich anschaut, sieht er im Widerschein der Ewigkeit, sub specie aeterni. Macaulay hat zwar auch von dem Geschichtschreiber gefordert, er solle das Gesamtleben einer frühern Epoche, nicht nur die Staatsverhandlungen und Schlachten schildern, aber wie selten wird diese Forderung erfüllt, und geschieht es ja, so geschieht es in abstrakter Weise. Hier ist schon Walter Scott und seine Schule eingetreten. Der Fortschritt über sie hinaus beruht in der Vertiefung des Inhalts. Die Erscheinungswelt des Mittelalters befriedigt uns nicht mehr, wir wollen, in Gestalten verkörpert, auch die Ideen kennen lernen, die sie bewegt. Nicht eine alltägliche Handlung soll auf dem Hintergrund der Geschichte spielen – etwa die Abenteuer eines Soldaten, der die Schlacht bei Waterloo mitmachte – sondern die Fabel soll in ihren Ver-

schlingungen den Charakter der gewählten Zeit ausprägen. Was und wie es geschieht, soll im allgemeinen Sinne »historisch« sein. Der Geist und Sinn, der in den schönsten Wandgemälden Kaulbachs im Treppenhause des Neuen Museums zu Berlin, in der Völkerscheidung, der Zerstörung Jerusalems und der Hunnenschlacht, in Hebbels Trauerspielen von Judith, Herodes und Mariamne und den Nibelungen waltet, soll den historischen Roman durchdringen, seine Aufgabe ist die Darstellung des geschichtlichen Menschen, des einzelnen wie der Massen. Die Breite des Vorwurfs vermag allein der Roman zu bewältigen, das Drama wird immer nur die Spitzen ins Auge fassen können. Eine glücklich im Sinne der geschilderten Zeit und Stimmung erfundene Handlung, eine glänzende Darstellung einer historischen Begebenheit, die sich übersichtlich und klar in all ihren Beziehungen abrundet und uns zugleich einen Fernblick eröffnet; ein tiefes Eindringen in die Wesenheit eines hervorragenden Menschen, ein Stil, der leuchtend in epischer Ruhe wie ein majestätischer Strom dahinrauscht: die Vereinigung dieser Vorzüge würde das Ideal eines historischen Romans bilden.

FRIEDRICH SPIELHAGEN

Das Gebiet des Romans

Der Roman hat für die moderne Menschheit diese tiefe Bedeutung, diese einschneidende Wichtigkeit, weil keine andere Kunst, und auch kein anderer Zweig der Dichtkunst dem geistigen Bedürfnisse derselben so Rechnung trägt, ein so bequemes, ausgiebiges, zweckdienliches Vehikel der Mitteilung der respektiven geistigen Interessen und Bedürfnisse hinüber und herüber ist.
Ich würde selbstverständlich an den Abgrund einer Unmög-

lichkeit geraten, wenn ich im einzelnen ausführen sollte, was ich mir unter dem inhaltweiten Begriff »moderne Menschheit« vorstelle. Glücklicherweise aber ist das keineswegs nötig; es bedarf für unsern Zweck nur der Hervorhebung einiger wenigen, aber allerdings desto prägnanteren Kennzeichen. Ich glaube, daß man im großen und ganzen zustimmen werde, wenn ich als den hervortretendsten Zug, als das eigentlich Charakteristische in der Physiognomie der jetzt lebenden Menschen den Drang und den Entschluß bezeichne: das ihnen zugewiesene Erbe endlich einmal voll und ganz anzutreten; es sich heimisch zu machen auf dieser unserer Erde, der festgegründeten, dauernden, die nicht eine Vorstufe des Himmels oder der Hölle ist, sondern der Grund und Urgrund, aus dem unsere Leiden und Freuden quillen, das Rhodus, auf dem wir tanzen müssen, es tanze sich nun gut oder schlecht. Es ist das trotzige Glaubensbekenntnis des Prometheus, es ist sein demütig stolzes Wort: »Hast Du nicht alles selbst vollendet, heilig glühend Herz!«, was wir sichtbar-unsichtbar auf die Stirn jeder Lokomotive geschrieben sehen, die über himmelhohe Brücken und durch Tunnel, schwarz wie der Erebus, dahindonnert; was hörbar-unhörbar jeder Telegraphenapparat in tausendfältigem Takt und Rhythmus tickt und hämmert. Und wo sähen wir dies Wort nicht! wo hörten wir es nicht! Wahrlich nicht zum mindesten in unserm eigenen Herzen, bald leiser, bald lauter, bald deutlicher, bald undeutlicher, zum geheimen Grauen für sie, die mit altehrwürdigen Traditionen nicht brechen wollen oder können; zum naiven Erstaunen für die leicht bewegliche Menge; zur höhnischen Schadenfreude so mancher, die aus traurigsten Gründen auf den Umsturz des Bestehenden spekulieren; zum freudigen Stolz für sie, die fest an die Segensmacht der Wahrheit und an eine bessere Zukunft glauben und sich nicht irre machen lassen durch die Zeloten, welche das Wort nicht Wort haben wollen, es gern übertäuben möchten mit ihren Flüchen und Bannsprüchen und gerade dadurch beweisen, wie laut es auch ihnen in die Ohren schallt! Ja, die

Menschheit unserer Tage will aus dem Leben machen, was sich machen läßt, wenn man es recht versteht. Und ist durchaus überzeugt, daß man es nicht versteht und verstehen kann, wenn man sich selbst nicht versteht, d. h. nicht den möglichst tiefen Einblick in die menschliche Natur und menschliches Wesen hat. Und daß wiederum dieser Einblick unmöglich ist ohne den weitesten Überblick, ohne die genaueste Kenntnis der Bedingungen, unter denen das Leben vor sich geht. Deshalb die ungeheure Aufgabe aller Berufenen unserer Tage einmal: zu untersuchen, festzustellen und zu regeln die Beziehungen der Menschen untereinander: also die Rechtswissenschaft mit ihren Hilfswissenschaften, zu welchen auch die historischen Wissenschaften, als Darstellung der Entwickelung der Menschheit bis zu ihrem jetzigen Zustande, zu rechnen wären; zweitens die Untersuchung und wo es sein kann, Feststellung des Verhältnisses und der Lage des Menschen als tellurischen und kosmischen Wesens, d. h. die Naturwissenschaft; zusammen: die Betrachtung des Menschen in stetigem Bezug auf die sozialen und natürlichen Bedingungen seiner Existenz.

Und wo bleibt die Kunst? welche Berechtigung hat sie noch, wenn die Arbeit der Menschheit von der Wissenschaft so gründlich getan wird? Ach, sie, die sich der Kunst geweiht, sich ihr mit Leib und Seele zu eigen gegeben haben, werfen diese Frage oft genug auf, – nur zu oft für die Ruhe ihres Gemüts. Denn sie beantworten sie sich in trüben Stunden dahin, daß die Kunst, wenn nicht für immer, so doch für den Augenblick auf die große Rolle, die ihr wohl sonst zugeteilt war, verzichten muß; daß es dem feurigen Manne, der den Drang und auch wohl die Kraft in sich spürt, einzugreifen in die Speichen des rollenden Rades der Menschengeschicke, nicht wohl ansteht, wie der Goldschmied von Ephesus ohne Unterlaß in seiner Werkstatt zu sitzen und zu feilen.

Indessen, das sind nur eben trübe Stunden, die vorübergehen, und die gute Stunde findet die Zweifler wieder bei der Arbeit, von der sie nicht lassen können und nicht lassen wollen, weil

Wert und Würde derselben noch groß genug sind, selbst wenn sie wirklich in der Erziehung der Menschheit für den Augenblick – der leider unser Leben einschließt – nur von sekundärer Bedeutung wäre. Vor allem aber sind vielleicht gerade die Romandichter unter allen Kunstgenossen in der günstigsten Lage, weil eben keine Kunst und kein anderer Zweig der Dichtkunst die furchtbare Konkurrenz der Wissenschaften so gut aushalten kann, oder, wie wir es vorhin ausdrückten: ein so bequemes, ausgiebiges Mittel für die Zwecke der modernen Menschheit ist, als eben die epische Kunst. [. . .]

Denn erst jetzt – jetzt, wo für den Epiker jede Schranke gefallen, sein Gebiet grenzenlos scheint – können und müssen wir von den Grenzen sprechen, weil wir sie uns selbst ziehen müssen, wollen wir nicht, daß jene Ähnlichkeit, die wir im Anfang zwischen dem Mann der Wissenschaft und dem Epiker konstatierten, für uns verhängnisvoll werde.

Haben wir doch jetzt mit ihm ein und dasselbe Organon, das prosaische Wort, wie wir mit ihm von Anfang an denselben Vorwurf hatten: den Menschen in der vollen Breite und Tiefe seiner Beziehungen zu seinesgleichen und zur Natur. Wie nah liegt hier die Verführung – und wie viele unterliegen ihr! – das gleiche Ziel auch mit dem gleichen Mittel, auf dem gleichen Wege erreichen zu wollen!

Und doch sind diese Wege himmelweit verschieden; so weit, wie es der einzelne konkrete Fall von der Regel ist, die aus der Fülle sämtlicher konkreter Fälle abstrahiert wurde; so verschieden, wie die Tätigkeit der Phantasie vor der der reinen Vernunft und Urteilskraft; so verschieden, wie die künstlerische Darstellung von der wissenschaftlichen Analyse und Synthese.

Aber diese durch die Verschiedenheit der geistigen Funktionen und der obligaten Methoden der Darstellung ein für allemal gesetzte, unübersteigliche Grenze zwischen Wissenschaft und Poesie muß ich hier in ihrer ganzen Bedeutung als erkannt und anerkannt voraussehen.

Um so straffer müssen wir jetzt die Konsequenzen ziehen, die aus der gewonnenen Einsicht, daß die in dem antiken Epos gebundenen Elemente sich in Folge der veränderten Quantität des epischen Stoffes voneinander getrennt haben, für den modernen Dichter hinsichtlich der Wahl seines Stoffes und der Behandlung desselben resultieren.
Erstens wissen wir jetzt, daß der epische Stoff unendlich ist; und davon ist die ganz einfache Folge, daß der moderne epische Dichter sich als einen »Teil des Teils, der früher alles war«, fühlt und weiß, d. h. daß er sich ein Stück von dem unendlichen Gebiet absondert und sich mit weiser Mäßigung innerhalb dieser Grenze hält, die er schon deshalb nicht zu weit ziehen wird, weil er auf sich allein angewiesen ist, kein Sangesbruder ihm zu Hülfe kommt, der ihm ein vergessenes Kapitel nachschriebe, ein falsches Motiv verbesserte, eine Episode einflöchte, das Werk unterhaltender und anmutiger zu machen. Hier können wir nur ganz im Allgemeinen sagen, daß die Grenze seines Gebietes nach dieser Seite durch zweierlei Momente bestimmt wird: einmal durch die epische Kraft, die in ihm waltet, und ihn mit Leichtigkeit eine Last bewältigen läßt, unter der ein anderer auf dem halben Wege zusammenbricht; und zweitens durch das Maß der Empfänglichkeit seiner Leser, an welchem er wiederum, da es ziemlich richtig ist, seine Leistungsfähigkeit messen kann und seine etwaige neunbändige Überkraft zügeln muß.
Aber der moderne Dichter muß seinen Stoff nicht nur quantitativ sorgsam abwägen – wir erinnern uns an Walter Scotts humoristisches Wort! – er muß denselben auch – und das ist von der entscheidensten Wichtigkeit – aus der idealen Zeitlosigkeit des antiken Epos von vornherein in eine ganz bestimmte Zeit verlegen. Wir erinnern uns, wie wenig es mit dem Homerischen »Wie jetzt die Menschen sind!« auf sich hatte; wie im Gegenteil gerade diese schalkisch-naive Mahnung bewies, daß der einzige Unterschied zwischen den Menschen von einst und den Menschen von jetzt in der Wunderkraft bestand, mit der der Dichter jene ausstatten mußte,

um sie überhaupt von diesen abheben zu können; und wie gerade das unendliche Behagen der Zuhörer durch die Klarheit hervorgebracht wurde, mit welchem der epische Spiegel ihr eigenes, allerdings idealisiertes Selbst wiedergab.

Von dieser epischen Unschuld kann jetzt, nachdem wir vom Baum der Erkenntnis gegessen, nicht mehr die Rede sein. Wir alle sind, wenn nicht Historiker von Fach, doch durch die Schule und die Museen gelaufen, haben vielleicht die Denkmäler, die Spuren der Vergangenheit an Ort und Stelle aufgesucht, bewundert und halten uns überzeugt, daß allerdings die Menschen von jetzt sehr viel anders als die von ehemals sind. Ja, dies »ehemals« ist uns bei weitem kein allgemeiner Begriff, keine undeutliche Gesamtvorstellung mehr, wie den Alten ihr »ehemals« und den Kindern das »Es war einmal« ihrer Märchen – im Gegenteil: wir wissen die Ringe der Jahrhunderte am Baum der Zeit zu zählen und zu sondern, und nicht bloß der Jahrhunderte, der einzelnen Jahre selbst; und so kann es dem Romandichter gar nicht mehr einfallen einen Roman zu schreiben, der irgendwann spielt: er muß sich von vornherein entscheiden: ob er sich zu der einen oder andern der zwei Kategorien bekennen: ob er einen *historischen* oder einen *modernen* Roman schreiben will.

Der *historische* und der *moderne* Roman sind die beiden Erben des alten Epos. Ob gleichberechtigte? – das zu entscheiden, bedarf einer längeren Untersuchung, als ich sie hier anstellen kann, wo ich mich vielmehr mit einigen Andeutungen nach dieser Seite begnügen muß, für deren Ausführung sich wohl einmal eine schickliche Gelegenheit findet.

Und da möchte es sich bei diesem Erbstreit wohl zuerst um die Grenze handeln, welche das Gebiet der einen Gattung von der der andern scheidet. Ich meine, es ließe sich dieselbe hinreichend genau ziehen, wenn man nicht kurzsichtig ist und nicht eigensinnig sein will. Ich für mein Teil würde jeden Roman einen modernen nennen, der eben in der Gegenwart, wenn wir diesen Begriff nicht zu eng fassen, oder, soll ich denselben dennoch genauer definieren: in einer Zeit spielt, welche noch in dem vollen Licht der Erinnerung der jetzigen Generation liegt. Im Gegensatze dazu muß ich einen Roman als einen historischen bezeichnen, welcher in einer Zeit vor sich geht, auf welche dieses Licht nicht mehr oder nicht mehr vollkräftig fällt, und so würde ich einen Roman wie Fritz Reuters »Ut de Franzosentied« allerdings schon für einen historischen halten. [...]

Wenn der historische Dichter [...] nicht so weit von seinem Gegenstande entfernt stehen durfte, daß er denselben überhaupt nicht mehr oder zu undeutlich sah, so verfällt der moderne in den entgegengesetzten Fehler, sobald er einem Objekte so nahe tritt, daß er dasselbe gar nicht von allen Seiten ruhig betrachten kann und, getrieben von dem mehr oder weniger klaren Gefühl der eignen Unklarheit, sich mit sich selbst und mit seinen Lesern in doktrinären Parabasen zu verständigen sucht; vielleicht auch, den Widerspruch, auf den er stoßen wird, voraus empfindend, in leidenschaftlicher Erregtheit seine Ansicht nun gerade erst recht schroff akzentuiert und so im schlimmen Sinne tendenziös wird.

Im guten Sinne muß er es nach meiner Meinung nämlich immer sein, d. h. er muß immer, weil er gar nicht anders kann, auf einem bestimmten Standpunkte stehen. Und wohl ihm, und wohl seinen Lesern, je fester er auf diesem Standpunkte steht, und freilich auch, je höher dieser Standpunkt ist. [...]

Er kann aber das Schöne nicht schaffen und am wenigsten kann es der epische Künstler ohne die strikteste Observanz des Gesetzes der Objektivität. Sie ist für ihn das oberste Gesetz, sein Leitstern, den er nun und nimmer aus dem Auge verlieren, nach dem er sich immer wieder orientieren, und auf jedem Punkte feststellen kann, ob er noch innerhalb der seinem Gebiete gesteckten Grenzen sich bewegt, mag er nun das Bild der Menschheit im Spiegel längst vergangener Zeiten aufzufangen suchen, mag er sich bemühen »dem Jahrhundert und Körper seiner Zeit« den Abdruck seiner Gestalt zu zeigen. Immer wird er sich bemühen, volle, runde Menschen zu schaffen, die sich kräftig herausheben aus dem Hintergrunde ihrer Natur, ihres Landes, ihrer Zeit; sich bemühen, diese Menschen in Aktion zu versetzen, in Atem zu erhalten; nichts von diesen Menschen zu wollen, was sie nicht können; und nichts zu wollen, was er nicht durch diese Menschen kann. Auch nicht ein Titelchen mehr und nicht ein Jota mehr! Hic Rhodus, hic salta! Und Rhodus ist groß genug, wird dadurch jedenfalls nicht größer, daß er historische Abhandlungen oder archäologische Vademekums für epische Poesie erklärt; oder seinen Representative men modernsten Schlages Tendenzzettel aus dem Munde hangen läßt; oder in verschwommener Idealisierungssucht Schemen statt Menschen und Symbole statt der Sache gibt; oder die Welt, die er zu schildern und darzustellen verzweifelt, in einen romantischen Nebel hüllt, der nicht Tag und nicht Nacht ist; oder uns einen künstlerisch nicht durchgegorenen und geläuterten humoristischen oder satirischen Mischmasch für gesunde epische Speise und Trank verkaufen möchte.

RUDOLF GOTTSCHALL

Die moderne Novelle

Was ist aus dem heitern Kind des Boccaccio in dieser wenig romantischen Zeit des Crédit mobilier geworden? Welchen Inhalt hat neuerdings die lebendige, an das Dramatische streifende Form der Novelle in sich aufgenommen? Keine andere epische Form ist so geeignet, die wechselvolle Kasuistik des Lebens, seine tragischen und heitern Katastrophen und die Fülle seiner ironischen Beziehungen in schlagender Kürze darzustellen. Die Novelle hat heutzutage in prismatisch schimmernder Vielseitigkeit den verschiedensten Geschmacksrichtungen und ästhetischen Anschauungen

Rechnung tragen müssen [. . .]. Die humoristische Burleske, die psychologische Skizze und landschaftliche Studie, ja selbst die kulturhistorische Anekdote haben sich in die Novelle geflüchtet. Die Novelle ist ein kleiner Taschenspiegel geworden, in welchem sich auch die bedeutendsten literarischen Physiognomien einmal im Vorübergehen flüchtig beschauen; die Schnitzel größerer geistiger und ästhetischer Arbeiten werden in Novellen gesammelt; man findet darunter eine Menge geistvoller Reflexionen, humoristischer Bilder, durch Glätte und Schönheit der Form ansprechender Schilderungen; aber was uns bei den meisten zu fehlen scheint, das ist jener freispielende schöpferische Reichtum der Phantasie, der in einer Fülle überraschender und doch wohlverketteter Ereignisse seine anmutigsten Blüten treibt; das ist jener Zauber der Erfindung, der mehr als alles andere die ursprüngliche Mitgift des novellistischen Talents ist. Die Armut in dieser Beziehung läßt sich weder durch langatmige Schilderungen noch durch kluge und tiefe Betrachtungen verstecken. Je gedrängter die Form der Novelle ist, desto lebendiger und schlagkräftiger muß die Erfindung des Dichters in ihr hervortreten. Wir wollen verstrickt sein in den üppigen Reiz neuer und bunter Verwickelungen, deren Knoten der Zufall ernst oder heiter löst. Wir lassen uns ungern dafür mit andern dichterischen Vorzügen abfinden, die nur in einer umfangreichern Kunstform zur berechtigten Geltung kommen können. Wir wollen in der Novelle nicht disjecti membra poetae wiederfinden, nicht gestaltlose Fragmente irgendeiner Art, nicht den Abfall der Produktion, der in dieser Weise verwertet wird; wir verlangen von ihr bei aller Gedrängtheit künstlerische Gliederung, ein warmes organisches Leben, Reiz und Pracht der Farben und jene überraschenden Einschnitte des Zufalls, die allerdings erst eine tiefere Bedeutung durch den geistigen Standpunkt des Autors erhalten.

FRIEDRICH THEODOR VISCHER

Novelle

Die Novelle verhält sich zum Romane wie ein Strahl zu einer Lichtmasse. Sie gibt nicht das umfassende Bild der Weltzustände, aber einen Ausschnitt daraus, der mit intensiver, momentaner Stärke auf das größere Ganze als Perspektive hinausweist, nicht die vollständige Entwicklung einer Persönlichkeit, aber ein Stück aus einem Menschenleben, das eine Spannung, eine Krise hat und uns durch eine Gemüts- und Schicksalswendung mit scharfem Akzente zeigt, was Menschenleben überhaupt ist. Man hat sie einfach und richtig als eine Situation im Unterschied von der Entwicklung durch eine Reihe von Situationen im Romane bezeichnet. Die Novelle hat dem Romane den Boden bereitet, das Erfahrungsbild der Welt erobert; das Mittelalter kannte Mensch und Welt nicht, träumte überall von Exemtionen, Bocaccio plauderte das Geheimnis aus, daß Menschen, Menschen, »sterbliche Menschen« sind. Dieselbe Bedeutung hat die große Beliebtheit des Schwankes, wie er im sechzehnten Jahrhundert in Deutschland herrscht. Diese kleinen Formen sind zum Teil bloße Anekdoten. Die Anekdote ist mit kurzer Spannung und Lösung zufrieden ohne das Resultat eines fruchtbaren, inhaltvollen Blickes in die Wahrheit des Menschenlebens, daher meist komisch; die Novelle dagegen bewegt sich auch im tragischen Gebiet, und zwar mehr, als der Roman. Es liegt dies in ihrer strafferen Natur; wer Interessantes kurz erzählen will, muß das Retardierende schneller niederwerfen und auf die Katastrophe zueilen, wo sich aber diese akuter hervordrängt, da ist auch die schärfere Schneide des Schicksals, wie die Pritsche des lächerlichen Zufalls, im Zuge des Ausholens. Es lag der modernen Zeit sehr nahe, den Inhalt der Novelle als Thema zu behandeln, d. h. unsere Konversation und Debatte so in sie zu verlegen, daß eine Lebensfrage, ein Kampf geistiger Richtungen, dunkle Erscheinungen des Seelenlebens und dergl. vorherrschend gesprächsweise erörtert werden, während in den persönlichen Schicksalen zugleich die faktische Antwort erfolgt. Die Form ist bedenklich, denn es liegt nur zu nahe, die zweite Seite, welche natürlich den wesentlichen Körper des Ganzen bilden müßte, zur Nebensache zu machen und so die Idee didaktisch, statt poetisch und zwar mit dem besondern Geruche des Salons, der Teegesellschaft herauszustellen, wie wir in den meisten Novellen Tiecks sehen.

WILHELM HEINRICH RIEHL

Kulturgeschichtliche Novellen

Der Roman folgt dem Fortgange der Geschichtschreibung; Novellistik und Historik einer Epoche erläutern sich gegenseitig. So macht sich jetzt der mächtige Zug zur Kulturgeschichte bereits in der Romandichtung bemerkbar. Der populärste Historiker unserer Zeit, Macaulay, dankt wohl die Hälfte seiner Volksbeliebtheit der Kunst, womit er die Gesittungszustände einer Periode in ihrem innern Zusammenhange – unter sich, wie mit der Staatsgeschichte – erfaßt und doch zugleich in ihren bunten Einzelgebilden mit dem Pinsel des Genremalers auszuführen weiß. Darum sagt man etwa vom dritten Kapitel seiner »Geschichte Englands«: es liest sich wie ein Roman. Denn dieses Kapitel glänzt eben durch kulturgeschichtliche Genremalerei.

Der Novellist mag hier einen Fingerzeig sehen. Unser historisches Gefühl erträgt es nicht mehr, daß man uns große Staats- und Kriegsaktionen im Romane genrehaft ausmalt, daß die Hauptthelden der Geschichte, deren Charaktere seit unsern Knabenjahren festgeformt vor unserm Geiste stehen, von dem Romandichter frei umgebildet, oder in ihren Zügen klein ausgearbeitet werden. Der Dramatiker, der sich der idealeren Form des Verses bedient, den die Bühne zwingt, *nicht* auszumalen, sondern sein Gebilde breit, in großen Umrissen anzulegen, – der Dramatiker darf uns einen im Äußeren ungeschichtlichen Wallenstein oder Egmont bieten. Der Novellist dagegen, in der realistischen Prosa schreibend, gibt unserer historischen Bildung eine Ohrfeige, wenn er mit dem Anscheine als erzähle er wirkliche Geschichte, weltbekannte Tatsachen umkehrt, und, nach Bedarf der Komposition, große Männer klein zuschneidet und kleine in die Größe zieht.

In der Tragödie begehren wir Wahrheit der historischen Idee; im Roman und der Novelle neben dieser inneren Wahrheit auch noch eine äußere des geschichtlichen Kostüms.

Die alten historischen Romane, welche uns weltgeschichtliche Ereignisse, die sich allenfalls dramatisieren ließen, episch in Prosa erzählen, sind uns darum jetzt trocken und hohl geworden oder unwahr.

Mir dünkt, die Aufgabe der historischen Novellistik liege nach dieser Seite darin, auf dem Grund der Gesittungszustände einer gegebenen Zeit freigeformte Charaktere in ihren Leidenschaften und Konflikten walten zu lassen. Die Szene ist historisch. Es sind dann aber – kurz gesagt – erfundene Personen, die in den Vordergrund treten, die mit feinem Pinsel ausgemalt werden sollen, – eine erfundene Handlung, die ich episch frei gestalten kann, keine geschichtliche, wenigstens keine weltgeschichtliche. Denn in den Winkeln der Spezialgeschichte können wir allerdings noch Intrigen und Helden aufspüren, die novellistisch bildsam sind, ohne daß wir durch die poetische Freiheit das historische Bewußtsein der Nation beleidigen. Weltgeschichtliche Geschicke mögen von Ferne hereinragen, weltgeschichtliche Personen im Hintergrunde über die Bühne des historischen Romanes schreiten. Der Boden aber, worauf sich die erfundene Handlung bewegt, ruhe auf den Pfeilern der Zeitgeschichte; die Luft, worin die erdichteten Personen atmen, sei die Luft ihres Jahr-

hunderts; die Gedanken, davon sie bewegt werden, seien ein Spiegel der weltgeschichtlichen Ideen ihrer Tage.
Dieses nenne ich kulturgeschichtliche Novellistik.
Hier läßt sich die innere Wahrheit der historischen Idee und die genrehafte Treue des historischen Kostüms vereinigen; aber auch nur hier. Der Dichter kann ein durchgebildetes Kunstwerk hinstellen, dem das kulturgeschichtliche Detail eine handgreifliche Lebensfrische gibt, deren das Drama entbehren muß; ein Kunstwerk, welches nicht bloß geschichtliche Zustände schildert, sondern in seinem Kern jenes höchsten sittlichen Inhaltes voll ist, der uns in jeglichem Menschengeschick die Hand des gerechten Gottes erkennen läßt. In solch *echtem* kulturgeschichtlichem Roman hat die Geschichte keine wächserne Nase und die Poesie behält doch Hand und Fuß. Ich lebe der Überzeugung, daß die Zukunft der modernen Epik in dem kulturgeschichtlichen Roman gegründet werden muß.

PAUL HEYSE

Theorie der Novelle

Von dem einfachen Bericht eines merkwürdigen Ereignisses oder einer sinnreich erfundenen abenteuerlichen Geschichte hat sich die Novelle nach und nach zu der Form entwickelt, in welcher gerade die tiefsten und wichtigsten sittlichen Fragen zur Sprache kommen, weil in dieser bescheidenen dichterischen Gattung auch der Ausnahmsfall, das höchst individuelle und allerpersönlichste Recht im Kampf der Pflichten, seine Geltung findet. Fälle, die sich durch den Eigensinn der Umstände und Charaktere und eine durchaus nicht allgemein gültige Lösung der dramatischen Behandlung entziehen, sittliche Zartheit oder Größe, die zu ihrem Verständnis der sorgfältigsten Einzelzüge bedarf, alles Einzige und Eigenartige, selbst Grillige und bis an die Grenze des Häßlichen sich Verirrende ist von der Novelle dichterisch zu verwerten. Denn es bleibt ihr von ihrem Ursprung her ein gewisses Schutzrecht für das bloß Tatsächliche, das schlechthin Erlebte, und für den oft nicht ganz reinlichen Erdenrest der Wirklichkeit kann sie vollauf entschädigen, teils durch die harmlose Lebendigkeit des Tons, indem sie Stoffe von geringerem dichterischen Gehalt auch in anspruchsloserer Form, ohne den vollen Nachdruck ihrer Kunstmittel überliefert, teils durch die unerschöpfliche Bedeutsamkeit des Stoffes selbst, da der Mensch auch in seinen Unzulänglichkeiten dem Menschen doch immer das Interessanteste bleibt. [...]

Es kann hier nicht unsere Aufgabe sein, das Kapitel der Ästhetik über Roman und Novelle zu schreiben [...]. So viel aber muß doch zu vorläufiger Verständigung gesagt werden, daß wir allerdings den Unterschied beider Gattungen nicht in das Längenmaß setzen, wonach ein Roman eine mehrbändige Novelle, eine Novelle ein kleiner Roman wäre. Da lang und kurz relative Begriffe sind und man bekanntlich die simpelste Liebesgeschichte für den Liebhaber nicht lang genug ausspinnen, dagegen den Inhalt der »Odyssee« »zum Gebrauch des Dauphin« auf eine Quartseite bringen kann, so muß, wenn es sich um mehr als Namen handeln soll, schon im Thema, im Problem, im unentwickelten Keim etwas liegen, das mit Notwendigkeit zu der einen oder andern Form hindrängt.

Und dies scheint, wenn man auf das Wesentliche sieht, in Folgendem zu beruhen.

Wenn der Roman ein Kultur- und Gesellschaftsbild im Großen, ein Weltbild im Kleinen entfaltet, bei dem es auf ein gruppenweises Ineinandergreifen oder ein konzentrisches Sichumschlingen verschiedener Lebenskreise recht eigentlich abgesehen ist, so hat die Novelle in einem *einzigen* Kreise einen *einzelnen* Konflikt, eine sittliche oder Schicksals-Idee oder ein entschieden abgegrenztes Charakterbild darzustellen und die Beziehungen der darin handelnden Menschen zu dem großen Ganzen des Weltlebens nur in andeutender Abbreviatur durchschimmern zu lassen. Die *Geschichte*, nicht die Zustände, das *Ereignis*, nicht die sich in ihm spiegelnde Weltanschauung, sind hier die Hauptsache; denn selbst der tiefste ideelle Gehalt des einzelnen Falles wird wegen seiner Einseitigkeit und Abgetrenntheit – der Isolierung des Experiments, wie die Naturforscher sagen – nur einen relativen Wert behalten, während es in der Breite des Romans möglich wird, eine Lebens- oder Gewissensfrage der Menschheit erschöpfend von allen Seiten zu beleuchten. Freilich wird es auch hier an Übergangsformen nicht fehlen. Hat doch unser größter Erzähler in seinen »Wahlverwandtschaften« ein echt novellistisches Thema mit vollem Recht zum Roman sich auswachsen lassen, indem er das bedeutende Problem mitten in ein reich gegliedertes soziales Leben hineinsetzte, obwohl vier Menschen auf einer wüsten Insel ebenso gut in die Lage kommen konnten, die Gewalt dieses Naturgesetzes an sich zu erfahren.

Im allgemeinen aber halten wir auch bei der Auswahl für unsern Novellenschatz an der Regel fest, *der* Novelle den Vorzug zu geben, deren Grundmotiv sich am deutlichsten abrundet und – mehr oder weniger gehaltvoll – etwas Eigenartiges, Spezifisches schon in der bloßen Anlage verrät. Eine *starke Silhouette* – um nochmals einen Ausdruck der Malersprache zu Hülfe zu nehmen – dürfte dem, was wir im eigentlichen Sinne *Novelle* nennen, nicht fehlen, ja wir glauben, die Probe auf die Trefflichkeit eines novellistischen Motivs werde in den meisten Fällen darin bestehen, ob der Versuch gelingt, den Inhalt in wenige Zeilen zusammenzufassen, in der Weise, wie die alten Italiener ihren Novellen kurze Überschriften gaben, die dem Kundigen schon im Keim den spezifischen Wert des Themas verraten. Wer, der im Boccaz die Inhaltsangabe der 9. Novelle des 5. Tages liest:

»Federigo degli Alberighi liebt, ohne Gegenliebe zu finden; in ritterlicher Werbung verschwendet er all seine Habe und behält nur noch einen einzigen Falken; diesen, da die von ihm

geliebte Dame zufällig sein Haus besucht und er sonst nichts hat, ihr ein Mahl zu bereiten, setzt er ihr bei Tische vor. Sie erfährt, was er getan, ändert plötzlich ihren Sinn und belohnt seine Liebe, indem sie ihn zum Herrn ihrer Hand und ihres Vermögens macht« – – wer erkennt nicht in diesen wenigen Zeilen alle Elemente einer rührenden und erfreulichen Novelle, in der das Schicksal zweier Menschen durch eine äußere Zufallswendung, die aber die Charaktere tiefer entwickelt, aufs Liebenswürdigste sich vollendet? Wer, der diese einfachen Grundzüge einmal überblickt hat, wird die kleine Fabel je wieder vergessen, zumal wenn er sie nun mit der ganzen Anmut jenes im Ernst wie in der Schalkheit unvergleichlichen Meisters vorgetragen findet.
Wir wiederholen es: eine so einfache Form wird sich nicht für jedes Thema unseres vielbrüchigen modernen Kulturlebens finden lassen. Gleichwohl aber könnte es nicht schaden, wenn der Erzähler auch bei dem innerlichsten oder reichsten Stoff sich zuerst fragen wollte, wo »der Falke« sei, das Spezifische, das diese Geschichte von tausend anderen unterscheidet.

FRIEDRICH SPIELHAGEN

Novelle oder Roman?

(Gelegentlich der Novellen von Marie v. Olfers)

Der Unterschied zwischen Novelle und Roman hat den Ästhetikern schon viel Kopfzerbrechen verursacht. Indessen, man hat sich im ganzen und großen doch geeinigt und braucht keinen erheblichen Widerspruch zu fürchten, wenn man jenen Unterschied ungefähr so charakterisiert: die Novelle hat es mit fertigen Charakteren zu tun, die, durch eine besondere Verkettung der Umstände und Verhältnisse, in einen interessanten Konflikt gebracht werden, wodurch sie gezwungen sind, sich in ihrer allereigensten Natur zu offenbaren, also, daß der Konflikt, der sonst Gott weiß wie hätte verlaufen können, gerade diesen, durch die Eigentümlichkeit der engagierten Charaktere bedingten und schlechterdings keinen anderen Ausgang nehmen kann und muß. Fügen wir noch hinzu, daß in der älteren Novelle »die besondere Verkettung der Umstände und Verhältnisse« präponderiert, in der neueren dagegen, der modernen Empfindung gemäß, der Hauptakzent auf die »Eigentümlichkeit der engagierten Charaktere« fällt, so haben wir, glaube ich, so ziemlich beisammen, was die Novelle hinreichend scharf von dem Romane scheidet. Der Roman hat es weniger auf eine möglichst interessante Handlung abgesehen, als auf eine möglichst vollkommene Übersicht der Breite und Weite des Menschenlebens. Er braucht deshalb – und gerade zu seinen Hauptpersonen – nicht Menschen, die schon fertig sind, und, weil sie es sind, wo immer sie eingreifen, die Situation zu einem raschen Abschluß bringen, sondern solche Individuen, die noch in der Entwicklung stehen, infolgedessen eine bestimmende Wirkung nicht wohl ausüben können, vielmehr selbst durch die Verhältnisse, durch die Menschen ihrer Umgebung in ihrer Bildung, Entwicklung bestimmt werden, und so dem Dichter Gelegenheit geben, ja ihn nötigen, den Leser auf großen, weiten (allerdings möglichst blumenreichen) Umwegen zu seinem Ziele zu führen.

Natürlich ist dieses Ziel für den Novellisten und Romandichter im Grunde dasselbe: die Einsicht in die Tiefen der Menschenseele; aber da jener sich schon mit einer partiellen Deutung des Sphinx-Rätsels begnügt, dieser eine finale Lösung wenigstens anstrebt, so ist mit der verschiedenen Höhe und Distance der Ziele auch die entsprechende Verschiedenheit in der Behandlung der künstlerischen Mittel gesetzt. Der Novellist, wie er weniger Personen auf die Leinwand zu bringen hat, und eigentlich alles bei ihm auf dem ersten Plane vor sich geht, hat auch weniger Farben auf der Palette, dafür aber desto bestimmtere, und er malt in kecken, festen Strichen, gleichsam *prima*; der Romandichter, der viele Personen in Szene setzen und auf Vordergrund, Hinter- und Mittelgrund schicklich verteilen soll, braucht einen möglichst großen Rahmen und kann eigentlich gar nicht genug Farben zur Verfügung haben; muß bald mit einem feinen Pinsel, bald mit einem breiten, hier ein Kabinettsstück, dort beinahe *al fresco* malen. So gleicht die Novelle einem Multiplikationsexempel, in welchem mit wenigen Faktoren rasch ein sicheres Produkt herausgerechnet wird; der Roman einer Addition, deren Summe zu gewinnen, wegen der langen Reihe und der verschiedenen Größe der Summanden, umständlich und im ganzen etwas unsicher ist. Deshalb hat auch die Novelle sowohl in ihrem Endzweck als in ihrer künstlerischen Ökonomie eine entschiedene Ähnlichkeit mit dem Drama, während der Roman (und nichts ist vielleicht bezeichnender für den tiefen Unterschied zwischen Novelle und Roman) in jeder Beziehung des Stoffes, der Ökonomie, der Mittel, ja selbst, subjektiv, in Hinsicht der Qualität der poetischen Phantasie und dichterischen Begabung, der volle Gegensatz des Dramas ist.

Wenn nichtsdestoweniger – trotz des tiefen theoretischen Unterschiedes zwischen Novelle und Roman – beide Spezies fortwährend nicht bloß in den Köpfen der Laien konfundiert werden, sondern auch in praxi so oft ineinander übergehen, so starke Übergriffe eine in das Gebiet der andern machen, daß auch der gewiegte Ästhetiker manchmal in Verlegenheit gerät, ob er dies oder jenes Produkt hierhin oder dorthin klassifizieren soll, so ist dies eine Folge der Eigentümlichkeit der modernen Novelle, auf welche ich schon oben hingedeutet habe. Es ist uns modernen Menschen eben nicht mehr oder kaum noch möglich, so einfach zu sehen und infolgedessen so einfach-plastisch zu erzählen, wie etwa Boccaccio. Wo für sein Auge *eine* Fläche, sind für das unsre drei oder vier; wo für ihn nur *eine* Farbe, schimmern für uns die benachbarten und die komplementären mit durch. Wir haben die entschiedene Absicht, eine merkwürdige Begebenheit, die sich zwischen wenigen Personen abgespielt hat, rein aus der Masse der scheinbar gleichgültigen Umgebung herauszuarbeiten; und, ehe wir es uns versehen, finden wir, daß diese Umgebung doch sehr wesentlich zur Sache gehört; oder wir vertiefen uns so in die Genesis der Charaktere, die wir ursprünglich als bloße Faktoren behandeln wollten, daß im Handumdrehen aus der Multiplikation eine Addition, aus der Novelle ein Roman geworden ist.

Manchmal wirklich, oft freilich auch nur zum Schein. In den meisten Fällen entdeckt das kundige Auge, trotz des Ineinanderfließens der Grenzlinien, nicht nur, was ursprünglich beabsichtigt war, sondern vermag auch zu bestimmen, was denn nun schließlich, trotz alledem, aus der ursprünglichen Anlage geworden oder von derselben geblieben ist. Für mich sind die »Wahlverwandtschaften«, wenn ich das Werk nicht auf den Umfang hin ansehe, sondern auf den ursprünglichen Plan, auf die Form der Charaktere (die sich nicht entwickeln, sondern auswickeln), auf die Führung selbst der Erzählung (besonders in dem ersten, für die Absicht des Dichters entscheidenden Teil) nicht mehr und nicht weniger, als eine über ihre natürlichen Grenzen hinaus getriebene, ja stellenweis aufgebauschte Novelle, während wiederum manche Dichtung von viel kleinerem Umfang, trotz desselben, trotz auch der von dem Autor selbst beliebten Klassifizierung, durchaus keine Novelle, sondern ganz entschieden für einen Roman, zum wenigsten für eine Romanskizze angesehen werden muß.

THEODOR STORM

Verteidigung der Novelle

Nach einer Zeitungsnotiz hat neuerdings einer unserer gelesensten Romanschriftsteller bei Gelegenheit einer kürzeren, von ihm als »Novelle« bezeichneten Prosadichtung *die Novelle* als ein Ding bezeichnet, welches ein Verfasser dreibändiger Romane sich wohl einmal am Feierabend und gleichsam zur Erholung erlauben könne, an das man aber ernstere Ansprüche eigentlich nicht stellen dürfe.

Ob die so eingeleitete Arbeit einer solchen Herabsetzung ihrer Gattung bedurfte, vermag ich nicht zu sagen. Indessen sei es mir gestattet, [...] hier zur *Novellistik*, als der Dichtungsart, welche die spätere Hälfte meines Lebens begleitet hat, auch meinerseits ein Wort zu sagen.

Die *Novelle*, wie sie sich in neuerer Zeit, besonders in den letzten Jahrzehnten, ausgebildet hat und jetzt in einzelnen Dichtungen in mehr oder minder vollendeter Durchführung vorliegt, eignet sich zur Aufnahme auch des bedeutendsten Inhalts, und es wird nur auf den Dichter ankommen, auch in dieser Form das Höchste der Poesie zu leisten. Sie ist nicht mehr, wie einst, »die kurzgehaltene Darstellung einer durch ihre Ungewöhnlichkeit fesselnden und einen überraschenden Wendepunkt darbietenden Begebenheit«; die heutige Novelle ist die Schwester des Dramas und die strengste Form der Prosadichtung. Gleich dem Drama behandelt sie die tiefsten Probleme des Menschenlebens; gleich diesem verlangt sie zu ihrer Vollendung einen im Mittelpunkte stehenden Konflikt, von welchem aus das Ganze sich organisiert, und demzufolge die geschlossenste Form und die Ausscheidung alles Unwesentlichen; sie duldet nicht nur, sie stellt auch die höchsten Forderungen der Kunst.

Daß die epische Prosadichtung sich in dieser Weise gegipfelt und gleichsam die Aufgabe des Dramas übernommen hat, ist nicht eben schwer erklärlich. Der Bruchteil der Nation, wel-

chem die Darstellung der Bühne zugute kommt, wird mit jedem Tage kleiner, hinter dem wachsenden Bedürfnis bleibt die Befriedigung immer mehr zurück; dazu kommt, daß gerade die poetisch wertvollen neueren Dramen nur selten die Bühne erreichen oder nach dem ersten Versuche wieder davon verschwinden, sei es wegen der Unzulänglichkeit unserer deutschen Schauspieler oder weil, vielleicht im Zusammenhange mit dem ersterwähnten Umstande, den Dichtern ein gewisses praktisches Verständnis für die Darstellbarkeit abging. So haben sich denn andere Leute der Bühne bemächtigt, und man begnügt sich dort lieber mit Sachen, welche den besten der Iffland-Kotzebue-Periode nicht einmal das Wasser reichen; aber was solcherweise der dramatischen Schwester entzogen wurde, ist der epischen zugute gekommen.
Im übrigen geht es mit der Novellistik wie mit der Lyrik; alle meinen es zu können, und nur bei wenigen ist das Gelingen, und auch dort nur in glücklicher Stunde.

GUSTAV FREYTAG

Vergangenheit und Zukunft unsrer dramatischen Kunst

Wenn ich hier den Entwicklungsprozeß des Theaters in wenig Strichen darzustellen suche, so werden unsere Leser zu fordern berechtigt sein, daß zu gleicher Zeit der Zusammenhang klar werde, in welchem die Entwickelung des Theaters mit der großen Geschichte unseres Volkes steht. Alle Künste müssen je nach ihren eigentümlichen Gesetzen die Empfindungsweise ihrer Zeit abspiegeln, von der dramatischen Kunst gilt dies doppelt, sie gibt nicht nur ein Bild von dem Geschmack und der Richtung der Genießenden, sondern sie stellt das Menschenleben selbst in seinen Höhen und Tiefen dar, wie es gerade von den verschiedenen Zeiten aufgefaßt wird, und die Personen, deren Wandlungen nach einem bestimmten künstlerischen Ziel hin sie schildert, sind in diesem Sinne das ideale Leben des Volkes selbst. Deshalb hat die dramatische Kunst genauer als jede andere alle Bildungsphasen des Volkes mitgemacht und ihre Geschichte wird nur verständlich aus der Geschichte der Nation. [. . .]

Wir sind sehr weit heruntergekommen in unsrer dramatischen Kunst und es nützt nichts, sich darüber Illusionen zu machen. Die Bühnen sind fest, zum Teil und reichlich dotiert, der Schauspielerstand ist emanzipiert, auch der Dichter wird honoriert und nichts will helfen. Alle Versuche neuerer Poeten und einzelner bedeutender Schauspieler sind bis jetzt fruchtlos gewesen, die Dichter leiden immer noch an dem Unglück, wenig von den Lebensbedingungen eines *spielbaren* Dramas zu wissen und der jüngste Kampf der rührigsten unter ihnen, das Drama durch den Reiz feiner Empfindungen und höherer Interessen durch das Heraustreten aus den stereotypen Formen des Familienstückes zu heben, sind daran gescheitert, daß sie große Charaktere und großes Menschenschicksal nicht machen können, weil ihnen das deutsche Leben keine lebendigen Vorbilder davon gibt und die Anregungen erst mühsam und reflektiert aus geschichtlichen Studien geholt werden müssen. Dazu kommt die Halbheit, Schwäche und Unwahrheit, welche bis jetzt massenhaft auf den deutschen Zuständen und dem Leben der Einzelnen lastet, und für die dramatischen Schriftsteller noch vergrößert wird durch die Leichtigkeit, mit welcher die mäßige Anstrengung eines Talentes in solcher Theaterzeit Erfolge erringen kann. Es steht schlecht um die dramatische Kunst und wir suchen nach Rettung.

Die gründliche Heilung liegt in der Zukunft. Der Kreis jener großen Wandlungen, welche periodenweise durch das Einströmen des Altertums in die deutsche Volksseele geschehen, ist vollendet, die Nation hat endlich nach fast 2000 Jahren diese Lehrzeit durchgemacht, sehr langsam und sehr gründlich. Jetzt ist die Zeit gekommen, wo sie sich selbsttätig und männlich ihr Leben zu formen, ihm Stärke, Mannigfaltigkeit und Frische zu geben hat. An der staatlichen Entwicklung der Deutschen hängt fortan ihre gesamte künstlerische. Das Leben des Forums schaffe Charaktere, so wird der Dichter und Schauspieler sie darstellen können, es gebe dem Einzelnen Selbstgefühl, so werden die Künstler den Mut haben, ehrlich gegen ihre Kunst zu sein, so schaffe uns die übermütige Freude am Leben und seinen bunten Genüssen, welche einem tätigen Volk mit der Macht und Herrschaft kommt, so wird dem Drama Humor, Witz und der frische Mut, das Gewaltigste zu wagen, auch nicht fehlen. Kommt für Deutschland eine solche Zeit, an welcher das gesamte Volk arbeitet, welche wieder das gesamte Volk durch ihre Tüchtigkeit und Größe emporhebt und adelt, dann erst, aber dann auch sicher, wird sich die alte Kluft zwischen der abstrakten Bildung und dem Volksgeschmack schließen; die höchsten menschlichen Interessen, in denen alle Einzelnen gemeinsam leben, werden eine neue, allen gemeinsame Kultur hervorrufen, und diese neue Bildung, die nationalen Interessen der Zukunft, sie erst werden der Boden sein, aus dem sich ein neuer Stamm dramatischer Kunst heraushebt, welcher zu gleicher Zeit volkstümlich und schön ist. Bis dahin aber mögen sich die treuen Vertreter und Hüter der Kunst in maßloser und aufgeregter Zeit auf ihren Posten wachsam die Parole zurufen: erhaltet die Kunst, seid wahr! –

GOTTFRIED KELLER

Ein Brief über das Drama

Zuerst muß ich Ihnen sagen, daß ich mit sehnlicher Erwartung dem fertigen Teile Ihrer dramaturgischen Studien entgegensehe, und das nicht sowohl, um Sie nachher eifrig mit meinem konfusen und empirischen Urteile bedienen zu können, als daran meine eigenen dramatischen Lebensgeister ein wenig zu wärmen und unterhalten, da sie durch andere Arbeitsrückstände und Konfusion der Geschäfte immer noch schlummern und brachliegen müssen. [. . .]
Bei aller inneren Wahrheit reichen für unser jetziges Bedürfnis, für den heutigen Gesichtskreis, unsere alten klassischen Dokumente nicht mehr aus, und ich glaube keine krasse Dummheit zu sagen, wenn ich behaupte, daß die Lessingische *Dramaturgie* uns mehr in historischer und formeller Hinsicht noch berührt, fast wie sein Kampf mit dem Pastor Goeze. Und was ist seither geschrieben worden? Die praktischen, ebenfalls klassischen Erfahrungen und Beobachtungen von Goethe, Schiller und Tieck! aber diese Leute sind längst gestorben und ahnten nicht den riesenschnellen Verfall der alten Welt. Es verhält sich ja ebenso mit den Meisterdichtungen Goethes und Schillers; es ist der wunderliche Fall eingetreten, wo wir jene klassischen Muster auch nicht annähernd erreicht oder glücklich nachgeahmt haben und doch nicht mehr *nach ihnen zurück*, sondern nach dem unbekannten Neuen streben müssen, das uns so viele Geburtsschmerzen macht. Daß es so lange (? laßt doch der Natur ein wenig Ruhe!) ausbleibt, berechtigt uns zu keinem Pessimismus; sobald der rechte Mann geboren wird, der erste, beste, wird es da sein. Und alsdann werden veränderte Sitten und Völkerverhältnisse viele Kunstregeln und Motive bedingen, welche *nicht* in dem Lebens- und Denkkreise unserer Klassiker lagen, und ebenso einige ausschließen, *welche* in demselben seinerzeit ihr Gedeihen fanden. So sehe ich wenigstens die

Sache an und begrüße daher jeden Lichtblick mit Freuden, welcher die gegenwärtige Dämmerung durchblitzt. Was ewig gleich bleiben muß, ist das Streben nach Humanität, in welchem uns jene Sterne, wie diejenigen früherer Zeiten, vorleuchten. *Was* aber diese Humanität jederzeit umfassen solle: dieses zu bestimmen, hängt nicht von dem Talente und dem Streben ab, sondern von der Zeit und der Geschichte.

Was die künftige politische Komödie und ihr wahrscheinliches Hervorgehen aus der jetzigen Lokalposse betrifft, so glaube ich Ihnen schon im vergangenen Jahre etwas darüber gemeldet zu haben. Ich weiß daher nicht, ob ich mich jetzt wiederhole, wenn ich Ihnen meine Ansichten und Vermutungen unmaßgeblich mitteile. Gerade dies ist ein Gegenstand, ein Gebiet, in welches die Klassiker vor fünfzig Jahren noch keine Aussichten hatten, und ich bin überzeugt, daß wenn wir jetzt einen dreißig- oder vierzigjährigen Goethe hätten, ja selbst nur einen Wieland, so würde dieser aus den vorhandenen Anfängen bald etwas gemacht haben. Denn sowohl die Form als die Art des Witzes und seines Vortrages sind neu und ursprünglich. Und was das Beste und Herrlichste ist: das Volk, die Zeit haben sich diese Gattung *selbst geschaffen* nach ihrem Bedürfnisse, sie ist kein Produkt literarhistorischer Experimente, wie etwa die gelehrte Aufwärmung des Aristophanes und ähnliches! Gerade deswegen wird vielleicht ihre Bedeutung von den gelehrten Herren ignoriert, bis sie ihnen fertig und gewappnet, wie die junge Pallas, vor den Augen steht.

In der gegenwärtigen Beschaffenheit der Possen ragen vorzüglich zwei wichtige Momente hervor. Das eine ist die freie Willkür in der Ökonomie und die Allegorisierung politischer und moralischer Begriffe, aber in durchaus unsern Zuständen homogener Weise und nicht, wie es z. B. Platen in blinder Nachahmung getan hat. Dadurch wird der für die politische Komödie durchaus nötige göttliche Unsinn und unbeschränkte Mutwillen wieder hergestellt. Das andere Moment ist die Verbindung der Musik mit der Dichtung, in den Couplets. Diese hat, wenigstens in ihrer jetzigen Bedeutung, das Wiener Volk mit seinen obskuren Possendichtern erfunden und der Bühne geschenkt, und es ist weiter nichts dazu zu tun als reinere Poesie und ein tüchtiger Inhalt, welches übrigens für das Ganze ebenfalls gilt. Die Weihe der Poesie wird von wahren Dichtern, welche den Willen und das Bedürfnis des Volkes darzustellen imstande sein werden, gebracht werden und sicher nicht ausbleiben, wenn der tüchtige Inhalt durch die *Geschichte* verschafft wird. Gegenwärtig reitet man immer auf dem Philister und seiner Misere herum, welches eben kein poetischer Stoff ist, und auf den Erbärmlichkeiten der jetzigen Politik, insofern die Polizei es erlaubt. Dies ist schon lohnender; jedoch wird der rechte Stoff erst dann vorhanden sein, wenn die Völker frei, geordnete würdige Zustände und wahre Staatsmänner und andere Träger der Kultur vorhanden sind. Alsdann werden auch die Konflikte und Differenzen der Völkerschaften würdiger Art sein und einen tüchtigen Inhalt für eine wahre Poesie abgeben. Denn im Theater über einen Lumpenhund zu lachen, ist nichts Erbauliches; erst wenn wirklich große, aber einseitige Staatsmänner, großartige Dummheiten ganzer Völker, edle Philosophen, die sich in irgendein Paradoxon hineingeritten haben, Gegenstand des dramatischen Spottes werden, wird auch die Posse eine edlere Natur annehmen können und müssen.

Inzwischen ist es immerhin schon ein bedeutendes Schauspiel, die Bevölkerung einer so pfiffigen Weltstadt, wie Berlin, vor der Bühne versammelt und dem mutwilligen Schauspieler, der ihr seine Anspielungen mit wehmütiger Laune vorsingt, eifrigst lauschen und zujubeln zu sehen. Bemerkenswert ist auch, daß die Kunst der komischen Darstellung der Dichtung weit vorausgeschritten ist und bereits schon jetzt für eine klassische Komödie beinahe fertig und reif wäre, während in der Tragödie die Darstellung fast ebensoweit hinter den Dichtungen, die wir besitzen, zurückgeblieben ist. Vorzüglich beim Vortrage der Couplets, welche die jeweilige

Kritik der Tagesmisere, des politischen und moralischen Unfuges enthalten, exzellieren die Komiker. Sie machen wunderliche und höchst mutwillige Gesten und Sprünge dazu, meistens zwei zusammen; das Werfen der belebten Beine gibt der Satire noch Nachdruck, während das Orchester bei und nach den Refrains durch brummige Paukenschläge, durch einen schrillen Pfeifentriller oder einen lächerlichen Strich auf der Baßgeige den Eindruck noch erhöht und das Gelächter vermehrt. Ich habe lebhaft mitgefühlt, wie in solchen Momenten das arme Volk und der an sich selbst verzweifelnde Philister Genugtuung findet für angetane Unbill, ja wie solche leichte Lufthiebe tiefer dringen und nachhaltiger zu wirken vermögen als manche Kammerrede. Ich führe die Einzelheiten der Darstellung, vorzüglich die Mimik und die Musik, nur deswegen an, damit Sie sehen, wie auch hierin ein wichtiger Lebenskeim für die Zukunft liegt: denn sie bedingen ein inniges Zusammenwirken des Dichters mit den andern Bühnenkünsten und ein Eingehen desselben in die lebendigen Gebräuche. Er wird sich vor unplastischen und unsingbaren Phantasien hüten müssen, während diese lustigen Schnurren ihm neue Ideen und einen kräftigeren Ton angeben werden. Die Natur dieser Komödie bedingt es ferner, daß vieles in Übereinkunft mit dem ganzen Personal der Bühne und nach den momentanen Vorkommnissen und Stimmungen der Öffentlichkeit eingerichtet werden muß, und daraus wird wieder etwas Lebendiges und Wahres entstehen. Denn es ist eine Lüge, was die literarischen Schlafmützen behaupten, daß die Angelegenheiten des Tages keinen poetischen und bleibenden Wert hätten.

ROBERT PRUTZ

Das Drama der Gegenwart

Während unsere neueste Literatur für Roman und Novelle eine fast beispiellose Tätigkeit entfaltet, steht das Drama im Gegenteil so gut wie verödet, dasselbe Drama, auf welches noch vor wenigen Jahren insbesondere die jüngeren Kräfte unserer Literatur mit so viel Geräusch wie Eifer hinarbeiteten, ja das sie, möchte man sagen, nicht bloß der Ungunst der Kritik und der Kälte des Publikums, sondern zum Teil auch ihrem eigenen Talent abtrotzten. Wie befremdlich für den ersten Anblick, ist diese Erscheinung gleichwohl sehr leicht zu erklären. Schon ganz äußerlich genommen, macht der außerordentliche Rückschlag, welchen die öffentlichen Verhältnisse in Deutschland seit dem Jahre achtundvierzig erlitten haben, sowie die tiefe Abspannung und Verdrossenheit, in welche infolgedessen das Publikum versunken ist, sich für keine andere Gattung der literarischen Produktion in einem solchen Grade geltend, wie gerade für das Drama. [...]
Daß das Drama [...] die höchste Kunstform ist, darüber ist die Ästhetik seit langem einig; selbst auch in das große Publikum ist ein gewisses instinktartiges Gefühl davon gedrungen, so daß wir uns bei dem Nachweis dieses Satzes nicht erst aufzuhalten brauchen. Dieser höchsten und vollendetsten Form aber kann, in notwendigem Zusammenhange, nur eine Zeit und ein Geschlecht mächtig werden, das zuvor auch seines eigenen Inhalts mächtig ist. [...]
Brauchen wir hiernach noch erst auszuführen, wie wenig unsere gegenwärtige Zeit geeignet, ja wie wenig sie überhaupt nur fähig ist, ein wahres dramatisches Kunstwerk zu erzeugen? Das Drama ist die am meisten plastische Schöpfung, welche der Poesie überhaupt vergönnt ist; wie wäre es denn möglich, wie läßt es sich nur erwarten, nur fordern, daß eine in sich so zerfahrene, zerflatternde, um ihren eigenen Inhalt noch so ringende Zeit wie die unsrige, sich zu dieser äußer-

sten Plastik des dramatischen Kunstwerks zusammenfassen könnte? Wir selbst verschwinden uns zu Schemen, ein tatloses, grübelndes Geschlecht, dessen äußerstes politisches Heldentum sich bis zu der zweideutigen Anstrengung des passiven Widerstandes erhebt: woher denn sollten wir die Kraft, woher den Mut nehmen zu einer Dichtungsart, deren ganzes Wesen die Handlung ist, die Handlung, die sich durch leibhafte, lebendige Gestalten verkörpert und vollzieht? Nein: wir in unseren jetzigen Zuständen werden allenfalls Lyriker erzeugen, die unsern Schmerz und unsere Sehnsucht, unsern Zorn und unsern Groll in die Welt hineinsingen; wir werden Spott- und Stachelgedichte schreiben, uns aus unserer Versunkenheit aufzuschrecken oder auch uns lustig zu machen über unser eigenes Elend; wir werden vor allem in der episodischen Form des Romans ein bequemes Gefäß finden für den so vielfach auseinandergehenden, sich so vielfach durchkreuzenden Inhalt unserer Zeit: aber auf das Drama müssen wir verzichten. Wir haben dasselbe vorhin den Siegespreis genannt, den eine Nation sich selbst zuerkennt, die ihres eigenen Inhalts mächtig geworden ist und ihn zu schöner, freier Wirklichkeit lebendig entfaltet hat; Siegespreise aber werden ihrer Natur nach nur an Sieger ausgeteilt, nicht an Kämpfer – und daß unsere ganze gegenwärtige Zeit nur eine Zeit des Kampfes ist, wer wagt es zu leugnen? Glücklich genug, wenn dieser Kampf nur wenigstens dermaleinst zum Siege führt und wenn die Niederlagen, die wir uns täglich selbst beibringen, nicht zuletzt noch mit unserer Selbstvernichtung endigen! Dem glücklichern Geschlecht, das diesen Sieg erlebt, werden alsdann auch die dramatischen Dichter nicht fehlen – und auch von den Hoftheaterintendanzen wird dasselbe vermutlich nichts mehr zu leiden haben.

Ganz gut, entgegnet man uns, das ist für die Zukunft: aber was wird einstweilen aus der Gegenwart? Es ist leicht, ein anderer König Herodes, mit einem einzigen großen Bluturteil dem gesamten dramatischen Anwuchs das Leben absprechen: aber hört dieser Anwuchs selbst darum auf? Es mag immerhin sein, und du sollst Recht haben, daß das gelungene Drama erst unseren Enkeln vorbehalten bleibt: wie steht es einstweilen mit den Versuchen, sowohl mit jenen, welche die letzten zehn und funfzehn Jahre hervorgebracht haben, als mit denjenigen, die noch alle Tage zur Welt kommen und die allen Anzeichen nach auch nicht aufhören werden zur Welt zu kommen, was immer die Kritik ihnen von der Rechtlosigkeit ihres Daseins vordemonstrieren mag?

Sie hören darum nicht auf, Gottlob! und sollen es auch nicht; das wäre eine törichte Kritik, die sich anmaßen wollte, die poetische Produktion einer Zeit zu meistern und das Was, Wann und Wie derselben vorzuschreiben, während doch die wahre Aufgabe der Kritik vielmehr darin liegt, der Produktion nachzugehen und sie in ihrem geschichtlichen Zusammenhange zu begreifen. – Was darnach die vormärzlichen Produkte unserer jüngeren Dramatiker betrifft, so werden sie, wie die ganze Literatur jenes Zeitraums überhaupt, um zu ihrer richtigen Würdigung zu gelangen, vielmehr aus allgemeinen politischen und sozialen, als allein aus ästhetischem Standpunkt beurteilt werden müssen. Der bekannte Ausspruch, den Goethe über Byrons Gedichte fällte, gilt auch von unserer gesamten Literatur von Anfang der dreißiger bis zu Ende der vierziger Jahre: verhaltene Parlamentsreden. Es ist Oppositionsliteratur durch und durch, so zwar, daß der Hauptakzent auf der Opposition liegt, und daß es nur die Schuld unserer anderweitigen öffentlichen Verhältnisse war, wenn diese Opposition zunächst und gerade als Literatur zur Erscheinung kam.

Am meisten gilt dies von den dramatischen Versuchen jener Epoche. Die Literatur war anerkannt die einzige öffentliche Macht jener Zeit, sie war der einzige Herold des Volks, während sie hinwieder auch die einzige war, die in das Ohr des Volkes drang – was war natürlicher, als daß sie bei dieser Lage der Dinge sich auch in unmittelbaren persönlichen Verkehr mit der Masse des Volks zu setzen strebte und dasselbe da aufsuchte, wo es als wirkliche lebendige Masse gegenwärtig war, in den Schauspielhäusern? Wir hatten keine politische Tribüne, so legten wir, der stummen Zeitungsartikel überdrüssig, unsere nichtgehaltenen Reden den Helden unserer Stücke in den Mund; wir hatten keine Volksversammlungen, so machten wir unsere Theater dazu.

Um einem das Surrogat zu verleiden, gibt es bekanntlich kein besseres Mittel, als das Original; wer echten Mokka getrunken, dem wird Zichorie freilich nicht mehr schmecken. Mit anderen Worten: nachdem wir echte, wirkliche Tribünen gehabt und echte, wirkliche Parlamentsreden gehört haben, vielleicht sogar von beiden etwas mehr als eben nötig gewesen wäre, können wir die nachgemachten des Theaters nicht nur entbehren, sondern (und das wollen sich namentlich diejenigen unserer jüngsten Poeten gesagt sein lassen, die ohne Rücksicht auf die veränderte Lage der Dinge noch immer mit der prächtig klingenden Rhetorik der Jahre drei- und vierundvierzig zu Felde ziehen, und sich dann gar nicht genug wundern können, wenn diese ehemals so kräftigen Mittel jetzt gar nicht mehr verfangen wollen) sie sind uns sogar widerwärtig geworden. Wie man ja auch sonst wohl in Kriegszeiten die Theater und ähnliche öffentliche Gebäude zu Magazinen, Lazaretten und was dem ähnlich ist, benutzt, so hatte der gärende politische Drang jener Jahre, da er anders entweder überhaupt oder nicht so wirksam zu Worte kommen konnte, sich auch der Bühne bemächtigt. Aber mit dem Notstand erlischt auch das Recht der Not; wenn unsere Nation endlich einmal wieder aus ihrem gegenwärtigen politischen Winterschlaf erwacht, so wird sie andere, zweckentsprechendere Organe ihres politischen Lebens zu finden, oder nötigenfalls sich zu schaffen wissen, als die Verse unserer Dichter und die freiheitstrotzenden Tiraden unserer Bühnenhelden. Es war auch ganz brav von der Poesie überhaupt sowie von den damaligen Dramatikern insbesondere, daß sie, als dazumal die Not an den Mann ging, frisch mitzufaßten und sich ohne langes ästhetisches Bedenken in die Schar der politischen Kämpfer mit einreiheten. Jetzt jedoch ist dieser

Kampf zwar nicht beendet, wohl aber in ein Stadium getreten, wo er mit anderen, zweckdienlicheren Waffen geführt werden muß. Die Kunst soll sich nicht vom Leben zurückziehen – wie könnte sie es auch ohne den ganzen eigentlichen Boden ihres Daseins einzubüßen? Aber sie darf, sie soll sich wieder Selbstzweck sein, der Poet und speziell der Dramatiker soll nicht mehr sein ästhetisches Gewissen mit politischen Gründen beruhigen, er soll uns nicht mehr statt dramatischer Personen politische Masken, nicht mehr Rhetorik statt Dialog, nicht mehr das subjektive Pathos des Publizisten statt der Objektivität des Dramatikers geben.

Auch noch in anderer Hinsicht hat die Zeit trotz alledem Fortschritte gemacht, die auch unserem künftigen Drama zugute kommen werden und auf die schon jetzt alle diejenigen, die sich mit dramatischen Versuchen beschäftigen, wohl achten sollten. Der blendenden, dennoch inhaltlosen Phrase überdrüssig, mit Theorien, Abstraktionen, Idealen gesättigt zum Zerspringen, und zugleich auf eine höchst empfindliche praktische Weise belehrt, daß alle schöne Bildung und alle edeln Vorsätze nichts helfen, wo der Charakter, als das eigentlich Männliche, eigentlich Entscheidende, fehlt, verlangen wir auch von unserer Literatur erstens ein größeres stoffliches Interesse, einen bedeutendern realen Inhalt, und zweitens eine genauere und lebensfähigere Charakteristik als bisher. [...]

Auch diesen Wink, wie gesagt, sollten die jetzigen angehenden Dramatiker sich nicht entgehen lassen. Die Bedeutung derselben, und damit das Recht ihrer Existenz, finden wir überhaupt darin, daß bei aller Kunst zugleich eine gewisse Technik ist, eine Technik, welche, wo sie nicht durch Traditionen erhalten wird, leicht ganz und gar verloren geht und die dann späterhin, wenn einmal die Zeit zur Wiederherstellung der Kunst gekommen ist, erst unter mancherlei Irrtum und Verlust wieder gelernt, ja wohl gar erst wieder erfunden werden muß, wie es z. B. mit der Glasmalerei in unseren Tagen der Fall gewesen ist. [...]

In keiner andern poetischen Gattung aber bietet diese Technik größere Schwierigkeiten, in keiner geht sie leichter verloren und wird schwerer vom Einzelnen wiedergewonnen, als gerade im Drama, dessen Gelingen (wir sprechen, wie sich von selbst versteht, immer vom Drama der Bühne, nicht der Bücher) wesentlich an dies Geheimnis der Technik geknüpft ist. Diesem Geheimnis nachzuspüren, es wenn möglich wieder zu entdecken (denn in Schiller auf der einen, in Iffland und Kotzebue auf der andern Seite haben wir es in der Tat schon einmal besessen oder sind ihm doch wenigstens sehr nahe gewesen) und damit den Dichtern jener künftigen glücklichern Epoche eine immerhin untergeordnete, immerhin mechanische, dennoch unentbehrliche Arbeit zu ersparen – darin zunächst erblicken wir die bescheidene, gleichwohl höchst ersprießliche und dankbare Aufgabe, welche die Dramatiker der Gegenwart, oder wie wir sie nun sonst noch nennen wollen, sich zunächst zu stellen haben. Daß dergleichen möglich ist, daß in diesen technischen Dingen sich wirklich eine derartige Tradition bilden, sich wirklich durch die bescheidene, aber redliche Arbeit des einen Geschlechts Irrtum und vergebliche Anstrengung des späteren ersparen läßt, dafür bietet die französische Bühne mit ihrer festgeschlossenen Technik und ihrer fast handwerksmäßigen Überlieferung ein ebenso glänzendes als denkwürdiges Beispiel. Jede Arbeit kann den Arbeiter ehren, es kommt nur darauf an, daß sie recht getrieben wird. Mag auch, wie die Dinge bei uns liegen, das Lob eines guten Theaterstücks bei weitem noch nicht das Höchste sein, was sich dem gelungenen dramatischen Kunstwerk nachsagen läßt, und mag es auf der andern Seite auch allerdings, wie schon angedeutet, in diesem Augenblick für einen leidlich honetten Mann seine sehr triftigen Bedenken haben, ein Stück zur Aufführung einzureichen: so wird es, in Ermangelung des Besseren, doch schon immer etwas sein, wenn wir nur wenigstens brauchbare Theaterstücke schreiben lernen und sollten unsere angehenden Dramatiker daher auf diesen Punkt ein ganz vorzügliches Augenmerk richten.

RUDOLF GOTTSCHALL

Über die dramatische Diktion

Nichts liegt dem gewöhnlichen Bewußtsein näher als diejenige Theorie der Kunst, welche in ihr nur die Nachahmung der Natur sieht, auf das Drama zu übertragen, weil hier diese Nachahmung uns gleichsam lebendig vor Augen tritt. Die Darstellungskunst scheint berufen, die Wahrheit dieser Theorie auch dem Blindesten anschaulich und begreiflich zu machen. In der Tat ist es besonders die ordinäre Bühnenpraxis, welche verlangt, daß diese Nachahmung der Natur nicht durch den Dichter erschwert werde, indem er die breite Prosa des Lebens, welche der Darstellungskunst den Anhalt zu ihren Produktionen gibt, etwa durch ein Pathos unterbreche, wie es Hans und Kunz im gemeinen Leben nicht zutage fördern. Von diesem Standpunkte aus ergibt sich also für den dramatischen Stil als allein berechtigte Foderung die *Naturwahrheit*. Er soll gleichsam das Leben abschreiben; er soll in allen seinen Wendungen nicht über das hinausgehen, was etwa ein Stenograph, der sich in einer Nebelkappe in ein Familienzimmer hineinsetzt und den hier geführten Dialog belauscht und nachschreibt, zu Papier brächte. Diese Ansicht, die früher besonders in Bezug auf das bürgerliche Leben gäng und gäbe war, hat sich in neuester Zeit auch in Bezug auf das größere historische Drama Geltung verschafft, indem es für eine ganz besondere Genialität ausgeschrien wurde, die Weltgeschichte mit Haut und Haar auf die Bühne zu bringen, etwa in einem französischen Revolutionsdrama den »Moniteur« abzuschreiben und den dramatischen Stil dabei mit so vielen revolutionären Kernflüchen als möglich zu würzen. Wahrheit und Natur! schreien Schauspieler und Publikum. Die ganze Gesellschaft sehnt sich aus allen Verzerrungen des Lebens nach der Natur zurück; ist es ihr zu verdenken, wenn sie dieses Losungswort ihrer Sehnsucht auch in der Kunst anwendet? [. . .]

Es läßt sich indes leicht nachweisen, daß dieser ganze Standpunkt der naturwahren Diktion in der Kunst unangemessen ist, wie ja überhaupt die Theorie von der Nachahmung der Natur durch Hegel schon ein für allemal überwunden ist. Hegel hat gezeigt, daß eine solche Nachahmung zunächst höchst überflüssig ist und dann immer hinter der Natur zurückbleibt; dies ist auch auf die naturwahre dramatische Diktion anzuwenden, die eben nichts sein will als dies. Der Philister, der sich selbst reden hören will, braucht deshalb nicht ins Theater zu gehen; auch das Kneipgenie, das sich in gewaltigen Flüchen gefällt, mag lieber im Wirtshause einige Flaschen zerschlagen, als seinen Affen auf der Bühne brüllen hören. Hinter der Natur aber bleibt auch diese dramatische Diktion immer zurück, wie jede Nachahmung hinter dem Urbilde. Das Ach! und Oh! der Empfindung mag im Leben ihr einziger Ausdruck sein; dagegen drängt sich in der geheimen Werkstatt der Seele mit blitzähnlicher Geschwindigkeit eine Welt von Bildern und Vorstellungen, die jene krasse Nachahmung ignoriert, während hier erst der Lebensquell der echten Poesie sprudelt. Ferner ist mit dieser Nachahmung noch immer kein stichhaltiges Prinzip gegeben; denn schon der gewöhnliche Takt sagt mir, daß ich nicht alles nachahmen kann und darf; einen Fischweiberdialog z. B. wird auch kein Nachahmer der Natur in voller Unmittelbarkeit auf die Bühne zu bringen die Kühnheit haben. Die Wahrheit oder Unwahrheit eines Prinzips zeigt sich indes erst, wenn man es in seinen Konsequenzen verfolgt. Die Kunst, die nur Nachahmung der Natur wäre, würde zuletzt sich selbst auflösen; die dramatische Diktion, die nur naturwahr sein wollte, würde zuletzt zusammenhanglos, fragmentarisch, brutal, gemein werden und ganz aus dem Drama herausfallen. [. . .]

Diesem Standpunkte entgegengesetzt ist der andere, welcher sich so viel als möglich in der Welt abstrakter Allgemeinheiten herumtreibt, und die Natur und alles individuelle Leben am liebsten ganz ignorieren möchte. Während dort die Kunst eine geistlose Kopie der Natur ist, so wird sie hier eine naturlose Kopie des Geistigen; dort Leib ohne Seele, hier Seele ohne Leib. Im Drama besonders finden wir hier nur schattenhafte Menschen, die an den Drähten des Begriffs tanzen, deren ganze Existenz eine allegorische ist, so daß sie eine Tugend oder ein Laster mit Haut und Haar repräsentieren und weiter nichts sind, nichts bedeuten als diese. Oder irgendein Konflikt, eine Kollision zehrt sie auf; sie sind nichts als das zwischen zwei Begriffen hin- und hergehende Raisonnement, wie z. B. der »Cid« von Corneille nur die personifizierte Dialektik der Liebe und Ehre. Diese Schattenhaftigkeit hat dann wieder etwas Vornehmes, das auf die gemeine Natur mit Verachtung herabsieht. Diese Menschen ziehen die Natur gleichsam aus, um die nackte Haut irgendeiner Abstraktion zu Markt zu tragen. Sie gehen auf Stelzen, um den Boden nicht zu berühren. Eine Empfindung, die nur den Schein des Natürlichen hätte, ist hier nicht courfähig; sie muß in einer süßlich koketten Verkleidung auftreten. Die dramatische Diktion muß nach dieser Kunstansicht auf eine künstliche Höhe hinaufgeschraubt werden, welche der Sprache der Natur so fremd als möglich ist und keine Reflexe und Schattierungen von ihr annimmt. [. . .] Die dramatische Diktion ist so geschraubt, daß jedes Hereinfallen eines natürlichen Streiflichts sie parodieren müßte. Wenn auf dem frühern Standpunkte der Affekt nur gleichsam aufschrie, nur unartikulierte Laute ausstieß, so spricht er sich auf dem jetzigen zwar aus, das Pathos wagt und weiß sich zu explizieren, was gegen jene naturwüchsigen Explosionen immerhin ein Fortschritt ist: aber sein Aussprechen ist ein endloses Raisonnement, ein brillantes Reflektieren über sich selbst [. . .].

Ähnlich ergeht es mit der bittern Rhetorik der Tagespoeten, die ihre dramatischen Helden nur wie Köder an eine politische Angel stecken, um einen sogenannten Tendenzapplaus einzufangen. Das Pathos dieser Helden ist in der Regel löschpapierener Zeitungsstil, nur getränkt mit den enthusiastischen Phrasen des Tages. Sie haben in sich keinen Halt; sie sind nur deklamatorische Posaunen. Wir sehen hier überall dramatische Abstraktionen statt der Charaktere, untergetaucht in das subjektive Element, in welchem der Dichter herumschwimmt und aus dem er ohne objektiven Halt sich nicht an seinem eigenen Schopf wie Münchhausen herausziehen kann. Die Natur wird hier teils verachtet, teils entstellt; die dramatische Diktion, nicht am frischen Quell des Lebens erquickt, ohne den reichen, allseitigen Zufluß aus allen Gebieten des echt Menschlichen, arbeitet sich mit der unerquicklichen Phrase ab, und bringt es höchstens zu Blüten ohne Stengel, zu Feuerwerken, zu ungehöriger Lyrik, zu sentimentalem Dusel und absichtlichem Phrasenspektakel, zu dem ganzen »blinden Lärm«, wo alle Glocken läuten, während nirgends dramatisches Feuer brennt. Betrachten wir die Diktion an und für sich als losgelösten Bestandteil des dramatischen Kunstwerks, so tritt sie, während sie auf dem ersten Standpunkte als vollkommene Nebensache behandelt, gleichsam als ein notwendiges Übel mit in den Kauf genommen wurde, auf diesem zweiten mit fast ausschließlicher Berechtigung in den Vordergrund, so daß der Gang der Handlung, die Situation, die Charakteristik ihr aufgeopfert werden. Sie tritt gänzlich aus dem Drama heraus, dessen Anfoderungen sie weiter keine Rechnung trägt, und wird um ihrer selbst willen gepflegt, gehätschelt. Dadurch wird sie zur abstrakten Schönrednerei. [. . .]

Diese beiden Seiten der Auffassung, die, sobald sie mit dem Anspruch auf alleinige Geltung auftreten, zu jenen die Kunst beeinträchtigenden Extremen führen, haben als untergeordnete Momente ihre volle Berechtigung. Ja der wahre dramatische Stil ist eben nichts als ihre höhere Einheit, die in die ideale Sphäre der Kunst hinaufgehobene Naturwahrheit, das individuelle Leben, das vom Gedanken getragen und bestimmt wird; das Pathos, welches die Farben des individuellen Lebens nicht verschmäht, der konkrete, geistvolle, lebendige, charakteristische Stil, der Stil eines Shakespeare, Schiller und Goethe und vieler neuen Autoren, eines Victor

Hugo, Gutzkow, Prutz, Mosen, Hebbel und anderer; ein Stil, der bei aller scharf ausgeprägten Verschiedenheit des dichterischen Genius doch jenen höhern Anfoderungen der Kunst entspricht, den dramatischen Leib und die dramatische Seele in angemessener Form vermählt. Diese Diktion hat zunächst die Seite der Naturwahrheit, die sie auch auf den Höhen des Pathos nicht verläßt; aber die Naturwahrheit ist eine durchgeistigte. Sie nimmt nur Das auf, was für die Situation, die Charakteristik, die Handlung wesentlich ist. Sie verschmäht nicht, wie der steife französische Stil der Klassiker, Ausdrücke, die wie die Bezeichnungen »Löffel«, »Gabel« u.s.w. in das Bereich des gewöhnlichen Lebens gehören. Man vergleiche nur die Diktion eines Victor Hugo, der zu den genialsten und bedeutendsten aller neuern Dramatiker gehört, mit der Diktion eines Racine – wie arm ist das Diktionär der sogenannten klassischen Ausdrücke und Wendungen, welche der letztere mit Anstand zu gebrauchen wagt, im Vergleich mit dem unerschöpflichen Sprachborn, der uns aus den Schöpfungen des französischen neuen Romantikers entgegensprudelt! Er schöpft aus dem Leben; aber er bereichert das Leben wieder mit neuer Sprachgestalt, mit einer Fülle von Ausdrücken geboren aus dem Genie des Dichters, welches dem Sprachgenie verwandt und der Träger seiner ewigen Metamorphosen und Verjüngungen ist. Gerade der dramatische Dichter hat hierzu die beste Gelegenheit, weil sein eigentliches Reich die Idealität des Lebens ist und er daher vielen Bezeichnungen den idealen Stempel aufdrücken, ja sie dadurch neu schaffen kann. Man denke an den tiefgreifenden Einfluß Schillers, der in vielen sprachlichen Wendungen seiner Tragödien typisch wurde für den ganzen Genius der Nation, so daß in den Befreiungskriegen, deren Pathos, solange es reingehalten wurde, ein wesentlich Schillersches war, viele tüchtige Naturen ganz in dem Schillerschen Sprach- und Ideenkreise aufgingen.

FRIEDRICH THEODOR VISCHER

Das moderne Drama

Die wahre Heimat des modernen Drama ist die wunderlose Wirklichkeit der Geschichte. Es tritt mitten in die Bedingungen der Realität bis hinein in die engere Sphäre des Privat- und Familienlebens, das erst dem Ideale der neueren Welt seine Wärme und innere Lebendigkeit erschlossen hat. Wie der Roman, so muß nun das Drama die Stellen aufsuchen, wo die prosaisch verstandene oder wirklich prosaische Ordnung der Geschichte durchbrochen wird, sich lüftet und ein Bild freierer Bewegung darbietet. [...] Die Transzendenz des Schicksals ist überwunden, dies ergibt sich bereits aus der Forderung, daß mythische Motive im Fortgange sich in naturgemäße Wahrheit aufheben; der Mensch ist also auf sich, auf die eigenen Füße gestellt, seine Lose fallen in seinem eignen Innern, das Schicksal erzeugt sich aus der Freiheit. [...] Der Charakter nun erkauft sich in dieser Auffassung das Recht, mit dem weiteren Umfang seiner Eigenheiten und Härten, mit seiner unregelmäßigeren, zerfurchteren Gestalt in die Poesie einzutreten, durch das Übergewicht des Ausdrucks, und dieser Ausdruck ist im Drama der Ausdruck der Freiheit, des entscheidenden Wollens. Nun erst legt sich das ganze Gewicht so auf diesen Punkt, daß der Wille in jener Form der schärfsten Intensität auftritt, die wir [...] als die wesentlich dramatische aufgestellt haben: das moderne Drama fordert revolutionäre, im tiefsten Sinne des Worts radikale Charaktere. Mit der durchschneidenden Entschiedenheit entwickelt sich jetzt auch die Fülle und Tiefe der inneren Welt, der charakteristische Stil ist zugleich der subjektive, psychologische. Dies hat aber ebenso ganz objektive Bedeutung: das Streben des Helden soll ja allgemein menschlichen, ewig wahren Inhalt haben, soll Pathos im gewichtigen Sinne des Wortes sein und gerade die objektive Gewalt und Wahrheit des Pathos will der moderne Geist daran erkennen, daß es den

Menschen mit aller Vielseitigkeit, Besonderheit und Eigenheit seiner Kräfte in Besitz nimmt. Der kompliziertere, oder, wie man sonst sagte, gemischtere Charakter ist demnach objektiv wie subjektiv gefordert, ein Charakter, der sich in gebrochener Linie, in scheinbaren Widersprüchen bewegt. Dies ist zugleich der Grund der reicheren Fabel, der mannigfaltig sich verästenden Handlung, der *Polymythie* im neueren Drama. Es verhält sich wie mit der Ausbildung der Harmonie in der neueren Musik: die größere Zahl der Personen entspricht genau der reichen Instrumentierung des modernen Musikwerks; wir wollen den einen Grundton in mannigfaltigerer Resonanz vernehmen, dieselbe Bewegung des Innern vielfacher gewendet, wie sie sich in verschiedenen Gemütern, Fällen, Folgen spiegelt, oder, um die Beziehung der Stile zum Unterschiede der Plastik und Malerei nicht zu vergessen, wir wollen den tieferen Hintergrund, die reichere Komposition der letzteren statt der unbenützten Fläche, welche die sparsameren Gruppen des Relief umgibt. Ist die Handlung mannigfaltiger, so ist sie notwendig auch verwickelter und ihr verschlungener Knoten entspricht der verschlungneren Form des Charakters. – Diese innern Bedingungen sind denn auch der tiefere Grund der Entfernung des Chors. Eine Handlung, die vom Prinzip der Immanenz so streng zusammengehalten ist, kann nicht einen idealen Zuschauer neben sich haben: sie nimmt ihn in sich herein, hat ihr subjektives Echo in der Vielzahl der beteiligten Personen und ihres vertiefteren, vielsaitigeren Gemütslebens, sie selbst empfinden dem empirischen Zuschauer vor. Daß unsere Zustände nicht öffentlich sind, daß das Wichtigste in geschlossenen Räumen vor sich geht, darin liegt der untergeordnete, reale Grund dieser Weglassung. Hiezu kommt nun aber das moderne Prinzip der reinen Teilung und Auseinanderhaltung der Künste und ihrer Zweige. Musik und Tanz ist an die Oper und das Ballett gefallen, wie die Plastik die Farbe ganz an die Malerei abgegeben hat.

OTTO LUDWIG

Objektivität der dramatischen Dichtung

Wenn der dramatische Dichter hinter seinem Werke verschwinden soll, wie die Natur es tut, so muß er sich ihr auf das äußerste in seinem Verfahren ähnlich zu machen trachten. Welchen ihrer Eigenschaften muß er daher nacheifern? d. i. worin muß er ihr gleichen? worin nicht? Das darf er nicht nachahmen, was aus der ungeheuren Expansion und der Unendlichkeit ihres großen Dramas folgt, weil sein Werk kein unendliches sein kann, aber ein geschlossenes sein muß; das letzte wird es für uns erst sein, wenn es überhaupt sein kann, am Ende des großen Dramas. Geschlossen, d. h. es muß einen gegebenen Anfang haben, alle seine wesentlichen Ursachen und Folgen müssen in das Werk fallen bis zu einer letzten Folge, die die Reihe für unser Interesse abschließt. Es liegt nun auf der Hand, daß ein Werk, welches alle seine wesentlichen Ursachen und Folgen in sich enthalten soll, und dessen Vorstellungsdauer einige Stunden nicht übersteigen soll, nicht aus der Breite des Daseins geschöpft werden darf. Dazu ist das Drama des Dichters, nicht, wie das der Natur, um seiner selbst, sondern um einer Versammlung von Zuschauern und Hörern willen da. Es muß also seine Motive erkennbar machen. Zugleich muß es auf die Natur des Menschen berechnet sein. Also ein Kompromiß zwischen der Wirklichkeit der Dinge und dem Wunsche des Menschen, wie sie sein möchten. Wahre Schönheit der Darstellung, Ordnung der Schicksale nach dem moralischen Gefühle. Ist nun dies der Punkt, wo die Absicht des Dichters (im Plane) in das Spiel kommt, so muß doch die Ausführung diese Absicht wieder möglichst maskieren. Ein Stück des großen Dramas, d. h. eine Anzahl Handlungen, eine Zahl von Charakteren, aber durchsichtig und geschlossen, d. h. mit der Eigenschaft, die jenes große Drama als ein Ganzes hat, für höhere Geister; so ausgeführt, daß es, wie jenes, eine gegenwärtige, absichtslose Wirklichkeit erscheint. Also ein Stück Wirklichkeit, welchem die Gesetze der ganzen Wirklichkeit, und in der Fügung des Materiales, die Gesetze des menschlichen Geistes, der Vernunft, zugrunde gelegt sind, denn diese Fügung liegt gewiß auch schon im Ganzen der Wirklichkeit, das wir nur nicht übersehen können. Den Charakteren und Vorgängen, dem Dialoge darf man die Absicht des selbst individuellen Dichters nicht ansehen, er muß sich zur möglichsten Objektivität ausgebildet haben, d. h. er darf seine eigenen individuellen Neigungen und Gesinnungen nicht in sein Werk hinübertragen. Zunächst darf er als Dichter gar keine individuellen Neigungen, z. B. für gewisse Arten der Charaktere, der Gegenstände, der Behandlung in sich dulden; in gleicher Unbefangenheit muß er allen diesen gegenüberstehen, und nicht wählen, was er gern hat, sondern was sein Werk bedarf. Er muß jedem Stoffe gerecht zu werden versuchen, jeden Stoff nach und aus seinen eigenen Bedingungen entwickeln, und besonders die Grundidee unverfälscht aus dem Stoffe nehmen, nicht willkürlich eine hineinlegen; er muß nicht seinen inneren Sinn mit dessen Individualitäten in den Stoff und das Werk einhauchen, sondern sein innerer Sinn muß lediglich das Haus des Werkes werden, der Mutterleib, in welchem der Keim sich nach seinen eigenen Bedingungen entwickelt, welcher diesem Das zuführt, was dieser braucht, und Das abscheidet, was ihm nicht wesentlich ist. Der Dichter darf nicht sich in das Werk, sondern er muß dieses in sich hineinbilden. Beide müssen stets voneinander losgelöset sein.

JULIAN SCHMIDT

Kritik der modernen Lyrik

In den neuen Kompendien der Literatur finden wir fast ohne Ausnahme die Ansicht ausgesprochen, daß wir zwar in den anderen Gebieten der Dichtkunst seit Goethe und Schiller keine erheblichen Fortschritte gemacht, daß wir aber in der Lyrik jene Zeit bei weitem überflügelt hätten. Wir haben schon öfters die entgegengesetzte Meinung vertreten. Wir geben gern zu, daß in kleineren Gedichten sehr viel Gutes geleistet ist, obgleich wir doch kein Lied von Uhland oder Heine wüßten, das wir etwa Goethes »Fischer« an die Seite setzen könnten; aber in größeren lyrischen Gedichten, in Gedichten von langatmiger Inspiration, wie etwa Goethes »Braut von Korinth«, »Alexis und Dora«, Bürgers »Lenore«, Schillers »Götter Griechenlands«, »Die Künstler« u.s.w., können wir nicht finden, daß die neuere Zeit etwas Lobenswertes produziert hätte; und in solchen größeren Schöpfungen offenbart sich doch auch in der Lyrik vorzugsweise die Kraft der Poesie.

Was die Dichter der neuen Schule von unsren älteren Lyrikern unterscheidet, ist, *daß sie niemals bei der Sache sind.* Dies »bei der Sache sein«, was man gewöhnlich mit dem lateinischen Namen »Objektivität« bezeichnet, scheint uns aber bei der Kunst die Hauptsache. Es ist in der Malerei ebenso. Der Künstler kann die brillantesten Farben und Linien anwenden, sie werden keinen Eindruck machen, wenn sie nicht der Sache angemessen sind, und wenn sie die Einheit der Stimmung stören. Fast in keinem Zweige der Kunst wird aber die Abweichung von diesem Gesetz so ins Große getrieben, als in der Lyrik. Man gebraucht den Gegenstand fast lediglich dazu, eine Reihe brillanter Bilder, Reflexionen, Gefühle daran anzuknüpfen, ohne sich im geringsten darum zu kümmern, ob sie in irgendeinem Verhältnis zum Gegenstand stehen. Daraus ergibt sich in Beziehung auf die Form eine vollständige Stillosigkeit, in Beziehung auf den Inhalt ein breites kokettes Verweilen bei Nebensachen und eine leichtfertige Hast in der Darstellung der Hauptsache, endlich in Beziehung auf die ideale Färbung, auf die sittliche Grundstimmung, die den Gegenstand erst in das Bereich der Kunst zieht, eine ans Wunderbare streifende Unklarheit und Ratlosigkeit.

Man hat in früherer Zeit mit dem Ausdruck »Subjektivität« und »Objektivität« viel Mißbrauch getrieben. Der wirkliche Dichter ist immer objektiv, das heißt, er wählt die realen Charaktere und Ereignisse so, wie er sie für sein Ideal braucht, und er wendet diejenigen Farben und Striche an, die dazu geeignet sind, diesem Ideal Lebendigkeit zu verleihen. Goethes lyrische Gedichte sind darin allerdings das vollständigste Muster, und es möchte ihm auch unter den großen Dichtern der übrigen Völker keiner zur Seite stehen; aber auch bei Schillers besseren Gedichten werden wir diese Objektivität nicht vermissen, und wenn wir auch z. B. in den »Göttern Griechenlands«, oder in den »Künstlern« durch den Glanz der Bilder etwas betäubt werden, so werden wir doch zugeben müssen, daß dieser Glanz von dem Gegenstand nicht zu trennen ist, und daß, wenn der Dichter diesen Gegenstand überhaupt behandeln wollte, er ihn nicht anders behandeln konnte, als er 's wirklich getan. Wir haben immer das Gefühl der innern Notwendigkeit, welches der wesentlichste Prüfstein für den Wert eines Gedichtes ist. Heutzutage ist es unsren Dichtern absolut unmöglich, sich auf längere Zeit in einen Gegenstand mit Andacht zu vertiefen. Wenn sie nicht bei der Gelegenheit ihre Ansichten über Gott und Welt, ihre Kenntnisse in der Naturwissenschaft und im Kontrapunkt, ihre metaphysischen Grundsätze und die Reminiszenzen aus dem Salongeschwätz anbringen können, so erscheint ihnen die simple Beschäftigung mit einer Begebenheit oder mit einem Gefühl höchst verächtlich und gemein. [...]

Allerdings müssen wir noch hinzufügen, daß jene großen Dichter, namentlich in ihren dramatischen Werken schon vieles getan haben, was diesen Verfall der Kunst vorbereiten mußte. Schiller tritt in seinen Dramen nur zu häufig aus der Sache heraus, wie z. B. in seinem »Wallenstein«, wo Max über die Astrologie seines Feldherrn auf eine Weise reflektiert, die weder dem Geist der Zeit, noch der Stimmung und dem Charakter des Stücks entspricht. Das ist schon ganz der »höhere Standpunkt«, die Vogelperspektive, von der aus unsre jetzigen Lyriker ihre Gegenstände auffassen. Goethe hat z. B. in seinem »Faust« der Nation ein Beispiel gegeben, wie man durch ein Gedicht, welches eigentlich nur aus einer Reihe von Fragmenten besteht, in dem der innere psychologische und ethische Zusammenhang ein vollständiges Rätsel bleibt, und in dem eine Stimmung der andern widerspricht, dennoch das Publikum elektrisieren könne. Der Unterschied gegen die spätere Lyrik lag nur darin, daß alles einzelne aufs Korrekteste und Musterhafteste ausgearbeitet war. Später wollte man wo möglich in jedem einzelnen Sonett eine totale Weltanschauung geben. – Durch Byron ist dieses rhapsodische Wesen der Poesie noch populärer geworden, und Heine hat es durch seine wunderbare Virtuosität auf die Spitze getrieben. Heines Kunst besteht darin, daß er im wesentlichen frei von seinen Gegenständen ist, andererseits aber doch, wenn er es will, sich mit großer Kraft und Intensivität in sie vertieft. Jeder Gegenstand hat seine verschiedenen Seiten, die ihn den verschiedenen Gattungen der Poesie zugänglich machen. Wir wollen z. B. die Madonna nehmen, die uns wegen des Werks, welches wir hier besprechen wollen, am nächsten liegt. In der Madonna liegt einerseits etwas Göttliches, Erhebendes, wir dürfen nur die Sixtinische ansehen; andererseits etwas menschlich Rührendes, Gemütliches, wenn wir von ihrer Geschichte nur die ideale Seite auffassen; dann auch etwas Entsetzliches und Schreckliches, wenn wir sie als Symbol einer fanatischen Glaubensrichtung, als Schreckbild für alle natürlichen Freuden des Lebens betrachten; endlich auch etwas Komisches, wenn wir die Begebenheiten, die wir von ihr wissen, ins Volkstümliche übersetzen.

Alle diese Seiten können künstlerisch dargestellt werden. Heine aber versteht es, alle diese Stimmungen unmittelbar nebeneinander anzuschlagen, und da er mit ebenso großer Virtuosität sich der Rührung wie des komischen Effekts zu bemeistern weiß, so werden wir im ersten Augenblick geradezu verwirrt und betäubt, bis wir seine Handgriffe genauer ins Auge gefaßt haben. Allein auch Heine läßt seinen Empfindungen wenigstens immer einen gewissen Raum. Wir haben Zeit, uns zuerst in Andacht und Rührung zu versetzen, und darum wirkt die plötzlich über uns stürzende Donche seiner Ironie um so kräftiger. Bei den neueren Lyrikern ist es anders. Auch wenn sie rühren wollen, sind sie nicht im Stande, ihre ironischen Einfälle zurückzuhalten, und wenn sie spotten wollen, so quillt ihnen unversehens eine heilige Träne aus den Augen. Darin suchen zwar einige neue Kunstrichter das Höchste der Poesie, wir aber halten es für die Spitze der Geschmacklosigkeit, und jedes natürliche Gefühl wird uns darin beistimmen, denn bei solchem Verfahren hebt die eine Wirkung die andere auf, und es bleibt nichts zurück als Verstimmung.

FRIEDRICH HEBBEL

Moderne Lyrik

Die deutsche Muse hat schon manchen Mann gehabt, seit sie Madame Opitz hieß; diesen Namen legten ihr nämlich die Verehrer des »Boberschwans« wirklich bei. Es ist eine stattliche Reihe stolzer und mannhafter Gestalten, die sich von Paul Fleming an bis auf Ludwig Uhland herab durch zwei Jahrhunderte hinzieht. Zuweilen drängte sich wohl auch ein Zwerg, auf hohen Stelzen einherschreitend und aus enger Brust schrillende Fisteltöne hervorpressend, mit ein, aber wie bald wurde das Holz wurmstichig, das ihn statt der Beine trug, und wie jämmerlich purzelte er dann zu Boden. So, um ein weit genug hinter uns liegendes Beispiel anzuführen, erlebte Gottsched mit seinen Gedichten freilich ebenso viele Auflagen, wie mancher Modelyriker unserer Tage, und sie waren, was die Zahl der Exemplare anlangt, ohne allen Zweifel größer, aber die Nachwelt ist nicht geneigt, des Erfolges wegen, den Spruch über ihn zu mildern, oder ihm sein Eifern und Toben gegen Klopstock zu verzeihen. Wie ein Narr, der selbst nicht weiß, daß er es ist, und der deshalb nur umso ernsthaftere Gesichter schneidet, je ärger er verlacht wird, steht er am Eingang unserer großen Literaturperiode da; der Sänger des »Messias«, von Hölty und Bürger, von Claudius und Voß begleitet, zieht im Purpurmantel an ihm vorbei und stimmt das Instrument der Sprache; Goethe und Schiller folgen fast unmittelbar und spielen es seinem ganzen Umfange nach aus, und manch schönes Talent schließt sich noch später an und wagt einen eigentümlichen Ton.

Es ist kaum schwerer über Musik zu schreiben, wie über lyrische Poesie, wenn man wirklich etwas feststellen und nicht in etymologischem Becherspiel ein Unbestimmbares mit dem andern müßig und resultatlos vergleichen will. Man sehe unsere Ästhetiker an, die besten nicht ausgenommen, und frage sich, ob selbst Jean Paul, der doch hell und klar, wie kein zweiter, in den Darstellungsprozeß hineinschaute, hier über die Trivialität hinauskommt. Der Grund ist einfach: man hat in der Lyrik das reine Element vor sich, um das alle Formen sich streiten, ohne daß eine den Sieg davonträgt, weshalb sie in der singbaren Ballade, die zugleich episch, dramatisch und musikalisch ist, gipfelt. Im allgemeinen hat man von jeher zwei Hauptrichtungen unterschieden: die geistige, die bei uns durch Schiller repräsentiert wird und die man nicht so kurzweg die reflektive nennen sollte, und die gemütliche, die Goethe vertritt. Darin hatte man auch ganz recht, man behielt nur nicht genug im Auge, daß beide Richtungen in der Phantasie ihre gemeinschaftliche Wurzel haben, welche die geistige allein vor der Abstraktion und die gemütliche vor dem Sturz in die nüchternste Prosa bewahren kann. [...] Es muß aber ein schöpferischer Akt der Phantasie hinzukommen, der den allgemeinen Gedanken individualisiert und umgekehrt das subjektive Gefühl generalisiert, und die Individuen, in denen dieser Akt sich vollzieht, treten so selten hervor, daß man noch in tausend Jahren keine Überbevölkerung des Parnasses zu besorgen haben wird. Den Stadtpfeifern und Turmbläsern gegenüber, die alljährlich unsere Musenalmanache füllen, wird natürlich mit einer Definition nichts ausgerichtet, denn sie verachten sie entweder, oder fühlen sich, wundersamerweise, mit ihr in Übereinstimmung. Aber wem um Einsicht zu tun ist, der gehe dem hier gegebenen Fingerzeige nach und mache auf Goethe und Schiller die Anwendung. Bei Goethe leuchtet es auf den ersten Blick ein, daß alle seine Gedichte Perspektiven mit unendlichen Spiegelungen eröffnen und sich nur darum so eng an die von ihm nicht ohne Grund hochgepriesene Gelegenheit anschließen, weil er den Standpunkt möglichst scharf fixieren muß; aber auch bei Schiller ist nicht zu verkennen, daß er den philosophischen Gehalt, der ihm allerdings immer vorschwebt, keineswegs, wie etwa Lukrez, als einen schon errungenen, bloß ausbreitet und in einen Goldrahmen faßt, sondern daß er uns sein Kämpfen um ihn und also seine Abhängigkeit von ihm in allen Stadien darstellt. So generalisiert der eine sein Besonderes und individualisiert der andere sein Allgemeines, bis sie, von ganz entgegengesetzten Enden ausgehend, in der Mitte des Wegs zusammentreffen und die beiden Hälften der Menschheit innig miteinander verschmelzen. Es versteht sich von selbst, daß nur von den besten Stükken dieser Männer die Rede sein kann.

Auf Goethe und Schiller folgte, wie schon bemerkt wurde, manch schönes Talent, auf dessen Charakterisierung hier Verzicht geleistet werden muß. Uhland war das bedeutendste, und es war ein trauriges Zeichen, daß diese frische, kerngesunde Erscheinung, aus der das ganze mittelalterliche

Deutschland lyrisch singt, wie es aus Goethes Götz dramatisch spricht, zunächst in einem Wüstenmaler den Rivalen finden, dann gar durch einen Totenvogel in den Hintergrund gedrängt werden konnte. Aber welche Riesen sind wieder Freiligrath und Lenau, die doch neben Uhland kaum sichtbar bleiben, gegen ihre Nachfolger! Nicht, als ob nicht hie und da noch eine respektable Natur mit markigen Gaben hervorgetreten wäre, aber sie wurde kalt beiseite geschoben oder höchstens so begrüßt, wie der Arzt von den Kindern, der ihnen einen Blutreinigungstee auf den Tisch setzt. Und was sich geltend machte, was gesungen und wieder gesungen wurde, das war derart, daß man im Gedanken ans Ausland mit Scham und völligem Stillschweigen darüber hinweggehen muß. Jetzt scheint ein Wendepunkt nahe zu sein, denn an allen Ecken und Enden erheben sich nachdrucksvolle Stimmen gegen die in aufgedunsenen Versen vorgetragene gleisnerische Frömmelei und die nebenher tänzelnde läppische Minnesängerei, die sich gern als allein berechtigt hinstellen möggten und die nicht einmal neben anderm zu existieren verdienen, da sie hohl und leer sind. Es dürften, um auf das im Anfang gebrauchte Bild zurückzukommen, bald wieder einige Stelzen brechen, und daher ist es doppelt erfreulich, daß auch wieder Dichter erscheinen, die den Ton der Wahrheit und der Männlichkeit anstimmen, ohne darum weniger religiös zu sein, oder sich zarteren Gemüts- und Seelenregungen unzugänglich zu zeigen.

THEODOR STORM

Über Lyrik

Die eigentliche Aufgabe des lyrischen Dichters besteht aber unsrer Ansicht nach darin, eine Seelenstimmung derart im Gedichte festzuhalten, daß sie durch dasselbe bei dem empfänglichen Leser reproduziert wird, wobei freilich der Wert und die Wirkung des Gedichtes davon abhängen wird, daß sich die individuellste Darstellung mit dem allgemeingültigsten Inhalt zusammenfinde. Die besten lyrischen Gedichte sind daher auch immer unmittelbar aus der vom Leben gegebenen Situation heraus geschrieben worden; die höchste Gefühlserregung wird, wie das jeder schon im täglichen Leben an sich erfahren mag, auch immer den schlagendsten Ausdruck finden; und wenn Goethe einmal den Ausspruch getan, es müsse der Dichter sich den Stoff durch die Zeit erst in eine gewisse Ferne rücken lassen, ehe er an die Behandlung desselben gehe, so sind doch gerade seine Lieder von unsterblichster Wirkung nachweislich unter der Herrschaft des Momentes entstanden, worüber der vor einigen Jahren herausgegebene Briefwechsel mit der Frau von Stein die mannigfachsten und interessantesten Aufklärungen enthält. Daß übrigens dem Dichter, namentlich dem Novellisten, auch eine selbsterfundene Situation mit solcher Lebendigkeit aufgehen könne, daß er dadurch zu einer vollkommen lyrischen Produktion im Charakter und der Stimmung seiner eignen Gestalten veranlaßt wird, ist durch das hier Gesagte selbstverständlich nicht ausgeschlossen und von Mörike in seinem »Maler Nolten« durch das unergründlich schöne »Früh, wenn die Hähne krähn« aufs vollkommenste dargetan, während die Eichendorffschen Lieder, so tief sie immer sein mögen, doch nur aus einer und derselben Grundstimmung mit den Novellen, in denen sie vorkommen, nicht aber aus diesen selbst entsprungen sind.

Es beruht daher auch das willkürliche und massenhafte Produzieren lyrischer Gedichte, das eigentliche Machen und Ausgehen auf derartige Produktionen auf einem gänzlichen Verkennen des Wesens der lyrischen Dichtkunst; denn bei einem lyrischen Gedichte muß nicht allein, wie im übrigen in der Poesie, das *Leben*, nein, es muß geradezu das *Erlebnis* das Fundament desselben bilden. Den echten Lyriker wird sein Gefühl, wenn es das höchste Maß von Fülle und Tiefe erreicht hat, von selbst zur Produktion nötigen, dann aber auch wie mit Herzblut alle einzelnen Teile des Gedichtes durchströmen. Eine Folge hiervon und zugleich ein Beweis für unsre Ansicht ist es, daß selbst unsre besten Lyriker, wie Günther, Hölty, Goethe, Claudius, Uhland, nur wenige Lieder geschaffen haben, welche die seit ihrem Erscheinen verflossene Zeit überdauerten.

So wie mit den lyrischen Gedichten im allgemeinen, so ist es im besonderen mit den Liebesliedern. Es kommt nicht darauf an, geistreiche Gedanken über die Liebe in Versen vorzutragen, wie dies z. B. in Geibels »Minnelied«, freilich in schönster Weise, geschieht; denn hier entsteht schon ein Mittelding zwischen lyrischer und didaktischer Poesie; das echte Liebeslied soll vielmehr in seinen Versen die Atmosphäre der Liebe einfangen, daß es uns beim Lesen mit unwiderstehlicher Gewalt der Ahnung oder Erinnerung überkommt.

Von einem Kunstwerk will ich, wie vom Leben, unmittelbar und nicht erst durch die Vermittlung des Denkens berührt werden; am vollendetsten erscheint mir daher das Gedicht, dessen Wirkung zunächst eine sinnliche ist, aus der sich dann die geistige von selbst ergibt, wie aus der Blüte die Frucht. – Der bedeutendste Gedankengehalt aber, und sei er in den wohlgebautesten Versen eingeschlossen, hat in der Poesie keine Berechtigung und wird als toter Schatz am Wege liegenbleiben, wenn er nicht zuvor durch das Gemüt und die Phantasie des Dichters seinen Weg genommen und dort Wärme und Farbe und wo möglich körperliche Gestalt gewonnen hat. – An solchen toten Schätzen sind wir überreich.

Die Lyrik insbesondere anlangend, so ist nach meiner Kenntnis unserer Literatur die Kunst, »zu sagen, was ich leide«, nur wenigen, und selbst den Meistern nur in seltenen Augenblikken, gegeben. Der Grund ist leicht erkennbar.

Nicht allein, daß die Forderung, den Gehalt in knappe und zutreffende Worte auszuprägen, hier besonders scharf hervortritt, da bei dem geringen Umfange schon *ein* falscher oder pulsloser Ausdruck die Wirkung des Ganzen zerstören kann; diese Worte müssen auch durch die rhythmische Bewegung und die Klangfarbe des Verses gleichsam in Musik gesetzt und solcherweise wieder in die Empfindung aufgelöst sein, aus der sie entsprungen sind; in seiner Wirkung soll das lyrische Gedicht dem Leser – man gestatte den Ausdruck – zugleich eine Offenbarung und Erlösung oder mindestens eine Genugtuung gewähren, die er sich selbst nicht hätte geben können, sei es nun, daß es unsre Anschauung und Empfindung in ungeahnter Weise erweitert und in die Tiefe führt oder, was halb bewußt in Duft und Dämmer in uns lag, in überraschender Klarheit erscheinen läßt.

Am ärmsten scheint mir unsre patriotische und sogenannte politische Lyrik. So unzweifelhaft es ist, daß das Leben in Staat und Gemeinde ein ebenso berechtigter Gegenstand für die menschliche Empfindung und daher für die Lyrik ist als das Einzel- und Familienleben, so ist es hier, wie in der Natur dieser poesis militans liegt, doch weit seltener gelungen, den Stoff von dem Boden der bloßen Wirklichkeit abzulösen und andrerseits sich nicht an rhetorischer Phrase und Bildermacherei genügen zu lassen. So kommt, um Beispiele anzuführen, Uhlands »Wenn heut ein Geist herniederstiege« – abgesehen von dem selten schönen Anfang und Ende – kaum über eine poetisch gefärbte Kammerrede hinaus; so ist neuerdings von den vielen Gedichten für meine Heimat Schleswig-Holstein auch nicht eins zu einer irgend in Betracht kommenden Innerlichkeit gelangt. [. . .]

Heine sagt sehr richtig: »Ein Lied ist das Kriterium der Ursprünglichkeit.« Die meisten unserer sogenannten Dichter aber sind ihrem eigentlichen Wesen nach Rhetoriker mit mehr oder minder poetischem Anstrich und der lyrischen Kunst so gut wie ganz unmächtig.

HERMANN MARGGRAFF

Neueste Phasen der modernen deutschen Lyrik

Man hat gegenwärtig für die Besprechungen gewisser Literaturgattungen feststehende Einleitungen; hat man z. B. eine Reihe dramatischer Produkte zu beurteilen, so schickt man meist einige herkömmliche Bemerkungen über den Verfall des Theaters und der dramatischen Poesie voraus, oder hat man humoristische und satirische Schriften zu besprechen, so stellt man in der Regel zuvörderst den Satz auf, daß unsere Zeit zu ernst und zu gewichtig sei, um bei dem Humoristen die nötige launige Stimmung zu erzeugen und ihm einen hinlänglichen Vorrat von Stoffen, die sich humoristisch behandeln ließen, zuzuführen, ungerechnet, daß das Publikum gegenwärtig für den Genuß humoristischer Erzeugnisse sehr wenig empfänglich sei und Wichtigeres zu tun habe, als sich Spaß vormachen zu lassen. Wer aber über ein Rudel von neuern Lyrikern zu urteilen hat, kann sich meist nur schwer enthalten, das bekannte Klagelied über die auf lyrischem und episch-lyrischem Gebiete herrschende übermäßige Vielschreiberei anzustimmen.

Nun leugnen wir keineswegs, daß auf diesem Gebiete so gut wie auf den meisten andern Gebieten literarischer Produktion zu viel hervorgebracht wird und daß schädliche Folgen davon unvermeidlich sind; aber wir glauben, daß man die letztern in zu übertriebenem Lichte und mit einigem Unrecht als allgemeinschädlich darstellt, da unter ihnen mehr die produzierenden Lyriker selbst, als das konsumierende Publikum zu leiden haben. Schlechte Gedichte oder auch nur solche, welche bloßes Mittelgut sind, finden einfach keine Abnahme, und dem Buchhändler, der sie auf seine Kosten verlegte, oder dem Dichter, der sie drucken ließ und in Kommission gab, geschieht es dann ganz recht, wenn er neben seinem pekuniären Schaden auch noch den Spott tadelnder Rezensionen mit in den Kauf nehmen muß. Ganz anders verhält es sich mit schlechten, vielleicht sogar geschmack- und sittenverderblichen Romanen, von denen doch immer eine Anzahl von Exemplaren in die Leihbibliotheken gelangt und von einer Anzahl Abonnenten gelesen wird. Hier liegt der öffentliche Schaden, den solche Produkte anrichten, auf der Hand. Nun mag allerdings die Überfülle, die sich auf dem Felde der lyrischen Produktion bemerkbar macht, auch mitunter bessern Erzeugnissen den Weg versperren, indes geschieht dies doch nicht so weit, daß wirklich Gutes gänzlich unbeachtet bliebe; der Absatz mag durch die allerdings leider allzu große Konkurrenz und infolge der Übersättigung des Publikums mit lyrischem Futter erschwert, gehemmt, verzögert und in nur zu bedauerlicher Weise verringert werden; aber in der Literatur wird das wirklich Gute und Eigenartige doch früher oder später seinen ihm gebührenden Platz angewiesen erhalten. Von der papierenen und zum Teil löschpapierenen Unsterblichkeit, die sich in Anthologien, Literaturgeschichten u.s.w. fortpflanzt, kann ein Dichter freilich nicht satt werden, ja er kann dabei sogar in bester oder schlechtester Form verhungern und zu Grunde gehen; indes an diesen Gedanken einer fortdauernden Hungerkost, welche den Leib abmagert und dafür dem Geiste um so höhere Schwungkraft verleiht, ist der deutsche Dichter als ein notwendiges Attribut und als eine besondere Zierde seines ganzen Daseins und Wirkens schon seit alters her gewöhnt; das deutsche Publikum ist aus naheliegenden Gründen von diesem Gedanken wahrhaft erbaut, und wenn Schillers »Teilung der Erde« bei irgendeiner öffentlichen Feier vorgetragen wird, so kann man darauf rechnen, daß die Schlußstelle unermeßlichen, so recht aus dem Herzen kommenden Beifall findet. Denn klopft ein darbender Dichter an irgendeines kunstliebenden deutschen Philisters Tür, so braucht dieser nur ganz einfach mit Berufung auf Schiller zu sagen: »Lieber, was willst du bei mir? was inkommodierst du mich? Geh doch zum Zeus; du weißt ja, daß dessen Himmel dir offen sein soll, so oft du kommen willst. Ach, wenn es unsereiner so gut hätte wie so ein deutscher Dichter, für den meine Behausung viel zu niedrig, mein Braten viel zu unschmackhaft, mein Wein viel zu sauer und mein Geld viel zu schmutzig ist!« Wie man hieraus sieht, kommt der spießbürgerlichen Selbstsucht und Trägheit das, was man in Deutschland »Idealismus« nennt, oft sehr gelegen.

Im übrigen will es uns bedünken, als ob in der letzten Zeit sich wirklich in der lyrischen und besonders der lyrisch-epischen Dichtung, welche letztere überhaupt wohl nur eine künstlich gepflegte Mode- und Treibhauspflanze war, einige Abnahme wahrnehmen ließe. Indes kann dies auch nur Folge bekannter Zeitverhältnisse sein, und es wäre demnach voreilig, hieraus den Schluß zu ziehen, daß jetzt überhaupt weniger gedichtet würde oder daß – was jedenfalls höchlichst zu wünschen wäre – die Dichter nicht mehr in so unbesonnener und übereilter Weise ihre Poesien drucken ließen als bisher, oder daß endlich Drucker und Verleger, durch manche Verluste gewarnt, diffiziler geworden, was wir ihnen auch keineswegs verdenken möchten. Leider glauben wir also, daß jene ohnehin nicht sehr bedeutende Abnahme eine nur scheinbare und vorübergehende sein und daß auf diese doch immer nur unerhebliche Ebbe vielleicht eine nur um so stärkere Flut folgen werde.

Auf der andern Seite sollte es uns freilich auch fast wundern, wenn der überwiegend realistische, sogar vielfach in rohen Materialismus ausartende, genuß- und erwerbsüchtige Geist und Charakter der Zeit, diese Vorliebe für die praktischen

Berufszweige, für das Maschinenwesen und für industrielle Unternehmungen, diese wachsende Teilnahme an sozialen, konfessionellen, politischen und nationalökonomischen Streitfragen und Häkeleien, diese Zunahme kühl und egoistisch berechnender Verständigkeit, kritischen, alles zersetzenden oder negierenden Geistes und mehr und mehr alles Ideale abweisender Illusions- und Glaubenslosigkeit, dabei wieder diese im Publikum sich aussprechende gedankenlose und häufig sich bis ins Unsinnige steigernde, mehr künstlich erhitzte als naiv gesunde, oft völlig lügenhafte Begeisterung für alles handwerklich Virtuosenhafte, für das Prickelnde, für alles bloß äußerlich Glänzende, überhaupt für alles, was die Meinung des Tags, was die flüchtige Mode, was die schlauen Machinationen irgendeiner Koterie für den Augenblick auf den Thron gehoben haben: es sollte, wie gesagt, uns fast wundern, wenn alles dies und anderes den poetischen Trieb der Nation nicht allmählich abstumpfen, untergraben oder vernichten sollte. Manche scheinen die Zeit, wo dies eingetreten sein wird, gar nicht abwarten zu können; vielleicht wird sie aber früher da sein, als sie selbst erwarten und als es diesen Baissiers selbst lieb sein wird; denn ihre Bemühungen, diese allgemeine poetische Baisse wieder in eine Hausse zu verwandeln, dürften dann vergebens sein.

Es ist in der deutschen Lyrik mit Lenz und Liebe, Mondschein und Blumenduft allerdings viel Mißbrauch getrieben worden, aber wie sehr das Ansehen dieser Gegenstände bereits gesunken ist, brauchen wir wohl nicht erst zu sagen. Ein vereinsamter Nachtschwärmer mag davon wohl noch singen, aber er findet kein Publikum mehr, und die Zukunft wird schwerlich noch solche Schwärmer hervorbringen. Die Vaterlandsliebe nimmt immer mehr einen nationalökonomischen Ausdruck an; die Freundschaft findet in diesem Interessengewühle keinen Boden mehr; das Gefühl für die Reize und Schönheiten der Natur stumpft sich immer mehr ab und wird sich immer mehr abstumpfen, je mehr die Zunahme der Eisenbahnen es gestatten wird, flüchtig in wenigen Stunden zu genießen, wozu man früher ebenso viele Tage brauchte; die Liebe selbst wird immer mehr zur Genuß- oder Finanzsache, und schon jetzt wissen die meisten lyrischen Dichter an ihr nur die sinnliche Seite, nicht ihren geistigen Gehalt hymnologisch zu feiern. Unsere Poeten der Zukunft werden den Rauch eines Dampfschlots, den schrill pfeifenden Laut einer Dampfmaschine, das betäubende Geklapper eines Bahnzugs vielleicht viel poetischer und besingenswerter finden als den Nebelrauch in einer Gebirgsschlucht, die aufmunternden Signaltöne eines Posthorns und das heimliche Geklapper einer romantisch gelegenen Wassermühle; die Düfte, welche Rosen und Lilien ausströmen, werden ihnen weniger angenehm dünken, als die gemischten Düfte in einer Herings-, Talg- und Tranniederlage, wovon wir schon Beispiele in der Literatur erlebt haben, und die unsichtbaren Räder und Schrauben an der großen »Weltenuhr«, für die sich noch Schiller so lebhaft interessierte, werden sie weniger kümmern, als die sichtbaren Räder und Schrauben an einem Maschinenwerk. Die schon heutzutage sehr zweifelhafte Ehre, ein Dichter zu sein, in der bereits Schiller nur einen »Fluch« erblickte, »welchen die Welt über diese Libertinage des Geistes, die Dichtkunst, verhängt«, wird dann schwerlich noch für jemand etwas besonders Verlockendes haben; oder nur reichen Dichtern wird es gelingen, ihren poetischen Nimbus durch ihren finanziellen zu stützen und aufrecht zu erhalten. Nehmen wir doch schon jetzt wahr, wie förderlich der Besitz ansehnlicher finanzieller Mittel den Jüngern der Kunst und Dichtkunst ist, mit welchem Glück Angehörige des niedern und höhern Adels, des niedern und höhern Finanzstandes den ärmern Talenten Konkurrenz machen. Im vorigen Jahrhundert, wo die Adeligen und die Wohlhabenden genossen und die Armen für sich arbeiten ließen, dafür aber auch deren Mäzene waren, war das Verhältnis bekanntlich ein ganz anderes. Dafür haben wir freilich auch das Vergnügen, in einem demokratischern Jahrhundert zu leben, d. h. in einem Jahrhundert, in welchem die Ärmern den Reichern und

Höherstehenden auch noch die letzten Vorteile und Vorrechte, die sie sich früher durch eisernen Fleiß und Charakterstärke erwerben konnten, mehr und mehr abtreten müssen.
Vielleicht tritt aber die Zeit, von der ich hier hypothetisch sprach, gar nicht ein, vielleicht erleben wir früher als wieder andere glauben einen Rückschlag gegen den fortschreitenden Materialismus der Zeit. Was wir bemerkten, wollten wir nur denen zu bedenken geben, welche von der jetzigen, wie wir gestehen allerdings übermäßigen Produktion auf poetischem und namentlich lyrischem Gebiete der Himmel weiß welche Gefahren für das gemeinsame Vaterland zu fürchten scheinen. Diese Wieseblümchen der Lyrik, laßt sie doch ein paar Tage blühen und sich wohlgefällig im Bache selbstbespiegeln, bis sie im Sonnenbrande, unbeschattet von der Gunst des Publikums und saft- und wurzellos wie sie vielleicht sind, verwelken oder unter dem schweren Fußtritt eines erbarmungslosen Kritikers zusammenbrechen! Man wird vielleicht später nicht mehr so viel dichten, aber man wird nicht weniger schreiben, und die literarische Betriebsamkeit und der literarische Ehrgeiz werden sich andere Bahnen suchen. Was wird man dabei gewinnen? In der Tat ist unsern Poeten von gewisser Seite her, um unsern klassischen Dichtern ihr Monopol in alle Ewigkeit zu sichern, der Rat gegeben worden, doch lieber über den Kanal von Suez und den atlantischen Kabel zu schreiben, statt zu dichten. Das fehlte noch! Diese unpraktischen Leute sollen nun gar über industrielle und nationalökonomische Angelegenheiten ihr Urteil abgeben! Als Lyriker sind sie doch wenigstens harmlos und unschädlich, aber als Politiker und handelsökonomische Schriftsteller könnten sie in der Tat gefährlich werden. Es fehlt uns schon jetzt durchaus nicht an gemeinschädlichen und wohlfahrtsgefährlichen Politikern und Nationalökonomen; will man diese Legion noch aus den Scharen unserer schwebelnden und nebelnden Lyriker vermehren? Die Politik hat schon in der Lyrik nicht immer eine sehr glänzende

Rolle gespielt; welche Rolle wird aber die Lyrik in der Politik spielen?

Wie sich übrigens die Lyrik der Zukunft gestalten wird, läßt sich in keiner Weise voraussagen; denn es ist auch denkbar, daß sie gerade im Gegensatz zu dem materialistischen Treiben und dem lärmhaften Interessengeklapper der Zeit nur einen um so stillern, gemütlichern, von diesem Lärm gänzlich abgewandten idyllischen Charakter annehmen oder als gepanzerte Jungfrau mutig und weltverachtend den Kampf mit dem Materialismus aufnehmen und gerade in dieser Richtung zu neuen Formen und Gestaltungen gelangen wird, von denen wir jetzt noch nichts ahnen. Hoffentlich wird es in Deutschland immer eine lyrische Gemeinde geben, die an Zahl und innerer Bedeutung vielleicht um so mehr zunimmt, je unlyrischer sich das Treiben der Welt gestaltet, je mehr der Gassenlärm die zartern Gemüter schreckt und beängstigt. Deutsche Dichter sind im Grunde nie wahrer, als wo sie lyrisch werden, auch im Epos, Roman und Drama. Das liegt so in unserer Natur, und darin ist auch der Grund zu suchen, daß die deutsche Lyrik im Auslande sicherlich mehr unbedingte Verehrer zählt als der deutsche Roman und das deutsche Drama.

Eine Zeit lang schien auch die deutsche Lyrik in Gefahr, sich in die bloße Negation und in geistreiche Ironie zu verlieren. Vor unserer klassischen Periode war die deutsche Lyrik eine überwiegend christlich-moralische oder doch didaktische; die Weimaraner stellten den Grundsatz fest, daß die Moral in die Dichtkunst nicht mit dreinzureden habe; sie proklamierten die Selbstherrlichkeit des Kunstwerks, die Alleinherrschaft der Schönheit. Aber große freie humane Gesichtspunkte und zum Teil das erhabene Pathos des Kantschen kategorischen Imperativs ließen bei ihnen die Abwesenheit eigentlich moralischer Motive nicht oder wenig empfinden. Der Mensch war der Gott der Welt, und kein höherer über ihm; er bedurfte daher auch keiner Anlehnung an einen Hülfsgott, keiner Tröstung, keines christlichen Beistandes.

Manche Anhänger des neuen Weimarer Evangeliums legten den Satz, daß jedes Kunstwerk nur seiner eigenen Schönheitsregel Rechenschaft geben dürfe und keiner andern Forderung unterworfen sei, dahin aus, daß man in einem Kunstwerk aller Moral und Ethik vor den Kopf stoßen dürfe oder müsse, weil man dadurch seine künstlerische Freiheit am besten dartue, ja daß ein Werk zur Hälfte schon dadurch ein Kunstwerk werde, wenn von Moral darin gar nicht oder nur in höhnischem und ironischem Sinne die Rede sei. Auch einige Koryphäen der Romantik betraten diesen Weg, der ihnen dann zum gefährlichen Irrweg wurde und sie in Regionen führte, die nicht bloß von der Moral sondern auch von der Schönheit gänzlich fern lagen. Aber gerade waren es auch wieder einige Lyriker der romantischen Schule, welche, indem sie die menschliche Kreatur als eine sehr gebrechliche und hülfsbedürftige erkannten, von neuem die Tiefe christlicher Anschauungen erschlossen; oder vielmehr sie fanden zu diesem Lebensbrunnen wieder den Zugang, nachdem er von den seichten Rationalisten des 18. Jahrhunderts fast gänzlich verschüttet worden. Man muß überhaupt bei den Romantikern zwischen denen unterscheiden, welche die altkirchliche Symbolik und Mystik nur als poetischen Aufputz verwerteten, und denen, deren ganzes Wesen von dem Äther dieses Christentums durchdrungen und befruchtet war, so daß diese Gesinnung mit ihrer Poesie, ihrer Vaterlandsliebe, ihrem ganzen Leben in eins verschmolz. [. . .]
An den Vorkommnissen und Bewegungen der Zeit seit einem Dezennium hat sich zum Erschrecken deutlich gezeigt, wie viel unreiner und unedler Stoff in der Menschheit vorhanden war, wie nahe unsere gerühmte Zivilisation an die ausbündigste Barbarei grenzte, wie schauspielerhaft hohl das Pathos war, mit der sich die Phrase spreizte. Der Rausch hatte seine gewöhnlichen bekannten Folgen, und man wachte mit Kopfschmerzen, Schwere und Unbehaglichkeit in allen Gliedern und mit Ekel an sich und den Dingen auf. Der Rausch hatte ein vorübergehendes Rot auf die Gesichter gemalt, an dessen

Stelle nun die betrübte Leichenbittermiene trat. Selbst der erlaubte gemütliche Scherz wurde von diesen Leichenbittern verdrießlich aufgenommen, von andern nicht genossen, weil er nicht so beißend war, wie der Heinesche Pfeffer, noch so aufgelöst und auflösend, wie die Salze des »Kladderadatsch«. Mit dem Reich der Schönheit an sich war es zu Ende; es war, und selbst bei Heine in seiner »Matratzengruft«, zu Ende mit jener Selbstgenügsamkeit, womit sich die Eintagsfliege Mensch, womit sich jeder Parvenu zum Mittelpunkte des unendlichen Weltalls aufblähte und zum Gott erhob, womit jeder eingehegelte Kandidat, wenn er aus seinem Hauslehrerposten endlich in eine Landpfarre einrückte, in bramarbasierendem Tone prahlen durfte, daß er allein durch seines »Willens hehre Kraft« das Schicksal gebändigt und sich dienstbar gemacht habe; die Zeit war zu Ende, wo der Spruch, den sich ein glücklicher König des Altertums täglich zuraunen ließ, der Spruch: Gedenke, daß du ein Mensch bist! gänzlich und bei jedermann in Vergessenheit geraten zu sein schien.
In der Verzweiflung feierte man in Romanen die Arbeit, oder vielmehr deren pekuniären Ertrag, der ja auch keineswegs zu verachten ist; in kulturhistorischen Novellen und novellistischen Kulturschilderungen pries man als Universalmittel gegen die Übel und Gefahren der Zeit die Wiedereinführung der ständischen Gliederungen von ehemals, des Zunftwesens, der alten Haus- und Familienordnung, deren vollkommene Restauration aber nicht denkbar ist ohne die Wiederherstellung der alten Gläubigkeit, der häuslichen Andacht; die Lyrik dagegen wurde didaktisch, moralisierend, idyllisch. Und es war dies gegen die einseitige Herrschaft der hochfahrenden Byronschen Gott- und Menschenverachtung, der zynischen Grabbeschen Weltanschauung und der Heineschen Frivolität ein notwendiger und im ganzen auch heilsamer Rückschlag; denn inneres Glück war auf diesem Wege nicht zu finden, und zuletzt überfällt auch die stärksten und gerade die edelsten Geister, die sich vielleicht doch sagen müssen, daß sie ihre reichen Gaben nicht in einer der Menschheit wahrhaft

segenbringenden Richtung angewandt haben, jene Reue, die keineswegs immer eine Folge von Charakterschwäche ist, oder man müßte denn die unreumütige Hartnäckigkeit großer und unverbesserlicher Verbrecher für ein Zeichen von Charakterstärke ansehen.

Nun ist zwar die erbauliche und beschauliche Lehrdichtung in Deutschland nie ganz verwaist gewesen, aber sie stand eine lange Zeit doch ziemlich einsam; Rückert war zwar tief und sinnreich, aber zu orientalisch und oft zu künstlich in Formen und Konstruktionen, um überall verstanden zu werden, und in Schefers schönen und durch ihre Humanitätstendenz ausgezeichneten Lehrdichtungen begegnet man oft einem verwirrenden Gegen- und Durcheinander von antiken und modernen, von heidnischen und christlichen Anschauungen, von Polytheismus und Monotheismus, von Demut und Selbstverherrlichung, von einseitigem Schönheitskultus und Vernachlässigung des Schönen u.s.w., als daß der daraus gewonnene Eindruck für den Denker ein völlig klarer und befriedigender sein könnte. Die Lehrdichtung ist seitdem zwar nicht tiefer und origineller, aber einfacher, praktischer, vor allen Dingen allgemein verständlicher geworden und in häufigern Gebrauch gekommen, und sie tritt nicht bloß in selbständigen Dichtungen auf, sondern das Bedürfnis für sie kündigt sich überhaupt in dem Bestreben unserer Dichter an, Positives zu geben, statt jenen sittlichen Forderungen, auf denen bisher der Bestand jeder gesellschaftlichen Ordnung ruhte, höhnisch ins Gesicht zu schlagen. Man ist wenigstens froh, wenn auch nur eine Zeitlang etwas zur Ruhe zu kommen, sich zu sammeln und sich ein wenig zu erholen von jenen diabolischen Attentaten gegen die sittliche Ordnung, wie sie sich einzelne die Tagesmeinung beherrschende oder ihr entgegenkommende Dichter und Schriftsteller zu Schulden kommen ließen und an denen nur Personen, die bei der sittlichen Auflösung alles Bestehenden selbst interessiert sind, oder die ganz Boshaften oder die ganz Leichtsinnigen und Gedankenlosen ihre Freude haben können. Indes können unsere Dichter, die überhaupt in neuesten Zeiten nur auf einen sehr kleinen Kreis Einfluß haben, nicht allein alles tun; es muß ihnen auch eine reinere Staatsmoral, eine gesundere Gesellschaftsmoral und eine mehr den Geist als das Dogma und das Zeremonialgesetz im Auge behaltende, humanere und weniger heuchlerische Religionspraxis zu Hülfe kommen. Fromm tuende hohe Geistliche sollten nicht wagen, das Volk zur Entbehrung, Demut und Zufriedenheit aufzufordern, wenn es bekannt ist, daß ihre Gattinnen oder Töchter Brillantschmuck tragen und daß ihre Wohnungen Stätten des Luxus sind; und es hilft wenig, Redlichkeit, Ehrlichkeit und Uneigennützigkeit zwar höchst preiswürdig zu finden und diese und andere christliche Tugenden von den Kanzeln herab empfehlen zu lassen, solange die Verhältnisse nur zu oft und zu sehr der Art sind, daß uneigennützige, ehrliche und redliche Männer weniger Einfluß gewinnen als schlaue, schmiegsame, intrigante, ihren Vorteil verstehende Individuen, hier und da bloße Parvenus und Finanzspekulanten, die nicht allzu zarten Gewissens und gerade dadurch als brauchbare Werkzeuge der Gewalt willkommen sind. Unsere Forderungen mögen freilich mehr nach Utopien als in die wirkliche Welt gehören; aber solange der Machiavellismus im Staatsleben und von da rückwirkend auch in der Gesellschaft seine Herrschaft behält, solange wird auch die Moral in der Literatur und überhaupt die öffentliche Moral fortdauernd gefährdet sein, solange wird der Geist Voltaires und Heines immer wieder eine neue Inkarnation erleben, und man wird sie nicht bloß erklärlich, sondern unter Umständen auch notwendig und heilsam finden.

JOHANN GEORG FISCHER

Ein Wort über die heutige Lyrik in Deutschland

Der Verfasser hat in der letzten Nummer dieser Blätter vom vorigen Jahr seinen Schmerzen über das Theater der Gegenwart in Deutschland Ausdruck gegeben; diesmal wünscht er seine Ansicht über einen noch viel allgemeinern Zweig der poetischen Kunst den teilnehmenden Lesern darzulegen. Theater vielleicht wird die Welt, oder werden einzelne Völker und Völkergruppen, einst nicht mehr haben; aber die Lyrik wird bleiben solange die Menschen leben und die Singvögel. Der subjektive Drang des freien Gemütseffekts, wie er sich im Lied ausprägt, ist ein ewiges Bedürfnis. Die Literaturerfahrung zwar bestätigt daß das Verlangen nach Gedichtsammlungen, wie sie die Ganzheit der einzelnen Dichterpersönlichkeiten darstellen, ein immer mehr schwindendes erscheine. Die »Blüten und Perlen« deutscher Poesie, die »Dichterwälder« und »Dichtergärten«, die jedem Sänger eine oder einige Federn ausrupfen und einen Federbusch zusammenraspeln so groß wie die Brautsträuße heutiger Mode, vor denen man die ganze Jungfrauschaft nicht mehr sieht, ersetzen jeden einzelnen Dichter und alle Dichter zusammen. Auch hat, weil eben der ganz spezifisch-poetische, der echt originale lyrische Ausdruck so leicht nicht zu finden und in flüssige Form zu bringen ist, weil das Neugelebte erst auch das Neugelebte und *Selbst*gelebte sein muß, ehe es den Springquell des poetischen Neugusses zu Tage treiben kann – und neu sein soll doch die Poesie der Neuen – die heutige Lyrik vorderhand das volle Zeug nicht gefunden die disparaten Lebens-, Gesellschafts- und Empfindungsinteressen in einem zentralen Brennpunkt zu fassen, und die Gesamtheit durch einschlagende dichterische Neugestaltungskraft von der Notwendigkeit poetischer Neufühlung zu überzeugen. Die Bedürfnisse des Tags gehen so auseinander, daß dieser

Poet hier, jener dort sein Lager sucht, nicht einer aber es in der ganzen Nation findet. Nicht einer! Man wende mir nicht die vielen Auflagen ein welche einige zu erleben das Glück haben; diese Auflagen zieren die Konfirmanden-, die Braut-, die Weihnachtstische, die Büchersammlungen der Literaturfreunde; in Blut und Nerv der Nation sind sie nicht eingedrungen, und das will ich nicht im geringsten zu Ungunsten ihres Wertes ausgelegt wissen. Der Grund liegt anderswo. Die Lyrik verlangt Leichtflüssigkeit, Vertrautheit mit dem Volksgeläufigen, sie muß sein als sänge das Gedicht ohne Note sich von selbst, es muß sich in ihr bewegen wie im kleidsamsten bequemsten Gewand, das dennoch neu und ungebraucht ist, sie muß der Duft sein den wir von je an kennen, und von dem wir doch nicht sagen können woher er ist und was er sich vergleicht. *Diese* Bedingnisse kann die Lyrik nicht erfüllen, nicht für die Gesamtheit überzeugend erfüllen in einer Zeit wo Politik und Gesellschaft, Kirche und Naturanschauung so schwankende Proben ihrer Neugestaltung, so wenig begeisternde Versuche der Einigung ihrer Fraktionen und Parteien ablegen. Und doch wäre gerade diese Einigung aller in einem großen Kristallisationspunkt dem Aufschließen neuer Wege für große zeitsättigende Neutaten der lyrischen Poesie nötiger als jeder andern Gattung, weil sie mehr als jede mit dem Gefühl und Ausdruck vollsättigender Erfüllung zu rechnen hat. Die allen Gebildeten der Nation gleich hell und überzeugend aufgegangene einheitliche Strömung der »Humanitätsidee« war es was die Poesie der klassischen Zeit groß und national gemacht hat; unsere Zeit hat eine so allgemeine Erkennungsparole auch nicht auf *einem* Gebiete der Bestrebungen. Fraktionen im Leben, Fraktionen in der Poesie und im Poesiegeschmack der Kritik!

Worin indessen die Zeit, da sie ja doch lesen und poetisch genießen will und muß, noch am ehesten einig ist, das ist ein anderes Feld als das der Lyrik, es ist der Roman und die Novelle. Man mag es als eine gesunde Reaktion erkennen daß der Gaumen von so vielem Süßlichen, Faden, Polternden, Seufzenden, das Hunderte von Gedichtsammlungen brachten, sich zur Prosa abgewendet hat. Auch kann der breitere epische Stil des Romans und der Novelle den Wegen und Irrwegen, den Krümmen und Windungen der Strebungs- und Werdungsversuche einer gespannten, einer gespaltenen, einer pathologischen Zeit viel eher nachgehen als die Lyrik, welche in göttlichem Behagen der Aufblühung und dem Aufklingen gereifter Empfindung den Ton des Augenblicks zu geben hat. Roman und Novelle will und soll der Betrachtung, der Auseinanderlegung, der Zeit- und Detailmalerei dienen, Roman und Novelle sind die Physiognomen der Zustände ihrer Zeit, die Lyrik ist der Wortgeber der Allgemeinheit in der Form des Subjektivsten. Weil aber diese Allgemeinheit in der Interessenvielheit von heute nicht zu finden, darum ist Roman und Novelle und nicht die Lyrik das poetische Auskunftsmittel des Tags.

Und trotz alledem hat seit Goethes Tod die deutsche Lyrik unzählige Knospen und Triebe angesetzt, Formen und Melodien gefunden, die Sprache entwickelt, und Strömungen in ihren Kreis gezogen denen der Zug zur Neuwerdung, zur Umfassung nationaler Totalität, zur Vertiefung dessen was noch wie spröder Stoff entgegensteht, ebenso wenig abzustreiten ist als die Ehre den Beweis ewiger Unerschöpflichkeit poetischer Erscheinungsformen geliefert zu haben, sowie den daß nichts, auch der oft verwiesene politische Stoff nicht, als der poetischen Behandlung unzugänglich erklärt werden darf, wofern des Dichters Begabung die wirkliche Kunst der poetischen Verwertung nachzuweisen vermag.

Herwärts von der klassischen Periode ist durch einen Teil der romantischen Schule und ihre nachfolgenden Bekenner die Lyrik in Deutschland vielfach in einen Spiritualismus, eine sentimentale Transzendenz geraten, die geradezu poetisch unhaltbar ward, und mit dem Anfang der dreißiger Jahre eine Reaktion erzeugte welche der Erweckung des Freiheitssinns, der Abschüttlung des sozialen und politischen Joches das laute Wort redete, und den Menschen in das Recht seiner irdischen Selbstbestimmung und Selbsterfüllung wieder einsetzte. Das Volk, das Volk um seiner selbst willen, war der Begriff und die Idee geworden um welche sich die poetische Begeisterung gruppierte. Aus der Freiheitslyrik von Anno 13 etc., die gegen den fremden Bezwinger flammte, war die Lyrik deutschpatriotischer Auflehnung gegen heimische Unterdrückung durch »Tyrannen und Pfaffen« geworden, wie sie in Lenau, Anast. Grün, Herwegh, Freiligrath, Dingelstedt etc. sich so laut verkündigte – eine Lyrik welche neben dieser politischen Färbung die gleich starke soziale trug, gegen die hergebrachten Schranken religiöser und bürgerlicher Einengung, gegen die »heuchlerische Verleugnung« des Rechts der Sinne, der Natur, des Fleisches auf den Kampfplatz zu treten. War man sich vor dem Jahr achtundvierzig der politischen Ziele minder genau bewußt, so daß die politische Lyrik eine scharfe Umrissenheit der Tendenz nicht haben und mehr negierende Hiebe als positive Halte geben konnte, so trat durch die Enttäuschungen dieses Jahrs wohl manche Ernüchterung, aber auch die Erkenntnis ein daß von dem Verlangen nationaler Freiheits- und Einheitsgestaltung auch in der Poesie trotz aller Hindernisse nimmer zu lassen sei, daß das Volk und das Volksmäßige das Objekt bleiben müsse dem der Kultus aller Funktion, voran der der poetischen, zu gelten habe.

Die Erkenntnis insbesondere hat sich durch die Verkündigung vom Lehrstuhl wie durch poetische Praxis befestigt: daß Dichtkunst durch volktümliche Realität, durch die Kraft der Naturgeborenheit, durch sinnliche Haltbarkeit in Stoff und Behandlung wirken müsse, daß die Leidenschaft nicht in supranaturalistischer Auflösung, sondern in diesseitiger, greifbar tätlicher Konsequenz sich zu vollziehen, daß Dasein und Leben, Lieben und Hassen eine Gegenwart, nicht ein Flüchten aus ihr zu sein habe.

Diese Erkenntnis hat gar manchen natur- und lebenswüchsigen Erfolg in der heutigen Poesie, besonders der lyrischen, aufzuweisen, viel frischen Klang, viel wahre Verkörperung der Leidenschaft, der Sinnenberechtigung, viel tiefe Beseelung des Gegenständlichen, viel Vergegenständlichung des Seelischen; es wäre Verblendung zu leugnen daß die Lyrik seit Goethe, weil er im großen und ganzen nicht zu erreichen, im einzelnen nicht fortgeschritten, ins einzelne nicht mit bedeutender Vertiefung eingedrungen wäre.

Freilich hat sie auch in großem Maß auflösend und zersetzend gewirkt, ich meine nicht Heine allein, »den geistreichen Verwesungsprozeß der Romantik«, auch sonst ist die Unmittelbarkeit des göttlichen Behagens an jenen selbstgebornen Seelenklängen, an der klassischen Ruhe des olympischen Morgenrots geschwunden, und muß geschwunden sein in der Zeit der materiellen, der bewußt realistischen Erfüllung, der Zeit da man das Alleskönnen für alle verlangt. Aber für die neuen Gegenstände, die neuen Lebensphasen und Lebensfragen hat sie auch einen Mut der Aneignung, der Durchdringung, einen Mut des Geständnisses, der Forderung oder der Ablehnung mitgebracht, an dem, und hätte er sonst keine Tugend, wenigstens die der Ungeschminktheit groß ist.

Den Mut hat sie mitgebracht, auch da wo sie auf des Lebens schreiendste Dissonanzen stößt, wo sie das Gärende und Unvergorne trifft, wo sie an die Wundstellen der eigenen oder der umgebenden Zustände rührt, wo sie sich oder andere auf der schönen Lüge der moralischen Bemäntelung ertappt, nicht umzukehren, sondern aufzudecken, einzuschneiden und preiszugeben. So kann es an scharfem, ätzendem, blutendem, an schreiendem und röchelndem in ihr nicht fehlen, nicht an unbefriedigendem, schrillendem, das schöne Maß überschreitendem, denn sie will *wahr sein*, und sei es vorderhand um den Preis der gestörten künstlerischen Harmonie. »Vorderhand!« Alles Aggressive regt Staub auf und Elemente die wieder nieder müssen, wenn das gehobene Echte sich klären wird; aber das Echte kommt nicht ohne die Begleitung des Herben.

Hier aber ist nun der Punkt wo zwei poetische Lager sich scheiden, wo sich abwendet die kleinere Gemeinde der Nachfolger und Nachbildner des »Klassischen«, die den Staub des Neubruchs nicht wollen, die aus klarem Wasser die kleinern Diamanten holen die ein vergangenes Jahrhundert noch nicht holte, um dem demokratischen Lager der Modernen die verschmähte Grabarbeit nach Wurzeln und Wildhonig zu überlassen. Dort die Plastik des in absoluter Ruhe gegebenen Objekts; hier die Erregung der Leidenschaft, der Politik, der Lebensfrage der Gesellschaft, der Nation, der Freiheit. Und wie die Lager der ausübenden Poesie, so sind auch die der poetischen Kritik und des genießenden Publikums geteilt.

Soll der Verfasser seine Stellung zu beiden ausdrücken, so ist ihm die eine lieb und die andere wert, beide sind ihm unentbehrlich, die ruhende form- und normfesthaltende wie die ringende, nachbohrende, irrende, Wege suchende und Wege findende.

Leid ist ihm daß vielfach zwischen beiden ein Mißverständnis besteht und genährt wird – die Meinung auf der einen Seite: die andere Seite verkenne und verderbe in ihrer »exotischen«, »chemisch-materiellen«, »analytischen«, »reflektierenden«, »bloßlegenden«, »pathologischen«, »rhetorisch subjektiven Art« die Schönheit und den Adel der plastischen Ruhe des Klassischen; die Meinung auf der andern Seite: die eine verschließe sich durch ihr *noli me tangere*, das sie dem Beunruhigenden, dem Gärenden entgegenhält, den Fragen des Fortschritts; habe nicht Sinn und Liebe für die tausend neuen Lebenserscheinungen die uns der Tag als Objekt der begreifenden Durchdringung, der poetischen Aneignung und Beseelung entgegenhält. Mögen doch beide nebeneinander gedeihen!

Einst, wenn unsere blasenwerfende Zeit ruhiger sein wird, wenn der Dampfkessel, wenn Elle und Pfund, Weltausstellung und Zinskupon auf das zurückgeführt sein werden was sie sind, dann eilen die »Subjektiven«, die »Realisten« mit ihren modernen Fünden euch Plastikern der antiken Objektivität, der ungetrübten Idealität in die Arme, und beide Lager teilen brüderlich, und geben was sie sich zu bieten und zu geben haben. [. . .]

Die patriotische Lyrik, obwohl das blutige Jahr sechsundsechzig einzelne Proben gebracht, darunter (wie einige Lustspiele von diesem Jahr) auch solche die nicht eben zur Anziehung und Versöhnung der deutschen Stämme beitrugen, die, zum Teil aus demselben Mund und in denselben Organen welche sonst die bezüglichen Provinzen und Personen priesen und emporhoben, dieselben jetzt wegen politischer Unlenksamkeit unwürdig angriffen – die politische Lyrik ist, im Augenblick gespanntester Erwartung dessen was da kommen soll, ziemlich still geworden; vielleicht harrt sie auf den großen Tag der alles bringen und lösen wird.

Indessen aber mögen doch die Poeten von Beruf das literarische und politische Verhetzungsgeschäft zwischen Stamm und Stamm den literarischen Probierjungen und Volontären überlassen, die bei uns über die norddeutschen und in Norddeutschland über die süddeutschen Verse sich ärgern, weil sie keinen machen können. Ist es nicht töricht noch heute von einer österreichischen, preußischen, bayerischen, sächsischen, schwäbischen, märkischen, rheinischen, lahngauischen Poesie zu reden? Wenn Gott will, gibt es in all diesen Gauen eine *deutsche* Poesie, und wer zu einer solchen sich nicht erheben kann, nun dem mag die Ehre eines Provinzialpoeten erhalten bleiben.

Die deutsche Lyrik der letzten sechsunddreißig Jahre aber wird, so viel einzelnes davon aus der Literaturgeschichte wieder verschwinden mag, in jeder Periode deutscher Zukunft ehrenvoll sich zeigen dürfen, sie wird die Spuren mancher und starker Krisen nicht verleugnen können, Fieberhitze und jagender Puls, Delirium nach rechts und links, auch viel Desperation wird im Bericht stehen; der Entwicklungsverlauf im ganzen jedoch wird aufweisen daß die Organe von einem starken Blut geschüttelt waren, das nach frischen Säften der Gesundheit rang, und das die Glieder zu poetischen Taten geregt hat, die schon heut als preiswürdig und mustergültig im Zug sind, und die nach uns als sachbestimmend für ihre Zeit angesehen sein werden.

Literaturhinweise

Sozialgeschichte und politische Ideengeschichte

D. Blackburn / G. Eley: Mythen deutscher Geschichtsschreibung. Die gescheiterte Revolution von 1848. Frankfurt a. M. 1980.
H. Bausinger: Verbürgerlichung – Folgen eines Interpretaments. In: G. Wiegelmann (Hrsg.): Kultureller Wandel im 19. Jahrhundert. Göttingen 1973. S. 24–49.
L. Beutin: Das Bürgertum als Gesellschaftsstand im 19. Jahrhundert. In: H. Kellenbenz (Hrsg.): Gesammelte Schriften zur Wirtschafts- und Sozialgeschichte. Köln/Graz 1963. S. 284–319.
H. Böhme: Deutschlands Weg zur Großmacht. Studien zum Verhältnis von Wirtschaft und Staat während der Reichsgründungszeit. Köln/Berlin 1966.
– Prolegomena zu einer Sozial- und Wirtschaftsgeschichte Deutschlands im 19. und 20. Jahrhundert. 4. Aufl. Frankfurt a. M. 1972.
K. E. Born: Sozialpolitische Probleme und Bestrebungen in Deutschland von 1848 bis zur Bismarckschen Sozialgesetzgebung. In: Vierteljahresschrift für Sozial- und Wirtschaftsgeschichte 46 (1959) S. 29–44.
W. Bußmann: Gustav Freytag. Maßstäbe seiner Zeitkritik. In: Archiv für Kulturgeschichte 34 (1951) S. 261–287.
– Zur Geschichte des deutschen Liberalismus im 19. Jahrhundert. In: Historische Zeitschrift 186 (1959) S. 527–557.
Deutsche Sozialgeschichte. Bd. 1 (1815–1870). Hrsg. von W. Pöls. 3. Aufl. München 1979. Bd. 2 (1870–1914). Hrsg. von G. A. Ritter / J. Kocka. 2. Aufl. München 1977.
G. Eisfeld: Die Entstehung der liberalen Parteien in Deutschland 1858–1870. Studie zu den Organisationen und Programmen der Liberalen und Demokraten. Hannover 1969.
K. G. Faber: Realpolitik als Ideologie. Die Bedeutung des Jahres 1866 für das politische Denken in Deutschland. In: Historische Zeitschrift 203 (1966) S. 1–45.
– Strukturprobleme des deutschen Liberalismus im 19. Jahrhundert. In: Der Staat 14 (1975) S. 201–227.
M. H. Faßbender-Ilge: Liberalismus – Wissenschaft – Realpolitik. Frankfurt a. M. 1981.

G. Fesser: Linksliberalismus und Arbeiterbewegung. Die Stellung der deutschen Fortschrittspartei zur Arbeiterbewegung 1861 bis 1866. Berlin [Ost] 1976.

L. Gall: ›Sündenfall‹ des liberalen Denkens oder Krise der bürgerlich-liberalen Bewegung? Zum Verhältnis von Liberalismus und Imperialismus in Deutschland. In: K. Holl / G. List (Hrsg.): Liberalismus und imperialistischer Staat. Göttingen 1975. S. 148–158.

– (Hrsg.): Liberalismus. 2. Aufl. Köln 1980.

M. Gugel: Industrieller Aufstieg und bürgerliche Herrschaft. Sozioökonomische Interessen und politische Ziele des liberalen Bürgertums in Preußen zur Zeit des Verfasssungskonflikts 1857–1867. Köln 1975.

J. Habermas: Strukturwandel der Öffentlichkeit. 4. Aufl. Neuwied / Berlin 1969.

U. Haltern: Politische Bildung und bürgerlicher Liberalismus. Zur Rolle des Konversationslexikons in Deutschland. In: Historische Zeitschrift 223 (1976) S. 61–97.

Th. S. Hamerow: Moralinfreies Handeln. Zur Entstehung des Begriffs ›Realpolitik‹. In: R. Grimm / J. Hermand (Hrsg.): Realismustheorien. Stuttgart/Berlin/Köln/Mainz 1975. S. 31–47.

E. J. Hobsbawm: Die Blütezeit des Kapitals. Eine Kulturgeschichte der Jahre 1848–1875. Frankfurt a. M. 1980.

K. Lenk: ›Volk und Staat‹. Strukturwandel politischer Ideologien im 19. und 20. Jahrhundert. Stuttgart/Berlin/Köln/Mainz 1971.

W. J. Mommsen: Der deutsche Liberalismus zwischen ›klassenloser Bürgergesellschaft‹ und ›organisiertem Kapitalismus‹. Zu einigen neueren Liberalismusinterpretationen. In: Geschichte und Gesellschaft 1 (1978) S. 77–90.

H. Mottek: Wirtschaftsgeschichte Deutschlands. Ein Grundriß. Bd. 2: Von der Zeit der französischen Revolution bis zur Zeit der Bismarckschen Reichsgründung. 2. Aufl. Berlin [Ost] 1972.

T. Offermann: Arbeiterbewegung und liberales Bürgertum in Deutschland 1850–1863. Bonn-Bad Godesberg 1979.

G. Palmade (Hrsg.): Das bürgerliche Zeitalter. Frankfurt a. M. 1974. (Fischer Weltgeschichte. Bd. 27.)

H. Plessner: Die verspätete Nation. Stuttgart 1959.

H. Puchta: Die Entstehung politischer Ideologien im 19. Jahrhundert. Dargestellt am Beispiel des Staatslexikons von Rotteck-Welcker und des Staats-Gesellschaftslexikons von H. Wagener. Erlangen/Nürnberg 1972.

Th. Schieder: Die Krise des bürgerlichen Liberalismus. Ein Beitrag zum Verhältnis von politischer und gesellschaftlicher Verfassung. In: L. Gall (Hrsg.): Liberalismus. 2. Aufl. Köln 1980. S. 187 bis 207.
Fr. C. Sell: Die Tragödie des deutschen Liberalismus. Stuttgart 1953.
J. J. Sheehan: Der deutsche Liberalismus. Von den Anfängen im 18. Jahrhundert bis zum ersten Weltkrieg. München 1983.
O. Vossler: Die Revolution von 1848 in Deutschland. 6. Aufl. Frankfurt a. M. 1980.
H. U. Wehler: Das deutsche Kaiserreich 1871–1918. Göttingen 1973.
– (Hrsg.): Moderne deutsche Sozialgeschichte. 3. Aufl. Köln/Berlin 1970.
H. A. Winkler: Liberalismus und Antiliberalismus. Studien zur politischen Sozialgeschichte des 19. und 20. Jahrhunderts. Göttingen 1979.

Geschichte und Theorie des bürgerlichen Realismus

E. Auerbach: Mimesis. Dargestellte Wirklichkeit in der abendländischen Literatur. 4. Aufl. Bern/München 1967.
H. Aust: Literatur des Realismus. Stuttgart 1977.
– Bürgerlicher Realismus. Forschungsbericht. In: Wirkendes Wort 30 (1980) S. 427–447.
R. Barthes: Probleme des literarischen Realismus. In: Akzente 3 (1956) S. 303–307.
W. Baumgartner: Poetischer Realismus als Ideologie. Zur Rezeption von Björnsons Bauernerzählungen in Deutschland 1860 bis 1880. In: Alex Bolckmans (Hrsg.): Literature and Reality. Creatio versus Mimesis. Problems of Realism in modern nordic Literature. Gent 1977. S. 213–250. Wiederabgedr. in: G. Plumpe (Hrsg.): Poesie und Politik. Realistische Diskurse im 19. Jahrhundert. Bonn 1985.
E. D. Becker: Das Literaturgespräch zwischen 1848 und 1870 in R. Prutz' Zeitschrift ›Deutsches Museum‹. In: Publizistik 12 (1967) S. 14–36.
K. L. Berghahn: Von der Naturnachahmung zum Realismus. In: R. Grimm / J. Hermand (Hrsg.): Realismustheorien. Stuttgart/Berlin/Köln/Mainz 1975. S. 16–30.
R. Brinkmann: Wirklichkeit und Illusion. Studien über Gehalt und Grenzen des Begriffs Realismus für die erzählende Dichtung des 19. Jahrhunderts. 3. Aufl. Tübingen 1977.

R. Brinkmann (Hrsg.): Begriffsbestimmung des literarischen Realismus. Darmstadt 1969.

M. Bucher / W. Hahl / G. Jäger / R. Wittmann (Hrsg.): Realismus und Gründerzeit. Manifeste und Dokumente zur deutschen Literatur 1848–1880. Bd. 1. Stuttgart 1976. Bd. 2. Stuttgart 1975.

H. O. Burger: Der plurale Realismus des 19. Jahrhunderts. In: H. O. B. (Hrsg.): Annalen der deutschen Literatur. 2. Aufl. Stuttgart 1971. S. 621–718.

C. Dahlhaus: Musikalischer Realismus. Zur Musikgeschichte des 19. Jahrhunderts. München 1982.

P. Demetz: Zur Definition des Realismus. In: Literatur und Kritik 1967. S. 333–345.

– Über die Fiktionen des Realismus. In: Neue Rundschau 88 (1977) S. 554–567.

U. Eisele: Realismus und Ideologie. Zur Kritik der literarischen Theorie nach 1848 am Beispiel des ›Deutschen Museums‹. Stuttgart 1976.

– Realismus-Problematik. Überlegungen zur Forschungssituation. In: Deutsche Vierteljahrsschrift für Literaturwissenschaft und Geistesgeschichte 51 (1977) S. 148–174.

– Der Dichter und sein Detektiv. Raabes ›Stopfkuchen‹ und die Frage des Realismus. Tübingen 1979.

– Realismus-Theorie. In: H. A. Glaser (Hrsg.): Vom Nachmärz zur Gründerzeit: Realismus 1848–1880. Reinbek bei Hamburg 1982. (Deutsche Literatur. Eine Sozialgeschichte. Bd. 7.) S. 36–46.

K. Fehr: Der Realismus in der schweizerischen Literatur. Bern 1965.

M. L. Gansberg: Der Prosa-Wortschatz des deutschen Realismus unter besonderer Berücksichtigung des vorausgehenden Sprachwandels 1835–1855. 2. Aufl. Bonn 1966.

Geschichte der deutschen Literatur. Bd. 8: Von 1830 bis zum Ausgang des 19. Jahrhunderts. 2 Halbbde. Berlin [Ost] 1975.

H. A. Glaser (Hrsg.): Vom Nachmärz zur Gründerzeit: Realismus 1848–1880. Reinbek bei Hamburg 1982. (Deutsche Literatur. Eine Sozialgeschichte. Bd. 7.)

R. Grimm / J. Hermand (Hrsg.): Realismustheorien. Stuttgart/Berlin/Köln/Mainz 1975.

A. Hauser: Sozialgeschichte der Kunst und Literatur. München 1975.

P. U. Hohendahl: Bemerkungen zum Problem des Realismus. In: Orbis Litterarum 23 (1968) S. 183–191.

– Literarische Kultur im Zeitalter des Liberalismus 1830–1870. München 1985.

A. Huyssen (Hrsg.): Bürgerlicher Realismus. Stuttgart 1978. (Die deutsche Literatur in Text und Darstellung. Bd. 11.)
H.-W. Jäger: Gesellschaftliche Aspekte des Bürgerlichen Realismus und seiner Theorie. In: Text und Kontext 2 (1974) S. 3–41.
G. Kaiser: Um eine Neubegründung des Realismusbegriffs. In: Zeitschrift für deutsche Philologie 77 (1958) S. 161–176.
– Realismusforschung ohne Realismusbegriff. In: Deutsche Vierteljahrsschrift für Literaturwissenschaft und Geistesgeschichte 43 (1969) S. 147–160.
H. Kinder: Poesie als Synthese. Ausbreitung eines deutschen Realismus-Verständnisses in der Mitte des 19. Jahrhunderts. Frankfurt a. M. 1973.
S. Kohl: Realismus. Theorie und Geschichte. München 1977.
H. Kreuzer: Zur Theorie des deutschen Realismus zwischen Märzrevolution und Naturalismus. In: R. Grimm / J. Hermand (Hrsg.): Realismustheorien. Stuttgart/Berlin/Köln/Mainz 1975. S. 48–67.
H. Kunisch: Zum Problem des künstlerischen Realismus im 19. Jahrhundert. In: Festschrift H. de Boor. Tübingen 1966. S. 209–240.
G. Lukács: Deutsche Realisten des 19. Jahrhunderts. Bern 1951.
F. Martini: Deutsche Literatur im bürgerlichen Realismus 1848–1898. 3. Aufl. Stuttgart 1974.
– Bürgerlicher Realismus in der deutschsprachigen Literatur. In: R. Lauer (Hrsg.): Neues Handbuch der Literaturwissenschaft. Realismus. Wiesbaden 1980. S. 223–275.
– Neue Realismusforschungen. Eine Übersicht. In: Zeitschrift für Philologie 101 (1982) S. 262–285.
G. Mattenklott / K. Scherpe (Hrsg.): Positionen der literarischen Intelligenz zwischen bürgerlicher Reaktion und Imperialismus. Kronberg i. Ts. 1973.
K.-D. Müller (Hrsg.): Bürgerlicher Realismus. Königstein i. Ts. 1981.
W. Oelmüller: Friedrich Theodor Vischer und das Problem der nachhegelschen Ästhetik. Stuttgart 1959.
G. Plumpe: Systemtheorie und Literaturgeschichte. Mit Anmerkungen zum deutschen Realismus im 19. Jahrhundert. In: H.-U. Gumbrecht / U. Link-Heer (Hrsg.): Epochenschwellen und Epochenstrukturen im Diskurs der Literatur- und Sprachhistorie. Frankfurt a. M. 1984. S. 251–264.
– (Hrsg.): Poesie und Politik. Realistische Diskurse im 19. Jahrhundert. Bonn 1985.
W. Preisendanz: Wege des Realismus. München 1976.

C. Richter: Leiden an der Gesellschaft. Vom literarischen Liberalismus zum poetischen Realismus. Königstein i. Ts. 1978.

R. Rosenberg: Deutsche Literatur zwischen 1830 und 1871. In: Weimarer Beiträge 18 (1972) S. 121–145.

E. Sagarra: Tradition und Revolution. Deutsche Literatur und Gesellschaft 1830–1890. München 1972.

U. Schirmeyer-Klein: Realismus – Literaturprogramm für einen bürgerlichen Staat. Der programmatische Realismus in den ›Grenzboten‹ 1848–1860. Diss. München 1974.

H. J. Schrimpf: Das Poetische sucht das Reale. Probleme des literarischen Realismus im 19. Jahrhundert: Zum Beispiel G. Keller. In: J. Kolkenbrock-Netz / G. Plumpe / H. J. S. (Hrsg.): Wege der Literaturwissenschaft. Bonn 1985. S. 145–162.

F. Sengle: Biedermeierzeit. Deutsche Literatur im Spannungsfeld zwischen Restauration und Revolution 1815–1848. 3 Bde. Stuttgart 1971–80.

Z. Škreb: Das Selbstverständliche im Realismus. In: Lenau-Forum 5 (1973) S. 1–13.

H. Steinmetz: Der vergessene Leser. Provokatorische Bemerkungen zum Realismusproblem. In: F. van Ingen (Hrsg.): Dichter und Leser. Groningen 1972. S. 113–133.

J. P. Stern: Über literarischen Realismus. München 1983.

R. Weimann: ›Realismus‹ als Kategorie der Literaturgeschichte. In: P. U. Hohendahl [u. a.] (Hrsg.): Literatur und Literaturtheorie in der DDR. Frankfurt a. M. S. 163–188.

H. Widhammer: Realismus und klassizistische Tradition. Zur Theorie der Literatur in Deutschland 1848–1860. Tübingen 1972.

– Die Literaturtheorie des deutschen Realismus (1848–1860). Stuttgart 1977.

R. Zeller: Realismusprobleme in semiotischer Sicht. In: Jahrbuch für internationale Germanistik 12 (1980) S. 84–101.

W. C. Zimmerli: Das vergessene Problem der Neuzeit. Realismus als nicht nur ästhetisches Konzept. In: Jahrbuch für internationale Germanistik 16 (1984) S. 18–79.

V. Žmegač (Hrsg.): Geschichte der deutschen Literatur vom 18. Jahrhundert bis zur Gegenwart. Bd. 2/1: 1848–1919. Königstein i. Ts. 1980.

Gattungsfragen

K. B. Beaton: Gustav Freytag, Julian Schmidt und die Romantheorie nach der Revolution von 1848. In: Jahrbuch der Raabe-Gesellschaft 1976. S. 7–32.

H. Blumenberg: Wirklichkeitsbegriff und Möglichkeit des Romans. In: H. R. Jauß (Hrsg.): Nachahmung und Illusion. München 1974. S. 9–27.

F. C. Delius: Der Held und sein Wetter. Ein Kunstmittel und sein ideologischer Gebrauch im Roman des bürgerlichen Realismus. München 1971.

H. Denkler (Hrsg.): Romane und Erzählungen des bürgerlichen Realismus. Stuttgart 1980.

H. Eggert: Studien zur Wirkungsgeschichte des deutschen historischen Romans. Frankfurt a. M. 1971.

H. Grimm (Hrsg.): Deutsche Romantheorien. Beiträge zu einer historischen Poetik des Romans in Deutschland. Frankfurt a. M. 1968.

– (Hrsg.): Deutsche Dramentheorien. Beiträge zu einer historischen Poetik des Dramas in Deutschland. 2 Bde. Frankfurt a. M. 1971.

W. Hahl: Reflexion und Erzählung. Ein Problem der Erzähltheorie von der Spätaufklärung bis zum programmatischen Realismus. Stuttgart 1971.

P. Hasubek: Der Zeitroman. Ein Romantypus des 19. Jahrhunderts. In: Zeitschrift für deutsche Philologie 87 (1968) S. 218–245.

J. Hein: Dorfgeschichte. Stuttgart 1976.

W. Hellmann: Objektivität, Subjektivität und Erzählkunst. Zur Romantheorie Friedrich Spielhagens. In: R. Brinkmann (Hrsg.): Begriffsbestimmung des literarischen Realismus. Darmstadt 1969. S. 86–159.

B. Hillebrand: Theorie des Romans. Bd. 2: Von Hegel bis Handke. München 1972.

W. Hinck: Epigonendichtung und Nationalidee. Zur Lyrik Emanuel Geibels. In: Zeitschrift für deutsche Philologie 85 (1966) S. 267–284.

D. Kafitz: Figurenkonstellation als Mittel der Wirklichkeitserfassung. Dargestellt an Romanen der 2. Hälfte des 19. Jahrhunderts (Freytag, Spielhagen, Fontane, Raabe). Kronberg i. Ts. 1978.

H. Kaiser: Studien zum deutschen Roman nach 1848. Duisburg 1977.

M. Kienzle: Der Erfolgsroman. Zur Kritik seiner poetischen Ökonomie bei G. Freytag und E. Marlitt. Stuttgart 1975.

A. Klein: Die Krise des Unterhaltungsromans im 19. Jahrhundert. Bonn 1969.

J. Kunz: Die deutsche Novelle im 19. Jahrhundert. Berlin 1970.

E. Lämmert (Hrsg.): Romantheorie. Dokumentation ihrer Geschichte in Deutschland 1620–1880. Köln 1971.

L. Löwenthal: Erzählkunst und Gesellschaft. Die Gesellschaftsproblematik in der deutschen Literatur des 19. Jahrhunderts. Neuwied 1971.

D. Lohmeier: Erzählprobleme des bürgerlichen Realismus. Am Beispiel von Storms Novelle »Auf dem Staatshof«. In: Schriften der Theodor-Storm-Gesellschaft 28 (1978) S. 109–122.

G. Mahal (Hrsg.): Lyrik der Gründerzeit. Tübingen 1973.

F. Martini: Zur Theorie des deutschen Romans im Realismus. In: Festgabe für E. Berend. Weimar 1959. S. 272–296.

– Die deutsche Novelle im bürgerlichen Realismus. In: Wirkendes Wort 10 (1960) S. 257–278.

– Der Bildungsroman. In: Deutsche Vierteljahrsschrift für Literaturwissenschaft und Geistesgeschichte 35 (1961) S. 44–63.

W. Morgenthaler: Bedrängte Positivität. Zu Romanen von Immermann, Fontane und Keller. Bonn 1979.

W. Müller-Seidel: Theodor Fontane. Soziale Romankunst in Deutschland. 2. Aufl. Stuttgart 1980.

H. Ohl: Bild und Wirklichkeit. Studien zur Romankunst Raabes und Fontanes. Heidelberg 1968.

B. Peschken / C.-D. Krohn (Hrsg.): Der liberale Roman und der preußische Verfassungskonflikt. Stuttgart 1976.

W. Preisendanz: Humor als dichterische Einbildungskraft. Studien zur Erzählkunst des poetischen Realismus. München 1963.

F. Rhöse: Konflikt und Versöhnung. Untersuchungen zur Theorie des Romans von Hegel bis zum Naturalismus. Stuttgart 1978.

H.-J. Ruckhäberle / H. Widhammer (Hrsg.): Roman und Romantheorie des deutschen Realismus. Kronberg i. Ts. 1977.

G. Sautermeister: Novellenkunst und Novellentheorie im bürgerlichen Realismus. Ein Gang durch Kellers »Die Leute von Seldwyla«. In: G. Plumpe (Hrsg.): Poesie und Politik. Realistische Diskurse im 19. Jahrhundert. Bonn 1985.

H. Schanze: Drama im bürgerlichen Realismus (1850–1890). Frankfurt a. M. 1973.

H. Schlaffer: Lyrik im Realismus. Bonn 1966.

F. Sengle: Das historische Drama in Deutschland. 2. Aufl. Stuttgart 1969.

W. Silz: Realism and reality. Studies in the German novelle of poetic realism. 2. Aufl. Chapel Hill 1962.
H. Steinecke (Hrsg.): Theorie und Technik des Romans im 19. Jahrhundert. Tübingen 1970.
– Romantheorie und Romankritik in Deutschland. 2 Bde. Stuttgart 1975/76.
J. Thunecke (Hrsg.): Formen realistischer Erzählkunst. Festschrift für Charlotte Jolles. Nottingham 1979.
A. Todorow: Lyrik und Realismus in der Mitte des 19. Jahrhunderts. In: K.-D. Müller (Hrsg.): Bürgerlicher Realismus. Königstein i. Ts. 1981. S. 238–254.
H. Turk: Realismus in Fontanes Gesellschaftsromanen. Zur Romantheorie und zur epischen Integration. In: Jahrbuch der Wittheit zu Bremen 9 (1965) S. 407–456.
A. Weber: Deutsche Novellen des Realismus. München 1975.
Fr. Winterscheidt: Deutsche Unterhaltungsliteratur der Jahre 1850–1860. Bonn 1970.
J. Worthmann: Probleme des Zeitromans. Studien zur Geschichte des deutschen Romans im 19. Jahrhundert. Heidelberg 1974.

Verzeichnis der Autoren, Texte und Quellen

Die Texte der vorliegenden Ausgabe folgen jeweils den angegebenen Druckvorlagen – bei Wiederabdrucken gekennzeichnet als: (D). Die Orthographie wurde, bei Wahrung des Lautstandes und der sprachlichen Eigenart, behutsam dem heutigen Gebrauch angeglichen, die Interpunktion belassen. Offensichtliche Druckversehen wurden stillschweigend korrigiert.

ANONYM

Der Realismus im französischen Roman 190

Kritische Blätter für Literatur und Kunst 2 (1858) S. 95–98 [Auszug].

ANONYM

[Realismus in der französischen Malerei] 195

Künstler und Kunstrichtungen der Gegenwart in Frankreich. In: Unsere Zeit. Jahrbuch zum Konversationslexikon. Bd. 7. Leipzig: Brockhaus, 1863. S. 657–683. Bd. 8. Leipzig: Brockhaus, 1864. S. 657–680 [Auszug].

ANONYM

Realismus 42

Neues Konversations-Lexikon. Ein Wörterbuch des allgemeinen Wissens. Unter der Red. von H. Krause hrsg. von H. J. Meyer. Neuer Stereotyp-Abdruck der 2., gänzlich umgearb. Aufl. Bd. 13. Hildburghausen: Bibliographisches Institut, 1869. S. 475 f. [Auszüge].

ANONYM

Realismus 43

Meyers Konversations-Lexikon. Eine Enzyklopädie des allgemeinen Wissens. 3., gänzlich umgearb. Aufl. Bd. 13. Leipzig: Bibliographisches Institut, 1878. S. 465 f.

HERMANN BAUMGARTEN

28. 4. 1825 Lesse (Braunschweig) – 19. 6. 1893 Straßburg

Historiker und Politiker. Studium der Theologie und Philosophie in Jena, Halle (bei Max Duncker), Bonn und Göttingen. Schriftleiter der *Deutschen Reichszeitung* 1848 bis 1852; Studium der Geschichte bei G.G. Gervinus; Professor für Geschichtswissenschaft an der TH Karlsruhe (seit 1861) und an der neuen deutschen Universität in Straßburg (seit 1872). Als Historiker machte sich Baumgarten vor

allem auf dem Gebiet der Geschichtsschreibung Spaniens einen Namen; sein politischer Weg – vom vormärzlichen Radikalismus zum theoretischen Wegbereiter der Anpassung des Liberalismus an die Machtpolitik Bismarcks – war charakteristisch für das Schicksal der Liberalen nach 1848. Seine Kritik des deutschen Liberalismus hat die Programmatik der nationalliberalen Partei mitgeprägt. Nach der Reichsgründung beurteilte B. die Politik des wilhelminischen Deutschland mit wachsender Skepsis.
Werke: *Gervinus und seine politischen Überzeugungen* (1853). *Geschichte Spaniens vom Ausbruch der französischen Revolution bis auf unsere Tage* (1865–71). *Der deutsche Liberalismus. Eine Selbstkritik* (1866). *Wie wir wieder ein Volk geworden sind* (1870). *Geschichte Karls V.* (1885–92).

Der deutsche Liberalismus. Eine Selbstkritik. In: Preußische Jahrbücher. Bd. 18 (1866) S. 455–515, 575–628 [Auszüge].

MORIZ CARRIERE

5. 3. 1817 Griedel (Hessen) – 19. 1. 1895 München

Philosoph und Kunsthistoriker. Studium der Philosophie in Gießen, Göttingen und Berlin; Kunstreisen nach Italien; Professor für Ästhetik und Kunstgeschichte in München (seit 1853); ästhetischer Wortführer des Münchener Dichterkreises. Carriere gab seiner ästhetischen Theorie ein religiöses (theistisches) Fundament; seine »realidealistische« Weltanschauung richtete sich gegen den Materialismus der Naturwissenschaften und der Arbeiterbewegung.
Werke: *Religiöse Reden und Betrachtungen für das deutsche Volk* (1850). *Das Wesen und die Formen der Poesie* (1854). *Ästhetik* (1859). *Die Kunst im Zusammenhang der Kulturentwicklung und die Ideale der Menschheit* (1863–74). *Die sittliche Weltordnung* (1877).

Die Phantasie und der Künstler oder das Schöne in der Subjektivität des formenden Geistes. In: M. C.: Ästhetik. Die Idee des Schönen und ihre Verwirklichung durch Natur, Geist und Kunst. Tl. 1: Die Schönheit. Die Welt. Die Phantasie. Leipzig: Brockhaus, 1859. S. 372–472 [Auszüge]. (1)
M. C.: Die Kunst im Zusammenhang der Kulturentwicklung und die

Ideale der Menschheit. Bd. 5: Das Weltalter des Geistes im Aufgange. Literatur und Kunst im achtzehnten und neunzehnten Jahrhundert. 3. Aufl. Leipzig: Brockhaus, 1886. S. 702–704. (2)

J. F. FABER

(Lebensdaten nicht ermittelt)

Das moderne Epos. In: Deutsche Vierteljahrsschrift. 1855. H. 3. S. 109–156 [ungezeichnet; Auszug].

JOHANN GEORG FISCHER

25. 10. 1816 Groß-Süßen (Württemberg) – 4. 5. 1897 Stuttgart

Lehrer und Schriftsteller. Ausbildung zum Volksschullehrer in Esslingen; Studium der Naturwissenschaften, Geschichte und Ästhetik in Tübingen; Lehrer an der Oberrealschule in Stuttgart (seit 1846); Ehrenpromotion in Tübingen 1857; Erhebung in den Adelsstand durch den König von Württemberg 1885.
Werke: *Gedichte* (1854); *Friedrich der II. von Hohenstaufen* (1863). *Aus dem Leben der Vögel* (1863). *Florian Geyer* (1866). *Kaiser Maximilian von Mexiko* (1868). *Neue Lieder* (1876).

Allgemeine Zeitung. 2. Juli 1867. Beilage. S. 2985 f. [ungezeichnet; Auszüge].

THEODOR FONTANE

30. 12. 1819 Neuruppin – 20. 9. 1898 Berlin

Schriftsteller, Journalist und Kritiker. Ausbildung als Apotheker; journalistische Tätigkeit in England (1844/1852/1855–59); Mitglied der Berliner Schriftstellervereinigung »Der Tunnel über der Spree«; Redakteur der konservativen *Kreuzzeitung* (1860–70); Kriegsberichterstatter der preußischen Feldzüge 1866 und 1870/71; Theaterkritiker der *Vossischen Zeitung* in den Jahren 1870 bis 1889.
Werke: *Wanderungen durch die Mark Brandenburg* (1862–82). *Der Krieg gegen Frankreich 1870–71* (1873). *Vor dem Sturm* (1878). *Schach von Wuthenow* (1883); *Christian Friedrich Scherenberg und*

das literarische Berlin von 1840 bis 1860 (1885). *Irrungen, Wirrungen* (1888). *Frau Jenny Treibel* (1893). *Effi Briest* (1896). *Der Stechlin* (1897).

Unsere lyrische und epische Poesie seit 1848. In: Deutsche Annalen zur Kenntnis der Gegenwart und Erinnerung an die Vergangenheit. Bd. 1 (1853) S. 353–377 [ungezeichnet]. Wiederabgedr. in (D): Th. F.: Literarische Essays und Studien. Tl. 1. München: Nymphenburger Verlagshandlung, 1963. [Nymphenburger Ausgabe. Bd. 21,1.] S. 7–33 [Auszug]. (1)
Die Londoner Theater mit Rücksicht auf Shakespeare. Kap. 5: Die Antwort auf die Frage. In: Die Zeit. Nr. 95. 26. Februar 1858. Wiederabgedr. in (D): Th. F.: Causerien über das Theater. Tl. 3. München: Nymphenburger Verlagshandlung, 1967. [Nymphenburger Ausgabe. Bd. 22,3.] S. 110–113 [Auszug; in vorl. Ausg. S. 179]. – Brief an Emilie Fontane vom 24. Juni 1881. In: Th. F.: Briefe. Bd. 1: Briefe an den Vater, die Mutter und die Frau. Hrsg. von K. Schreinert. Zu Ende geführt und mit einem Nachw. vers. von Ch. Jolles. Berlin: Propyläen, 1968. S. 154 f. [Auszug; in vorl. Ausg. S. 183]. (2)
Gustav Freytag: »Soll und Haben«. In: Literatur-Blatt des Deutschen Kunstblattes 2 (1855) S. 59-63 [ungezeichnet]. Wiederabgedr. in (D): Th. F.: Literarische Essays und Studien. Tl. 1. München: Nymphenburger Verlagshandlung, 1963. [Nymphenburger Ausgabe. Bd. 21,1.] S. 214–230 [Auszug]. (3)

KARL FRENZEL

6. 12. 1827 Berlin – 10. 6. 1914 Berlin

Schriftsteller und Kritiker. Studium der Geschichte und Philosophie in Berlin (bei Böckh, Trendelenburg und Ranke); 1852 Promotion; Realschullehrer in Berlin; Freundschaft mit Karl Gutzkow; 1853 bis 1862 Mitarbeit an dessen Zeitschrift *Unterhaltungen am häuslichen Herd*; seit 1862 Redakteur der *National-Zeitung*; Mitherausgeber des *Deutschen Museums* (seit 1866); Verfasser zahlreicher Romane und Erzählungen.
Werke: *Melusine* (1860). *Novellen* (1860/96). *Dichter und Frauen* (1859). *Büsten und Bilder* (1864). *Deutsche Kämpfe* (1874). *Berliner Dramaturgie* (1877).

Deutsches Museum 16 (1866) Hbd. 1. S. 3–12 [Auszug].

GUSTAV FREYTAG

13. 7. 1816 Kreuzburg (Schlesien) – 30. 4. 1895 Wiesbaden

Schriftsteller, Journalist und Kulturhistoriker. Studium der deutschen Philologie in Breslau (bei Hoffmann von Fallersleben) und Berlin (bei Lachmann); nach der Habilitation kurze akademische Lehrtätigkeit in Breslau; seit 1848 (mit Unterbrechungen bis 1870) gemeinsam mit Julian Schmidt Herausgeber der kulturpolitischen Zeitschrift *Die Grenzboten*; Mitbegründer der nationalliberalen Bewegung; Abgeordneter der nationalliberalen Partei im Reichstag (1867–70); 1871–73 Mitarbeit an der Zeitschrift *Im neuen Reich*. Freytags überaus breitenwirksames literarisches und kulturpolitisches Werk ist *das* repräsentative Dokument der Bewußtseinslage des liberalen Bürgertums in der zweiten Hälfte des 19. Jahrhunderts.
Werke: *Die Valentine* (1847). *Graf Waldemar* (1858). *Die Journalisten* (1853). *Soll und Haben* (1855). *Die verlorene Handschrift* (1864). *Bilder aus der deutschen Vergangenheit* (1859–67). *Die Technik des Dramas* (1863). *Die Ahnen* (1873–81).

Im neuen Reich 4 (1874) Bd. 2. S. 158–160 [gezeichnet: G. F.; Auszug]. (1)
Ein Dank für Charles Dickens. In: Die Grenzboten 29 (1870) 1. Sem. Bd. 2. S. 481–484 [Auszug]. (2)
Die Grenzboten 12 (1853) 1. Sem. Bd. 1. S. 77–80 [ungezeichnet; Auszug]. (3)
Isegrimm, Roman von Willibald Alexis. In: Die Grenzboten 13 (1854) 1. Sem. Bd. 1. S. 321–328 [ungezeichnet; Auszüge]. (4)
Neue epische Poesie. I [mehr nicht ersch.]. In: Die Grenzboten 15 (1856) 1. Sem. Bd. 1. S. 281–288 [ungezeichnet; Auszüge]. (5)
Die Grenzboten 8 (1849) 1. Sem. Bd. 1. S. 128–134 [ungezeichnet; Auszüge]. (6)

RUDOLF GOTTSCHALL

30. 9. 1823 Breslau – 21. 3. 1909 Leipzig

Schriftsteller und Literaturhistoriker. Studium der Rechtswissenschaften in Königsberg (dort wegen liberaler Betätigung von der Universität relegiert), Breslau, Leipzig und Berlin; Promotion 1846; politisch motivierte Ablehnung einer Dozentur; dramaturgische Tätigkeiten in Königsberg und Hamburg; seit 1865 Herausgeber der *Blätter für literarische Unterhaltung*; später freie literarische Tätigkeit; 1877 Nobilitierung. Gottschall vertrat in seiner vielgelesenen Literaturgeschichte das Programm eines nationalen Neoklassizismus.
Werke: *Zensurflüchtlinge* (1843). *Robespierre* (1845). *Die Marseillaise* (1849). *Neue Gedichte* (1858). *Die deutsche Nationalliteratur in der 1. Hälfte des 19. Jahrhunderts* (1855). *Poetik* (1858); *Reisebilder aus Italien* (1864). *Deutsches Frauenalbum in Wort und Bild* (1883).

Novellenliteratur. In: Blätter für literarische Unterhaltung. 1856. S. 727–735 [Auszug]. (1)
R. G.: Die deutsche Nationalliteratur des 19. Jahrhunderts. Literarhistorisch und kritisch dargestellt. Bd. 1. 2., verm. und verb. Aufl. Breslau: Trewendt 1861. Vorrede. S. XVII–XXXII [Auszüge]. (2)
Unsere Zeit. 1882. Bd. 1. S. 824–852 [Auszüge]. (3)
Novellenliteratur. In: Blätter für literarische Unterhaltung. 1856. S. 727–735 [Auszug]. (4)
Deutsches Museum 3 (1853) Hbd. 1. S. 409–429 [Auszüge]. (5)

KARL GUTZKOW

17. 3. 1811 Berlin – 16. 12. 1878 Frankfurt a. M.

Schriftsteller und Journalist. Studium der Theologie, Philosophie und Rechtswissenschaften in Berlin (bei Hegel, Schleiermacher, Lachmann und Ranke); Mitarbeit am Cottaschen *Morgenblatt* (seit 1831); dreimonatige Haftstrafe wegen des Romans *Wally, die Zweiflerin* (1835), der die Verfolgung der Jungdeutschen durch den Deutschen

Bundestag auslöste; Dramaturg in Dresden 1847 bis 1850; Herausgeber der *Unterhaltungen am häuslichen Herd* (1852–62); Mitbegründer und Generalsekretär der deutschen Schillerstiftung; nach einem psychischen Zusammenbruch Aufenthalt in einer Nervenheilanstalt (1864/65).
Werke: *Wally, die Zweiflerin* (1835). *Beiträge zur Geschichte der neuesten Literatur* (1836). *Briefe aus Paris* (1842). *Uriel Acosta* (1847). *Die Ritter vom Geiste* (1850/51). *Der Zauberer von Rom* (1858/61).

Der Roman und die Arbeit. In: Unterhaltungen am häuslichen Herd 3 (1855) S. 702–703. Wiederabgedr. in (D): K. G.: Werke: Hrsg. von R. Gensel. Tl. 10: Aufsätze zur Literaturgeschichte. Berlin [u. a.]: Bong, [1910]. S. 138–141 [Auszug]. (1)
Vorwort zur ersten Auflage [1850]. In: K. G.: Die Ritter vom Geiste. Hrsg. von R. Gensel. Tl. 1. Berlin [u. a.]: Bong, [1910]. S. 39–43 [Auszug]. (2)

FRIEDRICH HEBBEL

18. 3. 1813 Wesselburen (Holstein) – 13. 12. 1863 Wien

Schriftsteller. Nach subalterner Schreibertätigkeit (1827–35) Studium der Rechtswissenschaften und Geschichte in Heidelberg und München; Reisen mit einem dänischen Stipendium nach Frankreich, England und Italien in den Jahren 1843 bis 1845; seit 1845 Aufenthalt in Wien; Schillerpreis (1863) für das Drama *Die Nibelungen*.
Werke: *Judith* (1841). *Gedichte* (1842). *Maria Magdalena* (1844). *Herodes und Mariamne* (1850). *Erzählungen und Novellen* (1855). *Agnes Bernauer* (1855). *Gyges und sein Ring* (1856). *Die Nibelungen* (1862).

Das deutsche Theater. In: Stimmen der Zeit. Februar 1859 [ungezeichnet]. Wiederabgedr. in (D): F. H.: Werke. Hrsg. von G. Fricke, W. Keller und K. Pörnbacher. Bd. 3. München: Hanser, 1965. S. 689–693 [Auszug]. (1)
Illustrierte Zeitung (Leipzig). 3. Dezember 1853 [ungezeichnet].

Wiederabgedr. in (D): F. H.: Werke. Hrsg. von G. Fricke, W. Keller und K. Pörnbacher. Bd. 3. München: Hanser, 1965. S. 677–680 [Auszüge]. (2)

PAUL HEYSE

15. 3. 1830 Berlin – 2. 4. 1914 München

Schriftsteller. Studium der Kunstgeschichte und der romanischen Philologie in Berlin; 1852 Promotion; Reisen nach Italien; Berufung durch Maximilian II. nach München; Gründung der Schriftstellervereinigung »Das Krokodil«; mit Geibel führendes Mitglied des Münchener Dichterkreises; Nobelpreis für Literatur 1910. Heyse war *der* Modedichter des Bildungsbürgertums der Gründerzeit und wurde von den Wortführern des Naturalismus heftig befehdet.
Werke: *Franceska von Rimini* (1850). *Novellen* (1855–1905). *Gedichte* (1872). *Kinder der Welt* (1873).

Die Stickerin von Treviso. In: Der Salon. 1868. Bd. 3. S. 257 ff. Wiederabgedr. in (D): P. H.: Gesammelte Werke. Reihe 1. Bd. 3: Italienische Novellen. Stuttgart/Berlin: Cotta Nachf. Klemm, [1924]. S. 430–455 [Auszug]. (1)
Deutscher Novellenschatz. Hrsg. von P. H. und H. Kurz. Bd. 1. München: Oldenbourg, 1871. Einleitung S. V–XXIV [Auszug]. (2)

CARL HOFFMANN

(Lebensdaten nicht ermittelt)

Photograph

Das Künstlerische in der Landschaftsphotographie. In: Photographische Rundschau 2 (1888) S. 323–327 [Auszug].

EMIL HOMBERGER

1838 Mainz – 1890 Airolo (Schweiz)

Schriftsteller und Journalist. Studium der Rechtswissenschaften in Gießen und Heidelberg; Korrespondent der *Augsburger Allgemeinen*

Zeitung in Florenz (1865–72); Herausgeber der *Preußischen Jahrbücher* (1872–74) und des *Magazins für die Literatur des Auslandes*; scharfer Kritiker des Naturalismus.
Werke: *Essays*. Hrsg. von L. Mamberger und O. Gildemeister (1892). *Ausgewählte Schriften* (1928).

Der realistische Roman. In: Allgemeine Zeitung. 18., 19., 20. März 1870. Beilagen. S. 1189 f., 1206 f., 1222 f. [ungezeichnet; Auszüge]. (1, 2)

ADOLF HORWICZ

1831 Marienwerder – 1894 Jena

Philosoph. Vertreter eines strikten Sensualismus.
Werke: *Grundlinien eines Systems der Ästhetik* (1867). *Psychologische Analysen auf physiologischer Grundlage* (3 Bde. 1872–78). *Naturgeschichte des Gefühls* (1876). *Moralische Briefe* (1878).

A. H.: Grundlinien eines Systems der Ästhetik. Leipzig: Seemann, 1869. S. 62–65.

L. K. (nicht ermittelt)

Korrespondenz. Aus Paris. In: Deutsches Museum 13 (1863) Hbd. 1. S. 157–160 [Auszug].

GOTTFRIED KELLER

19. 7. 1819 Zürich – 15. 7. 1890 Zürich

Schriftsteller. Ausbildung als Kunstmaler in Zürich und München; Verbindung zur radikal-demokratischen Bewegung des Vormärz; Bekanntschaft mit Herwegh, Follen und Freiligrath; Aufenthalte in Heidelberg (nachhaltige Beeinflussung durch Feuerbach) und Berlin in den Jahren 1848 bis 1855; Rückkehr nach Zürich; Berufung in ein hohes Verwaltungsamt (Stadtschreiber) 1861; nach dem Ausscheiden aus diesem Amt (1876) freier Schriftsteller.

Werke: *Gedichte* (1846). *Neuere Gedichte* (1851). *Der grüne Heinrich* (1854/55; 2. Fassung 1873/74). *Die Leute von Seldwyla* (2 Bde. 1856/74). *Sieben Legenden* (1872). *Züricher Novellen* (1878). *Das Sinngedicht* (1881). *Martin Salander* (1886).

Brief an Hermann Hettner vom 4. März 1851. In: Der Briefwechsel zwischen G. Keller und H. Hettner. Berlin/Weimar: Aufbau-Verlag, 1964. S. 44–50 [Auszüge].

JULIUS HERMANN VON KIRCHMANN

5. 11. 1802 Schafstädt b. Merseburg – 20. 10. 1884 Berlin

Philosoph, Jurist und Politiker. Studium der Rechtswissenschaften in Leipzig und Halle; Tätigkeit als Jurist u. a. in Torgau, Berlin und Ratibor; Mitglied der preußischen Nationalversammlung (1848/49) als Vertreter des linken Zentrums; Abgeordneter der Fortschrittspartei im Reichstag 1871 bis 1876; Verlust des Mandats 1877 wegen Verteidigung katholischer Interessen im »Kulturkampf« (als Protestant); Beurlaubung aus dem Staatsdienst; Vorsitzender der Philosophischen Gesellschaft in Berlin und Begründer der »Philosophischen Bibliothek« (1868). Kirchmann war Vertreter einer dezidiert realistischen Erkenntnistheorie.
Werke: *Philosophie des Wissens* (1864). *Ästhetik auf realistischer Grundlage* (1868). *Über das Prinzip des Realismus* (1875). *Zeitfragen und Abenteuer* (1881).

J. H. v. K.: Ästhetik auf realistischer Grundlage. Bd. 1. Berlin: Springer, 1868. S. 266–272 [Auszüge].

EDUARD KOLLOFF

1811 Tarnow (Polen) – 11. 6. 1879 Paris

Kunstkritiker. Spätestens ab 1834 Aufenthalt in Paris; 1848–50 Conservateur de la Bibliothèque an der Bibliothèque du Louvre; ab 1853 Angestellter im Cabinet des Estampes der Bibliothèque Nationale; 1877 Aufgabe seiner Stelle, um sich eigenen wissenschaftlichen Arbeiten zu widmen; Freundschaft mit Ludwig Börne. Eduard Kolloff war neben Heinrich Heine der bedeutendste Kunstkritiker der Zeit in

Paris; unter dem Namen Collow schrieb er 1834–40 Artikel für das *Kunstblatt*. Unter seinen Beiträgen für Friedrich von Raumers *Historisches Taschenbuch* sind hervorzuheben: »Die Entwicklung der modernen Kunst aus der antiken bis zur Epoche der Renaissance« (1840) und »Rembrandts Leben und Werke« (1854).

Auszug aus: Der Daguerr[e]otyp. In: Kunst-Blatt (Beilage zum *Morgenblatt für gebildete Leser*) 33 (1839) S. 305–308 [ungezeichnet; Auszug »Bericht eines Augenzeugen«].

WILHELM TRAUGOTT KRUG

22. 6. 1770 Wittenberg – 12. 1. 1842 Leipzig

Philosoph. Studium der Theologie und Philosophie in Wittenberg, Jena (bei Reinhold) und Göttingen (bei Heyne und Eichhorn); Privatdozent in Wittenberg (1796); Professor für Philosophie in Frankfurt a. O. (1801), Königsberg, als Nachfolger Kants (1805) und Leipzig (1807). Krug war Kantianer und vertrat in einer weitgezogenen publizistischen Tätigkeit die Positionen der Aufklärung und des politischen Liberalismus.
Werke: *Briefe über die Perfektibilität der geoffenbarten Religion* (1794). *System der theoretischen Philosophie* (1806/10). *System der Kriegswissenschaft* (1815). *Allgemeines Handbuch der philosophischen Wissenschaften* (1827–29). *Universalphilosophische Vorlesungen für Gebildete beiderlei Geschlechts* (1831).

W. T. K.: Allgemeines Handwörterbuch der philosophischen Wissenschaften nebst ihrer Literatur und Geschichte. Bd. 1. 2., verb. und verm. Aufl. Leipzig: Brockhaus, 1832. Stichwort »Ästhetische Ideen«. S. 66 f. [Auszug].

KARL LEMCKE

26. 8. 1831 Schwerin – 7. 4. 1913 München

Philosoph und Schriftsteller. Studium der Philosophie in Göttingen, München (Mitglied des Münchener Dichterkreises), Berlin, Paris und Heidelberg; 1862 Habilitation für Ästhetik und Literaturgeschichte; Professor für Ästhetik in Heidelberg, München, Amsterdam, Aachen

und Stuttgart; Nobilitierung im Jahre 1896. Unter dem Pseudonym Karl Manno schrieb Lemcke vier Romane und ein Lustspiel.
Werke: *Lieder und Gedichte* (1861). *Populäre Ästhetik* (1865). *Geschichte der deutschen Dichtung neuerer Zeit* (1871/82). *Ein süßer Knabe* (1884).

C. L.: Populäre Ästhetik. Leipzig: Seemann, 1865. Der schöpferische Trieb. Die Kunst. Die Künste. S. 265–277 [Auszüge].

OTTO LUDWIG

12. 2. 1813 Eisfeld (Thüringen) – 25. 2. 1865 Dresden

Schriftsteller. Ausbildung als Musiker; Studium bei Mendelssohn in Leipzig; krankheitsbedingte Aufgabe des Studiums und zurückgezogenes Leben als freier Schriftsteller in Meißen und Dresden (Verbindung zu Eduard Devrient); Pension von Maximilian II., 1850 Schillerpreis. Ludwigs postum publizierte literaturtheoretische Arbeiten sind programmatische Dokumente des literarischen Realismus nach 1848.
Werke: *Der Erbförster* (1853). *Die Heiterethei* (1854). *Zwischen Himmel und Erde* (1856). *Shakespeare-Studien*. Hrsg. von M. Heydrich (1871). *Studien*. Hrsg. von A. Stern (1892).

O. L.: Shakespeare-Studien. Aus dem Nachlasse des Dichters hrsg. von M. Heydrich. Leipzig: Knobloch, 1872. Der politische Realismus. S. 264–269 [Auszug; in vorl. Ausg. S. 148]. – Der poetische Realismus. S. 411–417 [Auszug; in vorl. Ausg. S. 289]. (1)
O. L.: Shakespeare-Studien. Aus dem Nachlasse des Dichters hrsg. von M. Heydrich. Leipzig: Knobloch, 1872. S. 518–520. (2)

P. M. (nicht ermittelt)

Deutsches Kunstblatt 7 (1856) S. 298 f. [Auszug].

HERMANN MARGGRAFF

14. 9. 1809 Züllichau – 11. 2. 1864 Leipzig

Schriftsteller und Journalist. Studium der Philosophie und Philologie in Berlin; 1836 bis 1838 Schriftleiter des »Berliner Konversationsblattes«; Mitarbeit an verschiedenen Zeitschriften und Zeitungen (u. a. *Augsburger Allgemeine Zeitung*, *Fliegende Blätter*, *Die Grenzboten*); seit 1853 Herausgeber der *Blätter für literarische Unterhaltung*.
Werke: *Gedichte* (1857). *Balladen-Chronik* (1862). *Schillers und Körners Freundschaftsbund* (1859). *William Shakespeare als Lehrer der Menschheit* (1864).

Zur Poetik. In: Blätter für literarische Unterhaltung. 1859. S. 153 bis 161 [Auszug]. (1)
Blätter für literarische Unterhaltung. 1859. S. 781–793 [Auszüge]. (2)

CONRAD FERDINAND MEYER

11. 10. 1825 Zürich – 28. 11. 1898 Kilchberg b. Zürich

Schriftsteller. Nach Jurastudium in Zürich private historische und philologische Studien, auch Beschäftigung mit Malerei. Reisen nach Paris, München, Rom.
Werke: *Huttens letzte Tage* (1871). *Das Amulett* (1873). *Jürg Jenatsch* (1876). *Der Schuß von der Kanzel* (1877). *Der Heilige* (1879). *Gedichte* (1882). *Die Hochzeit des Mönchs* (1884). *Novellen* (2 Bde. 1885). *Die Versuchung des Pescara* (1887).

Brief an Friedrich von Wyss vom 19. April 1858. In: Briefe C. F. Meyers nebst seinen Rezensionen und Aufsätzen. Hrsg. von A. Frey. Bd. 1. Leipzig: Haessel, 1908. S. 58–61 [Auszug].

LUDWIG PFAU

25. 8. 1821 Heilbronn – 12. 4. 1894 Stuttgart

Schriftsteller und Journalist. Nach einem Aufenthalt in Paris Studium der Philosophie in Tübingen und Heidelberg; aktive Teilnahme an der Revolution des Jahres 1848; Gründung einer satirischen Zeit-

schrift *Eulenspiegel* (1848); Vorwurf des Hochverrats; Flucht ins Ausland (Schweiz, Paris, Brüssel, London); 1862 Rückkehr nach Stuttgart; Tätigkeit als Journalist (u. a. Mitarbeit an der *Augsburger Allgemeinen Zeitung*).
Werke: *Gedichte* (1842). *Stimmen der Zeit* (1848). *Deutsche Sonette aus dem Jahre 1850* (1849). *Freie Studien* (1865). *Politisches und Polemisches aus den nachgelassenen Schriften* (1896).

L. P.: Kunst und Gewerbe. Studien. Erste Hälfte [mehr nicht ersch.]. Stuttgart: Ebner & Seubert, 1877. S. 253–270 [Auszüge].

ROBERT PRUTZ

30. 5. 1816 Stettin – 21. 6. 1872 Stettin

Schriftsteller und Literaturhistoriker. Studium und Promotion in Halle; Verbindung zu Arnold Ruge und Theodor Echtermeyer, den Herausgebern der *Halleschen Jahrbücher*; 1845 Prozeß wegen Majestätsbeleidigung; Mitarbeit im Demokratisch-konstitutionellen Club in Berlin (1848); Herausgeber des *Literarhistorischen Taschenbuchs* (1843–48) und des *Deutschen Museums* (1851–67); Professor für Literaturgeschichte in Halle (1849–59).
Werke: *Gedichte* (1841). *Geschichte des deutschen Journalismus* (1845). *Das Engelchen* (1851). *Goethe. Eine biographische Schilderung* (1856). *Die deutsche Literatur der Gegenwart* (1859). *Menschen und Bücher. Biographische Beiträge zur deutschen Literatur und Sittengeschichte* (1862).

Deutsches Museum 4 (1854) Hbd. 2. S. 305–324 [Auszüge]. (1)
R. P.: Die deutsche Literatur der Gegenwart. 1848–1858. Bd. 1. Leipzig: Voigt & Günther, 1859. Das Jahr 1848 und die deutsche Literatur. S. 39–65 [Auszug]. (2)
Deutsches Museum 1 (1851) Hbd. 2. S. 697–705 [Auszüge]. (3)

WILHELM HEINRICH RIEHL

6. 5. 1823 Biebrich a. Rhein – 16. 11. 1897 München

Schriftsteller und Kulturhistoriker. Studium der Theologie, Philosophie und Geschichte in Marburg, Göttingen und Gießen; journalistische Tätigkeit; Gründung der *Nassauischen Zeitung* 1848; Mitglied der deutschen Nationalversammlung in Frankfurt a. M.; 1854 Professor für Staatswirtschaftslehre, seit 1859 für Kulturgeschichte in München; Herausgeber des von Friedrich von Raumer begründeten *Historischen Taschenbuchs* (seit 1870); 1885 Direktor des königl. National-Museums und General-Konservator in Bayern; 1893 Erhebung in den Adelsstand.
Werke: *Naturgeschichte des Volkes als Grundlage einer deutschen Sozialpolitik* (1851–69). *Kulturgeschichtliche Novellen* (1856). *Die deutsche Arbeit* (1861). *Neues Novellenbuch* (1867).

W. H. R.: Kulturgeschichtliche Novellen. Stuttgart/Augsburg: Cotta, 1856. Vorwort S. V–XII [Auszug].

AUGUST LUDWIG VON ROCHAU

20. 8. 1810 Wolfenbüttel – 15. 10. 1873 Heidelberg

Politiker und Journalist. Studium der Geschichte, Rechts- und Politikwissenschaften in Göttingen; burschenschaftliche Aktivitäten; 1832 Beteiligung an dem Sturm auf die Frankfurter Hauptwache; Verurteilung zu lebenslanger Haft; Flucht nach Paris und Arbeit als Korrespondent; Redakteur der *Konstitutionellen Zeitung* in Berlin seit 1849; Aufenthalt in Italien nach Ausweisung aus Preußen; Mitglied des Nationalvereins und Redakteur der *Wochenschrift* dieses Vereins (1860–67); ab 1871 Abgeordneter der nationalliberalen Partei im Reichstag.
Werke: *Italienisches Wanderbuch* (1852). *Grundsätze der Realpolitik* (1853/69). *Geschichte Frankreichs vom Sturz Napoleons bis zur Wiederherstellung des Kaisertums* (1858/59). *Zur Orientierung im neuen Deutschland* (1868). *Geschichte des deutschen Landes und Volkes* (1870/71).

[L. A. v. R.:] Grundsätze der Realpolitik angewendet auf die staatlichen Zustände Deutschlands. Tl. 2. Heidelberg: Mohr, 1869. S. 55–74 [Auszüge].

ARNOLD RUGE

13. 9. 1803 Bergen (Rügen) – 31. 12. 1880 Brighton (England)

Schriftsteller und Politiker. Studium der Philosophie in Jena und Halle; sechs Jahre Haft wegen burschenschaftlicher Aktivitäten; 1830 Promotion in Jena; Habilitation 1832 in Halle; Gründung der radikaldemokratischen *Halleschen Jahrbücher*, des führenden Organs der Junghegelianer, gemeinsam mit Theodor Echtermeyer, und später der *Deutschen Jahrbücher*; nach Verbot der *Jahrbücher* Reisen nach Paris und Zürich; Beteiligung an der Revolution von 1848 und Abgeordneter im Frankfurter Parlament; Flucht nach Paris und England; versöhnlichere Haltung zur Politik Preußens und Deutschlands nach der Reichsgründung.
Werke: *Platonische Ästhetik* (1832). *Vorschule zur Ästhetik* (1837). *Revolutionsnovellen* (1850). *Wanderbuch* (1875).

Idealismus und Realismus im Reiche des Ideals. Als Vorläufer zu Schillers hundertjährigem Geburtstage. In: Deutsches Museum 8 (1858) Hbd. 1. S. 497–506, 529–539, 665–683 [Auszüge].

MAX SCHASLER

26. 8. 1819 Deutsch-Krone (Westpreußen) – 13. 6. 1903 Jena

Philosoph und Kunstkritiker. Studium in Königsberg (bei Karl Rosenkranz) und Berlin; Promotion 1845; aktive Teilnahme an der Revolution von 1848; Tätigkeit als Kunstkritiker in Berlin. Max Schasler vertrat eine hegelianische Position in der Ästhetik.
Werke: *Kritische Geschichte der Ästhetik* (1872). *System der Künste* (1882). *Ästhetik* (1886). *Ausgewählte Sammlung gemeinverständlicher Abhandlungen, Studien und Kritiken* (1901).

M. S.: Ästhetik als Philosophie des Schönen und der Kunst. Tl. 1: Grundlegung. Kritische Geschichte der Ästhetik von Plato bis auf die Gegenwart. Abt. 2: Von Fichte bis auf die Gegenwart. Berlin: Nicolai'sche Verlagsbuchhandlung, 1872. § 66: Rekapitulation. S. 1123–1125 [Auszug].

JULIAN SCHMIDT

7. 3. 1813 Marienwerder – 27. 3. 1886 Berlin

Publizist und Literaturhistoriker. Studium der Philologie in Königsberg (bei Karl Rosenkranz); Gymnasiallehrer in Berlin; seit 1848 gemeinsam mit Gustav Freytag Herausgeber der *Grenzboten*; Redakteur der altliberalen *Berliner allgemeinen Zeitung* in den Jahren 1861 bis 1863; später freier Schriftsteller und Literaturhistoriker; seit 1878 Ehrensold von Wilhelm I. Julian Schmidt war der eigentliche Wortführer des programmatischen Realismus.
Werke: *Geschichte der Romantik in dem Zeitalter der Reformation und Revolution* (1848). *Geschichte der deutschen Nationalliteratur im 19. Jahrhundert* (1853). *Geschichte der französischen Literatur seit der Revolution von 1789* (1858). *Übersicht der englischen Literatur im 19. Jahrhundert* (1859). *Bilder aus dem geistigen Leben unserer Zeit* (1870–75).

J. S.: Bilder aus dem geistigen Leben unserer Zeit. Bd. 2. Leipzig: Duncker & Humblot, 1871. S. 371–392 [Auszug]. (1)
Die Grenzboten 10 (1851) 1. Sem. Bd. 1. S. 17–25 [gezeichnet: J. S.; Auszüge]. (2)
Neue Romane. In: Die Grenzboten 19 (1860) 2. Sem. Bd. 4. S. 481 bis 492 [gezeichnet: J. S.; Auszüge]. (3)
Einige Übelstände in unserem Theaterwesen. In: Die Grenzboten 11 (1852) 2. Sem. Bd. 3. S. 90–95 [ungezeichnet; Auszüge]. (4)
Der neueste englische Roman und das Prinzip des Realismus. In: Die Grenzboten 15 (1856) 2. Sem. Bd. 4. S. 466–474 [gezeichnet: J. S.; Auszüge]. (5)
Schiller und der Idealismus. In: Die Grenzboten 17 (1858) 2. Sem. Bd. 4. S. 401–410 [gezeichnet: J. S.; Auszüge]. (6)

J. S.: Bilder aus dem geistigen Leben unserer Zeit. Bd. 1. Leipzig: Duncker & Humblot, 1870. Die europäische Literatur in ihrem gegenwärtigen Standpunkt (1858). S. 7–34 [Auszug]. (7)
Die Grenzboten 9 (1850) 1. Sem. Bd. 2. S. 81–90 [ungezeichnet; Auszüge]. (8)
Das romantische Epos. In: Die Grenzboten 13 (1854) 1. Sem. Bd. 1. S. 8–19 [Auszüge]. (9)
Rudolf Gottschall und die deutsche Lyrik. In: Die Grenzboten 11 (1852) 2. Sem. Bd. 4. S. 121–132 [ungezeichnet; Auszug]. (10)

EDUARD SCHMIDT-WEISSENFELS

1. 9. 1833 Berlin – 24. 4. 1893 Bozen

Journalist und Schriftsteller. Erste publizistische Tätigkeiten in der Revolution von 1848; Sekretär der preußischen Nationalversammlung; Aufenthalt in Paris 1851; Mitarbeiter an der Zeitschrift *La Republique*; nach der Ausweisung aus Frankreich (1852) Aufenthalt in London; Herausgeber der *Kritischen Blätter für Literatur und Kunst* gemeinsam mit J. Kober in Prag (1857–58); Mitarbeit an verschiedenen Zeitschriften und Zeitungen; seit 1873 Herausgeber des *Stuttgarter Museums*; in den Jahren 1875/76 auch der *Illustrierten Volkszeitung*.
Werke: *Über Heinrich Heine* (1857); *Charaktere der deutschen Literatur* (1859); *Geschichte der französischen Revolutionsliteratur* (1859); *Frankreich und die Franzosen* (1869); *Deutsche Handwerkerbibliothek* (1877–83).

Julian Schmidt und die Realisten. In: Kritische Blätter für Literatur und Kunst 1 (1857) S. 6–14, 25–35, 57–67, 81–88. Wiederabgedr. in (D): E. S.-W.: Charaktere der deutschen Literatur. Bd. 2. Prag: Kober & Markgraf, 1859. S. 141–250 [Auszüge]. (1)
Adalbert Stifters »Nachsommer«. In: Kritische Blätter für Literatur und Kunst 2 (1858) S. 124–126 [Auszug]. (2)

EDUARD SCHREINER

(Lebensdaten nicht ermittelt; Sohn des Lithographen Johann G. Schreiner, 1801–59)

Maler und Zeichner in München.

E. S.: Offenes Sendschreiben an die Kommission der königlich bayerischen Akademie der bildenden Künste zu München in Angelegenheiten der Photographie, bezüglich ihrer Stellung zur Kunst. München: Gummi, 1864 [Auszug].

FRIEDRICH SPIELHAGEN

24. 2. 1829 Magdeburg – 25. 2. 1911 Berlin

Schriftsteller und Literaturtheoretiker. Studium der Philosophie und Rechtswissenschaften in Berlin, Bonn und Greifswald. Tätigkeit als Hauslehrer; Gymnasiallehrer in Leipzig 1854 bis 1860 (mit Unterbrechungen); journalistische Arbeit in Hannover und Berlin; in den Jahren 1878–84 Herausgeber von *Westermanns illustrierten Monatsheften*.
Werke: *Problematische Naturen* (1861/62). *In Reih und Glied* (1867). *Hammer und Amboß* (1869). *Sturmflut* (1876). *Beiträge zur Theorie und Technik des Romans* (1883). *Neue Beiträge zur Theorie und Technik der Epik und Dramatik* (1898).

F. S.: Beiträge zur Theorie und Technik des Romans. Leipzig: Staackmann, 1883. S. 35–63 [Auszüge]. (1) – S. 243–257 [Auszug]. (2)

FERDINAND STAMM

11. 5. 1813 Orpus (Böhmen) – 30. 7. 1880 Wien

Schriftsteller und Politiker. Studium der Rechtswissenschaften und Philosophie in Prag; Hofmeister in Wien; seit 1848 journalistische Tätigkeit in Böhmen u. a. für die *Neue konstitutionelle Zeitung in Böhmen*; 1848–49 Mitglied des österreichischen Reichstages; seit 1861 Abgeordneter im Böhmischen Landtag und später wieder im österreichischen Reichstag.

Werke: *Anleitung, unter die Haube zu kommen* (1843). *Der Jahresbote für Studenten* (1846). *Österreichisches Jahrbuch* (1877–78).

Das Daguerr[e]otyp. In: Aurora. Taschenbuch für das Jahr 1850. Wien: Riedl / Leipzig: Liebeskind, 1850. S. 175–196 [Auszug].

ADALBERT STIFTER

23. 10. 1805 Oberplan (Böhmen) – 28. 1. 1868 Linz

Schriftsteller. Studium der Rechtswissenschaften, Mathematik und Physik in Wien; Versuche als Maler; Hauslehrer im Hause Metternichs; Schulrat in Linz 1850–65; Vorstandsmitglied im oberösterreichischen Kunstverein und Landeskonservator.
Werke: *Studien* (6 Bde. 1844–50). *Bunte Steine* (1853). *Der Nachsommer* (1857). *Witiko* (3 Bde. 1865–67).

Ausstellung des o[ber]ö[sterreichischen] Kunstvereines. In: Linzer Zeitung. 6.–9. Oktober 1867. S. 971, 979, 987. Wiederabgedr. in (D): A. S.: Sämtliche Werke. Bd. 14: Vermischte Schriften. Abt. 1. Hrsg. von A. Horcicka. Prag: Calve, 1901. S. 216–229 [Auszug].

THEODOR STORM

14. 9. 1817 Husum – 4. 7. 1888 Hademarschen

Jurist und Schriftsteller. Studium der Rechtswissenschaften in Kiel und Berlin; Freundschaft mit Theodor Mommsen; 1842–1852 Rechtsanwalt in Husum; Verlust der Advokatur wegen seines Eintretens für die schleswig-holsteinische Volksbewegung; ab 1853 Assessor in Potsdam, dann Richter in Heiligenstadt; nach dem deutsch-dänischen Krieg Rückkehr nach Husum zunächst als Landvogt, später als Amtsgerichtsrat. Ab 1880 als freier Schriftsteller in Hademarschen.
Werke: *Liederbuch dreier Freunde* (1843). *Immensee* (1849). *Gedichte* (1857). *Auf dem Staatshof* (1857). *Im Schloß* (1861). *Draußen im Heidedorf* (1871). *Pole Poppenspäler* (1873/74). *Aquis Submersus* (1875/76). *Carsten Curator* (1877). *Die Söhne des Senators* (1879/80). *Der Herr Etatsrat* (1880). *Hans und Heinz Kirch* (1881/82). *Der Schimmelreiter* (1885/86). *Ein Doppelgänger* (1886).

Brief an Erich Schmidt vom 14. April 1877. In: Th. Storm – E. Schmidt Briefwechsel. Hrsg. von K. Laage. Berlin: E. Schmidt, 1972. S. 40 [Auszug]. (1)
Eine zurückgezogene Vorrede aus dem Jahre 1881. In: Th. S.: Sämtliche Werke. Hrsg. von P. Goldammer. Bd. 4. 4. Aufl. Berlin/Weimar: Aufbau-Verlag, 1978. S. 618 f. [Auszug]. (2)
Lieder der Liebe von M. Ant. Niendorf. In: Literatur-Blatt des Deutschen Kunst-Blattes 1 (1854) S. 14–15. Wiederabgedr. in (D): Th. S.: Sämtliche Werke. Hrsg. von P. Goldammer. Bd. 4. 4. Aufl. Berlin/Weimar: Aufbau-Verlag, 1978. S. 563–568 [Auszug; in vorl. Ausg. S. 298 f.]. – Vorrede zum Hausbuch aus deutschen Dichtern seit Claudius. In: Hausbuch aus deutschen Dichtern seit Claudius. Eine kritische Anthologie. Hamburg: Mauke, 1870. S. 5–12. Wiederabgedr. in (D): Th. S.: Sämtliche Werke. Hrsg. von P. Goldammer. Bd. 4. 4. Aufl. Berlin/Weimar: Aufbau-Verlag, 1978. S. 612–617 [Auszug; in vorl. Ausg. S. 299–301]. (3)

KARL TWESTEN

22. 4. 1820 Kiel – 14. 10. 1870

Jurist und Politiker. Studium der Rechtswissenschaften in Berlin und Heidelberg; Tätigkeit als Jurist in Berlin seit 1845; Duell mit dem preußischen Ministerpräsidenten Manteuffel wegen Kritik am preußischen Militärkabinett; Abgeordneter der liberalen Partei im preußischen Abgeordnetenhaus in den Jahren 1861 bis 1865; Einstellung der politischen Arbeit 1865 wegen Aberkennung der Redefreiheit im Parlament.
Werke: *Woran uns gelegen ist* (1859). *Was uns noch retten kann* (1861). *Schiller in seinem Verhältnis zur Wissenschaft dargestellt* (1863). *Machiavelli* (1868).

[K. T.:] Woran uns gelegen ist. Ein Wort ohne Umschweife. Kiel: Homann, 1859 [Auszüge].

FRIEDRICH THEODOR VISCHER

30. 6. 1807 Ludwigsburg – 14. 9. 1887 Gmunden

Philosoph, Literaturkritiker und Schriftsteller. Studium der Theologie und Philosophie in Tübingen; nach einer Tätigkeit als Vikar und Repetent seit 1836 Privatdozent, seit 1837 Professor für Philosophie und Ästhetik in Tübingen; 1844 Suspendierung wegen liberaler und religionskritischer Anschauungen; 1848 Abgeordneter der Liberalen im Frankfurter Parlament; von 1855 bis 1866 Professor für Ästhetik in Zürich, seit 1866 in Stuttgart, später auch wieder in Tübingen.
Werke: *Kritische Gänge* (1846; 1860–1873). *Ästhetik als Wissenschaft des Schönen* (1846–1857). *Faust. Der Tragödie dritter Teil* (1862). *Auch Einer. Eine Reisebekanntschaft* (1879). *Altes und Neues* (1881). *Lyrische Gänge* (1882).

F. Th. V.: Ästhetik oder Wissenschaft des Schönen. Zum Gebrauche für Vorlesungen. Tl. 3: Die Kunstlehre. Abschn. 1: Die Kunst überhaupt und ihre Teilung in Künste. Reutlingen/Leipzig: Mäcken, 1851. §513. S. 84–86 [Auszüge]. (1)
F. Th. V.: Ästhetik oder Wissenschaft des Schönen. Zum Gebrauche für Vorlesungen. Tl. 3: Die Kunstlehre. Abschn. 2: Die Künste. H. 5: Die Dichtkunst. Stuttgart/Reutlingen: Mäcken, 1857. § 879, S. 1303–07; § 880, S. 1306–10; § 881, S. 1310–15 [Auszüge]. (2) – § 883, S. 1317–21 [Auszüge]. (3) – § 907, S. 1413–16 [Auszüge]. (4)

Theorie des Bürgerlichen Realismus

Hrsg. von Gerhard Plumpe. Universal-Bibliothek Nr. 8277 [4]

Autoren: Anonym, H. Baumgarten, M. Carriere, J. F. Faber, J. G. Fischer, T. Fontane, K. Frenzel, G. Freytag, R. Gottschall, K. Gutzkow, F. Hebbel, P. Heyse, C. Hoffmann, E. Homberger, A. Horwicz, G. Keller, J. H. v. Kirchmann, E. Kolloff, W. T. Krug, K. Lemcke, O. Ludwig, H. Marggraff, C. F. Meyer, L. Pfau, R. Prutz, W. H. Riehl, A. L. v. Rochau, A. Ruge, M. Schasler, J. Schmidt, E. Schmidt-Weissenfels, E. Schreiner, F. Spielhagen, F. Stamm, A. Stifter, T. Storm, K. Twesten, H. T. Vischer.

Theorie des Naturalismus

Hrsg. von Theo Meyer. Universal-Bibliothek Nr. 9475 [4]

Autoren: C. Alberti, H. v. Basedow, L. Berg, K. Bleibtreu, W. Bölsche, E. Brausewetter, M. G. Conrad, H. Conradi, E. G. Christaller, Ch. v. Ehrenfels, M. Flürscheim, W. H. Friedrichs, R. Goette, E. Haekkel, M. Halbe, H. Hart, J. Hart, G. Hauptmann, K. Henckell, J. Hillebrand, A. Holz, L. Jacobowski, F. v. Kapff-Essenther, W. Kirchbach, E. Koppel, H. Merian, M. Nordau, E. Reich, J. Röhr, J. Schlaf, B. v. Suttner, I. v. Troll-Borostýani, O. Welten, E. Wolff, E. Zola.

Theorie des literarischen Jugendstils

Hrsg. von Jürg Mathes. Universal-Bibliothek Nr. 8036 [3]

Autoren: P. Altenberg, Anonym, H. Bahr, P. Behrens, O. Bie, O. J. Bierbaum, R. Dehmel, O. Eckmann, A. Endell, S. Freud, E. Friedell, G. Fuchs, S. George, E. Haeckel, A. W. Heymel, G. Hirth, H. v. Hofmannsthal, T. Mann, J. Meier-Graefe, F. Nietzsche, F. v. Ostini, R. M. Rilke, R. Schaukal, J. Schlaf, A. Schnitzler, R. A. Schröder, E. Schur, F. Servaes, G. Simmel, H. van de Velde, F. Wedekind, E. v. Wolzogen.

Theorie des Expressionismus

Hrsg. von Otto F. Best. Universal-Bibliothek Nr. 9817 [3]

Autoren: H. Ball, G. Benn, E. Blass, E. Bloch, M. Buber, Dada, T. Däubler, A. Döblin, K. Edschmid, C. Einstein, I. (Yvan) Goll, W. Hasenclever, P. Hatavani, O. Herzog, K. Heynicke, K. Hiller, F. M. Huebner, G. Kaiser, W. Kandinsky, R. Kayser, O. Kokoschka, A. Kurella, R. Leonhard, C. Mierendorff, K. Otten, M. Picard, K. Pinthus, L. Rubiner, R. Schickele, L. Schreyer, E. v. Sydow, H. Walden, F. Werfel, B. Ziegler.